全国高等法律职业教育系列教材

实用法律逻辑教程

(第二版)

司法部法学教材编辑部　编审

主　编　张继成

副主编　周晓平

撰稿人　(以撰写章节先后为序)

　　　　张继成　邵　健　南旭耀

　　　　周晓平

中国政法大学出版社

2012·北京

图书在版编目（CIP）数据

实用法律逻辑教程 / 张继成主编. —2版. —北京: 中国政法大学出版社, 2012.11
ISBN 978-7-5620-4519-9

Ⅰ.实… Ⅱ.张… Ⅲ.法律逻辑学－高等学校－教材 Ⅳ. D90-051

中国版本图书馆CIP数据核字(2012)第274017号

书　　名	实用法律逻辑教程　SHIYONG FALÜ LUOJI JIAOCHENG	
出版发行	中国政法大学出版社	
经　　销	全国各地新华书店	
承　　印	保定市中画美凯印刷有限公司	

720mm×960mm　　16开本　　28.25印张　　485千字
2012年11月第2版　　2019年1月第2次印刷
ISBN 978-7-5620-4519-9/D·4479
印　数: 3 001-5 000　　定　价:45.00元

社　　址	北京市海淀区西土城路25号
电　　话	(010)58908435(编辑部)　58908325(发行部)　58908334(邮购部)
通信地址	北京100088信箱8034分箱　　邮政编码 100088
电子信箱	fada.jc@sohu.com(编辑部)
网　　址	http://www.cup1press.com　(网络实名: 中国政法大学出版社)

作者简介

张继成，男，1964年10月生，中南财经政法大学法学院教授，硕士生导师。中国法律逻辑专业委员会常务理事、副会长；中国法学会法理学专业委员会理事。主要研究领域为法律逻辑学、法理学（法学方法论）、证据学。主、参编部、校两级逻辑教材6部。在《中国社会科学》、《法学研究》、《法商研究》等学术刊物上发表了学术论文30余篇，其中多篇被《中国社会科学文摘》、《人大复印资料》、《高等学校文科学报文摘》转载。

周晓平，男，1955年8月生，武汉市司法局法制培训与调解办公室科员，获武汉市人民政府专项津贴；中国法律逻辑专业委员会常务理事，副秘书长；参编部、校两级逻辑教材6本，其他教材2本；参与研究教育部课题"法律职业教育法学教材编写研究"，发表"迎接知识经济，创新逻辑教学"等论文数篇。

邵健，女，1966年1月生，文学硕士，山东政法学院马列主义教学部副书记、副主任、教授。主要研究领域为普通逻辑、法律逻辑。先后在《山东社会科学》、《理论学刊》等学术刊物发表学术论文近30篇，主编、参编教材6部，参与司法部科研课题1项，主持校级科研课题、教改项目4项。

南旭耀，男，1960年2月生，哲学学士，法学硕士，陕西警官职业学院副教授。中国法律逻辑专业委员会常务理事。长期从事法律逻辑学的教学与研究工作，先后发表的论文主要有"法律二重性与法律逻辑的理论起点"、"蕴涵命题真假表的应用及缺陷"、"主体能动性与规律性"、"中国传统教育与人才培养"等。

出 版 说 明

　　进入 21 世纪，我国法律职业岗位的设置日趋科学合理，经改革、改制建立起来的法学学科教育与高等法律职业教育并存并举、协调发展的法学教育体系已逐步完善，高等法律职业教育在全国已形成一定规模。为加强对高等法律职业教育的指导，进一步推动高等法律职业教育的顺利发展，司法部组织部分专家、学者编写了这套全国高等法律职业教育系列教材，供各有关院校使用。

　　本套教材根据教育部"高等职业技术教育应有别于学科教育，应具有更加鲜明的职业性、实践性和岗位针对性，应更加注重知识的有效传播"的要求，在编写过程中以实用性和指导性为原则，在强化基础知识、基础理论教育，突出职业能力和职业技能训练的前提下，重组课程结构，更新教学内容，突出了高等法律职业教育的办学特色，并力求切实起到帮助学生灵活运用知识、提高完成本职工作能力的作用，力求成为造就面向法院、检察院、律师事务所等法律实践部门的应用型法律人才的必备读物。

　　本套教材调动了全国各有关院校，包括中国政法大学、南京大学、山东大学、四川大学、苏州大学、云南大学、西南政法大学、中南财经政法大学、江西财经大学、华东政法学院、西北政法学院、广东商学院、北京政法管理干部学院、上海政法管理干部学院、河北政法管理干部学院、山东政法管理干部学院、黑龙江政法管理干部学院、浙江政法管理干部学院、陕西政法管理干部学院、贵州政法管理干部学院、天津政法管理干部学院、福建政法管理干部学院、广西政法管理干部学院、湖南政法管理干部学院、辽宁公安司法管理干部学院、广东司法警官职业学院、安徽警官职业学院、江西司法警官学校、山西司法学校、福建司法学校、湖北司法学校、江苏公安司法学校、武汉司法学校、内蒙古司法学校等数十个单位的资深力量参与编写，并将分批陆续出版。第一批出版的有《民法原理与实务》、《诉讼原理》、《诉讼实务》、《刑法原理与实务》、《行政法原理与实务》、《经济法概论》、《法律原理与技术》、《法律论辩》、《中国宪法》、《法律文书》、《中国司法制度》、《案例分析方法原理与技巧》等 12 种；本次为第二批，将出版《行政程序法》、《行政救济法》、《心理健康教育》、《证据原理与实务》、《婚姻家庭法原理与实务》、《美育》、《法学方法论》、《实用法律逻辑教程》、《法律职业道德》、《马克思主义哲学原理》、《邓小平理论和"三个代表"重要思想概论》等 11 种。由于编写时间仓促，不足之处在所难免，欢迎广大读者批评指正。

司法部法学教材编辑部
2004 年 5 月

第二版说明

　　《实用法律逻辑教程》自 2004 年出版以来，为全国高等法律职业院校广泛使用，并深受好评。为适应高等法律职业教育的快速发展，进一步突出逻辑知识的有效传播和法律职业技能的培养，特对本书进行修订。

　　这次修订保留了原教材的体系结构，吸收了部分法律逻辑研究的新成果和法律职业实践的新材料，增添了用于训练逻辑思维能力和批判性思维能力的练习题，并对原教材部分内容进行了适当精简。

　　本书修订由中南财经政法大学张继成任主编，武汉市司法局法制培训和调解办公室周晓平任副主编，修订分工为：

　　张继成：第一、三、五、九、十章；

　　邵　健：第二、六、七章；

　　周晓平：第四、八章；

　　全书由主编、副主编负责统稿。

　　本书虽经修订，不足之处仍在所难免，我们真诚地期待着读者的批评指正。

编者

2012 年 6 月

前　言

　　本教材是为了适应高等法律职业教育的需要，在司法部和中国政法大学出版社的组织下编写出版的。

　　由于法律逻辑在我国基本还处于起步阶段，成熟的理论成果并不多见，为了让学生掌握比较科学的、得到学术界普遍认可的法律逻辑知识，写作过程中，我们参阅了许多专家学者的成果（见参考书目），供教师和学生阅读。在此对这些作者表示衷心的感谢！

　　具体分工如下：

　　张继成任主编，周晓平任副主编。

　　张继成：第一章、第二章之第五节、第五章、第九章、第十章；

　　邵　健：第二章之第一至四节、第六章、第七章；

　　南旭耀：第三章、第八章；

　　周晓平：第四章。

　　主编、副主编拟定教材编写大纲，并负责全书的统稿工作。

　　由于时间紧迫、水平有限，错误在所难免，希望提出宝贵意见，以便我们进一步完善、修改。

编　者

2004 年 4 月

目录 CONTENTS

第一章　引　论

学习目标

△掌握逻辑学的研究对象
△明确逻辑、思维与语言的关系
△了解逻辑学的性质和作用

第一节　逻辑学的研究对象

一、逻辑学是研究思维的形式结构及其规律的科学

逻辑学的研究对象是思维的形式结构及其规律,同时涉及一些人们认识客观世界的逻辑基本方法。

逻辑学属于思维科学。思维科学是揭示思维的本质和规律的科学,它是一个学科的群体,包括心理学、脑神经生理学、哲学认识论、人工智能和辩证逻辑等学科。这些学科各自从不同的角度研究思维的本质和规律。逻辑学将思维的形式结构及其规律作为自己的研究对象。

任何思维既有内容,也有形式。概念、命题、推理是逻辑思维的三种形式,它们以不同的方式反映客观事物。一般而言,概念是以单个语词或词组来反映对象的,命题是以语句来反映对象的,推理是以句组或句群来反映对象的。逻辑学将这些不同的反映方式在大脑中形成的思想的形式结构作为自己特有的研究对象,至于思维的生理机制、心理机制、思维产生的渊源和发展规律等重要问题,则成为其他思维科学的研究对象。

什么是思维的形式结构呢?思维的形式结构就是具有不同内容的思维形式所共同具有的一般形式结构,是思维内容的存在方式、联系方式。它由逻辑常项和逻辑变项两部分构成。

逻辑常项是思维形式结构中不变的部分,它决定思维的逻辑内容。逻辑变项是思维形式结构中的可变的部分,它容纳思维的具体内容。例如:

①所有金属都是导电的。
②所有语言都是没有阶级性的。

③所有商品都是劳动产品。

这里三个简单语句的内容显然是不同的，但它们具有共同的形式结构：

所有 S 都是 P。

其中"所有……是……"是逻辑常项，"S"、"P"是逻辑变项。这里，"S"、"P"这种逻辑变项叫做词项变项，可以用不同的词项代入，表达不同的思维内容。又如：

①如果水温在一个标准大气压下为零摄氏度，那么就会结冰。

②如果甲是杀人凶手，那么他有作案时间。

③如果过度砍伐森林，就会破坏生态平衡。

这三个复合语句的共同形式结构是：

如果 p，那么 q。

其中，"如果……那么……"是逻辑常项，"p"、"q"是逻辑变项。这里，"p"、"q"这种逻辑变项叫做命题变项，可以用不同的命题代入，表达不同的思维内容。再例如：

①所有动物都是生物，

所有人都是动物，
_____

所以，所有人都是生物。

②所有金属都是导电的，

铜是金属，
_____

所以，铜是导电的。

这是两个三段论推理，内容虽然不同，但却有着相同的形式结构。我们以 M、S、P 分别表示推理中不同的词项变项，那么上述两个推理就可以用下列公式表示其共同的形式结构：

所有 M 是 P，

所有 S 是 M，
_____

所以，所有 S 是 P。

显然，思维形式的结构是撇开思维具体内容的一种抽象。这种抽象的意义在于：思维形式结构自身具有特殊的规律性，人要通过思维获得正确认识，必须遵循这方面的规律，否则将导致思维混乱。

虽然逻辑学研究思维的形式结构而不研究思想的具体内容，但这并不是不关心内容，相反，研究形式正是为了提供把握一切思想内容的通用工具，而且也只有撇开内容来研究纯粹的形式结构，才能从中概括出适用于各种内容的逻辑规律。

一般来说，思维形式结构不表达具体的思想内容，因而没有真假。但是，在对思维形式结构中的逻辑变项进行代入后，思维形式结构就成了有内容的具体思想，就有了真假。同一思维形式结构在不同的代入下，成为有不同内容的具体思想，可以有不同的真假情况。

思维形式结构的规律性在于：有一类思维形式结构在任意代入下都表达真实的思想内容，这类思维形式结构称为逻辑规律。例如"所有 S 是 S"、"P 或者非 P"等。另一类思维形式结构在任意代入下都表达虚假的思想内容，这类思维形式结构称为逻辑矛盾。例如"有 S 不是 S"、"P 并且非 P"等。此外，还有一类思维形式结构在有的代入下表示真实的思想内容，在有的代入下表达虚假的思想内容。例如"所有的 S 都是 P"、"如果 p，那么 q"等。

逻辑学还研究论证和逻辑基本规律，其目的在于帮助人们发现和排除逻辑矛盾，使思维具有结构上的正确性，合乎逻辑。

逻辑学研究的思维形式结构及其规律，是有客观根据的，不是人们主观臆造的。它们是人类在长期实践活动中总结和概括出来的，是人类长期抽象化的结果。它们虽然只在人们的主观思维中起作用，但却有其客观基础。正如列宁所说："逻辑形式和逻辑规律不是空洞的外壳，而是客观世界的反映。"

逻辑学研究思维形式结构、规律之外，还涉及到一些逻辑方法。逻辑方法与思维形式结构及其规律有着密切联系，因而也应视为逻辑学研究对象中不可缺少的一部分。

二、思维、语言和逻辑

作为一门思维科学，逻辑学以思维为对象。

思维是人类认识的理性部分，其基本形式为概念、命题和推理。思维以抽象、概括的方式反映世界。

思维是人脑的机能。思维看不见，听不到，也摸不着。思维要使自己成为一门学科的研究对象，必须物化，取得直接现实性。也就是说，在思维与思维科学包括逻辑学之间，必须有一个物化的具有直接现实性的中介，这个中介就是语言。

语言是思想的直接现实，是思想的物质外壳。无论是有形语言还是有声语言，都是看得见或听得到的客观存在。

逻辑学通过研究语言的形式结构来研究思维的形式结构。

语言分为自然语言和人工语言。自然语言是人类进行和表达思维的语言。汉语、英语、法语、德语等都是自然语言。自然语言有两个重要特点：①自然语言是人们在长期社会实践中约定俗成的；②自然语言通常有歧义，同一语词、语句在不同的语境下可以表达不同含义。人工语言是人类为进行某种科学研究，通过严格定义的方式而专门创立的语言，数学语言是典型的人工语言，逻辑学所运用的人工语言，称为符号语言。符号语言区别于自然语言的重要特征是：它排除了歧义性。

本书主要以自然语言为工具，在刻画思维的形式结构时引入必要的符号语言。

第二节　逻辑学发展简史

逻辑学的发源地有三个：古代中国、印度和希腊。

一、逻辑学在欧洲

古代希腊是逻辑学的主要诞生地。亚里士多德在继承前人的逻辑成果的基础上，建立了人类历史上第一个演绎逻辑系统。他的逻辑著作主要有：《范畴篇》、《解释篇》、《前分析篇》、《后分析篇》、《论辩篇》、《诡辩篇》（后人把它们收集在一起，合称为《工具论》），《修辞学》，《形而上学》等。在亚里士多德的逻辑著作中，比较系统地研究了概念、命题、推理和各种逻辑错误，特别是对于作为演绎推理主要内容的三段论理论研究得更为详尽和系统。

在亚里士多德之后，古希腊斯多噶学派研究了复合命题问题，他们把复合命题区分为假言命题、选言命题和联言命题等。在此基础上，他们研究并制定了假言推理和选言推理的形式、规则。斯多噶学派的研究成果补充了亚里士多德逻辑的不足，极大地丰富了逻辑学的基本内容。现代演绎逻辑系统就是在此基础上发展和完善起来的。

逻辑学在整个中世纪时期没有太大的理论建树。到了 17 世纪，在科学实验和自然科学成就的基础上，"英国唯物主义和整个现代实验科学的真正始祖"弗兰西斯·培根创立了比较系统、完整的归纳理论。培根在他的逻辑著作《新工具》一书中，提倡观察实验，提出了三表法和建立归纳方法的系统设想。为收集和整理纷繁复杂的经验材料，找到现象之间的因果联系，发现事物的一般规律，培根制定了三种"事例表"：存在表、缺乏表和比较表。三表法与我们今天所讲的"求同法"、"求异法"和"共变法"大体相同。培根的归纳法主要是引导人们如何逐步地由单个事例上升到一般原理，其特殊任务是解决"解释自然"的问题，培根注意和关心的是如何通过分析、比较事物的简单属性来达到指示这些属性的"形成"这样一个根本方法问题。

19 世纪英国哲学家穆勒继续发展了培根的归纳学说，明确而系统地阐述了科学归纳的五种逻辑方法：契合法、差异法、契合差异并用法、共变法和剩余法；在他的逻辑著作《逻辑体系》一书中，还涉及到了概率问题。他的研究极大地丰富了归纳逻辑的内容。

在逻辑科学的发展过程中，德国数学家和哲学家莱布尼兹提出了建立数理逻辑的设想，即用数学方法来处理演绎逻辑，以图建立一个逻辑演算的光辉思想。一百年后，英国数学家布尔把莱布尼兹的思想变成了现实，他所建立的"逻辑代数"成为数理逻辑的早期形式。随后，弗雷格和罗素等人通过研究，使数理逻辑完善起来了。今天，数理逻辑又发展出了许多分支学科，并获得了广泛的运用。

此外，德国哲学家黑格尔把逻辑分为悟性的逻辑和理性的逻辑，提出了理性的逻辑即辩证逻辑的思想。学术界一般认为，黑格尔的《逻辑学》、《小逻辑》、马克思的《资本论》、列宁的《哲学笔记》等都是辩证逻辑的经典著作。

二、逻辑学在印度

在印度，从公元前 4 世纪开始，就逐步建立了比较系统的逻辑科学。逻辑学在印度称为"因明"。"因"指推理的依据，"明"指通常所说的学说。主要代表著作有：陈那的《因明正理门论》、商羯罗主的《因明入正理论》等。在这些著作中，主要研究了推理和论证的方法，形成了印度特有的逻辑理论和体系。

三、逻辑学在中国

亚里士多德逻辑产生的同时，即中国的春秋战国时期，中国也建立了具有自己特色的逻辑学说。当时有名的思想家如邓析、慧施、公孙龙、韩非、荀况等都提出了许多有价值的逻辑理论；特别是后期的墨家学派的逻辑学说就更加完整和系统。《墨经》就是中国逻辑理论的代表著作。《墨经》里说"以名举实，以辞抒意，以说出故。"这里的"名"相当于概念，"辞"相当于判断，"故"相当于推理。在人们的思维和论证过程中，概念是用来反映事物的，命题是用来表达思想的，推理是用来推导事物的因果联系的。

第三节 逻辑学的性质和作用

一、逻辑学的性质

（一）基础性

人类的一切思维活动和知识领域都要应用逻辑，离不开逻辑。世界各国历来都有把逻辑列为学校的文化基础课而加以研修的传统。1974 年联合国教科文组织公布的学科分类目录，把逻辑学（包括逻辑的应用、演绎逻辑、一般逻辑、归纳逻辑、方法论等）列入相对于技术科学的基础科学，肯定了逻辑学的基础性地位。

（二）工具性

人类的思维、认识和表达交际都要借助于逻辑，以逻辑为必要工具。自逻辑产生之日起，它就一直被人们当作了认识的工具。例如亚里士多德的逻辑著作叫做《工具论》，即把逻辑视为思维、认识、辩论、交际的工具；培根的逻辑学著作叫做《新工具》，即把逻辑视为发现真理的工具。

（三）全人类性

逻辑具有全人类性，而没有阶级性、民族性。世界上不同的民族、地区的语言千差万别，但透过各种语言形式所把握的思维形式结构的知识，却是全人类共同具有的，不以任何民族、阶级、阶层、政党、集团的利益为转移。上述逻辑发展简史说明，逻辑在中国、印度和西方都有源远流长的研究传播史，这一事实本身就确凿无疑地证明了逻辑是全人类性的学科，语言、民族等差异，丝毫不会影响全人类都遵循相同的逻辑。

二、学习逻辑的作用

学习逻辑的目的是为了应用逻辑。人在社会活动中，无时无刻不在进行思维，有思维的地方就有逻辑存在，并且要把思维的结果表达出来。逻辑学就是在总结人类思维经验的基础上为人们提供正确思维的方法和规则的工具性科学。具体地说，学习逻辑具有以下几个方面的作用：

1. 学习逻辑有助于人们获得正确的认识。逻辑学是一门工具性的科学，一切科学都要应用逻辑。人们在认识和变革客观事物的过程中，几乎处处离不开逻辑，除了由感官直接获得的外物刺激外，人们的知识无不直接地或间接地依赖于逻辑。科学研究如此，日常思维也是如此。因此，为了认识和变革客观事物，使客观事物朝着人们需要的方向发展和转化，除了要掌握各种具体科学知识以外，还必须掌握逻辑，善于应用逻辑，把逻辑作为掌握其他一切科学知识的先行知识和工具。

2. 学习逻辑有助于准确地表达思想和严密地进行论证。要做到准确地表达思想，就必须懂得如何明确使用概念，如何恰当地形成命题，如何正确进行推理。逻辑知识是正确表达思想的必要条件。日常生活中，经常有人说：我没有学习逻辑，也不照样能思维吗？我也在运用推理吗？因此，认为没有必要学习逻辑。这种观点是错误的。因为，人不是只有先学了语法以后才会说话的，但是，在日常生活中，人们已习惯于这样说话别人才听得懂，那样说话别人就听不懂。逻辑思维也一样，在以往的数学、语文等课程的学习过程中，已经或多或少地学了一些逻辑，在日常交际、阅读文献中所接触到的，绝大多数知识也是不违背逻辑的，因而自发地形成了一种合乎逻辑的思维习惯。学习逻辑的目的不仅在于不违反逻辑，更在于能自觉地应用逻辑去解决那些不懂逻辑就不能解决的问题。

学习逻辑不但有助于我们准确地表达思想，而且有助于论证某个思想。符合逻辑的论证具有不可辩驳的说服力。

3. 学习逻辑学有助于人们更好地捍卫真理、驳斥谬误。学习逻辑不仅有助于人们正确地认识事物，准确地表达思想、有效地进行交际，而且有助于人们减少或避免思维活动或表达活动中出现的谬误，有助于人们识别和驳斥诡辩的议论。正如培根所说："史鉴使人明智；诗歌使人巧慧；数学使人精细；博物使人深沉；伦理之学使人庄重；逻辑与修辞使人善辩。"[1] 谬误和诡辩的言词有悖于事实和真理，常常会歪曲地运用逻辑。因此，全面深入地学习逻辑，将有助于辨别与战胜谬误和诡辩，从而也有助于正确地认识和有效地交际。

 第四节　逻辑学与司法工作

一、逻辑推理在司法工作中的作用

司法工作是一项严肃而复杂的工作，正因为如此，所以，要求司法人员必须具有较高的知识素养，尤其要具有严谨缜密的逻辑思维能力。

就拿刑事侦查而言，侦查人员的任务就是要查明案件事实，确认某个特定的犯罪行为是否发生，弄清作案者是谁等等。然而，案件总是在侦破

---

〔1〕《培根论说文集》，商务印书馆 1983 年版，第 180 页。

之前发生的，而且犯罪者的犯罪行为通常又在隐蔽条件下实施的，既不能被侦查人员所直接感知，也不能因侦查人员认识的需要而重复再现。犯罪者作案后为了逃避罪责，往往还要制造假象，故布疑云，因此，侦破工作本身就是一件十分困难的事情。那么，侦查人员凭借什么来获得对案件事实的认识呢？出路只有一个，就是在搜集和占有材料的基础之上借助于一系列严密的逻辑推理使真相大白于天下的；可以毫不夸张地说，任何案件的侦破都在运用着逻辑。人们把描写侦查破案的小说称之为"推理小说"，就足以说明侦查破案与逻辑推理具有密不可分的关系。

案件审理活动过程中，司法人员要作到正确认定案件事实，准确适用法律，真正贯彻"以事实为根据，以法律为准绳"的法律原则，得出一个兼具合法性、合理性，而又能令人信服的司法裁决或判决结论，就要求司法工作人员具有较强的推理能力和论证技巧。因此，司法工作的性质和特点就决定了司法工作特别需要逻辑作为理论支撑，司法人员不能不懂逻辑。正因为如此，前苏联法学教授库德里亚夫采夫指出："逻辑学对于法学，特别是对于定罪的意义是不容置疑的。大概社会生活的任何领域都不会像在法的领域那样，由于违背逻辑规律，造成不正确的推理，导致虚假的结论而引起如此重大的危害。推理的逻辑性，在侦查和审理案件时严格遵守正确的思维规律——对于每一个法律工作者是基本的不可缺少的要求。"[1] 英国当代著名法哲学家麦考密克也说："我们需要法律的技术人员，其任务就是要仔细研究技术。在律师们的技术当中主要的就是进行正确的推理和有力的论证技术。"[2]

二、普通逻辑与法律逻辑

司法工作者所需要的这种智力手段或技术，普通逻辑是否完全能适应呢？如前所述，逻辑学是一种具有全人类性、工具性和基础性的学科，对于任何领域，当然也包括司法活动领域，都具有普遍适用性。但是，我们也不能不看到，普通逻辑提供的终究是适用于普通思维领域的一般性知识，它没有也不可能对司法活动中具有特殊意义的思维形式和方法，给出科学的概括和说明。不仅如此，由于普通逻辑侧重研究的是思维的形式结构和一般规律，而对思维的具体内容不加任何研究，这就无疑在一定程度

---

〔1〕〔苏〕B. H. 库德里亚夫采夫著，李益前译：《定罪通论》，中国展望出版社 1989 年版，第 59 页。

〔2〕〔英〕麦考密克、魏因贝格尔著，周和谦译：《制度法论》，中国政法大学出版社 1994 年版，第 131 页。

上影响它在司法工作中的实践意义。而只要结合法律理论和司法实践的具体内容做一认真考察，我们就不难看到，司法工作的思维活动不能生搬硬套普通逻辑的已有理论和方法。正是基于司法实践的特点，国内逻辑学界的同行为更好地发挥普通逻辑的应用效力，使之更贴近司法实践而在这方面作出了巨大的努力，取得了不少成果。但是，这些成果还不能称之为真正意义上的法律逻辑。

　　按照法学家的观点，真正意义上的法律逻辑是适用法律的逻辑，是司法人员将一般法律规定适用于待处案件过程之中，论证司法判决的正当性、合理性的技术，因而是"供法学家，特别是供法官完成其任务之用的一些工具、方法论工具或智力手段"。[1] 但法律逻辑绝不是普通逻辑在法律领域的简单应用。

　　法律逻辑关注的核心是法律推理问题。在 18 世纪和 19 世纪时期，不少法学家也曾将法律推理看作是逻辑三段论的运用：法律规范是大前提，被认定的案件事实是小前提，法院的判决结论是结论。他们将法官视为适用法律的机器，是立法者的代言人，只能对立法者所制定的法律规范做三段论的逻辑操作。这种观点和做法遭到了后来许多法学流派的批判。因为在他们看来，尽管将一般的法律规范适用于具体案件过程，总的来看是一个演绎的过程，然而其推论活动却是极其复杂的："除了事实认定方面的困难之外，面对千变万幻、复杂多歧的具体事实，如何妥当地适用法律也往往是颇费踌伫的。究其原因，或者成文法的条文语意暧昧、可以二解，或者法律规范之间互相抵触、无所适从，或者对于某种具体的案件无明文规定，或者墨守成规就有悖情理、因而不得不法外通融，如此等等，不一而足。"[2] 不但如此，而且"即使在法律原文的拘束力较强的场合，法律家也不可能像一架绞肉机：上面投入条文和事实的原料，下面输出判决的馅儿，保持原汁原味。"[3] 因此，法律逻辑有着它特有的研究视角和内容，特别是在法律推理的结构、法律推理的推理机制等方面，与普通逻辑具有重大差异。因此，对于，司法工作者而言，学习普通逻辑是必要的，因为它是基础，但又是不够的，因为，它并不完全适用于法律实践。

---

　　〔1〕 沈宗灵："佩雷尔曼的'新修辞学'法律思想"，载《法学研究》1983 年第 5 期。

　　〔2〕 季卫东："'应然'与'实然'的制度性结合（代译序）"，载［英］麦考密克、魏因贝格尔著，周和谦译：《制度法记》，中国政法大学出版社 1994 年版，第 2～3 页。

　　〔3〕 季卫东："追求效率的法理（代译序）"，载［美］波斯纳著，苏力译：《法理学问题》，中国政法大学出版社 1994 年版，第 6 页。

本书虽然对法律概念、法律规范判断及其法律解释、法律推理等内容作了比较详细的介绍，但它仍不是真正意义上的法律逻辑，因为，本书还是以普通逻辑为主要内容，并没有建立起一个比较完整的法律逻辑体系。

第五节　学习法律逻辑的方法

学好法律逻辑，除了要充分了解掌握法律逻辑的意义和作用，要有一个积极的学习态度以外，还必须有一个科学的学习方法，学习方法问题同每一个人原有的文化水平、社会经历、学习习惯等有一定的关系。这里，从法律逻辑的学科特点，谈谈学习法律逻辑的方法：

一、重点掌握推理和论证知识

逻辑学的主要任务是解决推理有效问题，具体讲是解决在给定的前提下能推出什么结论，或者对一给定的推理判定其是否有效的问题。也只有推理才表现出逻辑学的最大价值。论证是各种推理知识的综合运用，学好了各种推理知识，就为更好地运用论证奠定了基础。学习推理知识当然不能没有必要的知识准备，例如概念、命题等问题如果搞不清楚，就无法掌握推理，因此，在学习每一种概念或命题的时候，都应该从推理基础的角度去思考它们。

二、要培养用符号思维的习惯和能力

逻辑学研究思维的特点之一就是：它并不研究思维的具体内容，而只研究思维的形式结构及其规律，而要撇开内容来研究形式就得使用符号。传统逻辑就使用了符号，现代逻辑更被称之为符号逻辑。只有使用符号才能表达纯粹的逻辑形式，只有用符号才能把推论变成演算。没有符号就没有现代逻辑。学习者务必克服畏惧符号的心理，要有意地撇开具体内容，习惯用符号来思维，形成一种能力，这是学好逻辑的关键。因此，在学习逻辑原理的过程中，不要过于依赖实例。

三、掌握学习逻辑技巧和方法

学习逻辑如同学习其他课程一样，是要借鉴一些技巧、方法的，事实上，每个学习逻辑的人都有自己的一套技巧和方法。

本教材中，我们介绍了对当关系推理图、等值链法等逻辑推演的技巧和方法，这些方法有助于对逻辑知识的理解、掌握、运用和记忆。

四、多做练习、多实践

逻辑学是一门工具性科学。工具性是逻辑学的重要特点。工具性具有熟能生巧的特点，多做练习，结合具体实例进行思考，不放过任何运用逻辑进行分析的机会。写一篇文章、听一个报告、作一次讨论的发言、参加一次辩论，都是运用逻辑的好机会，分析其中的概念是否明确，命题是否恰当，整个推理论证是否具有逻辑性。如果能够经常地、自觉地进行这样的练习或训练，那么，学习和掌握逻辑知识不但不会觉得困难，而且一定可以取得事半功倍的效果。

思考题

1. 什么是逻辑学？逻辑学的研究对象是什么？

2. 学习逻辑有什么作用？

3. 为什么司法工作特别需要逻辑？

第二章　概　念

学习目标

本章应掌握的基本原理：

△ 概念的内涵和外延

△ 概念的种类

△ 概念外延间的关系

△ 限制、概括、定义、划分等明确概念的逻辑方法

△ 法律概念的特征、结构、功能

本章需训练的基本能力：

△ 正确识别并用欧拉图表示若干概念外延间关系的能力

△ 准确分析某个具体的限制、概括、定义、划分是否正确的能力

△ 识别并纠正概念运用方面的逻辑错误的能力

△ 正确运用法律概念的能力

△ 运用定义的知识进行分析、判断的能力。

第一节　概念概述

一、什么是概念

概念是反映思维对象特有属性的思维形式。

思维对象多种多样，有人类社会方面的，如法律、国家、科学、犯罪等；有自然界方面的，如宇宙、河流、花草树木等；也有意识形态领域内的，如精神、思维、感觉等。人们习惯上将思维对象称为事物。每一个事物都有其自身的性质，如颜色、气味、形状、功能、好坏、美丑等。事物与事物之间还总是存在着一定的关系，如认识、援助、信任、喜欢、抚养、遗弃等。事物的性质和事物之间的关系，统称为事物的属性。

事物与属性密不可分。事物总有属性，属性也总属于事物，无属性的事物和脱离事物的属性都是不存在的。事物由于属性的相同或相异而形成各种不同的类。具有相同属性的事物组成一类，具有不同属性的事物分别

地组成不同的类。

在事物的属性中，有些是特有属性，有些是非特有属性。所谓特有属性，是指一类事物共同具有而其他类事物不具有的属性。它对一事物之所以成为该事物起决定性作用。例如，"一定的社会危害性、刑事违法性和应受刑罚处罚性"是决定"犯罪"之所以成为"犯罪"，并区别于其他违法行为的属性，所以是"犯罪"的特有属性；至于什么人在什么时间、什么地方、采用什么方法、出于什么动机犯罪等属性，则对"犯罪"之所以成为"犯罪"不起决定性作用，是"犯罪"的非特有属性。

概念是人脑对事物特有属性的间接的概括的反映。从认识论角度看，人们总是尽可能地认识事物的全部属性，通过比较、分析、综合、抽象等逻辑方法，逐步舍弃事物的非特有属性，只从全部属性中抽出事物的特有属性进行反映，经过抽象概括而形成概念。例如，"人"这个概念是这样形成的：首先将它与其他动物进行比较，分析出它的各种属性；然后对这些属性进行分析、综合，从中抽象概括出"人"的特有属性，即"能制造工具并使用工具进行劳动的高等动物"。

可见，概念是事物的特有属性在人脑中的反映，而不是事物特有属性本身，属于意识的范畴，因而具有主观性的一面；但概念反映的是事物的特有属性，而事物及其特有属性是客观存在的，因而又有客观性的一面。所以，概念是主观性和客观性的统一。

二、概念的内涵与外延

概念反映事物的特有属性，与此同时也必然反映具有这种特有属性的事物，这两个方面便构成了概念的内涵和外延。任何概念都有内涵和外延。概念的内涵与外延是概念的两个基本的逻辑特征。

概念的内涵是指反映在概念中的事物的特有属性，通称概念的含义。例如，"故意犯罪"这个概念的内涵是"明知自己的行为会发生危害社会的结果，并且希望或者放任这种结果发生，因而构成犯罪的行为。"这也就是"故意犯罪"这一事物的特有属性。又如，"过失犯罪"这个概念的内涵是"应当预见自己的行为可能发生危害社会的结果，因为疏忽大意而没有预见，或者已经预见而轻信能够避免，以致发生这种结果的行为。"这也就是"过失犯罪"这一事物的特有属性。

概念的外延是指反映在概念中的具有概念内涵的所有事物，通称概念的适用范围。例如，"故意犯罪"这个概念的外延就是具有"故意犯罪"这个概念内涵的一切犯罪行为，如"背叛国家罪"、"放火罪"、"故意杀人罪"、"抢劫罪"、"贪污罪"等。"过失犯罪"这个概念的外延就是具有

"过失犯罪"这个概念内涵的所有犯罪行为，如"失火罪"、"过失爆炸罪"、"过失杀人罪"、"过失重伤罪"等。

概念的外延，有的是一个单独事物，如"中国"、"鲁迅"、"太阳"、"长江"等；有的是两个或若干个事物，如"罪犯"、"律师"、"被告人"、"审判员"等。这些概念反映的是客观存在的事物，称之为实概念。还有一些概念的外延是空类，即在客观世界中不存在相应的事物，是人为的，如"上帝"、"鬼"、"神"、"天堂"、"孙悟空"等。这就是空概念，也称为虚概念或虚构概念。虚概念反映的是只存在于人们的主观世界而客观世界中不存在的虚构的事物。其外延虽然在客观世界中是空的，但在思维领域中也有其特定的内涵和外延。

概念的内涵和外延是有其客观基础的。概念的内涵说明概念反映的事物具有什么样的特有属性，是从质的方面反映事物的；概念的外延说明概念反映的事物有哪些，是从量的方面反映事物的。而事物的特有属性和数量范围是客观存在的，是认识的对象；概念的内涵与外延不是事物的特有属性和数量范围本身，只是事物的特有属性和数量范围在人脑中的反映，是认识的成果。所以，事物的特有属性和数量范围是概念的内涵和外延的客观基础。

概念是反映客观事物的，而一切事物的矛盾运动都有相对静止和绝对运动这两种状态，相应地，概念的内涵和外延也必然有相对确定和不断变化这两个方面，这便形成了概念的内涵与外延的确定性和灵活性。任何概念的内涵和外延都是确定性和灵活性的统一。

概念的内涵与外延的确定性，是指在一定条件下，概念的内涵与外延是确有所指的，不能任意改变或相互混淆。这是客观事物在发展的一定阶段上质的规定性在人们意识中的反映。正由于此，才能把同类事物联系起来，把不同类事物区别开来，从而使人们的认识成果得以巩固。例如，"抢劫罪"的内涵是指以非法占有为目的，使用暴力、胁迫或者其他方法，强行劫取公私财物的行为；"抢夺罪"的内涵是指以非法占有为目的，乘人不备，公然夺取公私财物数额较大的行为。这两个概念的内涵和外延在现阶段都是确定的且各不相同，从而使它们互相区别，界限分明，不容许使用时将它们混为一谈。

概念的内涵与外延的灵活性，是指随着客观事物的发展和人们认识的深化，概念的内涵与外延也会发生相应的变化。例如，"受贿罪"的内涵1979年《刑法》中是这样揭示的："国家工作人员利用职务上的便利，收受贿赂的行为"；后来，随着国家政治、经济、社会的发展和司法实践的需要，为了严厉打击腐败犯罪，便于具体操作，1997年《刑法》把"受贿罪"的内涵修改为："国家工作人员利用职务上的便利，索取他人财物，或者非法收受他人财物为他人谋取利益的行为"。可见，"受贿罪"的内涵发生了变化。又如，相对于1979年《刑法》而言，1997年《刑法》中"侵犯财产罪"的外延也发生了很大变化：除了"抢劫罪"、"盗窃罪"、"诈骗罪"、"抢夺罪"、"敲诈勒索罪"和"故意毁坏财物罪"这六种罪名外，在司法实践中还出现了其他一些"使用非法手段将公私财物据为己有或者故意毁坏公私财物"的犯罪，便增设了"聚众哄抢罪"、"侵占罪"、"职务侵占罪"、"挪用资金罪"、"挪用特定款物罪"、"破坏生产经营罪"这六种新罪名；而原有的"惯窃罪"和"惯骗罪"这两种罪名形同虚设，不便于具体操作被取消；此外，为了加大反腐败斗争的力度，根据廉政建设的需要，将1979年《刑法》第五章"侵犯财产罪"中的"贪污罪"和第八章"渎职罪"中的"贿赂罪"等国家工作人员的腐败犯罪合并为1997年《刑法》分则中的第八章"贪污贿赂罪"。这就使"侵犯财产罪"的外延由原来的9种罪名增删变化为现在的12种。可见，概念的内涵与外延绝不是一成不变的。

平常所说的概念要明确，就是指概念的内涵和外延要明确，既要明确概念反映的事物具有什么样的特有属性，又要明确概念反映的事物有哪些。只有这两个方面都明确了，概念才是明确的。例如，要明确"违法行为"这个概念，就必须既要明确其内涵是危害社会的、触犯了国家颁布的各种法律、法规的行为，又要明确其外延包括一切犯罪行为和那些情节较轻、没有受到刑罚处罚的但危害社会的行为。只有这两个方面都明确了，才能说真正明确了"违法行为"这个概念，也才能准确地使用它，不至于把它同"犯罪行为"这个概念相混淆。概念明确是正确思维的必要条件。只有明确了概念的内涵和外延，才能准确地使用概念、恰当地作出判断、合乎逻辑地进行推理和论证。

明确概念的内涵和外延，对于做好司法工作意义重大。例如：

被告人李某（1978年2月15日生，学生），1992年2月13日晚，在村晒谷场与同村少年发生口角并互殴。在互殴中，被告人从地上捡起一块约一斤重的石头朝被害人脸部砸去，致被害人鼻梁大出血不止，后送医院抢救脱险。经法医鉴定为鼻梁骨断裂，脑组织受到严重伤害，致残废，属重伤。某县公安机关于2月16日对李某拘留审查，李某供认了以上事实。在审理该案时，法院对李某是否构成犯罪产生了争议。[1]

本案中，法院对被告人李某是否构成犯罪的争议涉及到了明确概念的内涵和外延的问题。我国《刑法》第17条对"应当负刑事责任"的人的年龄和条件作了明确规定："已满16周岁的人犯罪，应当负刑事责任。已满14周岁不满16周岁的人，犯故意杀人、故意伤害致人重伤或者死亡、强奸、抢劫、贩卖毒品、放火、爆炸、投毒罪的，应当负刑事责任。"本案中被告人李某的行为显然是故意伤害致人重伤，但是否构成犯罪呢？这就需要明确"已满14周岁"这个概念的内涵和外延。根据最高人民法院的解释："已满14周岁"的内涵是指实足年龄，应以日计算，即从过了14周岁生日的第二天开始，才是已满14周岁。其外延当然是指所有过了14周岁生日的人。而本案被告人是在14周岁生日前两天作的案，不符合"已满14周岁"这个概念的内涵和外延，即他不满14周岁，所以不应当负刑事责任。又如：

1998年11月9日，王某租用被告人卢某的车去火车站。途中，王某突然记起有件东西忘在家中，便要求卢某调头往回开。车开到王某楼下时，王某告诉卢某等他一下，便匆忙上楼往家赶。这时，卢某看见王某留在车上一个精致的手提包，他等了几分钟，见王某还没返回，便开车回了家。卢某发现包里有BP机、手机各1部，人民币9万元，以及身份证等证件，遂藏于家中。

王某于当天晚上报案，公安机关根据王某所提供的出租车车牌号，迅速将卢某抓获，并缴获了全部赃款、赃物。

一审人民法院认定被告人卢某的行为构成盗窃罪，判处卢某有期徒刑8年。被告人不服，提出上诉。

二审人民法院改判被告人卢某犯侵占罪，判处有期徒刑4年。[2]

在本案审理中，一审判决和二审判决的主要分歧涉及明确"盗窃罪"和"侵占罪"这两个概念的内涵和外延问题。要正确地适用法律，正确地定罪量刑，就要确切地理解和掌握法律概念的内涵和外延，严格区分不同的法律概念，以避免错判、误判。本案中的"盗窃罪"和"侵占罪"是两个完全不同的法律概念，它们具有不同的内涵和外延。盗窃罪是指以非法占有为目的，秘密地窃取数额较大或者多次窃取公私财物的行为；侵占罪

〔1〕 王洪主编：《法律逻辑学案例教程》，知识产权出版社2003年版，第64页。
〔2〕 王洪主编：《法律逻辑学案例教程》，知识产权出版社2003年版，第72~73页。

是指将代为保管的他人财物或者将他人的遗忘物、埋藏物非法占为己有，数额较大，拒不退还的行为。显然，卢某将原告王某遗留在车上的手提包藏于家中非法占为己有，且数额较大，如果没有司法机关的介入，卢某是不会退还的。可见，卢某的行为符合侵占罪的特征。因此，二审人民法院的判决是正确的，即卢某犯的是侵占罪。

三、概念与语词

概念是意识范畴内的东西，看不见，摸不着，必须借助于语词表达出来，人们才能了解并把握它。因此，概念与语词有着密切的联系。概念是语词的思想内容，语词是概念的表达形式。任何概念都是用语词表达的。有的概念由一个词表达，有的概念由一个词组表达。不借助语词的概念是不存在的，不表达一定概念的语词也是没有意义的。

但是，概念与语词毕竟不是同一个东西，它们分属于不同的科学范畴。概念是思维形式，属于逻辑学的研究范畴；语词是语言形式，是用来表达概念、标志事物的一组符号，属于语言学的研究范畴。因此，它们之间有着明显的区别，主要体现在以下三个方面：

第一，任何概念都必须借助于语词表达，但并非所有语词都表达概念。在现代汉语中，词分为实词和虚词两大类。实词一般都表达概念；虚词则有些表达概念，有些不表达概念。表达逻辑常项的连词和由介词构成的介词短语表达概念；助词、叹词则不表达概念。

第二，同一个概念可以用不同的语词表达。由于语词有民族性，概念没有民族性，因此，不同民族是用不同语词表达同一个概念的。即使在同一民族语言中，由于有口语词与书面语词、方言语词与普通话语词的差异，也必然存在同一个概念用不同语词表达的现象，如"诉讼"与"打官司"、"合同"与"契约"、"死刑"与"极刑"等。

第三，同一个语词在不同的语言环境中可以表达不同的概念。这种语词在语言学中被称为多义词。例如，"拘留"这个语词，在不同的语言环境中，既可以表达行政拘留，也可以表达刑事拘留，还可以表达司法拘留。对这种一词多义现象，必须严格加以区别，以避免在推理、论证中出现逻辑错误。

了解概念与语词的关系，掌握概念的语词表达形式，对于我们在表达和交流思想时避免思想混乱、词不达意现象的发生，以及准确使用概念、恰当灵活用词具有重要作用。

第二节 概念的种类

根据概念的内涵或外延的某些共同特征，依据不同的标准，可以把概念分成不同的种类。了解概念的种类及其特征，有助于进一步弄清概念的内涵和外延，有助于准确地理解和使用概念。

一、单独概念和普遍概念

根据概念反映的事物数量是一个还是两个以上，可以把概念分为单独概念和普遍概念。

单独概念是反映一个特定事物的概念。其外延只有一个单独事物。如"中国"、"黄河"、"鲁迅"、"九一八事变"、"《三国演义》"等，都是单独概念。

从语言学角度看，语词中的专有名词都表达单独概念。另外，某些词组也可以表达单独概念，如"《祝福》的作者"、"被告人王某某"、"山东省高级人民法院"、"这个罪犯"等。

普遍概念是反映两个以上事物的概念。其外延有两个以上的事物。如"法律"、"教师"、"律师"、"法学家"、"盗窃"、"严重"等，都是普遍概念。

从语言学角度看，普遍概念既可以由普通名词、动词、形容词等表达；也可以由词组表达，如"司法干部"、"中国的直辖市"、"优秀教师"、"法律禁止的行为"等。

应当注意，单独概念和普遍概念的区分一般是就实概念而言的。但虚概念在人们的主观世界中也有单独概念与普遍概念之分，如"上帝"、"天堂"、"孙悟空"等就是单独概念；而"鬼"、"神"、"妖怪"等就是普遍概念。

需要指出的是，单独概念与普遍概念的区分一般不需要考虑具体的语言环境，但有时又不能完全置具体的语言环境于不顾。例如，"国家推广全国通用的普通话。"[1] 中的"国家"在我国《宪法》中特指"中华人民共和国"，因而不是普遍概念，而是单独概念。

二、集合概念和非集合概念

根据概念反映的事物是否为集合体，可以把概念分为集合概念和非集

---

〔1〕《宪法》第19条第5款。

合概念。

要准确把握这两种概念，必须首先分清客观世界中存在的两种不同的关系：类和分子的关系、集合体与个体的关系。

事物由于属性的相同或相异而形成许多类。在逻辑学中，把具有相同属性的事物（即同一类的事物）叫做类，把从属于类的每一个事物叫做分子。类与分子的关系是：类由分子组成，分子必然具有类的属性。例如，"教师"就是一个类，每一个具体的教师都是这个类的分子，都必然具有"教师"这个类的属性。有的类中还包含着小类，小类又叫子类，如"逻辑教师"就是"教师"这个类的子类。子类也必然具有类的属性。

集合体是由许多相同事物聚合而成的统一体，构成集合体的每一个具体事物叫做个体。集合体与个体的关系是：集合体由个体构成，个体却未必具有集合体的属性。例如，"中国工人阶级"就是由若干个中国工人构成的集合体，但个体"中国工人"并不具有"中国工人阶级"这个集合体的属性。

集合概念就是反映集合体的概念。例如，"书是人类进步的阶梯"中的"书"、"中国人是有骨气的"中的"中国人"、"我国的法律很多"中的"法律"等，都是集合概念。

非集合概念就是不反映集合体的概念。非集合概念是相对于集合概念而言的。凡不属于反映集合体的概念都是非集合概念。例如，"书是装订成册的著作"中的"书"、"中国人是亚洲人"中的"中国人"、"中国刑法是我国的法律"中的"法律"等，都是非集合概念。

值得注意的是，集合概念和非集合概念的区分，主要是借助于具体的语言环境加以确定的。例如：

　　①法学院的教师有50多人。

　　②法学院的教师都是50岁以下的人。

例①中的"法学院的教师"是集合概念，因为"法学院的教师"只有作为集合体才能具有"有50多人"这样的属性。例②中的"法学院的教师"是非集合概念，因为集合体不可能具有年龄这样的性质，"50多岁以下的人"这一属性必然为法学院的每一位教师所具有。

在实际思维中，正确区分集合概念与非集合概念，直接关系到对概念的正确理解和运用，进而关系到正确推理与论证，因而决不可忽视。否则，会犯"混淆概念"或"偷换概念"的逻辑错误。例如，在科学史上，当达尔文提出"人类是从猿猴进化而来的"这一科学论断时，一帮浅薄无知的神学家和主教立刻跳出来质问："有哪一个人不是父母所生，而是猴子变成的？又有哪一只猴子变成了人？”这些神学家和主教们故意把达尔文作为集合概念使用的"人类"和"猿猴"偷换为非集合概念"人"和"猴子"，是纯粹的玩弄逻辑的诡辩。又如：

　　　　鲁迅的作品不是一天能读完的，

　　　　《祝福》是鲁迅的作品；

　　　　所以，《祝福》不是一天能读完的。

　　这是一个三段论推理，其结论是假的。原因就在于"鲁迅的作品"这个语词，在两个前提中表达的一个是集合概念，一个是非集合概念。该推理混淆了这两个不同的概念，将其误作同一个概念来使用，从而违反了三段论的规则。

三、正概念和负概念

　　根据概念反映的事物是否具有某种属性，可以把概念分为正概念和负概念。

　　正概念又叫肯定概念，是反映事物具有某种属性的概念。例如，"成文法"、"有选举权"、"健康"、"正常死亡"、"成年人"、"起诉"等，都是正概念。

　　负概念又叫否定概念，是反映事物不具有某种属性的概念。例如，"不成文法"、"无选举权"、"不健康"、"非正常死亡"、"未成年人"、"不起诉"等，都是负概念。

　　从语言学角度看，表达负概念的语词往往在其相应的正概念前面带有"非"、"无"、"不"、"未"等否定词。但这些副词必须具有否定意义，否则表达的就不是负概念。例如，"非洲"、"无锡"、"不丹"、"未来"等，都是正概念。

　　负概念反映事物不具有某种属性，是相对于反映事物具有某种属性的正概念而言的。在任何一个正概念的基础上都可以形成一个相应的负概念。所以，负概念指称的对象不是漫无边际的，而是包含在一个特定范围内，这个特定范围逻辑上称之为论域。论域实际上就是负概念和与其相应的正概念的外延之和，是正、负概念的属概念。例如，"未成年人"是相对于"成年人"而言的，其论域是"人"。因此，负概念以否定与它相应的正概念的内涵作为自己的内涵，以正概念的外延以外的事物作为自己的外延。如"未成年人"的内涵是指不具有"成年人"的属性，外延是"人"这个论域中除了"成年人"以外的对象。

　　除上述常见种类外，还可以根据概念反映的是事物本身还是事物的属性，把概念分为实体概念和属性概念。

实体概念亦称具体概念，是反映具体事物的概念。如"长江"、"警察"、"学校"、"律师"、"审判长"等。实体概念的外延指称的是一个或一类具体事物。

属性概念亦称抽象概念，是反映事物的属性的概念。如"残忍"、"轻微"、"抢劫"、"危险"、"伤害"等。属性概念的外延指称的是事物的这种或那种属性。

事物和它的属性不可分割，但又有区别。在日常思维和表达中，应分清实体概念和属性概念，否则，会造成思维混乱。例如，有人说："良心值多少钱一斤？"这就把"良心"这个属性概念误作实体概念来使用了。因为"良心"是指内心对是非、善恶的正确认识，是无法论斤两、讲价钱的。这样说，会使人觉得说话人蛮不讲理。

以上对概念的分类，是按照不同标准进行的，目的在于了解概念各方面的逻辑特征，以做到概念明确并进而正确地使用概念。由于是按照不同标准分出的种类，因此，任何一个概念都不只属于某一个种类，而会因标准不同同时属于几个不同的种类。例如，"中国共产党"既是一个单独概念，又是一个集合概念，还是一个正概念；"非正常死亡"分别是普遍概念、非集合概念和负概念。

第三节 概念外延间的关系

客观事物之间存在着各种各样的关系，反映客观事物而形成的概念之间也必然具有各种各样的关系。但逻辑学并不研究概念间的一切关系，而只研究概念外延间的关系，即两个概念的外延有无重合的关系。为了直观地显示概念外延间的关系，逻辑学通常采用18世纪瑞士数学家欧拉设计的圆圈图形来表示，这种表示概念外延间关系的圆圈图形，被称为欧拉图。

根据概念外延间有无重合部分，可以将概念外延间的关系分为相容关系和不相容关系。

一、相容关系

相容关系是指外延有重合部分的两个概念间的关系。根据重合情况的不同，相容关系又可以分为全同关系、真包含于关系、真包含关系和交叉关系。

（一）全同关系

全同关系也称同一关系，是指外延完全重合的两个概念间的关系。例

如，"司马迁"与"《史记》的作者"、"宪法"与"国家的根本大法"、
"人民法院"与"我国的审判机关"，这三组概念分别都是全同关系。

若用 S 和 P 分别表示两个概念，则全同关系可以用欧拉图表示为：

全同关系的特点是：所有 S 都是 P，并且所有 P 都是 S。

应当注意，全同关系的概念和用不同语词表达的同一个概念是有区别
的。同一个概念虽然是用不同语词表达的，但其内涵和外延都相同，只不
过文字表达形式不同罢了，如"合同"与"契约"、"医生"与"大夫"。
但全同关系的概念，虽然外延完全重合，内涵却并不完全相同，因为它们
是从不同角度、不同方面反映同一事物的。例如，"规定国家根本制度的
法律"和"具有最高法律效力的法律"这两个全同关系的概念，前者是从
法律解释的内容方面反映宪法的，后者则是从法律效力的程度方面说明宪
法的。正由于此，在日常语言表达中交替运用全同关系的概念，有助于从
不同方面加深对同一事物的理解和认识，有助于概念明确，避免用词重
复，从而增强修辞色彩和表达效果。

因为全同关系概念的外延完全重合，所以不能并列使用。如不能说
"他既研究辩证唯物主义和历史唯物主义，也研究马克思主义哲学"。

（二）真包含于关系

真包含于关系也称种属关系，是指一个概念的全部外延与另一个概念
的部分外延重合的关系。例如，"刑法"与"法律"、"大学生"与"学
生"、"放火罪"与"危害公共安全罪"，就这三组概念前者对后者的关系
来说，它们都是真包含于关系。

若用 S 表示前一概念，P 表示后一概念，则真包含于关系或者说 S 真
包含于 P 的关系，可以用欧拉图表示为：

真包含于关系的特点是：所有 S 都是 P，但有的 P 不是 S。

（三）真包含关系

真包含关系又称属种关系，是指一个概念的部分外延与另一个概念的
全部外延重合的关系。例如，"文学作品"与"小说"、"侵犯财产罪"与

"抢劫罪"、"社会科学"与"法学"，就这三组概念前者对后者的关系来说，它们都是真包含关系。

若用 S 表示前一概念，P 表示后一概念，则真包含关系或者说 S 真包含 P 的关系，可以用欧拉图表示为：

真包含关系的特点是：所有 P 都是 S，但有的 S 不是 P。

真包含于关系与真包含关系是相对互逆的，即 S 真包含于 P，则 P 真包含 S；S 真包含 P，则 P 真包含于 S。这两种关系可统称为从属关系。在具有从属关系的两个概念中，总有一个外延较大的概念和一个外延较小的概念。外延较大的概念，叫属概念；外延较小的概念，叫种概念。真包含于关系就是种概念和属概念的关系，故称种属关系；真包含关系则是属概念和种概念的关系，故称属种关系。

应当注意，属概念与种概念的区分是相对的，一个概念既可以是属概念，又可以是种概念。例如，"侵犯财产罪"相对于"盗窃罪"是属概念，而相对于"犯罪"则是种概念。

从属关系实际上反映的是类与分子（或子类）的关系，因分子（或子类）必然具有类的属性，所以，种概念必然具有属概念的属性。如"大学生"具有"学生"的属性，"刑法"具有"法律"的属性。

由于种概念的外延总是包含在属概念的外延之中，它们是不同层次的概念，因此，在表达中属种概念一般不能并列使用。例如，"被告先后盗窃各种机动车、小轿车和自行车共 20 多辆。"这里就把"机动车"和"小轿车"这两个具有从属关系的概念错误地并列使用了，会使人误认为"小轿车"不属于"机动车"。

应当特别指出的是，具有从属关系的概念的内涵和外延之间存在着反变关系，即一个概念的外延越大，它的内涵越少，一个概念的外延越小，它的内涵越多；反之，一个概念的内涵越少，它的外延越大，一个概念的内涵越多，它的外延越小。例如，"婚姻"和"包办婚姻"是具有属种关系的两个概念，它们的内涵和外延之间就具有反变关系："婚姻"的外延比"包办婚姻"的外延大，因为除了"包办婚姻"外，还有"自由婚姻"和"介绍婚姻"，但其内涵比"包办婚姻"少一个属性"包办"；"包办婚姻"的外延比"婚姻"的外延小，但其内涵比"婚姻"的内涵多。反之，

"婚姻"的内涵少于"包办婚姻",但其外延大于"包办婚姻";"包办婚姻"的内涵多于"婚姻",但其外延小于"婚姻"。由此可见,属概念比种概念的内涵少而外延大,种概念比属概念的内涵多而外延小。利用这种反变关系,就可以通过增加或者减少概念的内涵来缩小或者扩大概念的外延,从而达到明确概念的目的。

（四）交叉关系

交叉关系是指外延仅有一部分重合的两个概念间的关系。例如,"律师"与"党员"、"妇女"与"干部"、"警察"与"青年",这三组概念前者与后者的外延都仅有一部分重合,它们都是交叉关系。

两个概念 S 和 P 之间的交叉关系,可以用欧拉图表示为:

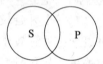

交叉关系表明:有的 S 是 P,有的 S 不是 P,并且有的 P 不是 S。如就"律师"和"党员"这两个交叉关系的概念来说,有的律师是党员,有的律师不是党员,并且有的党员不是律师。

由于交叉关系的概念的外延有部分是重合的,因而一般也不能并列使用。例如,"这起倒卖汽车案的主犯王某某,把65名国家干部和58名共产党员拉下了水",此例中的"国家干部"和"共产党员"是交叉关系,将它们并列使用,会使人迷惑不解:到底有多少人被拉下了水?

全同关系、真包含于关系、真包含关系和交叉关系有一个共同点,即 S 和 P 两个概念的外延都有重合的部分:全同关系 S 和 P 的外延全部重合,真包含于关系 S 的全部外延与 P 的部分外延重合,真包含关系 S 的部分外延与 P 的全部外延重合,交叉关系 S 的部分外延与 P 的部分外延重合。因此,逻辑上把这四种关系统称为相容关系。

二、不相容关系

不相容关系是指外延没有任何重合部分的两个概念间的关系。不相容关系也称全异关系,亦即 S 的全部外延与 P 的全部外延相排斥,所有 S 都不是 P,并且所有 P 都不是 S。例如,"正常死亡"与"非正常死亡"、"有期徒刑"与"无期徒刑"、"成文法"与"不成文法"、"内盗"与"外盗"等,都是不相容关系。

两个概念 S 和 P 之间的不相容关系,可以用欧拉图表示为:

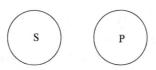

不相容关系的两个概念虽然在外延上完全不同，但并非没有任何关系，而是一般都真包含于同一个属概念中，如"正常死亡"与"非正常死亡"都真包含于"死亡"，"内盗"与"外盗"都真包含于"盗窃"。这样，若两个具有不相容关系的概念都真包含于同一个属概念中，则不相容关系又可以分为矛盾关系和反对关系。

（一）矛盾关系

两个具有全异关系的概念都真包含于同一个属概念中，并且它们的外延之和等于其属概念的全部外延，这两个概念间的关系就是矛盾关系。例如，"法律术语"与"非法律术语"、"成年人"与"未成年人"、"起诉"与"不起诉"，这三组概念分别都具有矛盾关系。如就具有全异关系的"成年人"与"未成年人"这两个概念来说，它们真包含于同一个属概念"人"中，并且它们的外延之和恰好等于其属概念"人"的全部外延，所以，"成年人"与"未成年人"之间是矛盾关系。显然，具有矛盾关系的两个概念是排中的，即非此即彼，不存在中间的可能性。具有矛盾关系的两个概念，互称矛盾概念。

两个概念 S 和 P 之间的矛盾关系可以用欧拉图表示如下。图中的 S 和 P 是具有全异关系的两个概念，I 是它们的属概念。

矛盾概念往往一个是正概念，一个是负概念，即矛盾关系常常表现为正概念和与之相应的负概念之间的关系。但也有两个矛盾概念都是正概念的，如"故意犯罪"与"过失犯罪"、"单独概念"与"普遍概念"等。

因为矛盾概念的内涵与外延都不相同，所以可以并列使用，如"党员和非党员都要遵守国家的法律"。

（二）反对关系

两个具有全异关系的概念都真包含于同一个属概念中，并且它们的外延之和小于其属概念的全部外延，这两个概念间的关系就是反对关系。例如，"小学生"与"大学生"、"刑法"与"民法"、"盗窃罪"与"诈骗罪"，这三组概念分别都具有反对关系。如就具有全异关系的"盗窃罪"

与"诈骗罪"这两个概念来说，它们真包含于同一个属概念"侵犯财产罪"中，并且它们的外延之和小于其属概念的全部外延，所以，"盗窃罪"与"诈骗罪"之间是反对关系。显然，具有反对关系的两个概念是不排中的，即存在中间的可能性。具有反对关系的两个概念，互称反对概念，它们一般都是正概念。

两个概念 S 和 P 之间的反对关系可以用欧拉图表示为：

反对概念也可以并列使用，如"小学生和大学生都是学生"、"刑法和民法都是法律"。反对概念若并列对比使用，可以收到对比鲜明、表意深刻的效果。莎士比亚在《威尼斯商人》中，有一段诅咒黄金的叠句："黄金啊，闪烁的宝贵的黄金，有了你，黑的会变成白，丑的会变成美，错的会变成对，贱的会变成贵，老的会变成幼，怯懦的会变成勇敢。"，将一系列反对概念对比运用，妙不可言。

矛盾关系和反对关系既有相同点，又有不同点。相同点是：它们都属于不相容关系，即 S 和 P 在外延上都没有任何部分重合；而且都是同一个属概念中的两个种概念之间的全异关系。不同点则主要表现在以下两个方面：

第一，两个矛盾概念的外延之和等于其属概念的全部外延，而两个反对概念的外延之和则小于其属概念的全部外延。正由于此，两个矛盾概念不能同假，而两个反对概念则可以同假。所以，运用矛盾关系可以进行非此即彼的推演，即由否定一矛盾概念而必然肯定另一矛盾概念；而运用反对关系则不能进行非此即彼的推演，即由否定一反对概念不能必然肯定另一反对概念。例如，在确认某人的行为已构成犯罪的情况下，若否定某人的行为是过失犯罪，就等于肯定他的行为是故意犯罪；但若否定他的行为是抢夺罪，却不等于肯定他的行为是抢劫罪。原因就在于前者两个概念间是矛盾关系，而后者两个概念间是反对关系。

第二，从概念种类上看，矛盾概念往往一个是正概念，一个是负概念；而反对概念一般都是正概念。

了解并掌握矛盾关系和反对关系的区别，对于学习逻辑基本规律、证明和反驳等知识具有重要作用。

以上分析的仅是两个概念外延间的关系，至于三个以上概念外延间的关系，尽管复杂些，但都是建立在两个概念外延间关系的分析基础之上的，只要根据两个概念外延间的关系进行分析综合即可。

两个概念外延间的关系，逻辑学界一般将之归结为以下五种：

全同关系　　真包含于关系　　真包含关系　　交叉关系　　全异关系

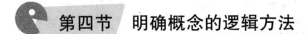

第四节　明确概念的逻辑方法

从逻辑学角度看，研究概念的目的在于明确概念。而明确概念就是明确概念的内涵和外延，这是正确思维的基础。要明确概念，就必须借助于一定的逻辑方法。常见的明确概念的逻辑方法有限制、概括、定义和划分，它们是以不同方式、从不同方面明确概念的内涵和外延的。了解并掌握这些逻辑方法，有助于我们准确地理解和使用概念，避免在运用概念作出判断、进行推理和论证时，出现"混淆概念"或"偷换概念"等逻辑错误。

一、概念的限制与概括

"学生特别是大学生要有自我教育、自我管理、自我服务的意识"，从"学生"到"大学生"就是概念的限制。"刑法是法律"、"逻辑学是思维科学"，从"刑法"到"法律"、从"逻辑学"到"思维科学"，就是概念的概括。

概念的限制与概括是通过属种概念间的双向推演（即由属概念到种概念，或由种概念到属概念）来明确概念的逻辑方法，是以属种概念的内涵和外延间的反变关系作为逻辑依据的。利用反变关系，可以通过增加概念的内涵来缩小概念的外延，从而对概念进行限制；或者通过减少概念的内涵来扩大概念的外延，从而对概念进行概括。

（一）概念的限制

概念的限制就是通过增加概念的内涵以缩小概念的外延的逻辑方法。换言之，就是由属概念过渡到种概念的逻辑方法。其基本特征是：增加概念的内涵，就可随之缩小概念的外延。

例如，在"干部"这个概念的内涵中增加"司法"这一属性，其外延随之缩小，就可以将"干部"限制为"司法干部"；在"危害公共安全罪"这个概念的内涵中增加"故意放火焚烧公私财物"这一属性，其外延也必然随之缩小，就由"危害公共安全罪"这个属概念过渡到了"放火罪"这个种概念。这种使概念的内涵逐渐增多、外延逐步缩小、由属概念过渡到种概念的逻辑方法，就是概念的限制。

在自然语言中，概念的限制一般是在表达被限制概念的语词前面加限制词，如"干部——司法干部"、"党员——学生党员"。有时，也可以直接把表达被限制概念的语词换成另外一个语词来表达限制后的概念，如"文学作品——小说"、"思维科学——逻辑学"、"侵犯财产罪——抢夺罪"。但是，概念的限制无论采取哪种表达形式，都应该达到增加概念内涵、缩小概念外延、由属概念过渡到种概念的目的，否则就不是限制。

由于属种概念是相对而言的，因此，对一个外延较大的属概念，可以进行连续限制。限制到什么程度，取决于实际思维的需要。例如，对"法"这个概念增加"诉讼"的内涵，就可以限制为"诉讼法"；再对"诉讼法"这个概念增加"刑事"这一内涵，就可以限制为更具体的概念"刑事诉讼法"。但概念的限制是有极限的，其极限就是单独概念。因为限制是在属种概念间进行的，而单独概念只反映一个特定事物，是外延最小的概念，因而无法再继续限制。正由于此，即使在表达单独概念的语词前面加限制词，也不是概念的限制，因为这仅仅是把单独概念内涵中的某种属性加以突出强调以增强表达效果罢了，并没有增加其内涵，也没有缩小其外延。

概念的限制只能在具有属种关系的概念间进行，否则会犯"限制不当"的逻辑错误。例如，将"审判员"限制为"书记员"、将"法规汇编"限制为"民法"，都是限制不当，因为它们都不是属种关系。

概念的限制过程就是概念的内涵增多、外延缩小的过程。因此，在实际思维中，对概念进行正确的限制，有助于把一般性问题深入化、具体化，使认识由一般到个别、从普遍到特殊，通过层层深入，使认识越来越具体明确。例如，"死刑适用于犯罪分子"，显然"犯罪分子"的外延过大，无法具体操作。为此，必须为其增加内涵、缩小外延，即必须对其进行限制，才能真正明确"死刑的适用对象"到底是什么。我国《刑法》第48条规定："死刑只适用于罪行极其严重的犯罪分子。"这样，通过对"犯罪分子"进行恰当的限制，使认识具体明确，便于实际操作。

概念的限制在司法工作中起着重要作用。比如，在刑事侦查工作中，侦查人员可以根据作案的动机、时间、条件、手段等情况，使用概念的限制方法，勾勒出犯罪嫌疑人的各种特征，以确定侦查方向，缩小侦查范围，使被查找的犯罪嫌疑人越来越具体，并最终得以确认。例如，已知作案人是汽车司机，而且通过车轮痕迹和目击证人确定汽车是有横排尾灯的小轿车，而这正是丰田牌轿车的特点，于是就可以把"汽车司机"限制为"丰田牌小轿车司机"，从而使作案人渐渐浮出水面。

在起诉的司法实践中，为了准确判定被告人行为的性质，也常常使用概念的限制方法，使罪名概念由抽象变为具体，由不易把握变得易于把握。例如，"诈骗罪——情节严重的诈骗罪——情节特别严重的诈骗罪"，通过对"诈骗罪"进行连续限制，由外延较大的概念推演到外延较小的概念，从而对"诈骗罪"这一罪名概念的认识逐步深化。

在讯问过程中，办案人员若能根据客观实际和具体案情，恰当运用概念的限制方法，则能对某些企图利用外延较大的概念来掩盖其违法行为的言论进行有力的驳斥。例如：

> 某食品公司经理下令员工将隔年变质发霉的月饼做成新月饼上市。经媒体曝光后，办案人员传讯该公司经理。这位经理非但不认识错误，反而寻找歪理来掩盖其违法行为。他振振有词地说："维护公司的经济利益是公司经理的天职。我之所以下令出售这些月饼，一是为了本公司免遭经济损失，为几千名职工的利益着想；二是这些月饼馅经过加工制作后，人吃了不会出问题，这要比扔掉浪费了好。"

针对该经理的诡辩，办案人员进行了如下驳斥：

> 经济利益对公司来说是重要的，维护经济利益是经理的职责。但经济利益有合法的和不合法的之分。维护公司合法的经济利益才是公司经理的职责。一个不维护公司合法的经济利益，不顾群众身体健康，下令出售变质食品的公司经理，其神圣的职责何在？其良心又何在？这种行为严重违反了《中华人民共和国食品卫生法》，干扰了社会主义市场经济秩序。因此，你维护的是不合法的经济利益，你的行为是违法行为，是严重失职的违法行为。

在这里，办案人员运用概念的限制方法，把"经济利益"限制为"合法的经济利益"和"不合法的经济利益"，对该公司经理企图利用外延较大的概念来推卸违法责任的言论，给予了有力的揭露和驳斥。又将其"违法行为"限定在"严重失职的违法行为"范围内，从而有力地打击了违法经营者，维护了广大消费者的利益。

（二）概念的概括

概念的概括就是通过减少概念的内涵以扩大概念的外延的逻辑方法。换言之，就是由种概念过渡到属概念的逻辑方法。其基本特征是：减少概念的内涵，就可随之扩大概念的外延。其思维方向与概念的限制恰好相反。

例如，在"故意犯罪"这个概念的内涵中减去"主观上的故意"这一属性，就可以概括为"犯罪"；在"青年教师"这个概念的内涵中减去"青年"的属性，就可以过渡到"教师"这个属概念。这种使概念的内涵逐渐减少、外延逐步扩大、由种概念过渡到属概念的逻辑方法，就是概念的概括。

在自然语言中，概念的概括一般是把表达被概括概念的语词前面的限制词去掉，如"中年教师——教师"、"司法干部——干部"；有时也可以换用另外一个语词表达概括后的概念，如"放火罪——危害公共安全罪"、"逻辑学——思维科学"。但是，概念的概括无论采用哪种表达方法，都要达到减少概念内涵、扩大概念外延、由种概念过渡到属概念的目的。

概念的概括也可以连续进行。例如，"受贿罪——贪污贿赂罪——故意犯罪——犯罪"，这是对"受贿罪"进行的连续三次概括。在日常思维中，对一个概念概括到什么程度，取决于实际思维的需要。但概括也是有极限的，其极限就是范畴概念。如物质、意识、内容、形式、原因、结果等范畴概念，都是一定领域内外延最大、适用范围最广的属概念，因而无法再进行概括。

概念的概括只能在具有种属关系的概念间进行，否则会犯"概括不当"的逻辑错误。例如，将"小偷小摸行为"概括为"盗窃罪"、将"宪法序言"概括为"宪法"，都是概括不当，因为它们都不是种属关系。

概念的概括过程就是概念的内涵减少、外延扩大的过程，适用于指出事物的所属范围、反映事物的共同本质。因此，在实际思维中，对概念进行正确的概括，可以使人们的认识由特殊进到一般，由具体上升为抽象，从而掌握一类事物的共有属性，加深对事物的普遍本质和规律性的认识。

概念的概括在司法实践中应用广泛。司法工作人员若能依据事实和法律，对法律概念进行正确的概括，可以把具体问题提高到原则性的高度来认识，从而正确地认定案件的性质，为准确地定罪量刑打下坚实的基础。例如：

　　某厂合同工雷某因多次旷工被厂方解除了劳务合同。雷某却认为是厂长有意跟他过不去。为了发泄不满，他乘人不备，将停放在空地上的一辆属于厂长私人的汽车点火烧毁。

在认定雷某的犯罪性质时，办案的检察人员出现了分歧。有人主张定放火罪，有人主张定破坏交通工具罪，有人认为应定报复陷害罪，还有人认为应定故意毁坏财物罪。在听完大家的意见后，检察长首先运用概念的概括方法，将"放火罪"和"破坏交通工具罪"概括为"危害公共安全罪"，将"报复陷害罪"概括为"侵犯公民人身权利、民主权利罪"，把"故意毁坏财物罪"概括为"侵犯财产罪"。然后分析哪个罪名最符合现场情况，以此来定性。厂长的汽车停放在空地上，周围没有人或财物，烧毁汽车在客观上没有造成危害公共安全的后果，雷某在主观上也没有危害公共安全的故意或过失。所以，雷某的行为构不成危害公共安全罪，即定放火罪和破坏交通工具罪不妥。烧车时厂长未在车内或车附近，雷某点火烧车并没有伤及厂长的人身权利。所以，雷某的行为也构不成侵犯公民人身权利、民主权利罪，即定报复陷害罪也不妥。雷某故意烧毁的汽车是厂长私人的合法财产，符合侵犯财产罪的构成要件，故应认定为"故意毁坏财物罪"。

二、定义

（一）什么是定义

定义是揭示概念内涵的逻辑方法。给一个概念下定义，就是用简练的语句将其内涵揭示出来。例如：

　　①共同犯罪是指二人以上共同故意犯罪。

　　②犯罪以后自动投案，如实供述自己的罪行的，是自首。

例①和例②都是定义，它们分别用简练的语句揭示了"共同犯罪"和"自首"这两个概念的内涵。

就逻辑结构而言，任何定义都是由被定义项、定义项和定义联项构成的。

被定义项就是被揭示内涵的概念，如例①中的"共同犯罪"和例②中的"自首"。

定义项是用来揭示被定义项内涵的概念，如例①中的"二人以上共同故意犯罪"。

定义联项是联结被定义项和定义项的概念。在现代汉语中，常用"是"、"就是"、"是指"、"即"、"叫做"、"所谓……就是……"等语词来表达。

若用 D_S 表示被定义项，D_P 表示定义项，则定义的结构形式可以表示为：

D_S 是 D_P。

（二）定义的种类和方法

从广义上说，凡是对某个概念的含义做出解说的逻辑方法，都可以称为定义。解说某个概念的含义，既可以通过揭示其内涵方面的属性来实现，也可以通过揭示表达概念的语词意义的方法来完成。为此，定义可以分为实质定义和语词定义。

1. 实质定义。实质定义就是揭示被定义项所反映事物的特有属性的定义。它是严格意义上的定义，又称真实定义。例如，"刑讯逼供罪是指司法工作人员对犯罪嫌疑人、被告人使用肉刑或者变相肉刑，逼取口供的犯罪行为。"该定义揭示了概念所反映的刑讯逼供行为的特有属性，因而是实质定义。

实质定义通常采用"种差加属"方法揭示事物的特有属性，因此，又叫种差加属定义。"种差加属"方法是一种最基本、最常用的定义方法，其公式是：

$$被定义项 = \frac{种差 + 属概念}{定义项}$$

种差在定义中占有十分重要的地位，一个定义是否正确，关键在于是否准确地揭示出了种差。种差是指在同一个属概念中，被定义项与其他种概念在内涵上的差别，即被定义项所反映事物的特有属性。

用"种差加属"方法下定义时，首先找出被定义项的属概念，以确定被定义项所反映的事物属于哪一类。然后揭示被定义项的种差，即揭示被定义项与其属概念中的其他种概念在内涵上的差别。种差与属概念结合而成的概念就是定义项。最后用定义联项将被定义项和定义项联结起来，就形成了一个完整的定义。

例如，给"刑法"这个概念下定义时，首先找出"刑法"的属概念"法律"；然后揭示"刑法"的种差，即"刑法"与其他法律在内涵上的差别——规定犯罪、刑事责任和刑罚，并将种差与属概念结合成一个概念（即定义项）；最后用定义联项将"刑法"与其定义项联结起来，就可以形成"刑法是规定犯罪、刑事责任和刑罚的法律"的定义。

运用"种差加属"方法下定义的过程，实际上就是对概念进行概括与限制的过程，即先对被定义项进行概括，以确定其属概念；再对这个属概念进行限制，一直限制到与被定义项外延相等的概念为止。

由于事物的属性是多方面的，因而可以从不同方面进行揭示，以获得不同的种差，从而作出不同的定义。根据种差所揭示的事物特有属性的不同，实质定义又可以分为性质定义、关系定义、发生定义和功用定义。

性质定义是指以被定义项所反映的事物自身的性质作为种差的定义。例如，"正概念是反映事物具有某种属性的概念"，该定义中的"反映事物具有某种属性"这个种差就是"正概念"自身的性质，因而是性质定义。

关系定义是指以被定义项所反映的事物与其他事物之间的关系作为种差的定义。例如，"钝角是大于直角而小于平角的角"，该定义的种差"大于直角而小于平角"揭示的就是钝角与直角和平角之间的关系，因而是关系定义。

发生定义是指以被定义项所反映的事物的产生或形成情况作为种差的定义。例如，"亲属是人与人之间因婚姻、血缘或收养而产生的关系"，该定义是以"亲属"的产生情况作为种差的，因而是发生定义。

功用定义是指以被定义项所反映的事物的功能或作用作为种差的定义。例如，"证明案件真实情况的一切事实，都是证据"、"在共同犯罪中起次要或者辅助作用的，是从犯"，这两个定义分别从"证据"和"从犯"的功用方面揭示了二者的属性，因而都是功用定义。

应当指出，"种差加属"方法并非对任何概念都适用，单独概念和范畴概念就不适用或不能用这种方法下定义。由于单独概念反映的是一个特定事物，它与其他概念间的差别很多，很难用简单的语句加以概括，因而无法用"种差加属"方法下定义，我们常常采用比较或描述特征的方法来揭示其内涵。范畴概念则是外延最大的属概念，也无法用"种差加属"方法下定义，但可以通过指明被定义项同与其处于对立统一关系中的另一概念间的关系，来定义范畴概念。例如，"物质是标志客观实在的哲学范畴，这种客观实在是人通过感觉感知的，它不依赖于我们的感觉而存在，为我们的感觉所复写、摄影、反映。"[1]

2. 语词定义。语词定义就是揭示表达概念的语词意义的定义。或者说，是说明或规定语词意义的定义，它又可以分为说明的语词定义和规定的语词定义。

说明的语词定义就是对某个语词已经确定的意义进行说明的语词定义。例如：

③刖是指我国古代砍掉脚的酷刑。

④大辟是指我国古代的死刑。

---

〔1〕《列宁选集》第2卷，人民出版社1995年版，第128页。

例③和例④分别是"刖"和"大辟"的说明的语词定义。在这种定义中，由于语词的意义是已经确定的，因而说明时会有对错之分，故必须准确了解。

规定的语词定义是指对某个语词规定某种意义的定义。当出现一个新语词或者在某种特殊意义上使用某个语词时，就可以对其意义作出规定性的解释。例如：

⑤所谓"三个文明"是指物质文明、政治文明和精神文明。

⑥这里的"四有"是指有理想、有道德、有文化、有纪律。

例⑤和例⑥分别对"三个文明"和"四有"这两个语词作出了规定性解释，其中被定义项是经过压缩的两个语词，定义项则指出这两个语词被规定的意义，它们都是规定的语词定义。

规定的语词定义在法律条文中应用较广。除了能对简缩语词的意义进行规定性解释外，这种定义还可以防止歧义和含混。例如，"以上"、"以下"、"以内"等语词，既可以理解为包括本数，也可以理解为不包括本数。为了避免歧义，我国《刑法》第 99 条对此作了一个规定的语词定义："本法所称以上、以下、以内，包括本数。"又如，《国家通用语言文字法》第 2 条对"国家通用语言文字"这个语词的意义作了明确的规定："本法所称的国家通用语言文字是普通话和规范汉字。"

规定的语词定义与说明的语词定义不同，它是语词使用者对某个语词的意义所作的主观规定，因而只有妥当与否之别，而无对错、真假之分。

（三）定义的规则

要做出一个正确的实质定义，除了掌握定义的方法和具备一定的科学知识外，还必须遵守定义的规则。定义的规则有如下四条：

1. 定义项的外延与被定义项的外延必须相等。这条规则是指定义项与被定义项外延间必须具有全同关系。唯有如此，才能用定义项准确地揭示出被定义项的内涵。

违反这条规则，就会犯"定义过宽"或"定义过窄"的逻辑错误。

"定义过宽"是指定义项的外延大于被定义项的外延。例如，"犯罪就是具有社会危害性的行为"，作为定义就犯了"定义过宽"的错误。因为所有犯罪虽然都具有社会危害性，但具有社会危害性的行为并非都是犯罪（情节显著轻微危害不大的行为，不能视为犯罪）。显然，定义项"具有社会危害性的行为"的外延大于被定义项"犯罪"的外延。

"定义过窄"是指定义项的外延小于被定义项的外延。例如，"犯罪就是严重危害公共安全的行为"，作为定义就犯了"定义过窄"的错误。因

为"犯罪"并不仅仅指"严重危害公共安全的行为",它还包括危害国家安全的行为、破坏社会主义市场经济秩序的行为、侵犯财产的行为等九类危害社会的行为。可见,该定义项的外延明显小于被定义项的外延。

2. 定义项不能直接或间接包含被定义项。定义的目的就是用定义项揭示被定义项的内涵,从而使被定义项明确。如果定义项直接或间接包含了被定义项,那就等于被定义项自己解释自己,当然无法达到明确被定义项内涵的目的。

违反这条规则,就会犯"同语反复"或"循环定义"的逻辑错误。

"同语反复"是指定义项直接包含了被定义项。例如,"抢劫罪就是实施了抢劫行为的犯罪",作为定义就犯了"同语反复"的错误,因为定义项"实施了抢劫行为的犯罪"直接包含了被定义项"抢劫罪",即该定义仅仅改换了被定义项的语词形式而已,用被定义项自身定义自身,根本没有揭示出"抢劫罪"的内涵。

"循环定义"是指定义项间接包含了被定义项。其特点是定义项要依赖被定义项来解释。例如,"近亲属就是比远亲属近的亲属",作为定义就犯了"循环定义"的错误,因为其定义项中的"远亲属"得依赖被定义项"近亲属"来解释,当然无法揭示出被定义项的内涵。

3. 定义项一般不能用负概念。定义的目的在于揭示被定义项的内涵,指出被定义项所反映的事物具有什么特有属性。如果定义项是负概念,则只能揭示被定义项所反映的事物不具有某种属性,而不能揭示它具有什么属性,因而达不到定义的目的。

违反这条规则,就会犯"定义否定"的逻辑错误。例如,"正当防卫就是不负刑事责任的行为",作为定义显然犯了"定义否定"的错误。因为它只揭示了"正当防卫"不具有"负刑事责任"的属性,却没有正面揭示出"正当防卫"具有什么属性。

应当指出,这条规则是针对被定义项是正概念而言的。若被定义项是负概念,则定义项完全可以使用负概念。因为负概念就是反映事物不具有某种属性的,定义项是负概念,正好说明被定义的负概念是以否定事物具有某种属性作为内涵的。例如,"非婚生子女是指没有婚姻关系的男女所生的子女"。

4. 定义项必须清楚确切,不能使用比喻。既然定义项是用来揭示被定义项内涵的,那么,定义项就必须使用清楚确切的科学语言来表达,以避免含混不清。比喻虽然能够形象生动地描绘事物的特征,却不能对概念的内涵进行科学的揭示,因而不能当作定义来使用。

违反这条规则，就会犯"定义含混"或"比喻定义"的逻辑错误。

"定义含混"是指在定义项中使用了含混不清或令人费解的语词。例如，"仪式就是自我的实现技巧和人的愿望物化的形式"，这样的定义匪夷所思，令人费解，无法揭示出被定义项的内涵。

"比喻定义"是指用形象生动的比喻来代替定义。例如，"教师是人类灵魂的工程师"，这个形象生动的比喻若作为定义，就犯了"比喻定义"的错误。它虽然富有形象性和启发性，却没有揭示出被定义项"教师"的内涵。

作为揭示概念内涵的逻辑方法，定义在人们的实际思维中起着重要作用。它能够总结和巩固人们的认识成果，有助于通过科学的定义划清概念间特别是相近概念间的界限，有助于通过把握基本概念的定义来掌握各门科学知识，有助于运用定义来解决实际工作中遇到的各种问题。在我国公务员录用考试《行政职业能力测验》中，"定义判断"考查的就是运用定义的知识进行分析、判断的能力。这种类型的测验题往往先给出一个概念的定义，然后再给出四组事件或行为的例子，要求根据题干所给定义，从选项中选出一个最符合或最不符合该定义的典型事件或行为。解答时，应紧扣题干定义，抓住定义中的关键词进行分析和判断。例如：

犯罪中止：在犯罪过程中，自动放弃犯罪或者自动有效地防止犯罪结果发生的行为。

根据上述定义，下列情况中属于犯罪中止的是（　　　）。

A. 一个歹徒意图抢劫一位先生的包，不料他看错了人，这位先生是一位身着便衣的警察，两个人一交手，歹徒发现自己不是对手，于是落荒而逃

B. 一中学生因成绩不好被老师罚站，自觉颜面尽失，于是乘夜色带了一把刀闯进老师家里要把老师杀掉。这位老师虽然身体瘦弱，但却沉着冷静。她展开心理攻势，使这位学生认识到后果的严重性，终于放下了手中的刀

C. 一个盗窃集团瞄上了一家大公司，准备伺机行窃。后来听说该公司由于一笔大买卖翻了船，现已濒临破产，于是打消了偷盗该公司的念头

D. 一大学生得知其父母在家中受人百般欺凌，十分气愤，瞅了个机会把仇人打死了。后来他醒悟过来，十分后悔，马上跑到公安局自首

由"犯罪中止"的定义可知：首先，犯罪中止必须在犯罪行为实施过

程中；其次，犯罪分子必须自动放弃犯罪或者自动有效地防止犯罪结果发生。选项 A 歹徒并非自动中止了犯罪行为，而是因为受害者反抗而犯罪未遂，因而不是犯罪中止；选项 C 该盗窃集团的犯罪行为还没有发生，因而根本谈不上犯罪中止；选项 D 该大学生的行为已经导致了犯罪结果的发生，因而也不是犯罪中止；唯有选项 B 该中学生持刀闯入老师家中，已经在犯罪行为实施过程中，但在老师的心理攻势下，他自动放弃了犯罪，因而属于犯罪中止。所以，正确答案是 B。

定义在法学研究和法律工作中的作用也不可忽视。每一个法律概念都有一个严格而精确的定义，只有准确把握法律概念的定义，才能真正掌握法律科学，也才能做好司法工作。在司法实践中，只有准确掌握"犯罪"以及各种具体罪名概念的定义，才能划清罪与非罪、此罪与彼罪的界限，从而做到定罪准确、量刑恰当。否则，如果对各种罪名概念的定义把握不准，就会混淆不同的罪名概念，从而导致适用法律出现错误。例如，一份起诉书中这样写道：

某日，王某在公共汽车上，利用汽车摇晃之际，抢劫了曾某装有1000多元的钱包。此后不久，王某故伎重演，在电影院售票窗口前，利用排队买票碰撞别人之际，抢劫了张某装有2000多元的钱包。

这段起诉书中两次使用了"抢劫"这个法律概念，也就是说，它认定王某犯了抢劫罪。但从王某的具体犯罪事实看，他犯的是盗窃罪，而并非抢劫罪。该起诉书由于没有准确把握这两个罪名概念的定义，混淆了它们的界限，从而导致定性错误，这是非常不应该的。

三、划分

(一) 什么是划分

划分就是根据一定的标准，将一个属概念分成若干个种概念，从而明确属概念全部外延的逻辑方法。或者说，划分就是揭示概念外延的逻辑方法。例如：

① 犯罪根据主观心态的不同分为故意犯罪和过失犯罪。

② 法根据规定的内容的不同分为实体法和程序法。

例①和例②就是划分，它们分别揭示了"犯罪"和"法"这两个概念的外延。

就逻辑结构而言，任何划分都是由划分的母项、划分的子项和划分的标准构成的。

划分的母项是指外延需要明确的属概念，即被划分的概念。如例①中的"犯罪"和例②中的"法"。

划分的子项是指用来明确母项外延的种概念，即从母项中划分出来的概念。如例①中的"故意犯罪"和"过失犯罪"、例②中的"实体法"和"程序法"。

划分的标准是指把母项分为若干个子项的根据，即划分所依据的事物的某种属性。如例①的划分标准是"犯罪的主观心态"，例②的划分标准是"法规定的内容"。就逻辑结构而言，划分的标准在任何划分中都是不可或缺的，但在日常语言表达中通常被省略。

由于事物往往具有多方面的属性，因而对同一个概念可以依据不同的属性进行不同的划分，从而获得对该事物多方面的了解。例如，对"法"这个概念，既可以依据法规定的内容，将它分为实体法和程序法；也可以依据法的适用范围，将它分为国内法和国际法；还可以依据法的文字表现形式，将它分为成文法和不成文法，等等。究竟采用什么样的划分标准，要根据实际思维中对子项的需要来确定。另外，划分的标准可以依据事物的一个属性，也可以是事物的几个属性的结合，这要根据事物的性质和实际需要确定。如例①和例②的划分标准依据的都是事物的一个属性；而本书第三章将直言命题分为全称肯定命题、全称否定命题、特称肯定命题、特称否定命题、单称肯定命题和单称否定命题，则是把直言命题的联项和量项这两个属性结合起来作为划分标准的。

划分只适用于普遍概念，而不适用于单独概念。

应当注意，不能将划分与分解混为一谈。划分是根据一定的标准，将一个属概念分成几个并列的种概念，划分的母项与每一个子项之间都具有属种关系，因而划分的子项必然具有母项的属性。分解则是把一个整体分成若干个不同的部分，它反映的是整体与部分的关系，而部分并不具有整体的属性。例如，"人民法院分为最高人民法院、地方各级人民法院和专门人民法院"，这是划分，它明确揭示了"人民法院"的外延，分出的三个概念都是有"人民法院"的属性；而"人民法院分为民事审判庭、刑事审判庭、行政审判庭等"则是分解，分出的概念不是"人民法院"的外延，都不具有"人民法院"的属性。

（二）划分的种类

根据不同的标准，划分可以分为不同的种类。

根据划分的层次的不同，划分可以分为一次划分和连续划分。

一次划分就是根据某一标准，对母项一次划分完毕。它只有母项和子项两个层次。例如，以证据的存在和表现形式为标准，"刑事诉讼证据可以分为物证、书证，证人证言，被害人陈述，犯罪嫌疑人、被告人供述和辩解，鉴定结论，勘验、检查笔录，视听资料”这七个并列的子项。这就是对"刑事诉讼证据"进行的一次划分。

连续划分是指把母项分为若干个子项后，再将子项作为母项继续划分，直到满足实践需要为止。连续划分体现了属种概念的相对性，它至少有三个层次。例如，"刑罚分为主刑和附加刑。主刑包括管制、拘役、有期徒刑、无期徒刑和死刑，附加刑包括罚金、剥夺政治权利和没收财产。"这是对"刑罚"进行的连续两次划分，有三个层次。有的还可以连续划分多次，形成更多的层次。

根据划分的子项数量的不同，划分可以分为二分法和多分法。

所谓二分法就是把母项分为两个具有矛盾关系的子项的方法。例如，根据受法律调整的行为是否符合法律规范，"其行为可以分为合法行为和非法行为"。依据死亡的原因，"死亡可以分为正常死亡和非正常死亡"。这是对母项"行为"和"死亡"分别运用二分法进行的划分，划分出的子项"合法行为"与"非法行为"之间、"正常死亡"与"非正常死亡"之间都是具有矛盾关系的概念。

二分法划分出来的两个子项往往一个是正概念，一个是负概念，便于人们把注意力集中到应当注意的那一部分上，而且它一般不会违反划分的规则，简便易行，因此，当只需要了解母项的一部分外延而无需了解其余外延，或者仅了解母项的一部分外延而其余外延还不了解时，就可以使用二分法。当然，二分法也有不足，因为采用二分法划分出的两个子项中往往有一个负概念，而负概念只反映事物不具有某种属性，其外延不很明确。

所谓多分法就是把母项分为三个以上子项的方法。例如，根据教师的年龄，"教师可以分为青年教师、中年教师和老年教师"，这个划分采用的就是多分法。当属概念的外延多于两个（不包括两个）时，就得采用多分法揭示属概念的全部外延。

（三）划分的规则

要进行正确的划分，除了掌握划分的方法并具备相关科学知识外，还必须遵守划分的规则。常见的划分的规则有如下三条：

1. 划分的子项的外延之和必须等于母项的外延。划分的目的在于揭示概念的外延，以掌握概念对象的适用范围，这就要求子项外延指称的对象必须是母项外延的全部对象，并且又不能超出母项的外延范围。而只有子项的外延之和等于母项的外延，才能达到这一要求。

违反这条规则，就会犯"划分过宽"或"划分过窄"的逻辑错误。

"划分过宽"也叫"多出子项"，是指划分的子项的外延之和大于母项的外延。即把本不属于母项外延的概念纳入了母项的外延范围。例如，"刑事强制措施分为拘传、取保候审、监视居住、拘留、逮捕、拘役和没收财产"，这个划分就犯了"划分过宽"的错误，因为"拘役"和"没收财产"不属于"刑事强制措施"的外延。

"划分过窄"也叫"划分不全"，是指划分的子项的外延之和小于母项的外延。即遗漏了本应属于母项外延的某个或某些概念。例如，"近亲属有夫、妻、父、母、子、女"，就犯了"划分过窄"的错误。因为该划分遗漏了"同胞兄弟姊妹"，使得子项的外延之和小于母项的外延，从而不能准确地揭示出"近亲属"的外延。

应当指出，在实际思维中，如果对一个概念进行划分所得的子项较多，不便于或者没有必要把子项全部列出，则完全可以只将需要的子项列出，但必须在列出的子项前面加上"主要有"，或者在子项后面加上"等"之类的语词，以示未尽。这是合乎规则要求的。

2. 同一次划分必须依据同一个标准。同一个母项因划分标准不同，所得的子项也必然不同。因此，在同一次划分中只能采用一个标准，不能时而依据这一标准，时而依据另一标准。只有这样，划分的子项间才能界限分明，母项的外延才会明确。

违反这条规则，就会犯"多标准划分"的逻辑错误，即在同一次划分中使用了两个以上的标准。如此则必然导致划分的子项间纠缠不清，不能准确地揭示出母项的外延。例如，"教师分为青年教师、中年教师、老年教师、党员教师和非党员教师"，就犯了"多标准划分"的错误。因为前三个子项是以教师的年龄为标准划分得出的，后两个子项则是以是否党员为标准划分出来的，这就造成了子项间的交叉。当然，如果不是同一次划分，如在连续划分时不同层次依据的标准完全可以不同。

3. 划分的子项必须互相排斥。所谓子项必须互相排斥，是指子项之间必须具有不相容关系。如果诸子项之间相容，就会使一些对象既属于这一子项，又属于另一子项，从而引起母项外延混乱，达不到明确母项外延的目的。

违反这条规则，就会犯"子项相容"的逻辑错误，即划分的子项之间具有相容关系。例如，"罪犯分为青少年犯、中老年犯和外来流窜作案的罪犯"，就犯了"子项相容"的错误，因为其子项"青少年犯"、"中老年犯"都与"外来流窜作案的罪犯"之间具有交叉关系，它们之间是相容的。

　　上述三条规则是相互联系的，它们分别从母项与子项的关系、划分的标准和各子项之间的关系等方面体现着划分的实质和要求。其中，"同一次划分必须依据同一个标准"和"划分的子项必须互相排斥"这两条规则是紧密联系在一起的，"多标准划分"必然导致"子项相容"。

　　作为揭示概念外延的逻辑方法，划分在人们的实际思维中同样起着重要作用。它有助于人们准确地理解和运用属种关系的概念。通过对一个概念进行划分，可以了解这个概念能够适用于哪些对象，从而使认识越来越具体，最终达到明确概念全部外延的目的。

　　划分对法律工作具有重要的指导作用。一些重要的法律概念，不仅要有准确的定义，还要有明确的划分。只有这样，才能从内涵和外延两个方面全面准确地明确这些法律概念。例如，"犯罪"这个概念，在《刑法》总则中用定义的方法揭示了其内涵：社会危害性、刑事违法性、应受刑罚处罚性；在《刑法》分则中又用划分的方法明确了其外延：危害国家安全罪，危害公共安全罪，破坏社会主义市场经济秩序罪，侵犯公民人身权利、民主权利罪，侵犯财产罪，妨害社会管理秩序罪，危害国防利益罪，贪污贿赂罪，渎职罪和军人违反职责罪。这样，既揭示了什么是犯罪，又明确了哪些是犯罪。并且在具体条款中又对这十大类犯罪作了更具体的划分。这样逐层划分，有助于明确各种犯罪的属种关系，便于分门别类地把握各种犯罪的本质和特征，有利于准确地定罪量刑。

　　此外，有些法律概念很难用定义明确其内涵，这就必须对其进行划分，从外延方面明确它。例如，"法定代理人"这个概念很难从内涵方面解释清楚，但是，通过划分从外延方面明确，就比较容易。我国《刑事诉讼法》第82条第3项规定："'法定代理人'是指被代理人的父母、养父母、监护人和负有保护责任的机关、团体的代表"，这样划分，"法定代理人"这一概念就非常清楚明白了。

第五节　法律概念[1]

一、法律概念概述

任何一门科学都是由概念构建起来的理论大厦。没有概念，就意味着没有理性思维，没有理论活动和理论表现。法律概念是在对各种法律现象共同特征概括和总结的过程中形成的，是构成法律体系的最基本的要素，是法律思维和法律实践的出发点和工具。没有法律概念，法律和法律运作也将不复存在。因此，法律概念在人类法律思维和法律实践中有着极为重要的意义。正如美国法哲学家博登海默所说："法律概念乃是解决法律问题所必须的和必不可少的工具。没有限定严格的专门概念，我们就不能清楚地和理性地思考法律问题。没有概念，我们便无法将我们对法律的思考转变为语言，也无法以一种可理解的方式把这些思考传达给他人。如果我们试图完全否弃概念，那么整个法律大厦将化为灰烬。"[2]

长期以来，法律概念一直被法学家看成是法学的重要课题，以致迄今为止，法理学界、法哲学界关于法律概念问题形成了一系列比较成熟的理论。然而，从法学与逻辑学相结合的角度对法律概念进行分析和研究，则显得比较薄弱。但无论从法学的理论研究活动还是法律的适用活动来看，都必须对法律概念进行必要的逻辑研究，掌握法律概念的逻辑特征、结构、规律。否则，法律体系中的概念的科学性将会大打折扣，司法归类活动将会受到影响。因此，从法学和逻辑学相结合的角度对法律概念进行研究就显得十分必要。

研究法律概念，必须深入到法律内部微观层次上进行研究。但鉴于本书的侧重点是逻辑在法律实践中的运用，不可能像各个部门法学那样去研究一个个具体法律概念的基本内容；因此，本节只是围绕法律概念的内涵和外延、功能、结构等几个方面对法律概念作一些简要的探索，目的在于为法律的制定和实施、特别是为进一步研究法律适用中的法律推理奠定具

---

[1]　本节写作主要参阅了雍琦、金承光、姚荣茂合著的《法律适用中的逻辑》（中国政法大学出版社2002年版）、雍琦主编《审判逻辑导论》（成都科技大学出版社1998年版）中的有关论述，在此表示感谢。

[2]　[美]博登海默著，邓正来、姬敬武译：《法理学——法哲学及其方法》，华夏出版社1987年版，第465页。

有方法论意义的基础。

（一）法律概念的定义

与"逻辑"一词在日常用语中具有不同含义一样，"法律概念"一词在法学著述中也具有不同的含义：①有人认为，法律概念指的仅仅只是法学理论中的基本范畴，例如，在美国法理学家霍菲尔德（W. N. Hohfeld）那里，指的就是诸如"权利"、"义务"、"责任"、"权力"，等等；②还有人认为，所谓法律概念就是指"什么是法律"或"法律的本质是什么"，例如英国法学家哈特（H. L. A. Hart）在其《法律的概念》一书中指出："法律是第一性规则和第二性规则的结合"等等，这里表达的就是他对法律的看法，阐明的是他的法律观；③我国著名学者雍琦教授认为，"所有在法律规范中出现的，用以指称那些应由法律规范调整的事件或行为的特有属性的思维方式，才称之为'法律概念'"[1]这种观点得到了许多学者尤其是法律逻辑学界诸多学者的普遍认同。本书所指的法律概念就是第三种意义下的法律概念。

要想准确地把握"法律概念"，就必须弄清"法律概念"与"概念"和"法学概念"的区别与联系。法律概念明显区分于其他非法律概念，并因此获得自身独立存在的价值和地位。

1. 法律概念不同于一般、广泛意义上的概念。法律概念也是概念，两者之间是大类与小类的关系，一般概念所具有的特征法律概念同样具有。然而，概念之前冠之以"法律"这个限定词，就表明它具有其自身特有的属性，这种属性就是其他同属于概念这个属概念之下的种概念所不具有的（有法律概念就有非法律概念）。正是依赖这种特有属性，才使法律概念与非法律概念具有不同质的特点，其不同之点就在于其"规定性"，即必须是有实定法明文规定的。任何一个非法律概念只有经过明确规定，为实定法所涵摄，具有法律强制力时，才转化为法律概念。

2. 法律概念与法学概念之间也存在着一定的差异，不能将两者混为一谈。所谓法学概念，是指用于法学理论研究、法学教育、法律解释、立法建议或草案中的概念。而法律概念是指法律条文中出现的，用以指称那些应由法律规范调整的事件或行为的特有属性的语词。两者最明显的区别就在于其是否是法律规定的。如果某一概念的内涵和外延是法定的，那么，这个概念就是法律概念；反之，如果某个概念只是法学理论研究、法学教

―――――――――――

〔1〕 雍琦主编：《审判逻辑导论》，成都科技大学出版社1998年版，第26页。

育、法律解释、立法建议或草案中的概念，不是法定的，不具有法律强制力，那它就仅仅只是一个法学概念。例如：像"犯罪"、"合同"、"债权"、"违约责任"、"诈骗罪"等就是法律概念；而像"自然法"、"大陆法"、"法律实证主义"、"制度法学"、"法律渊源"等就是法学概念。同时，有些概念则既是一个法律概念，又是一个法学概念。例如，"公民"、"权利"、"义务"等。另外，法律概念与法学概念在一定条件下可以相互转化。例如，1997 年《刑法》就废除了"反革命罪"，那么，这个概念就由法律概念变成了法学概念；《担保法》颁布以前，"担保行为"等概念就只是一个法学概念，而《担保法》颁布之后，它就变成一个法律概念了。

　　由此可见，与其他概念相比，法律概念具有以下三个方面的特有属性：①从法律概念反映的对象来看，它反映的对象必须是法律所调整的、亦即具有法律意义的人、事、物及其行为或关系的概念。例如，"盗窃罪"、"紧急避险"、"侵权行为"、"自然人"、"个体工商户"、"诉讼参与人"、"标的"、"共有财产"等，都是法律概念。一个概念不是法律所调整的对象，亦即不具法律意义的概念，便不是法律概念。②从法律概念所反映的实质内容来看，它反映的是法律所调整的对象的特有属性，而非偶有属性。因为特有属性一方面具有将反映的对象与其他对象区别开来的功能，另一方面具有将相同属性的对象归于同类的功能，而偶有属性却不能起到这样的作用。人类社会的行为及其相关事物在客观上有一个显著的特点，即以极度复杂性而混杂在一起，法律概念通过反映其特有属性，可以将那些表面上相同而实质上不同的行为或事物区别开来，并把那些表面上不同而实质上相同的行为或事物归于同类。这样，法律概念"就为统一地和一致地调整或处理相同或基本相同的现象奠定了基础"。正是在这个意义上，博登海默认为"法律概念可以被视为以一种简略的方式辨识那些具有相同或共同要素的典型情形的工作性工具"，[1]"是辨识和区分社会现实中所特有的现象的工具"。[2]③从法律适用的角度看，法律概念具有权威性。法律是靠国家强制力保证实施的，作为法律基本要素的法律概念，其内涵和外延通常具有明确的规定，任何人不得随意改变。法律追求的基本价值之一是安全性、稳定性和可预测性，为体现这一价值，立法者通常

---

〔1〕〔美〕博登海默著，邓正来、姬敬武译：《法理学——法哲学及其方法》，华夏出版社1987 年版，第 462 页。

〔2〕〔美〕博登海默著，邓正来、姬敬武译：《法理学——法哲学及其方法》，华夏出版社1987 年版，第 465 页。

使用定义性规范或作出司法解释，对一些重要的法律概念尽可能地加以精确的界定，使其具有清晰的内涵和明确的范围，在司法适用中必须以法律规定的含义为标准，其他的理解和解释都不具有权威性。例如，"成年人"、"法人"、"贪污罪"、"合同"等法律概念，其含义在法律中都有明确的界定。如果没有国家强制力作保证，没有权威性，法律规范中对法律概念内涵与外延的规定将变得毫无意义，违法行为甚至犯罪行为将得不到惩罚，正确适用法律也将成为一句空话。

（二）法律概念的特点

1. 法律概念的客观性和规定性。法律概念既具有客观性，又具有规定性，是客观性与规定性的统一，这一观点对于正确理解法律概念具有非常重要的认识意义和实践意义。法律概念的形成过程最能说明它是客观性与规定性的统一。

表面看来，法律概念是立法者通过对对象的性质加以主观"取舍"的方式确立的，似乎纯属人的主观创造。其实，正如马克思所说："哲学家生产观念，诗人生产诗，牧师生产说教，教授生产讲授提纲，等等。罪犯生产罪行……罪犯不仅生产罪行，而且还生产刑法，因而生产讲授刑法的教授，以及这个教授的……必不可少的讲授提纲。"[1] 这就说明，法律概念从其内容和来源来看有其客观依据，它不过是人们在特定社会条件下，对已经发生和可能发生的行为或事件的一种反映或预见，是从无数的法律实践中抽象和概括出来的。例如，人们从商品交换的相互取得合意的行为中逐步形成了"合同"的概念；从侵犯他人的人身、财物、名誉的行为并对这些行为加以报复的现象中逐步形成了"犯罪"、"侵权"等概念，从各种各样的杀人行为中逐步抽象、概括出"故意杀人"和"过失杀人"等概念。

法律概念不是人们对既存的各种社会现象的一种简单的反映，而是立法者根据立法意旨和一定的价值取向，对那些需要进行法律调整的对象作出的规定，其特征是通过对其性质的"取舍"而形成的，因此，法律概念又具有法律规定性。

法律概念之形成，在于立法者把法律所拟描述或规范的对象的特征尽可能地穷尽或例示地列举出来，并基于规范意旨就其对该对象已被认识之特征加以取舍，将保留下来的特征设定为充分且必要——这些特征就是法

---

〔1〕《马克思恩格斯全集》第 26 卷，人民出版社 1972 年版，第 415 页。

律事实的必要特征，是生活事实转化为法律事实的标准；这表明法律概念的内涵中，既有事实要素，又有价值规范要素——从而形成一个法律概念。由于任何生活事实具有的所有属性并非同样重要（事物的属性并无主要属性与次要属性之分，何种属性重要，何种属性不重要，完全取决于人们包括立法者的兴趣、需要、目的），所以，在构建法律概念时，立法者只是将那些对于法律规定有意义的特征摄入到法律概念之中，其余特征被视为不重要而舍去。

例如，《民法通则》第 11 条第 1 款规定，"18 周岁以上的公民是成年人"。该条"成年人"这个概念的设定只包含两个特征：一是所涉及者仅仅限于自然人，法人、社团组织无所谓成年不成年的问题；二是必须年满 18 周岁。这两个特征，在理论上和实践上必须把握，至于"成年人"的其他特征，通常不在法律的考虑之列。

由上可知，法律概念从其反映的对象及其性质来看具有客观性，从其表现形式上看又具有规定性，是客观性与规定性的统一。并且，一般概念之规定性有时是约定俗成的，也可以因使用者的需要而赋予它以某种特定意义，而法律概念的规定性必须通过法律文件的形式表现出来，或者有权解释的机关通过法律文件的形式予以确定。因此，法律概念的规定性较一般概念更为严格。总之，法律概念是客观性与规定性的统一，我们不能把法律概念的这种特性割裂开来。如果只看到它的客观性而忽视它的规定性，就会把法律概念混同于一般概念，抹杀它的法律规范作用；而如果只看到它的规定性而忽视它的客观性，则又会把它看作是纯属立法者主观自生的东西，抹杀它的实践意义。

既然法律概念是客观性与规定性的统一，因此，运用法律概念时也就应当特别注意：

（1）理解和陈述法律文件中表达某一法律概念的语词时，在内容方面必须体现它的法律规定性，不能仅凭自己的理解作任意解释。例如，"不可抗力"一词表达的概念，尽管在学术界对之还有不同的解释，但是依据我国《民法通则》第153条的规定，就只能将其理解为"不能预见、不能避免并不能克服的客观情况"。不仅如此，有的语词在同一国家的不同的法律文件中，表达的概念也不尽相同。例如，"船舶"这一语词，在我国《防止船舶污染海域管理条例》中，是"指一切机动船和非机动船只"，在我国《海上交通安全法》中，又"指各类排水或非排水船、筏、水上飞机、潜水器和移动式平台"，而在《海商法》中则是"指海船和其他海上移动式装置，但用于军事的、政府公务的船舶和 20 吨以下的小型船艇除外。"我们在理解"船舶"一词所表达的概念时，就不能不根据场合的不同，体现出相应的法律规定。

（2）表达法律概念的语词必须是法定用语。法律概念带有技术语言的特点，也就是说，法律语言有其自身的含义，单一语义是技术语言的一般特征，它只与一种特定含义相联系，这正好与日常语言的多义性相对立。例如在普通思维领域有所谓"多词同义"的情形，而对法律概念的表达却不能如此"灵活"。在法律语言中，人们一提到"故意犯罪"这个概念时，就只能依据法律中对"故意犯罪"的解释，把它理解为"明知自己的行为会发生危害社会的结果，并且希望或放任这种结果发生，而构成犯罪的行为"，除此之外，再不能做任何其他解释。

西方有些结构主义语义学学者的研究表明，从字母 A 开始的 144 个法律术语中，98 个语词只有一个含义和一种用法，15 个语词有一个含义和多种用法，36 个语词是多义的，在不同时期有多种含义。其中仅有 3 个可以说是法律多义词。这个统计结果说明，法律语词的多义性是微乎其微的，并且法律语言本身显示出反多义的倾向。

因此，在法律实践中，我们在表达法律概念时，必须要用法律术语，绝对不能允许法官、检察官或律师随意杜撰法律术语，法律术语的使用必须具有严肃性。例如，表达因重婚而构成的犯罪行为的概念，就只能用"重婚罪"这一法定用语，而不能用"非法同居罪"、"非法结婚罪"等语词表示；表达关于暴力干涉他人结婚或离婚自由而构成的犯罪行为的概念，只能用"暴力干涉他人婚姻自由罪"这一法定用语，而不能用诸如"暴力干涉结婚罪"、"强行阻挠他人结婚罪"等等之类的语词表达。不难理解，如果表达法律概念的用语也像普通思维领域那样"灵活"，充满修辞色彩，法律的规范性和严肃性就不可能体现出来。

2. 法律概念的确定性和不确定性。在法律体系中，概念的功能在于对法律事实进行定性，既确定事件、行为的自然属性，又确定事件和行为的法律属性，因此，为人们认识和评价法律事实提供必要的理论模型。没有这个理论模型，就无法对事件、行为作出法律评价和处理，因此，法律概念必须精确、规范和统一。既然法律概念是对各种行为和事件的定性，又是对规则、原则及法律制裁范围的限定，因而法律、法规的中心概念，即法律概念本身的内涵和外延应当是明确的，能够切实传达立法意图；同时，法律概念既必须是规范的，又必须是统一的，即在语言学和法学上都必须是标准的，在同一法律体系中其意义必须一致。总之，作为法律概念必须具有确定性，即其内涵和外延必须是具有相对稳定性，应尽量避免语义的含混或在同一法律体系中的多义。

我们说法律概念具有确定性的特点，但这并不是说其内涵和外延是一成不变的，它要随着社会的发展而不断的发生变化。例如，对于证据概念的定义，新修正的《刑事诉讼法》与原《刑事诉讼法》相比，没有任何改变，但在证据概念的外延上，就增加了"视听资料"这一内容。这种变化是由法律规定发生变化而引起的。

对于法律概念必须具有确定性这一特点，西方学者都很重视，他们认为：法学和法律实践中的许多混乱都是由于不正确地使用概念而引起的，如果精确地解释和确定法律概念的意义，就能更精确地描述法律现象，正确地进行法律推理。又例如，美国学者富勒（Lon. L. Fuller）在他提出的八大法制原则中，就包含有法律的明确性原则、不矛盾性原则，一致性原则，并认为对八大原则中任何一个原则的违背，就不仅会导致一个坏的法律制度，而且会导致一个根本不宜称之为法律制度的东西。哈特与富勒虽然长期论战，但他并不否认法律概念的明确、一致、不矛盾性在法制中的重要性。

要实现法律的确定性，应尽量避免下面的错误：

（1）语词的含混。法律概念是通过一定的语词表达出来的，语词的含混是由语词的多义性引起的，指的是语词本身的内涵、外延的混乱。在实际生活中，具有一个以上词义的语词是大量存在的。在一个语词的多种词义中，通常有一个主要的词义，而其余的都是附属的词义，或是不通用的含义。

在法律中，虽然要尽量避免语词的多义性，但有时并非完全能够避免的。例如，在我国法律中，"权力"、"权利"、"职权"这三个概念的区分并不明显，常常统一用"权利"一词总称。如《宪法》中规定的"公民的基本权利和义务"和《全民所有制工业企业法》中规定的"厂长的权利和义务"，后者就是从"职权"意义上来说的。在英美法学系中，"权利"和"权力"二词也是通用的。而在历史上，"权利"一词最初是指"私权利"，只是到了17至18世纪资产阶级反封建斗争中，"公权利"即政治权利或政治权力的观念才迅速兴起。因此，在语词中就导致了"权利"与"权力"二词的分离，但大多数情况下，它们是通用的。

（2）歧义。所谓歧义，是指在同一思维过程中，人们使用了多义词并多次在不同的意义上来使用，而又错误地自认为这个词的每次使用都是同一的意义，好像是符合逻辑上的要求的。如"拘留"这个词，在《刑事诉讼法》中，指刑事拘留，在《治安管理条例》中指治安行政拘留，两者含义不同，是不同的概念。如果有人把它混为一谈，就产生了歧义。

法律语言要求法律概念的含义具有单一性，对同一法律概念只能有一种理解，要分清其内涵和外延。否则，一旦出现歧义，就会造成不必要的麻烦，有时甚至会影响法律的正确实施。

总之，不论是语词含混还是语词歧义，都是和法律概念的确定性相违背的。

但是，法律概念的确定性只是法律概念的一个方面的特点，并且也只是人们追求的目标。实际上，这一目标是难以全部实现的。这是因为法律概念还具有另外一个特点——法律概念的模糊性所决定了的。

法律概念的模糊性（不确定性）与法律模糊概念这两个概念是有着很大区别的。所谓法律模糊概念指的是这样一类概念，其内涵不太明确，其外延具有开放性，令人难以把握。如法律上所说的"公平"、"诚实信用"、"情节特别严重"等概念。而法律概念的模糊性则是指内涵十分明确但外延存在模糊性的法律概念。例如，"水果"这个概念的内涵是十分明确的，但其外延上却具有模糊性。美国为了保护本国的农业，对国外进入其市场的水果进行限制，国外水果要进入美国市场，就必须交纳高额税收，如果某国商人将"西红柿"、"胡萝卜"运入美国市场，那么，这些农副产品到底算不算水果就是值得争议的。

法律概念具有模糊性是由其自身的特点决定的。因为，当人们制定法律概念并对之加以规定时，他们通常考虑的是那些能够说明某个特定概念的最为典型的情形，而并未清楚地想像到那些难以确定的两可情形。如"住所"这一法律概念，旨在适用于以下情形，即一个人永久或在一定时期内居住于某个特定的地方，但也可能出现这样的情形，如一个人的住宅并不那么具有永久性。对于这种情形，仍有充分理由承认它为该人的住所。

法律概念不确定性或模糊性是疑难案件产生的根源之一，幸好由于法律规范体系中具有模糊性的法律概念毕竟只是少数，所以，疑难案件就数量而言所占比例并不大。在处理疑难案件的过程中，司法判决最终仍然是基于法官的价值取向而作出的，而这种判断因法官不同而不同，所以，司法判决很难达到德沃金所说的"惟一正确的答案"，所以，司法的绝对公正不过是一种神话。

正因为存在着法律概念的模糊性，因而就存在着法律解释的必要性。这也就是我们为什么不能指望司法归类活动总是简单的原因所在。

（三）法律概念的功能

关于法律概念的作用，德国历史法学派和早期分析法学派都曾给予过高度的评价。他们认为，只要了解了根据逻辑构成的法律概念，就足以借助思辨方法来解决任意新出现的问题。因为法律概念具有普遍的精神，它是从各国法制的历史和现实以及各国文化价值的相互观摩仿效，取长补短而来的。

19 世纪产生于欧洲的，尤其是德国的概念法学派，把法律概念的作用强调到了极致，并以此为中心，把逻辑自足观念推向了极端。概念法学派的大多数人认为，法律概念是以先验的方式输入人脑之中的，而且在法律秩序形成之前，它们就以一种潜意识的形式存在着，也就是说，不是法律秩序创造了有助于实现其目的的概念，而恰恰是概念创造了法律秩序并产生了法律规则。美国著名法官本杰明·卡多佐（Benjamin N. Cardozo）明确指出，概念的专横乃是产生大量非正义现象的根源，"当概念被视为真实存在并以全然无视后果的方式被发展到其逻辑极限时，概念就不再是仆人，而是暴君了。"[1] 因此对于法律概念的作用，我们应该有一个中肯的态度，既不能无限夸大，又不能随意缩小："概念是有用的，而且是必不可少的，如果处置得当的话，……它们是深深蕴藏于我们的法律及其哲学之中的价值。"[2] 我们知道，法律概念是法律推理的有价值的工具。没有法律概念，司法活动就不能得到准确的实施。

从实现法律价值的角度来考察，法律概念的作用主要体现在如下四个方面：

1. 保障法律的安全性、稳定性和可预测性的功能。一般地讲，除了有意使用模糊概念，为法官适用法律留下自由裁量的空间这种情形外，为了实现法律的安全性、稳定性和可预测性，立法者总是要求法律概念具有高度的确定性。由此，立法者往往在法律文件中使用定义性规范，或通过司法解释，对法律概念加以精确界定，这种情况下的法律概念含义清晰、范围确定。事实上，绝大部分法律概念都具有相当程度的确定性，又由于法律不能朝令夕改，出现在法律规范中的法律概念的含义往往在较长时期内保持其稳定，这就有利于人们对法律概念的理解形成共识，进而使得法律

---

〔1〕 ［美］博登海默著，邓正来等译：《法理学——法哲学及其方法》，华夏出版社 1987 年版，第 469 页。

〔2〕 ［美］博登海默著，邓正来等译：《法理学——法哲学及其方法》，华夏出版社 1987 年版，第 470 页。

具有安全性、稳定性和预测性。人们正是依据已知的与该行为相应的法律概念包含的内容，才能预测实施或不实施该行为具有何种法律后果等等。所以，法律概念十分有利于保障法律的安全性、稳定性和可预测性。

2. 承载和储存立法者意旨和价值观的功能。从深层次看，法律概念总是体现了立法者的意旨和一定的价值取向。例如，"股份有限公司"被法律所承认，意味着立法者对这种现代商品经济的企业制度的承认，是对这种形式的实体在经济发展中的积极意义的一种肯定。"公民"这一法律概念，在古希腊雅典法律中是指已成年的男性自由民，而奴隶、妇女、未满18岁的人和外地人都不是公民，这种规定实际上体现了立法者对古希腊奴隶制度的肯定；在封建等级制度下，只有君臣之分，无公民之称；至现代，许多国家的宪法和法律都规定具有本国国籍的人即为该国公民。这是社会进步的表现，体现了这些现代国家对"法律面前人人平等"的价值观的肯定。

法律概念的这一功能决定了我们在理解和把握法律概念时，特别是在概念文义不明、或有争议的情况下，不能拘泥于"白纸黑字"的规定而简单地接受，以了解其字面含义为满足，而应当更深入地把握其背后所隐藏的立法者欲实现的目的、意旨和价值取向。如"限制行为能力人"，如果仅仅从法律规定的字面意义理解，不把握该概念的价值理由、意义和原因，必然难以使法律对"限制行为能力人"规定的价值目的全面实现。法律之所以对"限制行为能力人"作出规定，其深层意义是对该类人的意志自由本质的价值追求，体现在民事活动中，一方面，是为了保护未成熟理智者的利益，使其不因自己的轻率行为蒙受损失；另一方面，是为了实现公平交易秩序的目的，将未成熟理智者排除在其能力不能承担的民事行为之外，以免其误入而不能承担责任的状况发生，影响与其发生法律关系的人的利益。如果在法律适用时不考虑上述价值含义，在某些情况下就可能使判决结论与其法律欲实现的目的相悖。我国是制定法国家，法律概念文义不明的情形时有发生，法律适用中解决这些问题的主要途径，就是对法律概念背后的立法意旨、欲实现的目的和价值取向的把握。

3. 涵摄和传达的功能。法律概念是出现在法律规范中的、用以指称那些法律规范调整的对象的概念。然而，立法者制定的法律规范本身并不是立法者的目的，其真正目的是通过法律适用以维护一定的社会秩序，并实现一定的社会理想。要实现这个目的，法律适用的主体必然要进行法律判断和法律推理。而法律判断和法律推理的对象又只能是系争的生活事实，但并非所有的生活事实都具有法律意义，所以，法律概念的事实性内涵和规定性内涵就成为裁剪生活事实的标准和尺度。通过法律概念的模型功能，将具有法律意义的生活事实涵摄于内，将不具有法律意义的生活事实排除于外。运用法律概念对法律事实进行定性的，既确定事件、行为和物品等的"自然性质"和"社会性质"，又确定事件、行为和物品等的"法律性质"，因而为人们认识和评价法律事实提供了必要的结构。没有这个结构，就无法对事件、行为作出法律评价和法律处理。

同时，要将立法者的立法意旨，裁判者的法律决定传达给当事人、传达给社会，就必须运用法律概念和法律判断。没有法律概念的传达功能，就没有法律判断和法律推理。

4. 具有提高法律思维效率的功能。由于法律概念的权威性，使得法律概念的内涵与外延具有不可更改性，并且其中所承载的立法者的意旨和价值取向，可以形成社会共识，在法律适用中，能被人们反复适用。例如，当司法人员考虑某人、某一行为、或某一物品能否归入某一法律规范中的法律概念时，如果该概念的文义明确，一般情况下他无须考虑该概念的立法目的、宗旨以及蕴涵的价值取向而作出判决。这说明，法律概念具有提高法律思维效率的功能。正如黄茂荣先生所说的，运用法律概念的过程"是特定价值经由个别的承认到群体的共识而熔入（Integration）特定文化的过程，也是利用概念来思维所以能减轻后来者之思维以及说服上之工作负担的基础"[1]。

二、法律概念的内涵与外延

概念的内涵和外延是任何概念都具有的两个最基本的特征。法律概念既是一种概念，当然也不例外。由于法律概念的内涵是进行司法归类的依据，是判断某个待决案件事实是否属某项法律规定适用的对象，进而确定能否连接法律规定而构建法律推理得出处理结论的关键，加之法律概念的内涵，无论其确立方式及结构特征方面，都有别于普通思维领域的概念，因而这里有必要着重考察法律概念的内涵。

所谓概念的内涵，是指概念反映的对象所具有的特有属性，它表明所指称的对象具有什么样的特征；而概念的外延，是指具有概念所反映的特有属性的对象，它表明概念所指称的对象范围。任何一个概念本身都是内涵与外延的结合体。所谓概念的不同，其实就是指其内涵或外延的不同。概念的变化，也是指它的内涵或外延方面的变化。正确思维首先要求概念

---

〔1〕 黄茂荣：《法学方法与现代民法》（增订第3版），台湾大学法学丛书，1993年，第58页。

明确，而概念明确，就是它的内涵和外延要明确。

（一）法律概念内涵与外延的四种组合形态

法律概念的内涵，是指包容于这类概念中的、具有法律意义的对象的特有属性；法律概念的外延则是指具有其内涵反映的特有属性的对象。我们根据一个法律概念的内涵是否清晰，外延是否封闭，可以将现存的法律概念分为四种类型：

1. 内涵清晰、外延封闭。这种法律概念，在法律中不但明确揭示了它内涵方面的构成性质，又明确界定了它指称的对象范围，即穷尽地列出它所指称的每个个别对象或者各个对象类。

例如："法官是依法行使国家审判权的审判人员，包括最高人民法院、地方各级人民法院和军事法院等专门人民法院的院长、副院长、审判委员会委员、庭长、副庭长、审判员和助理审判员。"（《法官法》第2条）

2. 内涵清晰、外延开放。这种法律概念，在法律中只是揭示其内涵方面的构成性质，而未列出或者只是枚举而没有穷尽地列出其外延指称的对象。由于概念的内涵决定了它指称的对象范围，因此，只要内涵清晰，也就确立了界定某个或某类对象是否属于该概念外延的标准，其外延指称的对象范围也就相对确定了。只不过这一范围是开放的，具体指称的对象没有予以明确指出，或者没有穷尽地列出。

例如："明知自己的行为会发生危害社会的结果，并且希望或者放任这种结果发生，因而构成犯罪的，是故意犯罪。"（《刑法》第14条第1款）

这里，虽然没有明确告知我们究竟哪些行为是"故意犯罪"，哪些行为不是"故意犯罪"，但却提供了归类的依据和标准，藉此也就可以间接地把握其外延指称的对象。

再如，国家版权局2000年12月9日颁布的《关于制作数字化制品的著作权规定》第1条："本规定所称数字化制品，是指将受著作权法保护的作品以数字代码形式固定的有形载体，包括激光唱盘（CD）、激光视盘（LD）、数码激光视盘（VCD）、高密度光盘（DVD）、软磁盘（FD）、只读光盘（CD－ROM）、交互式光盘（CD－I）、照片光盘（Photo－CD）、高密度只读光盘（DVD－ROM）、集成电路卡（IC－Card）等。"

该条对"数字化制品"这一法律概念的内涵明确而清晰地予以了界定，而且对其外延对象也进行了枚举，但考虑到新技术的发展，并没有穷尽地列出其全部外延对象，而是在列出目前已知的 10 种数字化制品外，以一"等"字将目前尚未出现而随着新技术的发展将来有可能会出现的其他未知的"数字化制品"囊括其中。因此，该条规定中，"数字化制品"这一法律概念的外延是开放的，它随时都准备接纳今后可能出现的其他形式的"数字化制品"。

3. 内涵不清晰、外延封闭。在法律实践中，有时人们对于某些概念很难揭示出它的内涵，或者，虽然可以揭示出它的内涵但实践方面并不特别需要了解它的内涵，在这种情况下，只要穷尽地列出它所指称的全部对象，这样的概念也可以说是确定性法律概念。

> 例如，2000 年 3 月 8 日颁布的《最高人民法院关于执行〈中华人民共和国行政诉讼法〉若干问题的解释》第 11 条第 1 款："行政诉讼法第 24 条规定的'近亲属'，包括配偶、父母、子女、兄弟姐妹、祖父母、外祖父母、孙子女、外孙子女和其他具有扶养、赡养关系的亲属。"

上述三种类型都属于确定性法律概念。应当说，大部分法律概念都是确定性法律概念。因为绝大部分法律概念具有技术性语言的特点，具有语义的单一性。这与日常使用的概念不同，日常概念大多具有多义性，属不确定性概念。法律概念有许多来自日常生活，日常概念经过立法者对其内涵或外延的严格界定，已成为确定性法律概念。例如，作为民法概念的"近亲属"、"所有权"、"债权"，作为刑法概念的"侮辱"、"诽谤"、"遗弃"等等，与作为上述相同语词的日常概念比较，前者属确定性概念，而后者却是不确定性概念。一般说来，在作为法律的主体部分的规则中出现的法律概念，抽象程度较低，又有明确的界定，可操作性较强，所以这类概念大多属确定性概念，总体体现了法律的刚性和僵硬性，由此赋予法官的自由裁量权则极为有限。

4. 内涵不清晰、外延开放。这种法律概念的表现是内涵不清晰且外延开放，属于不确定性法律概念。这类概念在法学上被称为类型式或规范性概念。例如，民法中的"诚实信用"这一概念，从规范意义上看极为模糊，在法律意义上没有确定的内涵和外延，其适用范围几乎没有限制。此外，如"公平"、"合理"、"平等"、"社会公德"、"社会公共利益"、"情节严重的行为"、"重大事由"等等。

不确定性法律概念通常出现在法律的一般原则中，对其内涵与外延往往都没有严格、精确的界定，抽象程度较高，可操作性较差。如《民法通则》和《合同法》总则中表述一般原则时使用了诸如"公平"、"平等"、

"诚实信用"、"社会公德"、"社会公共利益"等法律概念，这些概念具有很大的歧义性，他们不仅具有法律方面的含义，还具有哲学、社会学、伦理学，以及日常生活等方面的含义。由于其抽象程度较高，操作性很低，所以，在有具体法律规则的情况下，司法机关审理案件一般不能直接依据原则断案。否则，可能会由于其中的概念内涵和外延的不确定性而形成过大的自由裁量权，从而导致断案的不公正。但另一方面，由于立法者认识的非至上性，法律不可能穷尽社会现实中发生的本应由法律调整的一切情况，所以，当没有规则或者在某些特定情况下适用规则会导致不公正的结果时，法律原则由于其中所包含的概念抽象性程度高，外延涵盖面广，适用法律原则就成为补充法律漏洞不可替代的方法。

不确定性法律概念在法律规则中也会出现，如"10 周岁以上的未成年人是限制行为能力人，可以进行与他的年龄、智力相适应的民事活动"（《民法通则》第 12 条第 1 款）中的"与他的年龄、智力相适应的民事活动"；"受益人也可以给予适当的补偿"（《民法通则》第 109 条）中的"适当的补偿"；《刑法》中的"情节特别严重的（犯罪）"、"3 年以上 10 年以下有期徒刑"等等，都是不确定性法律概念。这些概念出现在法律规则中，实际上赋予了司法人员一定的、在立法者看来是必要的自由裁量权，其目的是使法律在适用中能在一定程度上处理立法者难以预料的情况。

由于不确定性法律概念的内涵不清晰、外延开放，所以，它体现了法律的灵活性和弹性一面。实际上，在法律实践领域，人们并不追求所有的法律概念都具有确定性，某些法律概念在一定程度上的模糊也是实践的需要。这是因为"立法机关考虑到法律不可能包容诸多难以预料的情况，不得不把补充和发展法律的部分权力授予司法者，以模糊规定或不确定规定的方式把相当大的自由裁量权交给了法官。"

（二）法律概念的事实性内涵（认识性）与规定性内涵

1. 中性概念与非中性概念。认识活动中，人们对于事物有两种态度，一种是"中立"的态度，即对事物不加褒贬，而另一种是"非中立"的态度，即表现出对事物的喜厌。所以，表达中立态度的概念就是中立概念，而表达非中立态度的概念就是非中立概念。各种严格意义上的（自然）科学知识都是用中性概念表达的，它们揭示了对象世界的客观本质，与人的倾向性无关；而各种价值规范、生活模式则离不开用非中性概念去表达，人们的审美倾向、道德评价、法律制度、功利生活，都无不与非中性概念有关。

一般而言，凡中性概念都是事实概念。而任何一个非中性概念都是带有价值倾向的，它或蕴涵着价值上的肯定，或蕴涵着价值上的否定，只不过强度和类别不同而已。因此，我们可以说，非中性概念都是价值概念。但这是否意味着非中性概念与事实就不相关了？不是！实际上有许多非中性概念具有事实概念的特征，当我们说某人在"抢劫银行"，我们是在做一个事实的陈述，我们说某人"勇敢"，也是想说明一种事实。像"抢劫"、"盗窃"、"说谎"、"正直"、"勤劳"等等都可以用于直接表述事实，要说它们不是事实概念，是难以令人接受的。所以，在思维领域，对于事实概念和价值概念是不能截然划分的。

　　可见，存在着两类事实概念，一类是中性事实概念，一类是非中性事实概念。中性事实概念对于事实表述不带有任何价值倾向，而非中性事实概念在表述事实上却带有感情色彩。

　　当然，并非任何非中性概念都是有关事实的，有些非中性概念可以说只与价值有关。如："善"、"恶"、"美"、"丑"、"利"、"害"、"合法"、"不合法"等概念并不具有事实概念的特征。当我们指出某一行为"恶"、"违法"时，我们并非在陈述一个事实，而是对一个行为事实作出价值评价或法律评价，所以，这些概念就是纯价值概念。

　　这样，我们将中性事实概念称之为"纯事实概念"，将非中性事实概念称之为"事实——价值概念"（兼具事实概念与价值概念的特征，它可以用于表述事实，但又有价值倾向性，它是一种半事实、半价值的概念），而将非中性概念中那些只与评价有关的概念称之为"纯价值概念"。

　　法律概念是一种典型的非中性概念：或者是"事实——价值概念"，或者是"纯价值概念"。

　　既然法律概念都是非中性概念，因此，要明确法律概念，有的只要揭示它的价值性内涵就可以了，有的则既要揭示它的事实性内涵，又要揭示它的价值性内涵。我们下面将价值性内涵又称之为规定性内涵。因为，法律概念的特点之一就是它具有规定性，但任何规定都是以价值判断为基础的，没有价值判断，就没有规范判断和规范概念。

　　2. 法律概念的事实性内涵。事实性内涵的构成性质是对对象本身性质的客观反映，它的确立并不包含主体的主观意志或价值取向，同时存在着是否正确地反映了事物的性质问题。一般说来，科学概念的内涵就属事实性内涵，如，"两栖动物"这个概念，它所反映的对象究竟在客观上包括哪些性质，并非人们主观意志决定的。当人们在动物这个范围内研究出它与非两栖动物的不同性质后，便将这些性质作为两栖动物的构成性质并以此作为该概念的内涵。人们通过这种方式确立概念内涵方面的构成性质时，认识的任务只在于发现这样的性质。尽管人们由于认识的局限，在确立其指称的构成性质时，可能会有不全面甚至是不正确的情况发生。但是，这样确立的性质，不可能因为人们主观意志、价值倾向的需要而改变，或听凭人们的好恶而任意地增加和减少；它的内涵是人们在特定历史条件下对客观对象特有属性认识的结果（正因为它是主体属性的认识结果，所以，我们又可以将事实性内涵称之为认识性内涵），只能随着人们对该类对象认识的深化而变化。

例如，反映人的生命终止这一现象的"死亡"概念，人们过去都认为它的内涵方面的构成性质是"心脏停止跳动、呼吸停止"。然而20世纪60年代以来出现的几起事例，使医学界不能不怀疑它的正确性：其一，在西班牙的一次交通事故中，被撞者经医生检查，确认"心脏停止跳动，停止呼吸"并出具了死亡证明。将"死者"入棺时由于棺材略短，殓尸者为勉强将其装入，用锤轻敲其脚跟，"死者"惊醒，后经医院抢救复活。其二，20世纪60年代在越南战死的美军士兵，被装进棺材运回美国。亲人启棺看尸时，发现不少死者已改变了入棺时的姿势，可见，他们入棺时并未真死，而是后来闷死的。其三，20世纪70年代末，美国阿拉斯加一次雪崩，有39人心脏停止跳动，被宣布死亡并准备掩埋，后经医学教授抢救，大多数人居然复活。

这些事例表明，人们过去对"死亡"内涵构成性质的认识是不正确的。现在有人提出了新的"死亡"标准："脑电图成光滑水平线，无波折，24小时无变化。"这就是说，关于"死亡"概念的内涵，已随着人们对死亡现象的认识的深化而发生变化了。

3. 法律概念的价值性或规定性内涵。价值性或规定性内涵是人们根据主体的需要，通过人为规定的方式加以确立的内涵。实际思维中，人们常常会遇到这样的情况：某个概念指称的对象，其范围并不确定；与其他概念指称的对象相比，其区别界限显得很模糊。然而实践又要求准确地理解和使用这个概念，这就不能不从内涵方面使之精确和清晰。于是，人们便通过"规定"的方式来确立内涵方面的构成性质，以此作为识别它所指称的对象的"标准"。规定性内涵的确立过程中，明显不同于事实性内涵的是包含了主体欲实现的一定的目的或主观需要，许多情况下还包含了主体的一定的价值理念。

例如，"发明"这一语词表达的概念，其内涵就比较模糊；

哪些成就可以称得上是"发明"，其范围也不那么清晰。在普通
思维领域，它清晰与否似乎显得不是那么重要，可是，在国家颁
布的《发明奖励条例》中就不是如此。为了该法规能得以正确地
贯彻实施，该法规对"发明"的内涵就以规定方式确立了其构成
性质：

　　　"本条例所说的发明是一种重大的科学技术新成就，它必须
同时具备下列三个条件：（1）前人所没有的；（2）先进的；（3）
经过实践证明可以应用的。"（《发明奖励条例》（国务院 1984 年
4 月修订）第 2 条）

在法律领域，几乎所有的法律概念，其内涵都是通过规定的方式确
立的。

通过规定方式确立的内涵，其构成性质虽然也根源于对象自身的性
质，但是，在对象具有的这些性质中究竟抽取哪些性质作为构成性质，则
由人们在特定领域实践中根据需要来决定，同时也将随着实践需要的改变
而改变。

　　　例如，"贪污罪"这一概念，在我国 1979 年《刑法》第 155
条中，将其内涵规定为："国家公务人员利用职务上的便利，贪
污公共财物"的犯罪行为。后来随着形势的发展，全国人民代表
大会常务委员会根据新形势下打击经济领域犯罪活动的需要，于
1988 年将"贪污罪"的内涵修改规定为："国家工作人员、集体
经济组织工作人员或者其他经手、管理公共财物的人员，利用职
务上的便利，侵吞、盗窃、骗取、或者以其他手段非法占有公共
财物的"犯罪行为。在 1997 年《刑法》中，其内涵又有了变化，
如，在犯罪主体中排除了"集体经济组织工作人员"，将贪污手
段中的"盗窃"修改为"窃取"等等。

显然，这样的变化并不意味着原来对"贪污罪"内涵的认识不正确，
也不意味着现在的认识就更深刻。

那么，是否任何人都可以"随意"地通过"规定"方式确立或改变概
念内涵方面的构成性质呢？当然不是。问题不在于谁可以或不可以这样
"规定"，而在于"规定"是否得到公认。这不仅仅取决于"规定"的依
据是否具有合理性，更在于规定者是否具有权威性。只有当确立的性质是
合理的，并且规定者又在使用该概念的那个领域具有权威性，通过规定而
确立的构成性质才能被人们承认、接受。法律概念是出现在法律中的具有
法律意义的概念，其规定者就是立法者，法律的权威性决定了法律概念必

然是规定性内涵。

值得注意的是，法律概念中有些是从事实性内涵的概念转化而来，如前面提及的"死亡"这个概念，由于其构成性质目前科学上尚无定论，立法者只能取其中的一种观点予以规定，这就是在法律中不同的国家有不同的规定的原因。即使是一个事实性内涵的概念在理论上没有争议，法律上也如此规定，这只能说反映了立法者对这种事实性内涵的认同，同时也表明其内涵已从事实性内涵转化为价值性或规定性内涵。

三、司法归类活动及其逻辑依据

（一）什么是司法归类活动

在思维过程中，人们常常需要确定某一个或某一类具体对象是否属某个概念指称的对象，亦即确定它们是否该概念的外延。这种确定某个或某类具体对象属于或不属于某个概念外延的思维活动，就叫归类活动。

日常思维中的归类活动，一般来说凭直觉便可完成，人们也不会感到有多大困难。但是，仅凭直觉进行的归类却并非在任何情况下都是可靠的。要做到归类准确，就必须以拟归属的那个概念的内涵为依据，以之对照被归属的对象，进而再确定该对象属于或不属于某个概念的外延。例如当谈到鲸、鳖、乌贼，单凭直觉就很难说清它们究竟是不是鱼；只有当我们根据"鱼"这个概念的内涵，即"鱼"这类对象的根本特征予以对照、判定，才说得上是可靠的。大家知道，鱼类的根本特征就在于它是"用鳃呼吸的脊椎动物"，而上述这些对象都不具有这一性质，据此我们便可以有把握地说：它们都不是鱼。

归类活动是司法工作中必不可少的一项思维活动，几乎处理任何一起案件都要经历一个归类过程。司法工作中的归类活动，叫司法归类活动。譬如，在刑事案件的审理活动中，司法人员在查明被告人的行为事实的基础上，首先就要确定该被告人的行为是否构成犯罪、是属于此罪还是彼罪。这一确定过程就是司法归类的过程。由于司法工作的严肃性要求归类必须准确，因此它不能凭直觉完成，必须以相关的法律概念的内涵、即所指称的那类行为的构成要件来对照确定，否则就难免归类不当、定性不准。

（二）概念外延边缘的模糊性对司法归类活动的影响

然而，在实际思维中，尽管在大多数情况下人们确定某一对象是否属于某一个概念的外延并不会发生争议，但在某些情况下却难免遇到归类的困难，无法准确界定某个对象究竟是否属于某个概念的外延。之所以会出现这种情况，是由于概念外延边缘的模糊性决定的。关于概念外延边缘的模糊性问题，就正如美国法哲学家博登海默所述："一个概念的中心含义也许是清楚的、明确的，但当我们离开该中心时它就趋于变得模糊不清了，而这正是一个概念的性质所在。沃泽尔（Wurzel）用一种略微不同的隐喻将概念比喻成'一张相片，其轮廓是模糊的，而且愈到边上就愈加模糊了。'焦点集中区的相对范围，以及画面不清的区域，从很大程度上讲是随着不同的概念而发生不同的变化的。"[1]

例如，在日常用语中，人们经常使用"老年人"这个概念，其外延的中心部分无疑是清晰的，面对一个 70 岁以至年龄更大的人，我们可以毫不犹豫地确定他（她）属于"老年人"的外延，可是其外延的边缘部分就显得模糊不清了。譬如，面对一个 59 岁的人或 58 岁、57 岁……的人，他们究竟属于或不属于"老年人"的外延呢？对于这些情况，如果不是在特别需要的场合，在没有明确规定年龄界限的情况下，就免不了要遇到处于两可之间、难以界定的边缘对象。

可能人们会说，日常思维中的概念之所以容易导致外延模糊不清的情况，是因为这类概念通常没有清晰的界定。可是，在追求严密、精确论证的法律思维领域，同样存在着概念（法律概念）外延边缘的模糊性问题。例如，尽管法律对某些法律概念也给予了界定，在通常的案件中也不会发生争议，但一些疑难案件表明，有时人们却仍然摆脱不了难以界定某一现象是否应归属于某一法律概念的情况，从逻辑上讲，其争论的焦点往往在于对某一现象是否属于某一法律的概念的外延。例如，一个行为是否属于"正当防卫"、是否属于"过失犯罪"、是否属于"侵权"、"不当得利"或"无因管理"等等，有时会出现两可的情形，在这种情况下发生争议也就在所难免了。

概念外延边缘的模糊性，几乎可以说是普遍的现象。正如博登海默指出的那样："人们可能会说，一个术语愈笼统、愈抽象，其中心含义周围的模糊区域也就愈大。然而，正如美国最高法院作出的一个判决所表明的，甚至像'糖果'这类术语，虽说第一眼看上去相当具体、明确，但它在其中心含义模糊之处也会导致解释上的困难。"[2] 哈特对此也有论述：即使是一个"普通语词"，他们也是"既有明确标准的情形，也有引起争

〔1〕〔美〕博登海默著，邓正来、姬敬武译：《法理学——法哲学及其方法》，华夏出版社 1987 年版，第 466 页。

〔2〕〔美〕博登海默著，邓正来、姬敬武译：《法理学——法哲学及其方法》，华夏出版社 1987 年版，第 466 页。

议的边际情况。"有时，对一种表达方式来说，明确的标准或范例与那些成问题的情况相比，两者的差别仅仅是程度的不同而已。一个男士，其头亮而光，他显然属于秃头之列；另一位头发蓬乱，则他显然不是秃头；但问题在于第三个人只是在头顶的周边有些稀稀落落的头发，如果他是否算秃头被认为是重要的或者任何实际结果取决于此的话，这个问题就可能被无限期地争论下去。

为什么追求严密精确的法律概念也存在着外延边缘的模糊性？这主要源于以下两个相互关联的因素：

1. 法律概念外延边缘的模糊性产生于概念自身的性质。恩格斯说："一个事物的概念和它的现实，就像两条渐进线，但是永远不会相交。两者的这种差别正好是这样一种差别，这种差别使得概念并不无条件地直接就是现实，而现实也不直接就是它自己的概念。"[1] 这就是说，概念永远不可能无差别的、绝对的和完全的反映对象，这反映了人的认识的非至上性一面。法律概念也是如此。当人们确立一个法律概念时，其特有属性只是具有"典型性情形"的构成性质，而具有法律意义的具体行为、事件等等本身，其性质却是丰富多样的，当一事物明显具有 A 概念的"典型性情形"的构成性质（内涵）时，它属于 A 概念的外延人们不会发生争议；而当它既有 A 概念的某些性质，又具有非 A（如与 A 不同但有紧密联系的 B 概念）的某些性质时，也产生了所谓的概念外延的模糊性，在这种情况下人们发生争议就在所难免了。正如博登海默所说："当人们制定法律概念并对之加以规定之时，他们通常考虑的是那些能够说明某个特定概念的最为典型的情形，而并未清楚地想像到那些难以确定的两可性情形。例如，……将某样东西扔在另一个人的房屋上的行为，属于'侵权行为'这一法律术语的范围。而另一方面，则可以有理由怀疑，违背土地所有人的意志而在其土地上进行人工降雨是否是一种侵权行为或者这一行为是否应被归属于英美侵权责任的另一个术语，如滋扰概念。……在法律的各个领域中，我们都发现了棘手的难以确定的两可性情况，亦即边缘情况，如一个专门概念的范围尚未确定，或者从纯逻辑观点来看，两个或两个以上的相混不清的不同概念却可以同样适用于有关事实。"[2]

这一点反映在表达法律概念的语词上，在于人类语言的自身的局限

〔1〕《马克思恩格斯选集》第 4 卷，人民出版社 1972 年版，第 515 页。
〔2〕［美］博登海默著，邓正来、姬敬武译：《法理学——法哲学及其方法》，华夏出版社 1987 年版，第 466～467 页。

性。正如博登海默所述："我们的语言的丰富和精妙程度还不足以反映自然现象在种类上的无限性、自然力的结合与变化，以及一个事物向另一个事物的逐渐演变，而这些演变具有如我们所理解的那种客观现实的特性。用亨廷顿·凯恩斯（Huntington Cairns）的话说，'世界上的事物比用来描述它们的语词要多得多'。不管我们的词汇是多么详尽完善、多么具有识别力，现实中始终会存在着为严格和明确的语言分类所无能为力的细微差异与不规则的情形。虽然许多概念可以被认为是对存在于自然世界中的关系与一致性的精神映象，但是对现实的这种精神复制，往往是不精确的、过于简化的和不全面的。"〔1〕

2. 外延边缘的模糊性产生于法律概念的形成是通过归纳这种认识方法取得的。从法律概念的形成过程看，它是对过去所发生的法律现象的共同特征的概括、抽象的结果，是着眼于过去的经验对未来的规定和适用，在方法上无疑运用了不完全归纳方法，由此形成的概念并不能涵盖以后的所有情况。社会生活每时每刻总是处于不断流动和变化之中，立法者无法预料新的法律现象随时都会发生，这必然使得一些现象在究竟属于或不属于某个概念的外延的问题上出现两可的情形。在这个意义上说，"法律一经制定就落后于现实"的说法是成立的。特别是在我国现阶段正处于社会经济转型时期，人们的各种价值观念发生着急剧变化的今天更是如此。

总之，法律概念外延边缘的模糊性，主要产生于它自身的性质和它的形成方法，这两个原因是人类本身认识的本性所决定的。但要注意，法律概念外延边缘的模糊性，仅仅只是意味着"边缘"部分的模糊性，而其"中心"部分却具有确定性。也就是说，概念自身都是确定性与模糊性的统一体，体现了人的认识的至上性与非至上性的矛盾统一。我们不能因为其边缘的模糊性而否定其确定性一面，否则就会导致相对主义；同时，也不能因为其确定性而否定其模糊性的一面，否则就会导致形而上学。

（三）司法归类活动的逻辑依据——法律概念间的层序关系

法律概念间的层序关系，就是指不同层次的法律概念在内涵和外延方面的包含与被包含关系，亦即属概念与种概念之间的关系。法律概念内涵或外延间的层序关系是我们进行司法归类活动的逻辑依据。

任何一部法律，都是由法律概念组成的一个规范体系，亦即由基本的法律概念派生出其他概念，再派生出次一级的法律概念，从而形成一个金

---

〔1〕 ［美］博登海默著，邓正来、姬敬武译：《法理学——法哲学及其方法》，华夏出版社1987年版，第464～465页。

字塔式的概念体系。由于我国《刑法》中的罪名概念最为明显地体现了这种层序关系，因此，下面我们就以罪名概念间的关系为例，予以说明。

我们知道，我国《刑法》是由"总则"和"分则"两部分构成的，它们之间的关系是一般与个别、抽象与具体的关系。"总则"中的罪名概念与"分则"中的罪名概念，也具有与此相同的关系。不仅如此，在"分则"中，根据犯罪行为的某些相同点，犯罪行为又被分为若干类，并且也都有相应的罪名概念来指称它，这样的罪名概念，叫做类罪名概念。在每个类罪名概念中，又进一步分为若干具体的犯罪行为，分别用相应的罪名概念来指称它，这种具体犯罪行为的概念叫做具体罪名概念。这样，我国《刑法》中的罪名概念，就形成下面这样的层序关系：

犯罪概念——类罪名概念——具体罪名概念

《刑法》总则中的"犯罪"概念是《刑法》中概念体系的逻辑起点，是罪名概念中最基本的概念；类罪名概念虽然本身并不能作为定罪的罪名，但它将纷繁复杂、表现各异的具体犯罪加以分门别类，对于构建《刑法》逻辑体系有着非常重要的作用，同时，也有利于人们理解该类罪名概念中包含的具体罪名概念的构成性质；具体罪名概念是各种具体犯罪行为的反映，在刑法"分则"中都有其相应的构成性质、处罚方式或量刑幅度的明确规定，因此，它是定罪时所引用的罪名。

在司法实践中，审理任何一起案件、特别是审理刑事案件，都要在查明事实的基础上将其归属于某个法律概念的外延，这样的思维过程叫做司法归类活动。而要正确进行这样的归类活动，在逻辑方面把握法律概念，特别是在刑事审判中把握罪名概念的层序关系就有着特别重要的作用。

1. 罪名概念外延间的层序关系及其对司法归类活动的指导意义。从外延方面看，罪名概念间的层序关系表明："犯罪行为"外延指称的任一对象都必然归属于某个类罪名概念的外延；每个类罪名概念所指称的任一对象又必然归属于该类中某个具体罪名概念的外延。因此，不能归属于任何具体罪名概念外延的、抽象的犯罪行为是不存在的。

罪名概念外延方面的层序关系告诉我们：只要确认了某人的行为属于"犯罪行为"指称的对象，就必然能将其归属于某个类罪名概念，并且，也必然能将其归属于某个具体罪名概念。

但是，说它必然能够层层归属，并不意味着这样的归类活动是自然而然地、很容易地就可以实现的。司法实践中往往会遇到这样的情形：某一具体行为虽然明显地可以被认为属于"犯罪行为"，但却很难确认它究竟应归属于哪个类罪名概念，更难确认它究竟应归属于哪个具体罪名概念。

当然，这种情况在大多数情况下只是暂时认识上的没有把握而已，如果某人的行为不能归属于某个类罪名概念和具体罪名概念，那么，确认它属于"犯罪行为"也就不能成立。只要能够确认某人的行为属犯罪行为，尽管进一步的归类活动会遇到这样或那样的困难，经过认真分析终究还是能够完成归属任务的，这一点必须确信。

例如，北京市就曾经发生过这样一起案件：1982 年 1 月 10 日，一辆轿车从天安门广场纪念碑西侧向北高速冲过密集的人群，造成无辜群众 5 人死亡，19 人受伤（其中重伤 11 人）。金水桥汉白玉栏杆有一段被撞坏，小轿车也被撞毁。

毫无疑问，驾车人的行为明显地可确认为"犯罪行为"。可是，这一具体行为应归属于哪一类罪名概念呢？有人认为应归属于"反革命罪"，[1] 有人认为应归属于"侵犯人身权利罪"，还有人认为应归属于"危害公共安全罪"。乍一看，似乎都可以成立。那么，究竟应归属于哪一类呢？办案人员经过反复认真研究后，比较一致地认为还是应归属于"危害公共安全罪"较为妥当。然而到此为止还没有完成归属任务，还必须进一步确认这一行为应归属于"危害公共安全罪"中的哪一种。他们进一步研究后发现，结合具体案情分析来看，在"危害公共安全罪"这个类罪名概念下面，除 1979 年《刑法》第 106 条的规定外，将其归属于其他具体罪名概念都明显的不合适。可是，当时的《刑法》第 106 条中，也只有关于"放火"、"决水"、"爆炸"、"投毒"几个具体罪名概念，没有"驾车撞人"这样的规定。这使得司法人员对原有的认识又发生了动摇，怀疑是否能够将其归属于"危害公共安全罪"这个类罪名概念之下。后来经过大家反复研究、推敲，觉得还是只有归属于这个类罪名概念才合适，并且还发现，1979 年《刑法》第 106 条中虽然没有"驾车撞人"这样的明文规定，但是却有"或者以其他危险方法致人重伤、死亡"的例示规定。于是最后确认为"以驾车撞人的危险方法致人重伤、死亡罪"。至此，对该驾车人的行为进行的归类活动，才算最终完成。

司法归类活动既是困难的，又是必需的。只有当我们不仅能够确认某人的行为属于"犯罪行为"，而且，能够准确地将其归属于某个类罪名概念，并进一步归属于某个具体罪名概念的时候，对某人行为犯罪性质的认定才说得上具有法律依据；并且，也只有完成这样的归类活动，将某人的

---

〔1〕 1979 年《刑法》第二编第一章规定了"反革命罪"，现行《刑法》已更名为"危害国家安全罪"。

行为归属于某个具体罪名概念，才能连接相关法律条款而得出恰当的判处结论。

如果不是这样，譬如，只把某人的行为归属于某个类罪名概念，而没有把它归属于某个具体罪名概念，就不能不使人怀疑其认定的可靠性。因为，每个类罪名概念下面都包含有若干具体罪名概念，它们指称的犯罪行为，对同一个人来说，有的可以为同一个人同时实施，有的则不可能同时为同一个人实施。例如，"渎职罪"中的"税务工作人员徇私枉法罪"和"刑事司法徇私枉法罪"，前者只能为税务机关的工作人员所实施，而后者却只能为担任侦查、检察、审判、监管犯人等职能的司法人员所实施。不言而喻，在同一时间条件下，实施某种行为的人不可能既是司法人员，又是税务工作人员。如果仅仅将某人的行为归属于某个类罪名概念，那就意味着这个人实施了该罪名概念包含的各种行为，这不仅在逻辑上说不通，事实上也不可能。

现实中的犯罪都是具体的犯罪，而类罪名是众多具体犯罪的共同特征一定程度的抽象，《刑法》不可能对其在行为模式和处罚方式或量刑幅度方面给予具体明确的规定，因此，类罪名不能成为定罪得以引用的依据。所以，我们不能根据类罪名进行定罪量刑。

2. 罪名概念内涵方面的层序关系及其对司法归类活动的指导意义。从内涵方面看，罪名概念间的层序关系在于：具体罪名概念的内涵，也包含了它的类罪名概念的内涵，并且，还包含了总的"犯罪行为"概念的内涵。也就是说，具体犯罪概念内涵方面的构成性质最丰富。从《刑法》角度讲，每一个具体罪名概念都是由特有的犯罪客体、犯罪客观方面、犯罪主体和犯罪主观方面具体性质结合在一起所构成；类罪名概念的内涵是由所有具体犯罪共同具有的某种性质构成，是对具体犯罪的进一步抽象；而总的"犯罪行为"概念又是由所有犯罪具有的某种共同性质构成的，是对所有类罪名概念（同时包括具体罪名概念）反映的对象的最高层次的抽象。

罪名概念间内涵方面的层序关系告诉我们：进行司法归类活动必须经历的思维过程，即当确认某人的行为是否属于某个具体罪名概念外延指称的对象时，首先就应当思考该行为是否符合总的"犯罪行为"内涵方面的构成性质；还应当思考，该行为是否符合拟归属的那个具体罪名概念隶属的类罪名概念内涵方面的构成性质。只有当其完全符合时，才能进一步思考是否符合某个具体罪名概念内涵方面的构成性质。要防止仅仅根据某人行为的表面现象，轻率地直接以具体罪名概念内涵对照归类。

例如，因为 A 的行为导致 B 死亡，对此若仅仅根据这一现象，就直接将其归属于"故意杀人罪"、"过失致人死亡罪"或"故意伤害罪"，这就未免太草率。根据概念间内涵方面的层序关系，如果我们要思考 A 的行为是否定为"故意杀人罪"，首先要思考，它是否符合总的"犯罪行为"内涵方面的构成性质，这是区分罪与非罪的界限；由于"故意杀人罪"属于"侵害公民人身权利罪"的一种，所以就还必须思考 A 的行为是否符合"侵害公民人身权利罪"的构成要件；在此基础上，才能进一步思考该行为是否符合"故意杀人罪"内涵方面的构成性质。只有思考了 A 的行为是否层层符合上述罪名概念内涵方面的构成性质后，才能最后确认该行为能否归属于"故意杀人罪"。

司法实践中，如果忽略上述的思维过程，直接以具体罪名概念的内涵为依据，对照某一行为而进行归类活动，就很容易混淆罪与非罪、此罪与彼罪的界限，导致定性不准。

下述案例就很能说明这个问题：

　　某县农民陈某某为泄私愤用农药毒死了生产队长费某某的一

　头母猪和两头小猪。对此，该县公安局认定为"投毒罪"，按

　1979 年《刑法》第 106 条提请批准逮捕。

这一认定是否恰当呢？我们知道，"投毒罪"是"危害公共安全罪"的一种，根据前面谈到的罪名概念的层序关系，"投毒罪"就具有"危害公共安全罪"的内涵，它指称的每一个具体的行为，首先也就必须具有"危害公共安全罪"内涵方面的构成性质，亦即必须具有危害不特定的多数人的生命或重大的公私财物安全这样的性质。可是，这个农民的行为，明显地是针对特定的个人实施的，它的行为当然也就不具有危害公共安全的性质。案件报到县检察院，该县检察院也觉得县公安局的认定不妥。但这样的"感觉"也只是直观的，他们并不清楚县公安局认定不妥的原因，以致又重犯县公安局定性不当的错误。县检察院将这个农民的行为改定为"破坏集体生产罪"，并按 1979 年《刑法》第 125 条批捕。按照 1979 年《刑法》的规定，"破坏集体生产罪"是属"破坏社会主义经济罪"的一种，前者指称的每一对象，必须具有后者内涵方面的构成性质，亦即必须具有"违反国家经济管理法规，破坏国家经济管理活动"这样的性质。这个农民的上述行为又哪里具有这样的性质呢？

该县公安局和检察院的办案人员，之所以发生定性不当错误，一个重要原因就在于不懂得定性时应当经历一个什么样的思维过程，而直接对照具体罪名概念依表面现象定罪。不难设想，在上述这起案件的归类活动

中，如果该县公安局、检察院的办案人员，能够根据罪名概念内涵方面的层序关系，自觉遵守司法归类时必须经历的思维过程，上述这样的错误是完全可以避免的。

四、明确法律概念内涵的逻辑方法

（一）定义

定义是揭示概念内涵的逻辑方法。也就是说，它表明了人们对某一概念所反映的对象构成性质的认识或规定，并通过简练语言完整地将对象的构成性质表述出来。

例如，"法人是具有民事权利能力和民事行为能力，依法独立享有民事权利和民事义务的组织。"就是一个定义，它揭示了"法人"这个概念所反映的对象的特有属性，即该概念内涵方面的构成性质。

在普通逻辑中已经阐明：定义都是由被定义项、定义项和定义联项组成的。如前面关于"法人"的定义中，"法人"是被定义项、"具有民事权利能力和民事行为能力，依法享有民事权利和民事义务的组织"是定义项，"是"就是定义联项。如果用"D_s"表示被定义项，用"D_p"表示定义项，"$\equiv df.$"表示定义联项"就是"，则定义的一般模式（结构形式）可表示为：

$$D_s \equiv df.\ D_p\ （即：D_s 就是 D_p）$$

在定义的实际应用中，最常用的定义方法就是"属加种差"的方法，这种方法可用公式表示为：

$$被定义项 = 种差 + 属概念$$

这种方法的运用过程是：首先，确定被定义项所隶属的类的概念——属概念，以表明被定义项所反映的对象与同类对象具有的共同特征；然后，指出被定义项所反映的对象，在其属概念外延范围内与其他种概念的根本差别，即种差。种差与属概念的结合而构成复合概念，即为定义项。被定义项与定义项通过"就是"之类的联项的连接，便形成一个属加种差定义。

例如，国家版权局颁布的《著作权法实施条例》第2条规定："著作权法所称作品，指文学、艺术和科学领域内，具有独创性并能以某种有形形式复制的智力创作成果。"在这个定义中，"作品"是被定义项，其属概念是"智力创作成果"，定义中表示区别于其他智力创作成果的根本性质，即种差是"文学、艺术和科学领域内，具有独创性并能以某种有形形式复制的"。

由上可知，运用属加种差方法下定义的过程，也是对概念进行概括与限制的过程：先通过对被定义项进行一次概括，也就是找出被定义项的属概念；然后再对这一属概念进行限制，也就是确定其种差。

定义作为一种明确概念的逻辑方法，一般地讲，它可以达到两个方面的作用：一是"通过提供一个代号或公式来把被定义的词转换成其他易懂的用语"；二是"通过揭示该词所涉及的事物的特征（包括此事物与同类事物的共同特征，也包括使之与其他种类事物区别开来的特征）来划定它的范围"。

定义在法律实践领域应用极为广泛，有着重要的作用。例如，在法的创制过程中，立法者必须对一些至关重要的、或者被立法者赋予了与日常用语不同含义的概念下定义，否则，与之相关的法律规定就会出现含混不清的情况。对法的遵守来说，法律概念的明确性是国家机关、社会组织和公民个人依法办事的重要条件，如果法律对某一法律概念应当下定义而不下定义，就会导致守法主体对自己的行为或自己的行为后果缺乏预测性，同时也有损于法律的权威性。对法律适用来说，司法人员如果不通过定义以揭示相关法律概念的内涵，就无法论证对具体案件归类的合理性。

法律概念的定义，一般是通过"属加种差"的方法作出的，但是法律概念的种差都是通过规定来确立的，其内涵的构成性质往往不是一个单一的性质，而是多个性质的组合，即种差项（即被定义项的性质）往往不止一个。这样，种差项的不同组合方式就决定了法律概念的不同定义结构。如果种差项是两个或两个以上，则种差项的组合就表现为如下两种基本的逻辑关系：

（1）"并且型"定义。"并且型"定义，亦称合取型定义，是指其种差项之间具有合取逻辑关系的定义。合取逻辑关系表明：对被定义项的任何一个外延分子来说，各个种差项具有"同时成立"，即"不可分割、缺一不可"的关系。这种定义的种差项之间的关系在自然语言中通常用"并且"之类的语词表示的，不过，表达中往往将其省略。若以"LA"表示被定义的法律概念；以"B"表示它的属概念；"T_1、T_2、T_3……T_n"等表示种差项，"$\wedge$"表示合取关系，则其定义结构形式可用公式表示为：

$$LA = (T_1 \wedge T_2 \wedge T_3 \wedge \cdots\cdots \wedge T_n) + B$$

例如，《反不正当竞争法》第2条关于"不正当竞争"的定义为："本法所称的不正当竞争，是指经营者违反本法规定，损害其他经营者的合法权益，扰乱社会经济秩序的行为。"

该定义中的种差项之间，即"经营者违反本法规定"（T_1）、"经营者损害其他经营者的合法权益"（T₂）、"经营者扰乱社会经济秩序"（T₃）之间就具有合取的逻辑关系。

再如，《刑法》第 23 条第 1 款关于"犯罪未遂"的定义为："已经着手实行犯罪，由于犯罪分子意志以外的原因而未得逞的，是犯罪未遂。"

该定义中的三个种差项之间，即"已经着手实行犯罪"（T₁）、"犯罪未得逞"（T₂）、"犯罪未得逞是由于犯罪分子意志以外的原因"（T₃）之间就具有合取的逻辑关系。

为了更确切地理解合取型定义，我们有必要从类演算的角度看合取型定义的特征。这个特征就是：其定义项表现为一个反映交类（交集）对象的复合概念。一个正确的定义，由于被定义项的外延与定义项的外延相等，所以，合取型定义的被定义项反映的对象当然也是一个交类对象，这个对象就是：在属概念（B）下，只有同时具有各个种差项 T₁、T₂、T₃、……Tₙ 性质的对象才是这个交类的对象。换言之，合取型定义所揭示的被定义项所反映的对象只是同时具有 T₁、T₂、T₃、……Tₙ 性质的 B。

设前述"LA"、"T₁"、"T₂"、"T₃"、"B"表示的意义不变，若再用"T₁B"表示具有 T₁ 性质的 B；"T₂B"表示具有 T₂ 性质的 B，"T₃B"表示具有 T₃ 性质的 B，则合取型定义的定义项反映的交类（含三个种差项）可用图 3-1 来表示。

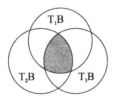

图 3-1

图 3-1 中 T₁B、T₂B、T₃B 重合的阴影部分就是被定义项 LA 的外延，它直观、清楚地表明：被定义项的任何一个分子，既是具有 T₁ 性质的 B，又是具有 T₂ 以及 T₃ 性质的 B。由此也能充分的说明合取型定义为什么其种差项之间具有"合取"逻辑关系。

前述"犯罪未遂"的定义，其定义项就是一个复合概念，根据上述类演算中交类的知识，我们就能较准确地理解，该复合概念反映的对象是同时具有上述三个种差性质的行为所构成的交类。

（2）"或者型"定义。"或者型"定义，亦称析取型定义，是指其种差项之间具有析取逻辑关系的定义。这种析取逻辑关系表明：对被定义项的任何一个分子来说，各个种差项之间具有"选择性"的关系，由于这种定义的种差项之间的关系在自然语言中是用"或者"之类的语词表示的，所以又叫或者型定义。

若以"LA"表示被定义的法律概念；以"B"表示它的属概念；"T_1、T_2、T_3……T_n"等表示种差项，"$\vee$"表示析取关系，则其定义结构形式可用公式表示为：

$$LA = (T_1 \vee T_2 \vee T_3 \vee \cdots\cdots \vee T_n) + B$$

例如，我国《公司法》第 64 条关于"国有独资公司"的规定，就是一个"或者型"定义结构："本法所称的国有独资公司是指国家授权投资的机构或者国家授权的部门单独投资设立的有限责任公司。"

再如，《海商法》第 108 条第 1 款第 1 项关于"承运人"的定义："'承运人'，是指本人或者委托他人以本人名义与旅客订立海上旅客运输合同的人。"

为了更确切地理解析取型定义，我们有必要从类演算的角度看析取型定义的特征。这个特征就是：其定义项表现为一个反映并类（并集）对象的复合概念。一个正确的定义，由于被定义项的外延与定义项的外延相等，所以，析取型定义的被定义项反映的对象当然也是一个并类对象，这个并类对象就是：在被定义项的属概念（B）下，凡具有任一种差项 T_1、T_2、T_3、……T_n 性质的一切对象都是这个并类的对象。易言之，析取型定义所揭示的被定义项反映的对象，就是一切具有 T_1 性质，或者具有 T_2 性质，……或者具有 T_n 性质的 B。

设前述"LA"、"T_1"、"T_2"、"T_3"、"B"表示的意义不变，若再用"T_1B"表示具有 T_1 性质的 B；"T_2B"表示具有 T_2 性质的 B；"T_3B"表示具有 T_3 性质的 B，则析取型定义的定义项反映的并类（含三个种差项）可用图 3-2 来表示。

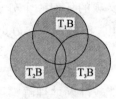

图 3-2

图 3-2 中的阴影部分就是被定义项 LA 的外延，它直观、清楚地表明：在被定义项的属概念（B）下，具有 T_1 性质的 B，或者具有 T_2 性质的 B，或者具有 T_3 性质的 B 都是被定义项指称的对象。由此也能充分说明析

取型定义为什么其种差间具有"析取"这种逻辑关系。

前述关于"国有独资企业"的定义,其定义项就是一个复合概念,根据上述类演算中并类的知识,我们就能较准确地理解,该复合概念反映的就是由具有上述两个种差性质的有限责任公司所构成的并类。

在普通逻辑中,为使定义达到明确概念内涵的目的,提出了正确定义应当遵守的规则。然而关于法律概念的定义在适用逻辑规则方面,则具有其自身的某些特点。

概念的内涵有事实性内涵与规定性内涵之分,绝大多数法律概念的内涵都是规定性内涵。对于具有规定性内涵的法律概念,由于其内涵是立法者的人为规定,形式上具有主观性,因此,给法律概念下定义,实际上就是立法者规定该概念的内涵,也就是立法者规定这个概念所反映的对象具有什么样的特有属性。这样,定义项的外延与被定义项的外延无论怎样都是同一的,不存在所谓"定义过宽"或"定义过窄"的错误。也就是说,一个法律概念的定义,当相应的法律有效时,即使该定义在客观上不符合或不尽符合社会现实,仍具有法律效力。我们不能根据该定义在法律适用过程中产生了问题,如定义中本应由法律调整的对象排斥在其调整范围之外,或者将本不应由法律调整的对象界定为其调整的对象,就说该定义犯了"定义过宽"或"定义过窄"的逻辑错误。

但是,对立法者来说,法律概念的定义在其适用过程中,存在着是否符合社会现实、是否符合立法者的意旨和价值理念等问题。如果一个法律概念定义的定义项所揭示的内涵,完全反映了立法者的意旨,且不至于导致将应当纳入调整的行为或事件等没有纳入其中,或者将不应纳入调整的行为、事件等却纳入其中,则可以说其定义项与被定义项的外延具有同一关系,否则,就犯了"定义过宽"或"定义过窄"的逻辑错误。这一点对立法者具有特别重要的指导作用,对法律适用者则具有相当的约束作用。某一法律概念所反映的对象究竟包括哪些性质、其中哪些性质可以或不能作为该概念内涵方面的构成性质,类似这样的一些问题,都是立法者在给法律概念下定义时,尤其需要加以慎重考虑的。否则,就可能导致法律概念的定义在适用过程中,产生与立法者意图相反的情况,即出现"定义过宽"或"定义过窄"的情况。

由上可知,由于法律概念自身的特点,决定其定义在适用定义规则时也具有其自身的特点。注意这些特点,无论对立法工作还是司法工作都是大有助益的。

（二）区别

正如前面所说的，法律概念是客观性和规定性的统一——法律概念首先是对客观现实性的一种反映，同时它又是来自于法律规定，法律概念的内涵和外延是由法律规定来确立的。因此，法律概念之间的区别也是由法律规定来决定的，它并不和客观事物之间的区别——对应。

如"成年人"与"未成年人"这两个概念之间的区别，如果按照客观实际的标准来说有很多，它可以有生理上或心理上以及其他方面的区分标准。但法律上只采用了一个在法律上具有意义的并易于操作的标准："18周岁以上的公民是成年人"。这里"是否年满18周岁"成为区分"成年人"与"未成年人"这两个法律概念的标准。

两个完全不同的法律概念的区分是很容易掌握的。如刑法上的"故意杀人罪"和"贪污罪"，两者的区分就显而易见。

困难的是两个近似的法律概念，一下子很难找到它们的区别所在。如刑法上的"抢劫罪"与"抢夺罪"、民法上的"居间"、"委托"以及"代理"，这些法律概念之间的区分就很细微。

如何使用"区别"这种逻辑方法呢？关键在于确立区分的标准，找到反映法律概念之间特有属性的种差。例如，"抢劫罪"与"抢夺罪"相区分的种差就是：前者的客观方面必须具有使用暴力、胁迫或其他方法，并当场抢走公私财物的行为；后者却是乘人不备，公开夺走公私财物的行为。

"区别"这种逻辑方法和"定义"这种逻辑方法是紧密地结合在一起的。一方面，定义是以区别为前提的。定义的方法首先就必须找到某个概念的种差，否则就不可能准确定义。另一方面，通过不同的定义又说明了不同法律概念之间的区别，使得我们能把它们指称的对象区别开来。

最后，我们还要注意几个概念："同一"、"相同"、"相似"之间的差异。

"同一"所指的情形，是只有一个所指的对象，如刑事诉讼中证实被告就是杀害死者的凶手，是做"同一认定"，民法中的"契约"与"合同"是同一概念。

"相同"的情形，则有两个所指的对象，其特征几乎完全相符，属于同一个"类"。在民事诉讼中证实所交货物与合同样品相符，就是证明两者"相同"。

"相似"则意味着部分"相同"或"相似"。法律适用中的类推适用，就是以类似性为依据的。其法理依据就是：相似案件应为相同处理。

总之，后两种情形，我们总可以找到其"区别"。

（三）划分

前面我们已经说过，划分是明确概念外延的逻辑方法。划分这种方法曾被分析实证主义法学家们广泛使用。奥斯汀在明确法律概念时不仅使用了定义的方法，而且还借助于划分的方法，对"权利"、"义务"、"自由"、"物"、"行为"等一系列法律概念进行了实证分析。可以说，没有对法律概念的定义、区别、划分（分类），就没有法律制度体系的建立。

1. 划分这种方法可以使法律概念更加明确。如我国《刑法》第 13 条规定了"犯罪"这个概念，从内涵方面主要有如下特征：社会危害性；刑事违法性；应受刑罚惩罚性。这三个特征比较笼统，"犯罪"这一概念并不是很明确。而《刑法》进而从外延方面对"犯罪"进行了明确，共分为十类罪名："危害国家安全罪"，"危害公共安全罪"，"破坏社会主义市场经济秩序罪"，"侵犯公民人身权利、民主权利罪"，"侵犯财产罪"，"妨害社会管理秩序罪"，"危害国防利益罪"，"贪污贿赂罪"，"渎职罪"，"军人违反职责罪"。这样，"犯罪"这一概念就十分清楚明白了。

2. 划分可以发现法律体系的内在矛盾。法律应当是一个具有内在联系的整体，这个整体是由一个个法律概念有机地结合在一起而成的。这些法律概念的内涵和外延之间具有一种层序包含关系，特别是外延的层序包含关系非常明确，而划分正是使这种层序包含关系更加明确的一种方法。

按照划分的规则，划分后处在同一等级上的法律概念必须具有反对关系或矛盾关系，即外延上必须是全异关系，否则，这一规范体系内部就存在着矛盾。

总之，在划分的基础上，产生了一定序列的划分分支，由此形成了一种次序，这种次序的结果是形成了一种结构。法律体系之所以能成为一个内在联系的整体，也是建立在划分这种基础上的。

思考题

1. 什么是概念？什么是事物的特有属性？
2. 什么是概念的内涵和外延？举例说明从属关系概念的内涵与外延间的反变关系。
3. 概念有哪些种类？各有什么特征？
4. 举例说明如何区分集合概念与非集合概念。
5. 概念外延间的关系有哪些？各有什么特点？矛盾关系和反对关系有何区别？

6. 什么是定义？怎样下定义？定义的规则及违反规则的逻辑错误有哪些？

7. 什么是划分？划分与分解有何不同？划分的规则及违反规则的逻辑错误有哪些？

8. 举例说明什么是概念的限制与概括。限制与概括的逻辑要求各是什么？

练习题

一、指出下列语句中哪些是带括号概念的内涵或外延

1. 我国《刑法》中的（犯罪）是指危害社会的、触犯刑律的、应受刑罚处罚的行为。

2. 合同双方当事人权利义务所指向的对象称为（合同的标的）。例如，买卖、交易、供应合同中的物，承揽合同中承揽人所完成的工作等。

3. （侦查）是指公安机关、人民检察院在办理案件过程中，依照法律进行的专门调查工作和有关强制性措施。

4. （法的历史类型）有奴隶制法、封建制法、资本主义法和社会主义法。

5. （法的渊源）是指法律的各种具体表现形式，如法律、法令、条例、规程、决议、命令、判例等。

6. 凡具有中华人民共和国国籍、依照宪法和法律享有权利和承担义务的人，都是（中华人民共和国公民）。

7. 凡体现统治阶级意志，由国家行使立法权的机关依照立法程序制定，并由国家强制力保证其实施的行为规范就是（法律），如宪法、刑法、民法、行政法等。

8. 由一定的经济基础和上层建筑构成的整体叫（社会形态）。原始社会、奴隶社会、封建社会、资本主义社会、共产主义社会是人类社会的五种基本形态。

9. （过失犯罪）有两种，即疏忽大意的过失犯罪和过于自信的过失犯罪。

10. （遗产）是公民死亡时遗留的个人合法财产。

二、指出下列语句中划横线的概念是单独概念还是普遍概念，是正概念还是负概念

1. 中华人民共和国人民法院是国家的审判机关。

2. 中国工人阶级是伟大的阶级。

3. 工人、农民、知识分子是建设<u>社会主义事业</u>的基本力量。

4. 在这样的<u>非常时期</u>，广大公安干警要提高警惕，严禁擅离工作岗位。

5. 鉴于王某犯罪情节并<u>不严重</u>，且能主动揭发同案犯人，故可减轻处罚。

6. <u>罪</u>与<u>非罪</u>是一对矛盾关系的概念。

三、分析下列各句中是否有误用集合概念和非集合概念的错误，并简述理由

1. 总理一下飞机，就和欢迎他的人群一一握手。

2. 法官是严格执法、依法办案的，他是法官，所以，相信他一定能严格执法、依法办案。

3. 众所周知，中国人是勤劳勇敢的，所以，这个中国人也不例外。

4. 作为领导班子，他当然有权处理这件事。

5. 人们常说儿童是祖国的未来，是人类的希望。但现在的儿童中，有的骄横任性，有的贪玩厌学，甚至还有弱智儿。如此看来，人类的未来恐怕没什么希望了。

四、指出下列语句中标有横线的概念是集合概念还是非集合概念

1. 北京大学是我国著名的<u>高等学校</u>。

2. 我国的<u>高等学校</u>分布在全国各地。

3. <u>中国人</u>死都不怕，还怕困难吗?

4. 我们是<u>中国人</u>。

5. <u>这筐苹果</u>至少有 30 公斤。

6. <u>这筐苹果</u>都是"红富士"。

7. 我特别喜欢读<u>鲁迅先生的作品</u>。

8. <u>鲁迅先生的作品</u>不是一两天能读完的。

五、分析下列各组概念间的关系，并用欧拉图表示之

1. A. 基层人民法院　　　B. 地方各级人民法院
   C. 专门人民法院　　　D. 最高人民法院
   E. 人民法院

2. A. 犯罪　　　　　　　B. 故意犯罪
   C. 过失犯罪

3. A. 合法行为　　　　　B. 非法行为
   C. 犯罪行为　　　　　D. 行为

4. A. 实体法　　　　　　B. 程序法

C. 刑法　　　　　　　　　D. 刑事诉讼法

E. 法

5. A. 政法院校　　　　　　B. 非政法院校

C. 高等学校

6. A. 中年知识分子　　　　B. 青年知识分子

C. 先进工作者　　　　　D. 教师

7. A. 贪污贿赂罪　　　　　B. 包庇罪

C. 妨害社会管理秩序罪　D. 犯罪

8. A. 法　　　　　　　　　B. 宪法

C. 国家的根本大法　　　D. 中华人民共和国宪法

9. A. 运动员　　　　　　　B. 足球运动员

C. 优秀体育工作者

10. A. 罪犯　　　　　　　　B. 抢劫犯

C. 杀人犯

六、将下列标有横线概念间的外延关系表示在一个欧拉图式中

1. <u>《祝福》</u>（A）是<u>鲁迅</u>（B）的作品，不是<u>巴金</u>（C）的作品；巴金是<u>《家》的作者</u>（D）。

2. <u>中国</u>（A）是<u>亚洲国家</u>（B），也是<u>发展中国家</u>（C）；<u>日本</u>（D）则属于<u>非发展中国家</u>（E）。绝大多数<u>非洲国家</u>（F）是发展中国家。

3. <u>《红楼梦》</u>（A）是<u>中国小说</u>（B），也是<u>古代小说</u>（C），但不是<u>武侠小说</u>（D）。

4. 大学里的<u>党组织</u>（A）应当注意在<u>学生</u>（B）中，特别是在<u>研究生</u>（C）中发展<u>党员</u>（D），培养<u>党员干部</u>（E）。

5. <u>犯罪</u>（A）包括<u>故意犯罪</u>（B）和<u>过失犯罪</u>（C）。在犯罪主观方面，有些罪只能是故意的，如<u>放火罪</u>（D）、<u>抢劫罪</u>（E）等；有些罪只能是过失的，如<u>交通肇事罪</u>（F）、<u>玩忽职守罪</u>（G）等；还有些罪既可以是故意的，也可以是过失的，如<u>杀人罪</u>（H）等。不论何种犯罪都属于<u>具有社会危害性的行为</u>（I）。

七、运用概念间关系的知识，指出下列语句中使用概念的错误

1. 何某平时很活跃，可案发后却变得沉默寡言。态度反常的人就是心怀鬼胎的人，所以，本案作案人肯定是何某。

2. 贪污罪往往是有权力的人。

3. 某被告人因求爱不成而杀人，他在陈述其犯罪动机时说："我向她求爱时，她说我们之间没有爱情。既无爱情，那就只有仇恨。她如此恨我，才促使我杀人。"

4. 本案被告人受贿所得的赃物有：高档家用电器、高级香烟、名酒、黄金饰品和录像机。

八、设下列各题为实质定义，请用定义的规则检验其是否正确，并简要说明理由

1. 诈骗罪就是侵犯财产的犯罪。

2. 犯罪学是研究犯罪预防的科学。

3. 亲属就是具有亲属关系的人。

4. 商品是为交换而生产的工业劳动产品。

5. 过失罪就是非故意的犯罪。

6. 正方形就是四边相等的四边形。

7. 教师是人类灵魂的工程师。

8. 概括就是与限制相反的逻辑方法。

9. 复合命题就是包含两个或两个以上简单命题的命题。

10. 期刊就是每周或每月定期出版的出版物。

九、下列各题是不是划分？如果是，划分是否正确？为什么？

1. 死亡分为正常死亡和非正常死亡。

2. 犯罪包括共同犯罪、过失犯罪和故意犯罪。

3. 中华人民共和国人民法院包括最高人民法院和地方各级人民法院。

4. 定义分为被定义项、定义项和定义联项。

5. 这个劳教所管教的对象有男犯、女犯和少年犯。

6. 主刑有管制、拘役、有期徒刑、无期徒刑、死刑和缓刑。

7. 犯罪集团包括主犯和从犯。

8. 直系血亲包括父母、子女、祖父母和孙子女。

9. 复合命题可以分为假言命题、选言命题和联言命题。

10. 期刊有文学期刊、非文学期刊和外文期刊。

十、下列限制与概括是否正确？为什么？

1. 违法行为 $\begin{cases} 限制：犯罪行为 \\ 概括：行为 \end{cases}$

2. 鲁迅 $\begin{cases} 限制：《阿Q正传》的作者 \\ 概括：中国现代文学史上的著名作家 \end{cases}$

3. 学生 $\begin{cases} 限制：大学生 \\ 概括：知识分子 \end{cases}$

4. 检察人员 { 限制：最高人民检察院检察人员
概括：司法工作人员

5. 西湖 { 限制：风景如画的西湖
概括：苏州旅游景点

6. 小说 { 限制：中篇小说
概括：文学作品

7. 北京 { 限制：中国的首都
概括：历史文化名城

8. 法院 { 限制：民事审判庭
概括：司法机关

十一、批判性思维能力测试题

1. 某大学宿舍中住着若干个学生。其中，一个是山东人，两个是北方人，一个是湖北人，两个在法律系，三个是进修生。该宿舍恰好住了 8 个人。

如果题干中关于学生情况的介绍涉及了该宿舍中所有的人，那么，以下各项关于该宿舍的断定都不与题干矛盾，除了：

A. 该校法律系每年都招收进修生

B. 该校法律系从未招收过进修生

C. 来自湖北的舍友在法律系就读

D. 来自山东的舍友在财政金融系就读

E. 该宿舍的三个进修生都是南方人

2. 某大学宿舍住着若干个研究生。其中，一个是吉林人，两个是北方人，一个是广东人，两个人这学期只选修逻辑哲学，三个人这学期选修古典音乐欣赏，一个人选修比较文学研究。

假设以上介绍涉及了该宿舍中所有的人，那么，该宿舍中最少可能是几人，最多可能是几人？

A. 最少可能是 3 人，最多可能是 8 人

B. 最少可能是 5 人，最多可能是 9 人

C. 最少可能是 5 人，最多可能是 10 人

D. 最少可能是 3 人，最多可能是 9 人

E. 无法确定

3. 舞蹈学院的张教授批评本市芭蕾舞团最近的演出没能充分表现古典芭蕾舞的特色。他的同事李教授认为这一批评是个人偏见。作为芭蕾舞技巧专家李教授考察过芭蕾舞团的表演者，结论是每一位表演者都拥有足够

的技巧和才能来表现古典芭蕾舞的特色。

以下哪项最为恰当地概括了李教授反驳中的漏洞？

A. 他对张教授的评论风格进行攻击，而不是对其观点加以批驳

B. 他无视张教授的批评意见与实际情况是相符的

C. 他仅从维护自己权威地位的角度加以反驳

D. 他依据一个特殊事例轻率概括出一个普遍结论

E. 他不当地假设，如果一个团体每个成员具有某种特征，那么这个团体总能体现出这种特征

4. 所有校学生会委员都参加了大学生电影评论协会，张山、李斯和王武都是校学生会委员，大学生电影评论协会不吸收大学一年级学生参加。

如果上述断定为真，则以下哪项一定为真？

Ⅰ. 张山、李斯和王武都不是大学一年级学生。

Ⅱ. 所有校学生会委员都不是大学一年级学生。

Ⅲ. 有些大学生电影评论协会的成员不是校学生会委员。

A. 只有Ⅰ　　　　　　　　　B. 只有Ⅱ

C. 只有Ⅲ　　　　　　　　　D. 只有Ⅰ和Ⅱ

E. Ⅰ、Ⅱ和Ⅲ

5. 一些投机者是乘船游玩的热心人，所有商人都支持沿海工业的发展，所有热心乘船游玩的人都反对沿海工业的发展。如果上述断定为真，则以下哪项一定为真？

A. 有些投机者是商人

B. 商人对乘船游玩不热心

C. 一些商人热心乘船游玩

D. 一些投机者支持沿海工业的发展

E. 投机者都反对沿海工业的发展

本题参考答案

1C，2B，3E，4D，5B。

第三章 简单命题及其推理

学习目标

本章应掌握的基本原理：

△ 命题的基本特征

△ 推理的有效性和正确性问题

△ 直言命题的对当关系及其主谓项的周延情况

△ 各种直接推理的结构及其规则；三段论的规则及其省略三段论的恢复

△ 关系命题及其推理

本章需训练的基本能力：

△ 运用各种直言命题进行推理的能力

△ 识别并纠正各种逻辑错误的能力

第一节 命题和推理的概述

一、命题的概述

（一）命题与判断

所谓命题，就是对思维对象有所陈述的思维形式。例如：

①实践是检验真理的惟一标准。

②宪法是国家的根本大法。

③3 大于 5。

④人都是自私的。

⑤如果语言能创造物质财富，那么夸夸其谈的人就是世界上最富有的人。

由于命题是对思维对象（事物情况）有所陈述的思维形式，所以，命题的特征主要表现为：①对思维对象的性质或关系有所陈述；②总是或真或假。这两个特征构成了判定一个语句是否表示命题的标准：凡是对思维对象的性质或关系有所陈述的语句就是命题，否则，就不是命题。一个命题只要对思维对象的性质或关系有所陈述，就有与思维对象的实际情况是否符合的问题，与实际情况相符合的命题，就是一个真命题；与实际情况不相符合的命题，就是一个假命题。逻辑学把"真"、"假"二值统称为真值，并用"1"表示"真"的真值，用"0"表示"假"的真值。在二值逻辑中，任何命题或者真，或者假，但不能既真又假或既不真又不假。

上述五个语句由于分别对思维对象是否具有某种性质或关系作了陈述，所以都是命题。其中，①、②和⑤所陈述的性质或关系与实际情况相符合，因而是真命题，而③和④所陈述的性质或关系与实际情况不相符合，因而是假命题。

判断是对思维对象有所断定的思维形式。所谓断定是指思维主体对思维对象是否具有某种性质或关系有所肯定或否定。因此，判断也具有两个基本特征：①对思维对象的性质或关系有所断定；②这种断定要么真要么假。

那么，命题与判断有何区别呢？两者区别在于：被思维主体断定了的命题才是判断，而命题未必经过断定。换句话说，判断与思维主体有关，判断是被思维主体具体断定为真或为假的命题，而命题只是对思维对象的性质或关系的一种陈述，与思维主体内心确信无关。例如：1742 年，数学家哥德巴赫提出的"所有大于 5 的奇数都可以分解为三个素数之和"的猜想，从其语言表达式看来，它是一个陈述句，因而必然表达了一个命题，从其逻辑值来看，它要么真，要么假。但由于这个猜想至今尚未得到证明，没有具体断定它是真的还是假的，因此，它只是一个命题，而不是一个判断。又例如，公诉人指出："张君是个杀人犯"。这个语句对于一个对案件实际情况尚不了解的法官来说，就只是一个命题而不是一个判断。只有等到法庭调查和辩论活动之后，法官通过对证据的审查，认为"张君是个杀人犯"这个命题是真的这一内心确信形成之后，此时的这个陈述对这个法官来说，不仅是一个真命题，而且是一个真判断。由上述例证可以看出，语句所直接表达的只是命题而不是判断。判断只有在思维主体对思维对象的真或假作出具体断定之后才能形成。因此，命题与判断的正确关系是：凡判断都是命题，但并非所有命题都是判断。

现代逻辑认为，判断与具体的断定者有关，并且因思维主体的不同而有差异，因而带有浓厚的主观色彩。但是，心理因素和价值问题并非逻辑学的研究对象，因此，逻辑学只研究命题而不研究判断。这种观点是与现代逻辑追求彻底的形式化的倾向和采用符号语言的做法是相互适应的。

然而，在实际思维特别是法律思维中，判断和命题的区分是十分细微的。人们说出或写出一个具有真假值的语句时，通常都已经认可或确信了其思维内容。例如：我认为"张君是杀人犯"这个命题是真的，这表明思维主体已经作出了一个判断。因此，与其他逻辑教材的做法一样，本书虽然使用了命题这种叫法，但事实上对两者不做区分，将两者看作是一回事。

（二）命题和语句

任何命题都必须通过语句表达出来，语句是命题的载体，是命题的物质外壳，没有语句就没有命题。而命题则是语句的思想内容，没有命题，就无法理解语句的含义。语句与命题之间是形式与内容的关系，是不可分割的。但这并不意味着两者之间没有任何差别，是一一对应的关系。它们之间的差别表现在以下四个方面：

1. 语句作为一种语言形式，是语言学研究的对象；而命题作为一种思维形式，属于逻辑学研究的对象。

2. 所有命题都要用语句来表达，但并非所有的语句都表达命题。

在现代汉语中，语句分为陈述句、疑问句（包括一般疑问句和反问句）、祈使句和感叹句四种类型。

陈述句由于是对思维对象的情况进行直接的陈述，因而都表达命题。如："他是一名警官"。"法律是由国家强制力保障实施的行为规范。"等是对事物属性的陈述，它们都是命题。

感叹句和祈使句一般不表达命题。如"祖国啊，母亲！"、"请遵守交通规则！"，前一个例子是个感叹句，表达了内心情感的抒发，但却没有对事物情况作出肯定或否定的表述，因此它不是命题。后一个例子是个祈使句，表达的只是一种请求或命令，但对方是否服从，却不能断定，所以它也不是命题。需要注意的是感叹句在特殊情况下也可以表达命题。如"公安机关的破案进度多快呀！"它表达的就是一个命题："公安机关的破案速度是很快的。"

疑问句分为两种情况。一般疑问句由于对思维对象的情况无所断定或陈述，因此不表达命题。如："收养合同都需要公证吗？"就不表达命题。但是，反问句都表达命题。如"难道宪法是从天上掉下来的吗？"、"这个教训难道对我们还不沉重吗？"等都是命题。前例是用肯定的问法表示否定的命题，后例是用否定的问法表示肯定的命题。正因为此，所以说，疑问句中的反问句是表达命题的。

3. 同一个命题可以用不同的语句来表达。例如：

民事行为都是合法行为。

这一命题也可用下述语句来表达：

①民事行为都不是非法行为。

②难道民事行为是违法的吗？

③难道民事行为不是合法的吗？

④没有哪一种民事行为是违法行为。

上述例证说明，思维的内容是确定的，但它的表现形式却是多样的。

4. 同一个语句也可以表达不同的命题。例如：

①他们三人一组。

②张先生就这么不情愿地走了。

例①可以理解为"他们三人为一组"，既可以表示"他们每三个人（组成）一个小组"，也可理解为"他们三个人是一个小组的"。例②可以理解为"张先生离开此处去了他处"，也可理解为"张先生离开了人间"等。这实际上就是人们通常所讲的歧义句。引起这种现象的原因是在语句中使用了多义词或出现了省略成份，也就是说句子本身包含了不确定的成份，出现了多种可能性。

（三）命题形式和命题的种类

1. 命题形式。任何命题都是内容和形式的统一体。命题内容是命题所陈述的事物情况，命题形式是命题的逻辑结构，是命题内容的联结方式。例如：

① 所有的事物都是运动的。

② 有些天鹅不是白的。

③ 如果死者身上有自己无法形成的致命伤，那么他的死亡一定不是自杀引起的。

④ 只有行政机关的行为是侵权行为时，行政机关才应当承担侵权赔偿责任。

上述四个语句都是命题，各自具有不同的思想内容。剔除掉这些命题的思维内容，就可以得到一个命题的逻辑形式。它们的逻辑形式分别是：

① 所有 S 都是 P。

② 有些 S 不是 P。

③ 如果 p，那么 q。

④ 只有 p，才 q。

其中概念变项 S、P 和命题变项 p、q 是命题形式的逻辑变项，"所有……都是……"、"有的……不是……"、"如果……，那么……"和"只有……，才……"是命题形式的逻辑常项。任何命题形式都是由逻辑常项和逻辑变项组成的。一个命题形式中的概念变项或命题变项如果用一个具体的概念或命题替换，就可以得到一个具体的命题。

我们前面说过，任何命题都有真假。但是，命题形式则既不真，也不假。命题形式只有经过替换或解释，形成一个具体的命题之后，才有真假值可言。

2. 命题的种类。根据不同标准，可以将命题分为不同的类别。根据命题本身是否包含其他命题，命题可以分为简单命题和复合命题。简单命题是指自身不包含其他命题的命题；其中根据简单命题所陈述的是思维对象是否具有某种特定性质或关系，简单命题又可以分为直言命题和关系命题。复合命题是指自身包含有其他命题的命题；根据复合命题中逻辑联结词的不同，又可将复合命题分为联言命题、选言命题、假言命题、等值命题和负命题。另外根据命题中是否包含模态词，把命题分为模态命题和非模态命题，然后再将模态命题按其包含的模态词是否为规范模态词，分为规范模态命题和非规范模态命题，非规范模态命题又称之为真值模态命题。这样普通逻辑学关于命题的分类可列表如下：

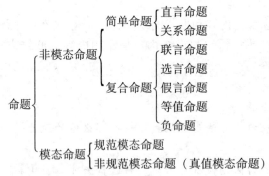

二、推理的概述

（一）推理的定义

推理就是由一个或几个已知命题，推导出另一个新命题的思维形式。例如：

> 违法行为都具有社会危害性，
>
> 张三的行为是违法行为，
> _____
>
> 所以，张三的行为具有社会危害性。

推理由前提和结论两个部分组成。推理中已知命题或给定的命题叫前提，推导出的新命题叫结论。上例中，横线以上两个命题就是前提，横线下面的命题就是结论。如果我们用 P 表示前提，用 Q 表示结论，用符号

"⇒"表示推出关系，则推理的结构可表示为：

$$\therefore \frac{P}{Q} \qquad 或 \qquad P \Rightarrow Q$$

如同前述，表达概念的语言形式是语词，表达命题的语言形式是语句，在推理中，表达推理这种思维形式的语言形式就是句组或句群（两个以上句子）。但并非所有的句组或句群都表达推理，只有当句子与句子之间具有推导关系时，这些句组或句群才表达推理。

（二）推理的种类

按照不同的标准，可以将推理分为不同的类别。本书将推理做如下分类：

1. 演绎推理、归纳推理和类比推理。这是按照推理前提到结论所反映的思维进程为标准对推理进行的分类。

演绎推理是由一般到个别的推理，它是根据一类事物都具有某种属性，推出该类中的个别事物具有某种属性的思维形式。

归纳推理是由个别到一般的推理，它是根据一类事物中的个别事物是否具有某种属性，从而推出该类事物的全部都具有或都不具有某种属性的思维形式。

类比推理是由个别到个别的推理，它反映的是由两个或两类事物的一些属性相同或相似，从而推出它们的另外一些属性也相同或相似的思维形式。

2. 模态推理和非模态推理。这是按照推理的前提或结论中是否包含模态命题为标准进行的分类。

模态推理是指前提或结论中包含有模态命题的推理。

非模态推理是指前提和结论中不包含有模态命题的推理。

3. 规范推理和非规范推理。这是按照推理的前提或结论中是否包含规范命题为标准进行的分类。

规范推理是指推理的前提或结论中包含有规范命题的推理。

非规范推理是指推理的前提和结论中不包含有规范命题的推理。

4. 直接推理和间接推理。这是根据推理前提的数量多少为标准进行的分类。

直接推理是指由一个命题为前提推出另外一个命题为结论的推理。

间接推理是指由两个或两个以上的命题为前提推出另外一个命题为结论的推理。

5. 必然性推理和或然性推理。这是根据推理的前提与结论之间是否具有蕴涵关系（既能否保证由真前提必然得出真结论）为标准进行的分类。

必然性推理是前提蕴涵结论（前提真能够保证结论必真）的推理。演绎推理和完全归纳推理都是必然性推理。

或然性推理是前提并不蕴涵结论（前提即使为真，结论却可能为真，也可能为假）的推理。（不完全）归纳推理、类比推理、演绎推理的无效式都是或然性推理。

（三）推理的有效性、正确性、合理性

1. 推理的有效性、正确性。在实际思维中，人们追求的是正确的推理，而正确的推理必须是内容真实并且形式有效的推理。由于逻辑学并不研究思维内容而只研究思维形式，即只研究推理的前提与结论在形式上是否具有必然的联系，这就是推理的形式有效性问题。所谓一推理是形式有效的，当且仅当具有此推理形式的任一推理（即其推理形式的任一解释）都不会出现前提真而结论假的情况。反之，如果一个推理形式经过解释出现了前提真而结论假的情况，该推理形式就是无效的。既然推理的有效性仅指推理形式的有效性，并不涉及内容是否真实，所以，有些推理即使其内容虚假，但只要其形式是有效的，它也是一个形式有效的推理；同理，有些推理的内容即使是真实的，但如果它的前提与结论之间没有必然联系（即经过置换解释可以出现前提真而结论假的情况），它也属于形式无效的推理。

依据推理的前提与结论的真或假以及推理形式的有效或无效的排列组合，总共有以下七种可能情况：

前　提	形　式	结　论	序　号
真	有　效	真	1
	无　效	真	2
		假	3
假	有　效	真	4
		假	5
	无　效	真	6
		假	7

第一种情况：前提真，形式有效，结论为真。

例如：金属都是导电的，铜是金属，所以，铜是导电的。

这种情况告诉我们：一个推理只要其前提真实并且形式有效，结论不可能虚假。在七种组合中，只有这种推理才是正确的推理，其他情况或因前提虚假或因形式无效，都不是正确的推理。

第二种情况：前提真，形式无效，结论为真。

例如：金属都是导电的，铜能导电，所以，铜是金属。

第三种情况：前提真，形式无效，结论为假。

例如：金属都是导电的，水能导电，所以，水是金属。

第二、三两种情况表明：如果形式是无效的，即使给定的前提真实，也无法保证结论必真。可见，形式有效是推理正确的必要条件。

第四种情况：前提假，形式有效，结论为真。

例如：男人都会抽烟，所以，有些会抽烟的是男人。

第五种情况：前提假，形式有效，结论为假。

例如：人都会飞，所以，有些会飞的是人。

第四、五两种情况表明：如果前提虚假，即使形式有效，也不能必然推出真实的结论。可见，前提真实同样是推理正确的必要条件。

第六种情况：前提假，形式无效，结论为真。

例如：闪光的都是金子，所以，金子都是闪光的。

第七种情况：前提假，形式无效，结论为假。

例如：橡胶都是导电的，所以，导电的都是橡胶。

第六、七两种情况表明：即使前提虚假，形式无效，结论也并非一定虚假。

明确推理的前提和结论之间的这种复杂关系，有助于我们准确迅速地发现推理的错误所在。如果一个推理的结论是虚假的并且形式有效，说明该推理的前提中一定有虚假命题；反之，如果一个推理由真前提推出了假结论，就可以断定该推理的形式一定无效。

2. 推理的合理性。推理的合理性是指推理前提对其结论给予一定程度的证据支持，从而使推理的结论具有的可接受性的大小。如果一个推理的前提没有为结论提供任何证据支持，或者一个推理的结论是可疑的，令人难以接受的，那么，这个推理就不具有合理性。如果一个推理的前提是真实可靠的，或者虽然其前提不是绝对真实的但却是具有高度或然性、为人们普遍认同的，而且这些前提为结论提供了一定程度的证据支持关系，那么，即使该推理不是绝对有效的，这个推理也是合理的、恰当的。换言之，推理的合理性，主要指推理的前提对结论给予的证据支持程度和推理结论所具有的可接受性。

例如，由于某人前面几次乘车都有晕车反应，我们发现该人又去乘车，由此推断该人此次乘车也会出现晕车反应。这个推理虽然不具有逻辑必然性，但由于前提为结论提供了高度或然性的证据支持关系，因而推理具有可接受性，是合乎逻辑的，是合理的。

显然，推理的有效性、正确性和合理性是不同的。一个推理是有效的，但未必是合理的，一个无效的推理也可能是合理的。

研究推理的合理性和可接受性，在法律推理尤其在实质法律推理中具有十分重要的理论意义和现实意义。

第二节　直言命题

一、直言命题的定义、结构及种类

（一）直言命题的定义

直言命题就是断定思维对象是否具有某种性质的思维形式。例如：

①法律都是有阶级性的。

②有些刑事案件不是自诉案件。

③西安是座历史名城。

以上三例由于直接对法律、刑事案件、西安是否具有某种性质做了断定，因而我们称它们为直言命题；又由于它们断定的内容是思维对象是否具有某种特定性质，因而直言命题又叫做性质命题。

（二）直言命题的结构

就直言命题的结构而言，任何一个直言命题都是由主项、谓项、联项和量项四个部分组合而成。

主项：即命题中表示思维对象的概念。如上例①中的"法律"、例②中的"刑事案件"、例③中的"西安"。一般用大写的"S"表示。

谓项：即命题中表示思维对象性质的概念。如上例①中的"有阶级性的"、例②中的"自诉案件"、例③中的"历史名城"。一般用大写的"P"表示。

在直言命题中，主项和谓项统称为词项。它们属于直言命题的逻辑变项（概念变项）。

联项：即直言命题中联结主项和谓项的语词。表示联项的语词分为肯定和否定两种，现代汉语中用"是"表示肯定联项，它表明主项具有某种性质；用"不是"表示否定联项，它表明主项不具有某种性质。

量项：即直言命题中用来表示主项数量或范围的语词。量项有全称、特称、单称之分。

全称指一类事物（主项）的全部对象。一般用"所有"表示全称量项，此外"任何"、"每一个"、"一切"、"凡"等语词也表示全称量项。

特称指一类事物（主项）的部分对象。一般用"有些"表示，此外还有"有的"、"某些"、"大多数"、"极少数"、"个别"、"90％"等等。

单称是特指某一具体的事物。现代汉语中，一般以人名、地名、历史事件为主项的直言命题以及冠有"这一个"、"那一个"、"世界第一"、"单打冠军"等摹状词的语句都表示单称命题。

在日常语言表达中，全称量项往往可以省略，省略掉全称量项并不改变命题的逻辑含义。而特称则不能省略，在日常表达中，特称量项一旦被省略，就会犯"以偏概全"或"轻率概括"的逻辑错误。

在直言命题的结构中，联项和量项属于逻辑常项，它们决定着一个直言命题的逻辑性质。

（三）直言命题的种类

逻辑学中，一般以联项或量项作为划分直言命题种类的标准。以联项为标准，直言命题分为肯定命题和否定命题。以量项为标准可分为全称命题、特称命题和单称命题。由于任何一个直言命题既有联项又有量项，因此，直言命题分为以下六种类型：

1. 全称肯定命题，这是反映一类事物的全部对象都具有某种特定性质的直言命题。其汉语表达形式为：所有S都是P，逻辑形式为：SAP，简称为A。例如：

　　①所有的天鹅都是白的。

　　②条条道路通罗马。

　　③语言是没有阶级性的。

自然语言中，双重否定句都表示全称肯定命题。例如：

　　④春城无处不飞花。

　　⑤没有人不受法律的约束。

2. 全称否定命题，这是反映一类事物的全部对象都不具有某种特定性质的直言命题。其汉语表达式为：所有S都不是P，逻辑形式为：SEP，简称为E。

　　例如：所有犯罪行为都不是合法行为。

3. 特称肯定命题，这是反映某一类事物至少有一个对象具有某一种属性的直言命题。其汉语表达式为，有些S是P，逻辑形式为：SIP，简称为 I。

　　　　例如：有些犯罪是故意犯罪。

　　4. 特称否定命题，这是反映一类事物至少有一个对象不具有某一种性质的直言命题。其汉语表达式为：有些 S 不是 P，逻辑形式为：SOP，简称为 O。

　　　　例如：有些罪犯不是成年人。

　　值得注意的是，逻辑上的特称量项"有的"、"有些"与日常语言中的"有的"、"有些"的含义并不完全相同。在日常生活中，当我们说"有些合同是无效合同"的时候，同时意味着"有些合同不是无效合同"；反之，当我们说"有些合同不是无效合同"的时候，同时意味着"有些合同是无效合同"。这里的"有些"的含义实际上是"有 S 是 P 并且有 S 不是 P"的意思。而逻辑上所说的"有些 S 是 P"的含义是指，在 S 类中，至少有一个 S 是 P，但到底有多少 S 是 P，并不清楚，可能只有这一个 S 是 P，也可能一小部分 S 是 P，也可能大部分 S 是 P，还可能所有的 S 是 P。例如：有人问公证员："这些合同都是有效合同吗?"，而公证员只是审查了部分合同，发现被审查的合同都是无效合同，其他合同是否有效他并不清楚，这时他回答道："有些合同是无效合同"，他的回答是准确的。其他合同可能有效，也可能与被审查过的合同一样，都是无效合同。显然，日常语言中的"有的"、"有些"所断定的都包含在逻辑学所说的"有的"、"有些"的含义之中。因此，日常语言关于特称量项的理解是片面的。正因为"有 S 是 P"是指"存在着 S，这 S 是 P"，所以，逻辑学将特称命题又称之为存在命题。

　　5. 单称肯定命题，这是反映某一特定事物具有某种性质的直言命题。其汉语表达式为：这个 S 是 P，逻辑形式为：SaP，简称为 a。

　　　　例如：北京是中华人民共和国的首都。

　　6. 单称否定命题，这是反映某一特定事物不具有某种性质的直言命题，其汉语表达式为：这个 S 不是 P，逻辑形式为：SeP，简称为 e。

　　　　例如：《民法通则》不是程序法。

　　传统逻辑中，把单称命题看作全称命题。其理由是单称命题是对某一特定对象的反映，也就是对反映某一单独对象的概念的全部外延做了反映，这样直言命题就只有 A、E、I、O 四种形式。这种做法具有一定的合理性，尤其在讲述直言命题主、谓项的周延性、直言命题变形推理和三段论推理时，比较方便。但这种做法也有缺陷。因为单称肯定命题和单称否定命题之间的真假关系是矛盾关系，而全称肯定命题和全称否定命题之间的真假关系是反对关系。关系不同，推理就不一样。因此，本书在讲述直言命题的真假情况、对当关系及其推理时，把直言命题分为 A、E、I、O、a、e 六类，而在讲述其他内容时，将直言命题分为 A、E、I、O 四类。

二、直言命题间的对当关系及其词项的周延性

（一）直言命题的真假情况

直言命题是断定思维对象是否具有某种性质的命题，任何性质又总是一定对象的性质。在语言表达上，思维对象与其性质都是用概念来表达的，而概念总是具有外延的，因此，直言命题实际上断定的是两个概念外延之间的某种关系，具体地说，直言命题所表达的就是主项 S 与谓项 P 外延之间的某种关系。因此，一个直言命题的真假就取决于由它所断定的主项 S 与谓项 P 之间的外延关系与主项 S 与谓项 P 实际上所具有的客观关系是否相符合，符合，则该直言命题为真，否则为假。

概念 S 与 P 之间具有的外延关系不外乎五种：即全同关系、真包含于关系、真包含关系、交叉关系和全异关系。在这五种外延关系下，直言命题的真假情况如下表所示：（图中用"1"表示"真"，"0"表示假）

直言命题的假情况 直言命题的种类 ＼ S与P间的外延关系	SP	(S P)	(P S)	S✕P	S　P
SAP	1	1	0	0	0
SEP	0	0	0	0	1
SIP	1	1	1	1	0
SOP	0	0	1	1	1
S_aP	1	1	1/0	1/0	0
S_eP	0	0	0/1	0/1	1

（二）直言命题间的对当关系

对当关系就是具有相同素材的直言命题间的真假关系。具有相同主项和谓项的直言命题称作同素材的命题。

从上表我们可以清楚地看出 A、E、I、O、a、e 六类直言命题之间具有以下四种真假关系：

1. 反对关系。这是 A 与 E、A 与 e、E 与 a 三对命题之间的真假关系。

它们之间具有不能同真，可以同假的关系。在这三对命题中，如果命题A、E、a、e为真，就可推知E、A、E、A一定为假，但如果命题A、E、a、e为假，却不能推知与之相应的命题的E、A、E、A的真假。

2. 矛盾关系。这是A与O、E与I、a与e三对命题之间的真假关系。它们之间是一种既不能同真、也不能同假的关系。根据这一关系，如果我们知道A、E、I、O、a、e是真的，就可以断定O、I、E、A、e、a命题是假的；如果我们知道A、E、I、O、a、e是假的，就可以断定O、I、E、A、e、a命题是真的。

3. 差等关系（从属关系）。这是A与I、A与a、a与I；E与O、E与e、e与O六对命题之间的真假关系。它们之间的真假关系可以概括为：如果全称真，则相应的单称命题真；如果单称命题真，则相应的特称命题真；如果全称命题真，则相应的特称命题真。如果特称命题假，则相应的单称命题假；如果单称命题假，则相应的全称命题假；如果特称命题假，则相应的全称命题假。如果全称命题假，则相应的单称命题真假不定；如果单称命题假，则相应的特称命题真假不定；如果全称假，则相应的特称命题真假不定。如果特称命题真，则相应的单称命题真假不定；如果单称命题真，则相应的全称命题真假不定；如果特称命题真，则相应的全称命题真假不定。

4. 下反对关系。这是I与O、I与e、O与a三对命题之间的真假关系，它们之间具有一种可以同真但不能同假的关系。在这种关系中，如果我们知道I、O、a、e是假的，那就可以断定与之相应是O、I、O、I一定是真的；但知道I、O、a、e是真的，却不能断定与之相应是O、I、O、I的真假。

上述真假关系成立的条件有：（1）两个直言命题的主、谓项必须相同。主、谓项不相同的直言命题之间不一定具有这种关系。（2）主项不是空类，即主项必须存在。主项不存在或为空类的直言命题间不一定具有这种关系。

逻辑学中，直言命题之间的对当关系通常用如下图形表示，这个图形就是逻辑方阵。

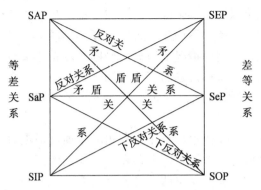

（三）直言命题主、谓项的周延性

周延性是换位推理、三段论推理有效性确立的理论基石之一。它是从量的角度研究直言命题的逻辑性质。

一个直言命题的主项（或谓项）是周延的，当且仅当该命题本身对其主项（或谓项）的全部外延作出了断定。否则，该命题的主项（或谓项）就是不周延的。例如：

①所有的人都是动物。

②有些闪光的东西不是金子。

在这两个例证中，就主项而言，例①的主项是周延的，因为命题本身已经明确指出"所有的"人，对主项"人"的全部外延作出了断定。而例②的主项是不周延的，因为，它断定的只是"闪光的"东西的部分对象而不是全部对象。

就谓项而言，例①的谓项"动物"是不周延的，因为该命题只是说所有的人都包含在动物的外延之中，而没有说动物的全部外延也都包含在所有人的外延之中。例②的谓项"金子"是周延的，因为这个命题断定了所有的"金子"都排除在"有些闪光的东西"的外延之外。

根据对周延性的分析，我们可以确定 A、E、I、O 四种命题的周延情况，可表示如下：

直言命题词项周延情况表

命题类型	主　项	谓　项
SAP	周　延	不周延
SEP	周　延	周　延
SIP	不周延	不周延
SOP	不周延	周　延

从表中我们可以看出，全称命题的主项都周延；特称命题的主项都不周延；肯定命题的谓项都不周延；否定命题的谓项都周延。因此，判定一个直言命题的主谓项周延情况的时候，判断主项是否周延，只看量项：全称命题的主项周延，特称命题的主项不周延；判断一个直言命题的谓项是否周延的时候，只看联项：肯定命题的谓项不周延，否定命题的谓项周延。

值得注意的是：①概念只有作为命题的主项或谓项时才会产生是否周延的问题，一个概念单独而言，不存在是否周延的问题；②主谓项的周延性只与联项和量项有关，与主谓项的内容无关。

第三节 直言命题的直接推理

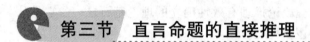

以一个或几个直言命题为前提推出另一个直言命题为结论的推理叫做直言命题推理。我们把以一个直言命题为前提推出另外一个直言命题为结论的推理称为直言命题的直接推理；把以两个直言命题为前提推出另外一个直言命题为结论的推理称之为直言命题的间接推理，即三段论。

直言命题的直接推理中又分为对当关系直接推理和命题变形直接推理。

一、对当关系的直接推理

对当关系直接推理是指根据直言命题之间的对当关系，以一个直言命题为前提，推出另外一个直言命题为结论的推理。

根据前述可知，直言命题间的对当关系有矛盾关系、反对关系、差等关系和下反对关系四种，因此，对当关系推理也相应地分为矛盾关系推理、反对关系推理、差等关系推理和下反对关系推理四种。我们用以下图例表示直言命题对当关系推理的所有有效式：

$$
\begin{array}{cc}
\overline{O} \Leftrightarrow A & \qquad E \Leftrightarrow \overline{I} \\
\Downarrow \quad \Downarrow & \qquad \Downarrow \quad \Downarrow \\
e \Leftrightarrow a & \qquad e \Leftrightarrow a \\
\Downarrow \quad \Downarrow & \qquad \Downarrow \quad \Downarrow \\
\overline{E} \Leftrightarrow I & \qquad O \Leftrightarrow \overline{A}
\end{array}
$$

表中显示出六种直言命题及其负命题间的推论关系，命题符号上方的"－"表示对该命题的否定，"⇒"表示推出关系，"⇔"表示互推关系，凡有"⇒"和"⇔"联系的均可以把箭头指向的命题作为结论。例如：

SAP⇒$\overline{\text{SEP}}$ SAP⇒SIP   SAP⇒SaP

$$SAP \Rightarrow \overline{SOP} \qquad SaP \Rightarrow \overline{SeP} \qquad \overline{SIP} \Rightarrow \overline{SAP}$$

在 MBA、MPA 或公务员考试中，经常有运用对当关系推理知识的逻辑试题，例如：

> 在某次税务检查后，四个税务管理人员有如下结论：
>
> 甲：所有个体户都没纳税。
>
> 乙：服装个体户陈老板没纳税。
>
> 丙：个体户不都没有纳税。
>
> 丁：有的个体户没纳税。
>
> 如果四人中只有一人断定属实，则以下哪项是真的？
>
> A. 甲断定属实，陈老板没有纳税。
>
> B. 丙断定属实，陈老板纳了税。
>
> C. 丙断定属实，但陈老板没纳税。
>
> D. 丁断定属实，陈老板未纳税。
>
> E. 丁断定属实，但陈老板纳了税。

解答：丙的话等于是说"有的个体户纳了税"，这句话与甲的话具有矛盾关系，既然四句话中只有一句话是真的，根据矛盾关系的命题之间必有一个命题为真，也必有一个命题为假，真话必定在这两句话之中，乙与丁的话必定都是假的。由乙的话假，可知陈老板纳了税；由丁的话假，根据矛盾关系，可以知道"所有个体户都纳了税"真，因而甲的话假，丙的话真。于是，正确的选项是 B。

二、命题变形推理

直言命题变形推理是指通过改变一个直言命题的性质或主谓项的位置，从而必然推出另一个直言命题的思维形式。这种推理主要有换质法、换位法和换质位法。

（一）换质法

1. 定义。换质法是指通过改变一个直言命题的质（联项），而不改变主谓项的位置，从而必然推出另一个直言命题的推理形式。

2. 规则。

（1）改变前提命题的联项（肯定变成否定或否定变成肯定）；

（2）不改变主谓项的位置；

（3）原命题的谓项变为它的矛盾概念。

3. 公式。

SAP⇔SE$\overline{P}$

SEP⇔SA$\overline{P}$

SIP⇔SO$\overline{P}$

SOP⇔SI$\overline{P}$

　　例如："物质都是运动的，所以，物质都不是不运动的"。

换质推理是一种等值推理，因此，前提和结论都加上否定符号后，也是一个有效推理，例如：$\overline{SIP}$⇔$\overline{SO\overline{P}}$。

（二）换位法

1. 定义。换位法是指改变一个直言命题主谓项的位置，而不改变其性质，从而推出另外一个直言命题为结论的推理形式。

2. 规则。

（1）改变前提命题主谓项的位置，即主谓项位置互换；

（2）前提命题联项的性质不得改变；

（3）前提中不周延的词项，换位以后不得周延。

3. 公式。

SAP⇒PIS（限制换位）

SEP⇒PES（简单换位）

SIP⇒PIS（简单换位）

SOP（不能换位）

SAP 之所以只能进行限制换位，是因为词项 P 在前提中是不周延的，S 与 P 之间具有的关系是真包含于关系，而真包含于关系不具有对称性；SEP 之所以能进行简单换位，是因为 S 与 P 之间在前提中都是周延的，词项 S 与 P 具有不相容关系，不相容关系具有对称性；SIP 之所以能进行简单换位是因为 S 与 P 在前提中都不周延，词项 S 与 P 之间具有相容关系，而相容关系也具有对称性。

（三）换质位法

1. 定义。换质位法是指对一个直言命题换既质又换位，从而必然推出另一个直言命题的思维形式。

2. 规则。

（1）对前提命题可以先换质也可以先换位；

（2）换质时要按换质法的规则进行，换位时要按换位法的规则进行。

3. 公式。

SAP⇒SEP̄⇒P̄ES

SEP⇒SAP̄⇒P̄IS

SOP⇒SIP̄⇒P̄IS

（四）换位质法

1. 定义。对一个直言命题先换位后换质，从而得出一个直言命题为结论的直接推理。

2. 规则。

（1）对前提命题先换位后换质；

（2）换位时要按换位法的规则进行，换质时要按换质法的规则进行。

3. 换位质法公式。

SAP⇒PIS⇒POS̄

SEP⇒PES⇒PAS̄

SIP⇒PIS⇒POS̄

（五）戾换法

戾换法是换质法和换位法的综合运用。在对一个直言命题进行戾换推理时，应当交替使用换质和换位两种方法，但每种方法不得连续使用。

SAP⇒SEP̄⇒P̄ES⇒P̄AS̄⇒S̄IP̄⇒S̄OP

SEP⇒SAP̄⇒P̄IS⇒P̄OS̄

SEP⇒PES⇒PAS̄⇒S̄IP⇒S̄OP̄

例如对"所有的金属都是有光泽的"进行戾换：所有的金属都是有光泽的⇒所有的金属都不是没有光泽的⇒没有光泽的都不是金属⇒没有光泽的都是非金属⇒有些非金属是没有光泽的⇒有些非金属不是有光泽的。

可见运用戾换推理，可以使我们对一个事物获得全面的认识，扩大人们对事物认识深度和广度。

需要说明的是，传统逻辑中的对当关系直接推理和命题变形直接推理，都预设了词项为非空类，即 S、P 表示的不是空概念。如果词项是空类，则上述推理形式并非都有效。例如，如果 S 为空类，则从 SEP 推不出 SOP，如从"所有未接触过细菌的人不会得细菌性传染病"推不出"有的未接触过细菌的人不会得细菌性传染病"，因为这个推理的前提真，但结论假。

第四节　直言命题的间接推理——三段论

一、什么是三段论

（一）三段论的定义

三段论就是借助一个共同的概念把两个直言命题联结起来，从而必然推出另一个直言命题为结论的推理。例如：

　　　金属都是导电的，

　　　铜是金属，

　　　所以，铜是导电的。

它满足以下三个条件：①这三个直言命题包含且只包含三个不同的词项；②每个词项在任意一个命题中只能出现一次，但在这三个直言命题中总共出现两次；③以其中两个命题为前提，另外一个为结论。

（二）三段论的结构

逻辑学上把三段论结论的主项叫小项，用"S"表示，把结论的谓项叫大项，用"P"表示，把在结论中不出现而在前提中重复出现的概念叫中项，用"M"表示。这样，同时包含大小项的为三段论的结论，包含大项和中项的叫大前提，包含小项和中项的叫小前提。如定义中的例子所包含的三个直言命题按从前到后的顺序即为：大前提，小前提，结论。

$$
\begin{array}{lll}
M & P & \text{（大前提）} \\
S & M & \text{（小前提）} \\
\hline
S & P & \text{（结论）}
\end{array}
$$

二、三段论的规则

1. 一个三段论只能有三个不同的概念。这条规则是由三段论的定义中直接引申出来的。如前所述，三段论由三个直言命题组成，其中两个命题为前提，一个命题为结论。三段论推理的目的就是为了确定小项 S 和大项 P 之间的逻辑关系，只有当前提所表明的中项（M）分别与小项（S）和大项（P）发生确定性的逻辑关系之后才能确定，没有中项的媒介或桥梁作用，就不能推出任何结论。

常见的违反该条规则的情形是：在大、小前提中作为中项的语词看起来是同一的，但实际上却表达着两个不同的概念，因而这个三段论事实上含有四个不同的词项，严格说来就没有中项，也就没有联结大项和小项的桥梁和媒介，结论的得出就不是必然的。这种逻辑错误叫"四概念错误"。

　　例如：中国人是勤劳勇敢的，

　　　　　我是中国人，

　　　　　所以，我是勤劳勇敢的。

　　该例中的中项"中国人"在大前提中表达的是集合概念，在小前提中表达的实际是一个非集合概念，所以犯了"四概念"错误。

　　2. 中项在前提中至少周延一次。三段论是凭借中项在前提中的媒介、桥梁作用而得出结论的，即大项、小项至少有一个和中项的全部发生关系，另一个与中项的部分或全部发生关系，这样才能保证大项和小项之间具有某种确定的逻辑联系，从而得出一个必然的结论。反之，如果大项、小项都只与中项的一部分发生关系，这样大项就有可能与中项的这部分发生联系，而小项则与中项的另一部分发生联系，而大项与小项之间事实上却没有任何联系，因此，结论就没有逻辑必然性。违反这一条的逻辑错误叫"中项不周延"。例如：

　　　　　动物是生物，

　　　　　植物是生物，

　　　　　所以，植物就是动物。

这里的中项不周延，不能保障它所联结的大小项之间具有必然关系，从而导致结论的或然性，使该三段论无效。再例如：

　　　　　有些自然物品具有审美价值，所有的艺术品都有审美价值，因此，有些自然物品也是艺术品。

　　　　　以下哪个推理与题干中的推理在结构以及所犯的逻辑错误上最为类似？

　　　A. 有些有神论者是佛教徒，所有的基督教徒都不是佛教徒，因此，有些有神论者不是基督教徒

　　　B. 某些牙科医生喜欢烹饪，李进是牙科医生，因此，李进喜欢烹饪

　　　C. 有些南方人爱吃辣椒，所有南方人都习惯吃大米，因此，有些习惯吃大米的人爱吃辣椒

　　　D. 有些进口货是假货，所有国内组装的 APR 空调机的半成品都是进口货，因此，有些 APR 空调机半成品是假货

　　　E. 有些研究生也拥有了私人汽车，所有的大款都有私人汽车，因此，有些研究生也是大款

解答：题干中的三段论推理的中项"审美价值"在大小前提中都是肯定命题的谓项，都不周延，违反规则，不能推出必然的结论；备选答案中，选项 E 与题干具有相同的逻辑结构，所违反的逻辑错误都是中项在前提中一次也不周延。因此，答案为选项 E。

3. 在前提中不周延的项在结论中不得周延。三段论推理是一种必然性推理，它的结论是从前提中引申出来的，因而结论所断定的不能超出前提断定的范围。如果大项或小项在前提中并没有断定它的全部外延即它在前提中是不周延的，但这个词项到了结论中变成周延的了，就很有可能导致一个错误的结论。因为很显然，由前提对这个词项的部分外延的断定，是不能进而得出对其全部外延的断定的。因此，在前提中不周延的词项，在结论中也不得周延。违反该条规则的逻辑错误叫"大项不当周延"或"小项不当周延"。例如：

> 逻辑学是没有阶级性的，
>
> 逻辑学是科学，
> _____
>
> 所以，凡科学都是没有阶级性的。

这个三段论就犯了小项不当周延的逻辑错误。

4. 两个否定前提得不出必然性结论。因为如果两个前提都是否定的，则中项与大、小项外延之间就是相互排斥的，从而不能保证大项和小项由于与中项的同一部分相交而彼此发生确定性的联系，这样就会由于中项起不到联结大、小项的媒介作用而使大、小项之间可能处于各种各样的关系之中，无法由大、小前提推出一个确定的结论。

> 所有的微生物都不是肉眼能够看见的，
>
> 所有微生物都不是基本粒子，
> _____
>
> 所以，所有微生物？

5. 若前提中有一否定命题，则结论必为否定命题；若结论为否定命题，则前提中有一个为否定命题。

关于前者，如果两个前提中有一个是否定的，根据规则 4，另一个前提必须是肯定的，这就意味着：大项和小项中有一个与中项发生了肯定性的逻辑联系，另一个与中项发生了否定性的逻辑联系。于是，与中项发生肯定性联系的那一部分和与中项发生否定性联系的那一部分之间的联系必定也是否定性的逻辑联系，所以，结论必须是否定的。

关于后者，既然结论是否定的，大项和小项之间具有的是一种否定性的联系，并且这种联系是通过中项的媒介作用建立起来的，因此，这两个词项中必定有一个与中项发生肯定性的联系，另一个与中项发生否定性联系。所以，前提必定有一个是否定的。例如：

> 凡贪污犯罪都不是过失犯罪，
>
> 他是贪污犯罪，
> ——————————————
> 所以，他都不是过失犯罪。

6. 两个特称前提不能得出必然性结论。当两前提是特称命题时，共有 （1）II、（2）OO、（3）IO、（4）OI 四种情况：

（1）若两前提都是肯定命题，则违反规则 2，不能得出必然性结论；

（2）若两前提都是否定命题，则违反规则 4，不能得出必然性结论；

（3）、（4）若两前提中有一个肯定命题和一个否定命题，则根据规则 5，结论必为否定命题，大项在结论中周延。但是，因前提中只有一个周延的项，如它作中项，则违反规则 3，大项不当周延；如它作大项，则违反规则 2 中项不周延；无论如何，也得不出必然性结论。

7. 若前提中只有一个特称命题，则结论必特称。在这种情况中，共有 （1）AI、（2）AO、（3）EI、（4）EO 四种组合。其中组合（4）违反一般规则 4，无必然性结论。而就能得出必然性结论的前三种组合而言，如果是组合（1），那么前提中只有 A 命题的主项周延，根据规则 2，它必须作中项，因此小项不得周延，而小项作为结论的主项，因此，结论主项只能是特称的。如果是组合（2）、（3），它们各有两个周延的项，且结论为否定，大项在结论中周延，而要得必然性结论，则据规则 3，大项在前提中必须周延，如果两个周延的项，一个作大项，则另一个根据规则 2，必须作中项，这样，小项在前提中不周延，根据规则 3，它在结论中也不得周延，而小项是结论的主项，所以就结论而言，只能是特称的。

以上 7 条规则，是任何一个有效三段论的必备条件，如果违反其中一条，就必然是一个无效的三段论。

三、三段论的格和式

（一）三段论的格

1. 格的含义。在组成三段论的大、中、小项这三个不同的概念中，无疑中项是居于核心地位，因此要划分三段论，就应以中项为标准。三段论的格就是指：按照中项在大小前提中所处的主谓项的位置不同而形成的三段论的不同结构形式。

2. 格的种类及特殊规则。

（1）第一格。

含义：中项作大前提的主项，小前提的谓项。

其形式为：

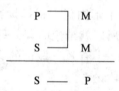

$$S \text{——} P$$

规则：①小前提必须是肯定命题；

②大前提必须是全称命题。

第一格的规则是由三段论的七条一般规则中直接或间接引申出来的，所以我们可以此来证明如下：

小前提必须是肯定命题。假设小前提为否定命题，则根据规则 5，结论必为否定命题，大项在结论中周延，则根据规则 3 大项在大前提中必须周延，又因为大项在第一格中处在大前提的谓项，而肯定命题的谓项都不周延，因此大项在大前提中要周延大前提只能是否定命题，违反一般规则 4。所以假设小前提为否定命题不能成立，因此小前提为肯定命题。

大前提必须为全称命题。由于小前提是肯定命题，中项在小前提中作谓项不周延，根据一般规则 2，中项在大前提中必须周延，而中项在大前提中处在主项位置，所以，要使大前提的主项周延，大前提就只能是全称命题。

（2）第二格。

含义：中项作大小前提的谓项。

其形式为：

$$S \text{——} P$$

规则：①前提中必须有一个否定命题；

②大前提必须是全称命题。

前提中必须有一个否定命题。这由根据三段论一般规则第 2 条中项至少周延一次而引申来的。因为在第二格中，中项作大小前提的谓项，而肯定命题的谓项都不周延，因此两个前提不能都是肯定命题，所以必须有一个是否定命题。

大前提必须是全称命题。因前提中有一个否定命题，根据规则 5 结论必为否定命题，大项在结论中周延，根据一般规则 3 它在前提中必须周延，而大项在大前提中作主项，又因为特称命题的主项都不周延，所以大前提不能是特称命题，只能是全称命题。

（3）第三格。

含义：中项作大小前提的主项。

其形式为：

$$
\begin{array}{c}
\text{M} \quad \text{P} \\
\text{M} \quad \text{S} \\
\hline
\text{S} \text{—} \text{P}
\end{array}
$$

规则：①小前提必须为肯定命题；

②结论必须是特称命题；

③前提中至少要有一个全称命题。

（4）第四格。

含义：中项作大前提的谓项，小前提的主项。

其形式为：

$$
\begin{array}{c}
\text{P} \quad \text{M} \\
\text{M} \quad \text{S} \\
\hline
\text{S} \text{——} \text{P}
\end{array}
$$

规则：①如果大前提为肯定命题，那么小前提必为全称命题；

②如果小前提是否定命题，那么结论必须是特称命题；

③如果前提中有一个否定命题，那么大前提必须是全称命题；

④前提中不能有特称否定命题；

⑤结论不能是全称肯定命题。

3. 格的作用。不同的三段论的格，有着不同的作用。

第一格比较典型地体现了三段论的公理，在日常生活中是最常用的，因此也称为"典型格"。在大陆法系的刑事法律推理中，大前提是定罪量刑所依据的法条，小前提是确认的犯罪事实，结论就是对被告的裁判。因此，在法律逻辑中，第一格也称为"审判格"。例如：

累犯应从重处罚，

张三是累犯，

所以，对张三应从重处罚。

第二格的结论为否定命题，它被经常用于区别不同的对象，而中项就是区别的标准，所以第二格又称为"区别格"。例如：

凡犯罪行为都是违法行为，

张三的行为不是违法行为，

所以，张三的行为不是犯罪行为。

第三格的结论为特称命题，因此它被经常用于反驳某一全称命题，因此第三格也称为"反驳格"或"例证格"。

例如：张三不是罪犯，

张三是被告，

所以，有的被告不是罪犯。

第四格因为其结构形式同第一格恰好相反，因此不符合人们的思维习惯，在日常生活中很少使用，因此第四格也被称为"无名格"。

例如：贪污罪是故意犯罪，

故意犯罪不是过失犯罪，

所以，过失犯罪不构成贪污罪。

（二）三段论的式

三段论的式是指按照大前提、小前提和结论的次序所形成的不同三段论的直言命题的结构形式。

例如：凡违法行为都是具有社会危害性的行为，

凡犯罪行为都是违法行为，

所以，凡犯罪行为都是具有社会危害性的行为。

该三段论的式就是，AAA 式。

又例如：凡犯罪行为都不是合法行为，

有的犯罪行为是过失行为，

所以，有的过失行为不是合法行为。

该三段论的式就是 EIO 式。

三段论的式实际上就是三段论各个格的具体表现形式。而每一个格的三段论均可以由 A、E、I、O 四个直言命题的任意三个组成，因此，每个格共有 4^3 式，即 64 式，四个格共有 $4 \times 64 = 256$ 个式。其中有效式总共只有 24 个。具体如下：

第一格：AAA、AII、EAE、EIO、（AAI）、（EAO）

第二格：AEE、EAE、AOO、EIO、（AEO）、（EAO）

第三格：AAI、AII、EAO、EIO、IAI、OAO

第四格：AAI、AEE、EAO、EIO、IAI、（AEO）

其中带括号的为弱式，即按规则本应得出全称结论的，但却只得出了特称结论的式。

四、省略三段论及其恢复

（一）省略三段论

逻辑学中把省略了大前提或者小前提或者结论的三段论叫省略三段论。

省略三段论所省略的，只是语言表达，而不是它的逻辑结构。也就是说，省略三段论所省略的部分，在逻辑结构上，仍是它的必要部分，只不过没有把它在语言上表达出来而已。

省略三段论有三种形式：

1. 省略大前提。当大前提是众所周知的原理、公理或事实时，就可以省略。例如：

　　　你是人，当然免不了犯错误。

2. 省略小前提。当小前提是不言而喻、非常明显的常识时，就可以省略。例如：

　　　所有人都免不了犯错误，你也不会例外。

3. 省略结论。当结论是显而易见、不言自明时就可以省略。例如：

　　　所有人都免不了犯错误，你也是人嘛。

（二）省略三段论的恢复

省略三段论可以使推理的语言表达简洁、有力。但一些前提虚假或形式无效的三段论，经省略后，很可能使这些错误掩盖起来，不易被人察觉。因此，要确定一个省略三段论是否有效或是否正确，就必须把被省略的部分恢复还原。

具体步骤如下：

1. 确定被省略的是前提还是结论。这可通过省略三段论的语言表达形式的关联词来判定，一般来讲"因为"、"由于"、"根据"等关联词后面的命题是前提，"所以"、"因此"、"综上"等关联词后面的命题是结论。

2. 确定大中小项。如果省略的是一个前提，那么，结论的主项为小项，结论的谓项为大项，在结论中不出现而在未被省略的另一个前提中出现的概念就是中项。

如果省略的是结论，那么在两个前提中都出现的概念为中项，其余两个概念一个是大项，一个是小项。

3. 把省略的部分补上。如果省略的是大前提，则为中项和大项的组合，如果省略的是小前提，则为中项和小项的组合；如果省略的是结论，则为小项和大项的组合。但是，在组合的过程中，究竟哪一个作主项，哪一个作谓项，据省略三段论，我们无法必然得知，只能把两种可能性都列出来。所以，当我们把一个省略三段论恢复时，它一定得到的是两个完整的三段论，而不可能只是一个完整的三段论。然后用三段论的七条规则去检验，符合规则要求的为有效的，违反规则的是无效的。究竟省略的那一个三段论属于还原后两个中的哪一个，逻辑学上无法判定。例如对"他是罪犯，因为，他是表情紧张的"这个省略大前提的三段论进行恢复后可得到下述两个完整的三段论，其一，中项在大前提中作主项，大项在大前提中作谓项：

> 凡表情紧张的都是罪犯，
>
> 他是表情紧张的，
> _____
> 所以，他是罪犯。

其二，中项在大前提中作谓项，大项在大前提中作主项：

> 罪犯都是表情紧张的，
>
> 他是表情紧张的，
> _____
> 所以，他是罪犯。

其中前一个推理是有效的，后一个推理是无效的，究竟省略者本身省略的应为哪一个呢？我们无法断定。但无论如何上述推理都是错误的，第一个虽然是一个有效推理，但前提错误，第二个不仅形式无效，而且前提错误。

例如：有些导演留大胡子，因此，有些留大胡子的人是大嗓门。

为使上述推理成立，必须补充以下哪项作为前提？

A. 有些导演是大嗓门

B. 所有大嗓门的人都是导演

C. 所有导演都是大嗓门

D. 有些大嗓门的不是导演

E. 有些导演不是大嗓门

解答：题干中的三段论是一个省略三段论。关联词"因此"后面的命题是结论，前面的命题是前提，所以，被省略的是一个前提。那么，被省略的是哪个前提呢？我们知道三段论的结论的主项是小项，谓项是大项，包含小项的前提是小前提，包含大项的前提是大前提，由于题干中的前提包含有小项"留大胡子"，说明这个前提就是小前提，被省略的一定是大前提。怎么补充呢？由于小前提和结论都是特称肯定命题，所以，大前提必须是全称肯定命题。因此，正确答案只能在选项 B、C 之中，因为这两个选项都是全称肯定命题，但到底选哪个？不能选 B，因为，如果选 B，则由于中项"导演"在大前提中是肯定命题的谓项，在小前提中是特称命题的主项，这样中项"导演"在大小前提中就都不周延了，根据中项在前提中至少要周延一次的规则，所以，不能选 B 只能选 C。

 ## 第五节 关系命题及推理

一、关系命题的定义及结构

（一）关系命题的定义

关系命题就是反映事物之间是否具有某种关系的思维形式。例如：

①甲犯不认识乙犯。

②小王和小李是警官学院的同学。

③违法概念比犯罪概念的外延大。

上述例①反映了甲犯与乙犯不具有认识关系，例②反映了小王和小李具有同学关系，例③反映了违法与犯罪两个概念在外延上具有大小关系，它们都是关系命题。

（二）关系命题的结构形式

就关系命题的结构而言，它由两个部分组成，即关系项和关系者项。关系项就是表示事物之间关系的概念，如上述例①中的"认识"、例②中的"同学"、例③中的"比……大"都是。逻辑学习惯上用英语字母中大写的 R 来表示关系项。关系者项是指关系的承担者，如上述例①中的甲犯，乙犯，例②中的小王、小李，例③中的违法、犯罪等都是关系者项。因为关系是两个或两以上事物之间的联系，所以在一个关系命题中，关系者项至少有两个。逻辑学习惯上用英语字母中小写的 a、b 等依次来表示。这样，关系命题的结构形式就可表示为：

aRb 或 R（a，b）

其中前一种形式适宜于表示只有两个关者项的关系命题，后一种形式更适宜于表示有三个以上关系者项的关系命题。

二、关系的对称性及其推理

事物间的关系从不同的角度看就有不同的属性，但就逻辑学而言，关系具有对称性，传递性和自反性三种属性。而这三种属性，既是划分关系命题的标准，又讲的是关系命题间的关系，而关系命题间的关系实质上就是关系推理。

（一）关系对称性的含义

关系的对称性是指如果已知 a 对 b 有 R 关系为真，那么 b 对 a 有 R 关系是否为真。如已知张三是李四的同学为真，在此条件下能否确定李四是张三的同学为真。

（二）关系对称性的种类

1. 对称关系：指对于集合 A 中的每一个 a 和 b，若（aRb），则（bRa），那么关系 R 在集合 A 中就是对称的。

例如，在人的集合中，关系"同学"、"朋友"等都是对称的，如果已知张三是李四的同学，李四与张三也必是同学。

2. 反对称关系：指如果对于集合 A 中的每一个 a 和 b，若（aRb），则（bR̄a），那么关系 R 在集合 A 中就是反对称的。

例如：在人的集合中，关系"……是……的父亲"，"……比……年长"等都是反对称关系。如果已知"甲是乙的父亲"，那么"乙一定不是甲的父亲"。

3. 半对称关系：指如果对于集合 A 中的每一个 a 和 b，若（aRb）而有可能（bRa）也可能（bR̄a），那么关系 R 就是半对称的。

例如：在人的集合中，关系"认识"、"爱"、"拥护"等都是半对称的。"甲认识乙"，"乙未必认识甲"。

（三）对称性关系推理

1. 已知关系 R 为对称性关系，并且（aRb）则：（aRb）⇔（bRa）。

2. 已知关系 R 为反对称性关系，并且（aRb）则：（aRb）⇒（bR̄a）。

3. 已知关系 R 为半对称性关系，并且（aRb）则：（aRb）⇒（bRa）∨（bR̄a）。

在上述三种关系即三种推理中，其中对称关系和反对称关系为必然性推理，半对称关系为或然性推理。

三、关系的传递性及其推理

（一）关系传递性的含义

关系的传递性是指如果已知 a 对 b 有 R 关系为真，并且 b 对 c 有 R 关系为真，那么 a 对 c 有 R 关系是否为真。

（二）关系传递性的种类

1. 传递关系：对于集合 A 中的每一个 a、b 和 c，如果有（aRb）并且（bRc）则（aRc），那么关系 R 在集合 A 中就是传递的。

例如，在数的集合中，"大于"、"小于"等都是传递性关系。

2. 反传递关系：对于集合 A 中的每一个 a、b 和 c，如果有（aRb）并且（bRc）则（aR̄c），那么关系 R 在集合 A 中就是反传递的。

例如，在人的集合中，关系"……比……大三岁""……是……的父亲"都是反传递关系。

3. 半传递关系：对于集合 A 中的每一个 a、b 和 c，如果有（aRb）并且（bRc）则（aRc）或者（a$\overline{Rc}$），那么关系 R 在集合 A 中就是半传递的。

例如：在人的集合中，"朋友"、"认识"、"同学"都是非传递关系。

（三）传递性关系推理

1. 传递关系推理：已知关系 R 为传递的，并且（aRb）∧（bRc）⇒（aRc）。

2. 反传递关系推理：已知关系 R 为反传递的，并且（aRb）∧（bRc）⇒（a $\overline{Rc}$）。

3. 半传递关系推理：已知关系 R 为半传递的，并且（aRb）∧（bRc）⇒（aRc）∨（$\overline{aRc}$）。

上述三种推理中传递关系推理和反传递关系推理为必然性推理，半传递关系推理为或然性推理。

四、关系的自反、反自反、半自反及其推理

（一）关系自反性的含义

关系的自反性是指如果已知 a 对 b 有 R 关系，那么 a 对 a 有 R 关系是否为真。

（二）关系自反性的种类

1. 自反关系：指如果 a 对 b 具有 R 关系，那么 a 自身也具有 R 关系，则关系 R 为自反关系，即（aRb）→（aRa）。

例如，已知"甲犯和乙犯年龄相同"为真，那么"甲犯自己同自己年龄相同"一定为真。

2. 反自反关系，指如果 a 对 b 有 R 关系为真，那么 a 对自身一定不具有 R 关系，则关系 R 就是反自反的，即（aRb）→（a$\overline{Ra}$）。

例如，已知"甲犯的年龄小于乙犯的年龄"为真，那么"甲犯的年龄小于自己的年龄"一定为假。

3. 半自反关系：指如果 a 对 b 具有 R 关系，那么 a 对自身是否也具有 R 关系不能确定，则关系 R 就是半自反的，即（aRb）→（aRa）∨（a$\overline{Ra}$）。

例如：已知"张三打李四为真"推出"张三自己打自己"真假不能确定。

（三）自反性关系推理

1. 关系 R 为自反的并且（aRb）⇒（aRa）。

2. 关系 R 为反自反的并且（aRb）⇒（aR̄a）。

3. 关系 R 为半自反的并且（aRb）⇒（aRa）∨（aR̄a）。

其中自反关系推理和反自反关系推理为必然推理，半自反关系推理为或然推理.

在 MBA、MPA 或国家公务员考试中，也要用到关系命题和关系推理的有关知识。

例1：甲和乙任何一人都比丙、丁高。

　　　如果上述为真，再加上以下哪项，就可得出"戊比丁高"的结论?

　　　A. 戊比甲矮

　　　B. 乙比甲高

　　　C. 乙比甲矮

　　　D. 戊比丙高

　　　E. 戊比乙高

解答："比……高"是一个传递关系，要得到"戊比丁高"的结论，就需要戊比某个人高，而这个人又比丁高，符合条件的只有选项 E "戊比乙高"由题干知道，乙比丁高，最后得出戊比丁高。因此，正确选项 E。

例2：有四个外表看起来没有分别的小球，它们的重量可能有所不同。取一个天平，将甲、乙归为一组，丙、丁归为一组，分别放在天平两边，天平基本是平衡的。将乙、丁对调一下，甲、丁一边明显要比乙、丙一边重得多。可奇怪的是，我们在天平一边放上甲、丙，而另一边刚放上乙，还没有来得及放上丁，天平就压向了乙一边。

　　请你判断，这四个球由重到轻的顺序是什么？

　　A. 丁、乙、甲、丙

　　B. 丁、乙、丙、甲

　　C. 乙、丙、丁、甲

　　D. 乙、甲、丁、丙

　　E. 乙、丁、甲、丙

解答：由题干可以得到三个关系命题：甲乙＝丙丁，甲丁＞丙乙，乙＞甲丙。由"甲乙＝丙丁"和"甲丁＞丙乙"，可以得到"丁＞乙"，由"甲乙＝丙丁"和"丁＞乙"，又可以得出"甲＞丙"，再加上"乙＞甲丙"就可以排除它们四者之间由重到轻的顺序：丁、乙、甲、丙。因此，正确答案是 A。

思考题

1. 什么是命题？命题与判断有何区别和联系？命题有哪些种类？

2. 同素材的直言命题间的真假关系如何？什么是对当关系？

3. 直言命题主、谓项的周延情况如何？

4. 对当关系推理有哪些？

5. 命题变形推理有哪些？有哪些规则？

6. 中项在直言三段论中有什么重要作用？

7. 三段论的推理规则有哪些？违反这些规则会犯什么逻辑错误？

8. 什么是三段论的格和式？确定三段论格和式的标准是什么？

9. 什么是省略三段论，如何恢复省略三段论？

10. 什么是关系命题？关系命题由哪几个部分组成？

11. 什么是关系的对称性、传递性、自反性？

练习题

一、填空题

1. 命题 SAP 的逻辑常项是(　　)；逻辑变项是(　　)。

2. 直言命题按质划分，可分为(　　)命题和(　　)命题。

3. 当 S 与 P 的外延间具有(　　)关系或(　　)关系时，并非 SOP 为真。

4. 当一个直言命题的主项是"甲班同学"，谓项是"青年人"，且主谓项都不周延，表述该命题的自然语言是(　　)。

5. 命题的两个基本特征是(　　)。

6. 直言命题的词项也叫直言命题的(　　)项和(　　)项。

7. 在对当关系中，反对关系的特点是(　　)，下反对关系的特点是(　　)。

8. 若 SAP 取值为真，则 SIP 取值为(　　)，若 SOP 取值为假，则 SEP 取值为(　　)。

9. 若 SEP 取值为真，则 SAP 取值为(　　)，若 SIP 取值为假，则 SOP 取值为(　　)。

10. 在直言命题换位中，O 命题不能换位。因为如果 O 命题能换位，则原命题不周延的主项在换位后成为否定结论的谓项，而这时该谓项是(　　)，这就违反了换位法的规则。

11. 在概念外延间的"同一"、"交叉"、"矛盾"关系中，属于反传递关系的是关系(　　)。

12. 在概念外延间的"种属"、"交叉"、"全异"关系中，属于传递性关系的是(　　)关系，属于反对称关系的是(　　)关系。

13. 已知 R 为反对称关系，则由 aRb 为前提，可必然推出结论(　　)。

14. 已知关系 R 为自返关系，则由 aRb 为真，可推出 aRa 为(　　)。

15. 遵守三段论的七条规则，是三段论形式有效性的(　　)条件。

16. 已知一个有效三段论第四格的结论为 E 命题，则这个三段论的(　　)式。

17. 若一个三段论其前提之一为肯定命题，结论为否定命题，由此可以推断，该三段论的另一个前提必为(　　)命题。

18. SAP 可以换位为(　　)。

19. SOP 可以换质为(　　)，SEP 可以换位为(　　)。

20. 三段论是直言命题推理的(　　)形式。

二、单项选择题

1. 如果两个直言命题的变项完全相同，而常项不完全相同，则这两个直言命题(　　)。

A. 同真同假　　　　　　　B. 同真不同假

C. 不同真可同假　　　　　D. 不同真不同假

2. 命题之间的蕴涵关系，就其对称性和传递性看是(　　)。

A. 对称但非传递　　　　　B. 对称且反传递

C. 反对称且传递　　　　　D. 非对称但传递

3. "所有 P 不是 M，有的 S 是 M，所以有的 S 不是 P"这一推理形式是(　　)。

A. 第一格的 EIO 式　　　　B. 第二格的 EIO 式

C. 第三格的 AII 式　　　　D. 第四格的 EIO 式

4. 如果 A 与 B 两个命题的变项相同，则它们的常项(　　)。

A. 可能相同　　　　　　　B. 不可能相同

C. 不可能不同　　　　　　D. 一定相同

5. 如果两个直言命题的变项完全相同，而常项完全不同，则这两个直言命题(　　)。

A. 可同真同假　　　　　　B. 可同真不同假

C. 不同真可同假　　　　　D. 不同真不同假

6. "所有 S 都是 P"与"所有 M 不是 N"这两个逻辑形式，它们的( )。

    A. 逻辑变项和逻辑常项都相同

    B. 逻辑变项相同但逻辑常项不同

    C. 逻辑常项不同但变项相同

    D. 逻辑变项和逻辑常项都不同

  7. 相同素材的 A 命题与 I 命题之间的关系是( )关系。

    A. 反对   B. 矛盾

    C. 差等   D. 不反对

  8. 命题间的矛盾关系，应是( )关系。

    A. 对称且传递   B. 对称且半传递

    C. 半对称且传递   D. 对称且反传递

  9. 在"有的 S 是 P"这个特称肯定命题中，量项"有的"的逻辑含义是( )的意思。

    A. 一部分   B. 少数

    C. 至少有一个   D. 大多数

  10. 在"有 S 是 P"中，S 与 P 不可能有欧拉图所示之( )关系。

    A. 交叉   B. 全异

    C. 种属   D. 属种

  11. 在三段论推理"所有 P 是 M，所有 S 不是 M；所以，有 S 不是 P"中( )。

    A. 小项在前提和结论中均周延

    B. 小项在前提和结论中均不周延

    C. 大项在前提和结论中均不周延

    D. 中项在前提中周延两次

    E. 小项在前提中周延在结论中不周延

  12. 若"所有 S 都是 P"为真，则 S 与 P 可能有的关系为( )。

    A. 全同和交叉关系   B. 全同和种属

    C. 属种和交叉   D. 全异和属种

  13. 同一素材的直言命题是指直言命题之间的( )。

    A. 联项完全相同

    B. 量项分别相同

    C. 主、谓项完全相同、联项和量项至少有一个不同

    D. 命题的结构相同

  14. 在 A、E、I、O 四种直言命题中，不能进行换位推理的是( )。

A. A 命题   B. E 命题

C. I 命题   D. O 命题

15. 设"A 命题与 B 命题矛盾","B 命题与 C 命题矛盾",则 A 命题与 C 命题之间具有(   )。

    A. 传递关系   B. 半传递关系

    C. 矛盾关系   D. 等值关系

16. 由 SIP 假能必然推出 SAP 假,这是根据逻辑方阵中的(   )关系。

    A. 矛盾   B. 反对

    C. 差等   D. 下反对

17. 若命题 A 等值于命题 B,则命题 A 与自身具有(   )关系。

    A. 自返   B. 反自返

    C. 半自返   D. 矛盾

18. 一个有效的 AAI 式三段论,其大小项在前提中均不周延,则此三段论为(   )。

    A. 第一格   B. 第二格

    C. 第三格   D. 第四格

19. 一个有效三段论的大前提是 E 命题,其大前提应为(   )。

    A. MAP   B. POM

    C. PEM   D. PAM

20. 若对 SAP 与 SOP 同时肯定,则违反(   )的要求。

    A. 同一律   B. 矛盾律

    C. 排中律   D. 充足理由律

三、双项选择题

1. 下列关系中,属于半传递关系的是(   )和(   )。

    A. 概念间的全同关系   B. 命题间的不同真关系

    C. 概念间的矛盾关系   D. 命题间的蕴涵关系

    E. 概念间的交叉关系

2. 当 S 和 P 有(   )或(   )关系时,SIP 与 SAP 同真。

    A. 全同   B. 种属

    C. 交叉   D. 属种

    E. 全异

3. 下列命题中,可以同时为真的命题为(   )和(   )。

    A. SEP 与 SIP   B. SAP 与 SOP

    C. SAP 与 PAS   D. SOP 与 POS

E. SAP 与 SEP

4. 若一直言命题主、谓项均周延，则符合这一要求的主项与谓项的关系有（   ）关系和（   ）关系。

A. 同一   B. 种属

C. 属种   D. 交叉

E. 全异

5. 当 S 与 P 具有（   ）关系或（   ）关系时，SAP 为真但 SOP 为假。

A. 全同   B. 种属

C. 属种   D. 交叉

E. 全异

6. "甲班没有同学不是团员"和"甲班所有同学都不是团员"，这两个直言命题（   ）、（   ）。

A. 不能同真、可以同假   B. 不能同假、可以同真

C. 既不能同真、也不能同假   D. 至少有一假、可能全假

E. 至少有一真、可能全真

7. 以 PAM 为大前提，再增补（   ）或（   ）为小前提，可以有效地推出结论 SOP。

A. SAM   B. SEM

C. SIM   D. SOM

E. MOS

8. 若 SEP 为真，则（   ）和（   ）也为真。

A. SAP   B. SIP

C. SOP   D. AEP

9. 以 PAM 为前提，增补（   ）或（   ）为另一前提，可必然推出 SIP。

A. SIM   B. SOM

C. MOS   D. MES

E. SAM

10. 在下列人与人的关系中，具有对称性质的关系有（   ）和（   ）。

A. 信任关系   B. 同乡关系

C. 同学关系   D. 父子关系

E. 师生关系

四、多项选择题

1. 一个有效的三段论，如果它的结论是否定的，则它的大前提不能是（　　）。

A. MAP
B. MIP
C. PIM
D. POM
E. PEM

2. 以 SEP 为推理前提，不能推出（　　）。

A. SAP
B. SIP
C. SOP
D. PES
E. SOP

3. 概念外延间的下列关系中，属于对称关系的是（　　）。

A. 同一关系
B. 属种关系
C. 种属关系
D. 交叉关系
E. 全异关系

4. 下列关系命题的关系项，既有半对称性，又具有半传递性的有（　　）。

A. 张三批评李四
B. 张三认识李四
C. 张三喜欢李四
D. 张三不喜欢李四
E. 张三比李四高

5. 下列各式作为三段论第一格的推理形式有效的是（　　）。

A. AAA
B. AEE
C. EAA
D. AII
E. EIO

五、欧拉图解题

1. 已知 MOP 假而 SAM 为真，请用欧拉图表示 A 与 P 各种可能的外延关系。

2. 一个主项与谓项均不周延的直言命题为真，请用欧拉图表示其主项（S）与谓项（P）外延可能具有的各种关系。

3. 已知 M 与 P 的外延不相等，并且所有 M 是 S 为真，请用欧拉图表示 S 与 P 外延可能具有的各种关系。

4. 已知：① M 与 P 是种属关系；

② SIM 为真。

请用欧拉图表示 S 与 P 外延可能具有的各种关系。

5. 已知：①MOP 为真；

②M 与 S 是属种关系。

请用欧拉图表示 S 与 P 外延可能具有的各种关系。

六、分析题

1. 一个有效三段论的三个词项能否都周延两次？为什么？

2. 写出下列三段论的推理形式，指出其格与式，并根据三段论规则，说明其是否有效。

"有些错误不是不可避免的，考试作弊是一种错误，所以考试作弊是可以避免的。"

3. 当概念 S 与 P 之间为属种关系时，请回答以 S 为主项，P 为谓项的四个直言命题中，什么命题取值为真？什么命题取值为假？取值为假的命题间具有何种关系？

4. 结论否定的正确三段论，其大前提不能是 I 命题？

七、证明题

1. 一个有效三段论，它的前提是肯定的，大项在前提和结论中都周延，小项在前提和结论中都不周延。请证明这一三段论的推理形式是第二格 AOO 式。

2. 若一个有效三段论的大前提为 O 命题，试证明该三段论的具体形式是第三格 OAO 式。

3. 已知某有效三段论小前提是否定命题，试证明：该三段论大前提只能是全称肯定命题。

4. 有效的第四格三段论式的大、小前提不能都是 O 命题。

5. 中项周延两次的有效三段论，其结论不能为全称命题。

6. 若 A、B、C 分别为有效三段论的两个前提和结论，D 是与 B 相矛盾的直言命题。试证明："D∧A→C"不是有效的三段论式。

八、批判性思维能力测试题

1. 甲、乙、丙、丁是同班同学。

甲说："我班同学考试都及格了。"

乙说："丁考试没及格。"

丙说："我班有人考试没及格。"

丁说："乙考试也没及格。"

已知只有一个人说假话，则可推断以下哪项断定是真的？

A. 说假话的是甲，乙考试没及格　B. 说假话的是乙，丙考试没及格

C. 说假话的是丙，丁考试没及格　D. 说假话的是丁，乙考试没及格

E. 说假话的是甲，丙考试没及格

2. 学校在为失学儿童义捐活动中收到两笔没有署真名的捐款，经过多方查找，可以断定是周、吴、郑、王中的某两个捐的。经询问：

周说："不是我捐的。"

吴说："是王捐的。"

郑说："是吴捐的。"

王说："我肯定没有捐。"

最后经过详细调查证实四个人中有两个人说的是真话。

根据已知条件，请你判断下列哪项可能为真？

A. 是吴和王捐的　　　　　　　B. 是周和王捐的

C. 是郑和王捐的　　　　　　　D. 是郑和吴捐的

E. 是郑和周捐的

3. 关于某公司人员会使用互联网的情况有以下断定：

(1) 该公司所有人员都会使用互联网。

(2) 该公司的赵云会使用互联网。

(3) 该公司有些人会使用互联网。

(4) 该公司有些人不会使用互联网。

经过详细考察，发现上述断定中只有两个是对的。

以下哪项结论可以从上述条件必然推出？

A. 该公司的赵云会使用互联网

B. 该公司的有些人不会使用互联网

C. 该公司所有人都会使用互联网

D. 该公司所有人都不会使用互联网

E. 该公司没有一个人会使用互联网

4. 林园小区有住户家中发现了白蚁。除非小区中有住户家中发现白蚁，否则任何小区都不能免费领取高效杀蚁灵。林园小区可以免费领取高效杀蚁灵。

如果上述断定都真，那么以下哪项据此不能断定真假？

Ⅰ. 林园小区有的住户家中没有发现白蚁。

Ⅱ. 林园小区能免费领取高效杀蚁灵。

Ⅲ. 林园小区的住户家中都发现了白蚁。

A. 只有Ⅰ　　　　　　　　　　B. 只有Ⅱ

C. 只有Ⅲ　　　　　　　　　　D. 只有Ⅱ和Ⅲ

E. Ⅰ、Ⅱ和Ⅲ

5. 通过调查得知，并非所有个体商贩都有偷税、逃税行为。

如果上述调查的结论是真实的，那么以下哪项一定为真?

A. 所有的个体商贩都没有偷税、逃税行为

B. 多数个体商贩都有偷税、逃税行为

C. 并非有的个体商贩没有偷税、逃税行为

D. 并非有的个体商贩有偷税、逃税行为

E. 有的个体商贩确实没有偷税、逃税行为

6. 某律师事务所共有 12 名工作人员:

Ⅰ. 有人会使用计算机。

Ⅱ. 有人不会使用计算机。

Ⅲ. 所长不会使用计算机。

上述三个判断中只有一个是真的，以下哪项正确表示了该律师事务所会使用计算机的人数?

A. 12 人都会使用　　　　　　B. 12 人没人会使用

C. 仅有一人不会使用　　　　　D. 仅有一人会使用

E. 不能确定

7. 某大会主席宣布:"此方案没有异议，大家都赞同，通过。"

如果以上不是事实，下面哪项必为事实?

A. 大家都不赞同方案

B. 有少数人不赞同方案

C. 有些人赞同，有些人反对

D. 至少有人是赞同方案的

E. 至少有人是反对方案的

8. 以下诸项结论都是某理工学院学生处根据各个系收到的 1997~1998 学年度奖助学金申请表综合得出的。在此项综合统计作出后，因为落实灾区政策，有的系又收到了一些学生补交上来的申请表。

以下哪项结论将不可能被补交奖助学金申请表这一新事实所推翻?

A. 汽车系仅有 14 名学生交申请表，总申请金额至少有 5700 元

B. 物理系最多有 7 名学生交申请表，总申请金额为 2800 元

C. 数学系共有 8 名学生交申请表，总申请金额等于 3000 元

D. 化学系至少有 5 名学生交申请表，总申请金额多于 2000 元

E. 生物系至少有 7 名学生交申请表，总申请金额不会多于汽车系

9. 某学校校长在校庆大会上讲话时说:"我们有许多毕业同学以自己的努力已在各自领域中获得了优异成绩。他们有的已成为科学家、将军、市长、大企业家，我们的学校以他们为骄傲。毋庸置疑，我们已毕业同学

中有许多女同学……"

如果该校长讲话中的断定都是真的，那么以下哪项必定是真的？

A. 取得优异成绩的全部是女同学

B. 取得优异成绩的至少有女同学

C. 取得优异成绩的男同学多于女同学

D. 取得优异成绩的女同学多于男同学

E. 取得优异成绩的可能没有女同学

10. 在 MPA 的《行政管理》课期中考试后，班长想从老师那里打听成绩。

班长说："老师，这次考试不太难，我估计我们班同学们的成绩都在70 分以上吧？"老师说："你的前半句话不错，后半句话不对。"

根据老师的意思，下列哪项必为事实？

A. 多数同学的成绩在 70 分以上，有少数同学的成绩在 60 分以下

B. 有些同学的成绩在 70 分以上，有些同学的成绩在 70 分以下

C. 研究生的课程 70 分才算及格、肯定有的同学成绩不及格

D. 这次考试太难、多数同学的考试成绩不理想

E. 这次考试太容易，全班同学的考试成绩都在 30 分以上

11. 有些自然物品具有审美价值，所有的艺术品都有审美价值。因此，有些自然物也是艺术品。以下哪个推理具有和上述推理最为类似的结构？

A. 有些神论者是佛教徒，所有的基督教徒都不是佛教徒，因此，有些有神论者不是基督教徒

B. 某些律师喜欢钻牛角尖。李小鹏是律师，因此，李小鹏喜欢钻牛角尖

C. 有些南方人爱吃辣椒，所有的南方人都习惯吃大米，因此，有些习惯吃大米的人爱吃辣椒

D. 有些进口货是假货，所有国内组装的 APR 空调机的半成品都是进口货，因此，APR 空调机的半成品是假货

E. 有些小保姆接受过专业培训，所有的保安人员都接受过专业培训，因此，有些小保姆兼当保安

12. 科学不是宗教，宗教都主张信仰，所以主张信仰都不科学。

以下哪项最能说明上述推理不能成立？

A. 所有渴望成功的人都必须努力工作，我并不渴望成功，所以我不必努力工作

B. 商品都有使用价值，空气当然有使用价值，所以空气当然是商品

C. 不刻苦学习的人都成不了技术骨干，小张是刻苦学习的人，所以小

张能成为技术骨干

D. 台湾人不是北京人，北京人都说汉语，所以，说汉语的都不是台湾人

E. 犯罪行为都是违法行为，违法行为都应受到社会的谴责，所以犯罪行为是应受到社会谴责的行为

13. 某些东方考古学家是美国斯坦福大学的毕业生。因此，美国斯坦福大学的某些毕业生对中国古代史很有研究。

为保证上述推断成立，以下哪项必须是真的？

A. 某些东方考古学家专攻古印度史，对中国古代史没有太多的研究

B. 某些对中国古代史很有研究的东方考古学家不是从美国斯坦福大学毕业的

C. 所有对中国古代史很有研究的人都是东方考古学家

D. 某些东方考古学有不是美国斯坦福大学的毕业生，而是芝加哥大学的毕业生

E. 所有的东方考古学家都是对中国古代史很有研究的人

14. 凡是超越代理人权限所签的合同都是无效的。这份房地产建设合同是超越代理人权限签订的，所以它是无效的。

以下哪种推理方式与上面的这段论述最为相似？

A. 一切行动听指挥是一支队伍能够战无不胜的纪律保证。所以，一个企业、一个地区要发展，必须提倡令行禁止、服从大局

B. 通过对近六个月销售的健身器的跟踪调查发现，没有一台因质量问题而退货或返修。因此，可以说这批健身器的质量是合格的

C. 如果某种产品超过了市场需求，就可能出现滞销现象。"卓群"领带的供应量大大超过了市场需求，因此，一定会出现滞销现象

D. 通过对一部分实行产权明晰的企业进行调查，发现企业通过明晰产权都提高了经济效益，没有反例。因此我们认为，凡是实行产权明晰化的企业都能提高经济效益

E. 一切有利于生产力发展的方针政策都是符合人民根本利益的，改革开放有利于生产力的发展，所以改革开放是符合人民根本利益的

15. 某些经济学家是大学数学系的毕业生。因此，某些大学数学系的毕业生是对企业经营很有研究的人。

以下哪项如果为真，能够保证上述论证的成立？

A. 某些经济学家专攻经济学的某一领域，对企业经营没有太多的研究

B. 某些对企业经营很有研究的经济学家不是大学数学系毕业的

C. 所有对企业经营很有研究的人都是经济学家

D. 某些经济学家不是大学数学系的毕业生，而是学经济学的

E. 所有的经济学家都是对企业经营很有研究的

16. 在改革开放的中国社会，白领阶层以其得体入时的穿着、斯文潇洒的举止，在城市中逐渐形成一种新的时尚。张金力穿着十分得体，举止也十分斯文，一定是白领阶层的一员。

下列哪项陈述最准确地指出了上述判断在逻辑上的缺陷？

A. 有些白领阶层的人穿着也很普通，举止并不潇洒

B. 有些穿着得体，举止斯文的人并非从事令人羡慕的白领工作

C. 穿着举止是人的爱好、习惯，也与工作性质有一定的关系

D. 张金力的穿着举止受社会时尚的影响很大

E. 白领阶层的工作性质决定了他们应当穿着得体、举止斯文

17. 如今这几年参加注册会计师考试的人越来越多了，可以这样讲，所有想从事会计工作的人都想要获得注册会计师证书。小朱也想获得注册会计师证书，所以，小朱一定是想从事会计工作了。

以下哪项如果为真，最能加强上述论证？

A. 目前越来越多的从事会计工作的人具有了注册会计师证书

B. 不想获得注册会计师证书，就不是一个好的会计工作者

C. 只有想获得注册会计师证书的人，才有资格从事会计工作

D. 只有想从事会计工作的人，才想获得注册会计师证书

E. 想要获得注册会计师证书，一定要对会计理论非常熟悉

18. 血液中高浓度脂肪蛋白含量的增多，会增加人体阻止吸收过多的胆固醇的能力，从而降低血液中的胆固醇。有些人通过有规律的体育锻炼和减肥，能明显地增加血液中高浓度脂肪蛋白的含量。

以下哪项作为结论从上述题干中推出最为恰当？

A. 有些人通过有规律的体育锻炼降低了血液中的胆固醇，则这些人一定是胖子

B. 不经常进行体育锻炼的人，特别是胖子，随着年龄的增大，血液中出现胆固醇的风险越来越大

C. 体育锻炼和减肥是降低血液中高胆固醇的最有效的方法

D. 有些人可以通过有规律的体育锻炼和减肥来降低血液中的胆固醇

E. 标准体重的人只需要通过有规律的体育锻炼就能降低血液中的胆固醇

19. 有一种长着红色叶子的草，学名叫 abana，在地球上极稀少。北美

的人都认识一种红色叶子的草子，这种草在那里很常见。

从上面的事实不能得出以下哪项结论？

A. 北美的那种红色叶子的草就是 abana

B. abana 可能不是生长在北美

C. 并非所有长红色叶子的草都稀少

D. 北美有的草并不稀少

E. 并非所有生长在北美的草都稀少

20. 新学年开学伊始，有些新生刚入学就当上了校学生会干部。在奖学金评定中，所有广东籍的学生都申请了本年度的甲等奖学金，所有校学生会干部都没有申请本年度的甲等奖学金。

如果上述断定是真的，以下哪项有关断定也必定是真的？

A. 所有的新生都不是广东人

B. 有些新生申请了本年度的甲等奖学金

C. 有些新生不是广东人

D. 并非所有广东籍的学生都是新生

E. 有些校学生会干部是广东人

本题参考答案

1A，2C，3B，4E，5E，6A，7E，8D，9E，10C；11E，12D，13E，14E，15E，16B，17D，18D，19A，20C。

第四章　复合命题及其推理

学习目标

本章应掌握的基本原理：

△各种复合命题的形式与逻辑性质

△各种复合命题推理的有效式

本章需训练的基本能力：

△应用复合命题推理的有效式进行推导的能力

△应用真值表等方法判定复合命题推理是否有效的能力

第一节　命题逻辑概述

命题逻辑是研究复合命题及其推理关系的逻辑理论，是现代逻辑的基础部分。

所谓复合命题是指包含了其他命题的命题。例如：

①并非所有细菌都对人体有害。

②小蓝通过了国家司法考试，并且获得了律师执业证。

③他今天复习英语，或者复习逻辑。

④如果你不愿意为求知付出代价，那么就会为无知付出代价。

⑤当且仅当二人以上共同故意犯罪，才是共同犯罪。

复合命题由命题联结词联结支命题而组成。支命题亦称为原子命题，它是复合命题中所包含的其他命题，属于构成复合命题的逻辑变项，通常用小写英语字母 p、q、r、s、t 等表示，可代入任一具体命题；支命题本身既可以是简单命题，又可以是复合命题。命题联结词是把支命题联结构成复合命题时所使用的联结词，属于构成复合命题的逻辑常项；由于不同的命题联结词反映出支命题之间不同的逻辑关系，决定了复合命题的不同种类、逻辑性质及其推理关系，因此，命题联结词是理解命题逻辑的出发点。

根据命题联结词的不同，复合命题可分为联言命题、选言命题、假言命题和负命题。

用命题联结词来联结表示支命题的逻辑变项所获得的表达式，即为命题形式，它是对具体命题的抽象。若对前例进行分解和抽象，便可将复合命题的组成情况、命题种类及形式展示如下：

前例序号	复合命题的组成情况		命题形式	命题种类
	命题联结词	支命题		
①	并非	（p）所有细菌都对人体有害	并非 p	负命题
②	并且	（p）小蓝通过了国家司法考试	p 并且 q	联言命题
		（q）小蓝获得了律师执业证		
③	或者	（p）他今天复习英语	P 或者 q	选言命题
		（q）他今天复习逻辑		
④	如果……，那么……	（p）你不愿意为求知付出代价	如果 p，那么 q	假言命题
		（q）你就会为无知付出代价		
⑤	当且仅当……，才……	（p）二人以上共同故意犯罪	当且仅当 p，才 q	假言命题（等值命题）
		（q）共同犯罪		

复合命题的逻辑性质是指复合命题具有的真假值问题，其真、假二值统称为真值。当一个用自然语言表述的复合命题被抽象成为命题形式后，它的真值便转化为其支命题的真假与该复合命题本身的真假关系。这种关系在命题逻辑中采用真值表来加以刻画，即：把支命题可能出现的各种真假组合情况全部列出，进而描述该复合命题在什么情况下为真，在什么情况下为假。真值表还可以用来判定相同素材复合命题之间的真假关系以及复合命题推理是否有效，因此，真值表是理解和应用命题逻辑的重要工具。

复合命题推理是以复合命题作为前提或结论的推理。其核心问题是推导与判定，即：复合命题推理应当如何由前提推出结论以及如何判定该推理是否有效。为此，命题逻辑既提供了可供操作的复合命题推理的各种有效式，又提供了检验复合命题推理是否有效的方法，以使十我们快捷而有效地应用复合命题推理。

复合命题及其推理广泛应用于各种职业活动中，因而被纳入现代职业能力测评体系，成为国家公务员录用考试和其他一些职业能力考试中的一项重要内容，其目的是从逻辑推理的角度来测量、评价应试者的职业潜能，选拔合适的从业人员，引导职业能力的发展。因此，掌握和应用复合命题及其推理是培养职业能力的主要途径之一。

例如：某珠宝店被盗，警方已发现如下线索：

①甲、乙、丙三人至少有一人是罪犯；

②如果甲是罪犯，则乙一定是同案犯；

③盗窃发生时，乙正在咖啡店里喝咖啡。由此可见（　　　）。

A. 甲是罪犯

B. 甲、乙都是罪犯

C. 甲、乙、丙都是罪犯

D. 丙是罪犯

解析：这是 2002 年中央、国家机关公务员录用考试中的一道演绎推理题，其解答过程是：

首先，由③可知"乙不是罪犯"。

其次，以②、③为前提，可推出"甲不是罪犯"，即：

> 如果甲是罪犯，则乙一定是同案犯；
>
> 　　　　乙不是罪犯；
> ———————————————————————
> 　　　所以，甲不是罪犯。

最后，以①和上述两步获得的结论为前提，可推出"丙是罪犯"。即：

> 甲、乙、丙三人至少有一人是罪犯；
>
> 甲不是罪犯，乙不是罪犯；
> ———————————————————————
> 　　　所以，丙是罪犯。

由此可见，正确的选项为 D。

第二节　联言命题及其推理

一、联言命题

联言命题是陈述几种事物情况同时存在的复合命题。例如：

①法律保护结婚自由，并且，法律也保护离婚自由。

②企业既要注重经济效益，又要注重社会效益。

③能力比学历重要，业绩比背景重要，素质比年龄重要，创新比守成重要。

联言命题由命题联结词"并且"联结至少两个联言支而组成。联言支是联言命题中的支命题，它表示某种事物情况。在一个联言命题中，联言支的数量是至少两个。由于用两个联言支构成的联言命题与用三个或三个以上联言支构成的联言命题，其逻辑性质是相同的，因而把用两个联言支构成的联言命题作为标准形式。联言命题中的命题联结词一般用"并且"来表示，它把各个联言支联结构成联言命题，并陈述了各个联言支之间具有"并存"关系。在自然语言中，"……而且……"、"既……，又……"、"……也……"、"虽然……，但是……"等语词，其词义与"并且"相同或近似，因而也可以作为联言命题的命题联结词使用。有时，联言命题的命题联结词还可以在表达语言中被省略。

若用 p、q 等表示联言支，用"并且"表示命题联结词，则联言命题的形式为：

$$p \text{ 并且 } q$$

在命题逻辑中，命题联结词"并且"用合取词"$\wedge$"（读作：合取）表示，联言命题也被称为合取命题，其命题形式表示为以下合取式：

$$p \wedge q$$

命题逻辑用符号表示命题联结词，是因为从逻辑角度看，用自然语言表达的命题联结词存在着两个问题：一是词形多种多样，增添了识别的麻烦；二是词义中常常附加了一些非逻辑意义，如语法修辞方面的并列、承接、转折、递进等意义也负载在命题联结词上。词形多样和词义繁杂容易分散对逻辑意义的关注。用符号表示命题联结词，可以排除非逻辑因素的"干扰"，使命题联结词在纯逻辑意义上统一而精确地呈现，方便理解和书写。

联言命题陈述其联言支所表示的几种事物情况同时存在，若把存在视为"真"，不存在视为"假"，则联言命题的逻辑性质是：所有联言支真，联言命题为真；若有一个或一个以上联言支假，则联言命题为假。反过来看，当一个联言命题为真时，它的每一个联言支均真；当一个联言命题为假时，它的联言支中至少有一个为假。例如：

设："张三说谎"（p）、"李四说谎"（q）为联言支；"张三说谎，并且李四说谎"（$p \wedge q$）为联言命题；则联言支与联言命题之间的真值关系组合共有以下四种情况：

第一种情况：当事实上张三和李四两人都说谎时，即 p 真，q 也真；联言命题"张三说谎，并且李四说谎"（$p \wedge q$）为真。

第二种情况：当事实上仅有张三说谎而李四并未说谎时，即 p 真而 q 假；联言命题"张三说谎，并且李四说谎"（$p \wedge q$）为假。

第三种情况：当事实上张三未说谎仅有李四说谎时，即 p 假而 q 真；联言命题"张三说谎，并且李四说谎"（p∧q）为假。

　　第四种情况：当事实上张三和李四两人均未说谎时，即 p 假 q 也假；联言命题"张三说谎，并且李四说谎"（p∧q）为假。

　　联言命题与其联言支之间的真值关系可用真值表表示如下：（在真值表中，用"1"表示真，"0"表示假。下同。）

p	q	p∧q
1	1	1
1	0	0
0	1	0
0	0	0

　　为了简便，在自然语言中，联言命题的表达大多采用省略形式，其省略的方法有以下三种：

　　1. 合并支命题的主项。例如：

　　　　①他既吸毒，又贩毒。

　　2. 合并支命题的谓项。例如：

　　　　②教学观念、教学内容、教学方法和教学手段都需要进行改革。

　　3. 略去命题联结词。例如：

　　　　③以事实为依据，以法律为准绳。

　　（选言命题和假言命题的语言表达也可以使用上述省略方法。）

　　从语句方面看，联言命题常用并列、承接、转折、递进等关系的复句来表达。例如：

　　　　④小李和小王都被市检察院录用了。（并列）

　　　　⑤婚姻刚开始是"相敬如宾"，继而是"相敬如冰"，最后是"相敬如兵"。（承接）

　　　　⑥"机关算尽太聪明，反算了卿卿性命！"（转折）

　　　　⑦胡某的行为已构成贪污罪，而且贪污数额巨大。（递进）

　　在逻辑意义上，联言命题只陈述其联言支并存，既没有强调某个联言支更为重要，也没有表述联言支在顺序上的意义联系。因此，命题逻辑认为，联言支可以互换位置，即"p∧q"可以转换为"q∧p"，其逻辑意义不变，这是合取交换律。但是，在语言意义上，表达联言支的各个分句之间常常存在着承接顺序、转折意义、递进意义，其顺序不能任意互换。例如：

⑧他长眠在罗布泊，后来人们为他立了纪念碑。

总之，用自然语言表达联言命题，应做到逻辑意义与语言意义的统一。

二、联言推理

联言推理是前提或结论为联言命题，并根据联言命题的逻辑性质进行推导的推理。

联言推理有以下三种有效式：

（一）分解式

分解式的组成特征是：前提是一个联言命题，结论是前提中的某个联言支；其推理过程是从一个联言命题中分解出一个联言支。

分解式的推理根据是：若作为前提的联言命题真，则从中分解出来的任何一个联言支为真。

分解式的推理形式为：

$$\frac{p\ 并且\ q}{所以，p} \quad 或者 \quad \frac{p\ 并且\ q}{所以，q}$$

用符号形式表示为：

$p \wedge q \Rightarrow p$ 或者 $p \wedge q \Rightarrow q$

例如：

$$\frac{配偶、子女、父母都属于第一顺序继承人；}{所以配偶属于第一顺序继承人。}$$

（二）合成式

合成式的组成特征是：结论是一个联言命题，前提是结论中所包含的各个联言支；其推理过程是把若干个联言支组合成一个联言命题。

合成式的推理根据是：若作为前提的每一个联言支真，则用其组合的联言命题为真。

合成式的推理形式为：

$$\frac{\begin{array}{c}p\\q\end{array}}{所以，p\ 并且\ q}$$

用符号形式表示为：

$(p、q) \Rightarrow p \wedge q$

例如：

> 市场经济需要法治；
>
> 市场经济需要诚信；
>
> ———————————————
>
> 所以，市场经济既需要法治，也需要诚信。

（三）否定式

否定式的组成特征是：结论是对一个联言命题的否定，前提是对结论中所包含的某个联言支的否定；其推理过程是由否定一个联言支，进而否定包含该联言支的整个联言命题。

否定式的推理根据是：若一个联言支假，则包含它的联言命题为假。

否定式的推理形式为：

> $$\frac{\text{并非 p}}{\text{所以，并非（p 并且 q）}}$$

用符号形式表示为：（"－"读作：并非；表示对一个命题的否定。）

$$\overline{p} \Rightarrow \overline{p \wedge q}$$

例如：

> $$\frac{\text{并非甲方有过错；}}{\text{所以，并非甲方有过错，并且应承担违约责任。}}$$

三、联言命题及其推理在法律工作中的应用

联言命题常用于陈述某一事物多方面的情况或多个事物的共同情况。在法律工作中应用联言命题，必须准确把握其逻辑性质。需要建立一个真实的联言命题时，就应当慎重审查它的每一个联言支，务必使其所有联言支都如实地反映事物情况；需要驳斥一个虚假的联言命题时，只需攻击一点，证明它的某个联言支不符合事实或法律即可。

例如，在审理一起盗窃案件时，控辩双方有以下发言：

公诉人："……2003 年 6 月 6 日下午 3 时许，被告人唐某窜至某小区 26 栋 3 单元 6 楼，撬门扭锁，翻墙入室，大肆盗窃居民陈某家中的财物……"

辩护人："既然撬了门，又何必'翻墙'？"

公诉人："被告携带赃物逃离现场时，翻越了小区的隔离铁栏。"

辩护人："携赃越栏是逃离的方法，'翻墙入室'是作案的手段，两者岂能混为一谈？"

本例中控方应用联言命题陈述案情时，联言支"翻墙入室"与事实不

符，辩方正是抓住这个联言支来展开反驳。这表明：准确把握联言命题的逻辑性质是正确应用联言命题的关键。

联言推理是法律工作中经常应用的推理形式之一，应用分解式可以从法律条文中获得适用于具体案件的法律规定；应用合成式可以在分别认定各个单项特征的基础上，形成对于对象的综合认定；应用否定式则可以由否定某个单项特征，进而否定综合认定。

例如，我国《刑法》第382条第1款规定："国家工作人员利用职务上的便利，侵吞、窃取、骗取或者以其他手段非法占有公共财物的，是贪污罪。"

该法律条文用联言命题陈述贪污罪的特征。在办理具体案件时，可以首先应用分解式，分解出贪污罪的各项特征，即：

（p）国家工作人员；

（q）利用职务上的便利；

（r）侵吞、窃取、骗取或者以其他手段；

（s）非法占有公共财物。

然后，将具体案件的情况与上述特征逐一对照，若被告人某甲完全符合上述全部特征，即可应用合成式，推出甲构成贪污罪的综合认定；若被告人某乙不符合上述特征中的某一项，便可应用否定式，推出乙构成贪污罪的综合认定是不能成立的。

第三节 选言命题及其推理

一、什么是选言命题

选言命题是陈述几种事物情况中至少有一种事物情况存在的复合命题。例如：

①让他着迷的是网络游戏，或者网上交友；

②预测明天的足球赛，中国队要么获胜，要么失利，要么与对手战平。

选言命题由命题联结词联结至少两个选言支而组成。选言支是选言命题中的支命题，它表示可供选择的某种事物情况。在一个选言命题中，选言支的数量是两个或两个以上。由于选言支的数量多少并不影响选言命题的逻辑性质，因而把用两个选言支构成的选言命题作为标准形式。选言命题的命题联结词是"或者"、"要么"等语词。在自然语言中，"可能……，也可能……"、"不是……，就是……"、"……还是……"、"宁可……也不……"等语词，也可以作为选言命题的命题联结词来使用。有时，命题联结词还可以在表达中被省略。

选言命题的各个选言支之间存在着两种不同的关系：一是选言支所反映的各种事物情况互不排斥，有可能同时存在，即选言支可以同真；二是选言支所反映的各种事物情况互相排斥，不可能同时存在，即选言支不能同真。据此，选言命题分为相容选言命题和不相容选言命题两种，选言推理也相应分为相容选言推理和不相容选言推理两种。

二、相容选言命题及其推理

（一）相容选言命题

相容选言命题是陈述其选言支至少有一个真，并且可以同真的选言命题。例如：

①他的技术特长或者是网页设计，或者是动画制作。

②本公司新款手机滞销的原因，或者是其性能缺乏优势，或者是其外形不够美观，或者是其定价过高，或者是广告宣传不力，或者是缺乏品牌效应。

若用 p、q 等表示选言支，用"或者"表示命题联结词，则相容选言命题的形式为：

$$p \text{ 或者 } q$$

在命题逻辑中，命题联结词"或者"用析取词"∨"（读作：析取）表示，相容选言命题被称为析取命题，其命题形式表示为以下析取式：

$$p \lor q$$

由于相容选言命题陈述其选言支至少有一个真，并且可以同真，因而其逻辑性质是：若有一个或一个以上选言支真，则相容选言命题为真；若所有选言支均假，则相容选言命题假。反过来看，当一个相容选言命题为真时，其选言支至少有一个真，也可以有两个或两个以上选言支同真；当一个相容选言命题为假时，它的所有选言支均假。

相容选言命题与其选言支之间的真值关系可用真值表表示如下：

p	q	$p \lor q$
1	1	1
1	0	1

0	1	1
0	0	0

（二）相容选言推理

相容选言推理是根据相容选言命题的逻辑性质进行推导的选言推理。

相容选言命题的逻辑性质表明：一个真实的相容选言命题中至少有一个选言支真，并且选言支可以同真。因此，相容选言推理的规则是：

（1）否定一部分选言支，可以肯定另一部分选言支。

（2）肯定一部分选言支，不能否定另一部分选言支。

根据上述规则，相容选言推理有以下两种有效式和一种无效式：

1. 否定肯定式。否定肯定式的组成特征是：前提中否定一部分选言支，结论中肯定另一部分选言支。

否定肯定式的推理形式为：

$$\frac{\text{p 或者 q}}{\text{非 p}} \quad \text{或者} \quad \frac{\text{p 或者 q}}{\text{非 q}}$$
$$\text{所以，q} \qquad\qquad \text{所以，p}$$

用符号形式表示为：

$(p \lor q) \land \bar{p} \Rightarrow q$　或者 $(p \lor q) \land \bar{q} \Rightarrow p$

例如：

　　建设经济特区，政府或者给予资金扶持，或者给予政策扶持；

　　$\underline{\text{建设经济特区，政府没有给予资金扶持；}}$

　　所以，建设经济特区，政府给予政策扶持。

2. 附加式。附加式的组成特征是：前提肯定一个选言支，结论肯定包含着前提的相容选言命题。

附加式的推理形式为：

$$\frac{\text{p}}{\text{所以，p 或者 q}}$$

用符号形式表示为：

$$p \Rightarrow p \lor q$$

例如：

　　$\underline{\text{毕业后他打算考研；}}$

　　所以，毕业后他打算考研，或者去求职。

附加式的推理根据是：若前提真，则由前提附加其他选言支构成的相容选言命题为真。

3. 肯定否定式（无效式）。肯定否定式的组成特征是：一个前提为相容选言命题，另一个前提肯定了一部分选言支，而结论则否定了剩下的选言支。

肯定否定式的推理形式为：

$$p 或者 q \qquad p 或者 q$$
$$\underline{\quad\quad p \quad\quad} 或者 \underline{\quad\quad q \quad\quad}$$
$$所以，非 q \qquad 所以，非 p$$

用符号形式表示为：

$$(p \lor q) \land p \Rightarrow \bar{q} \qquad 或者 \quad (p \lor q) \land q \Rightarrow \bar{p}$$

例如：

被通缉的犯罪嫌疑人某甲或者会说普通话，或者会说广东话；

现已查明，某甲会说广东话；

所以，某甲不会说普通话。

由于相容选言命题中的各选言支可以同真，因而前提肯定一部分选言支为真，结论并不能断定另一部分选言支为假。该例中"会说普通话"与"会说广东话"是可以并存的，但它却由肯定"会说广东话"推出否定"会说普通话"的结论。这种推理形式在前提为真的情况下，推出的结论却未必真，因此属于无效式。

三、不相容选言命题及其推理

（一）不相容选言命题

不相容选言命题是陈述其选言支仅有一个真，并且不能同真的选言命题。例如：

①本案要么判处准予离婚，要么判处不准予离婚。

②犯罪嫌疑人某甲的血型要么是 A 型，要么是 B 型，要么是 AB 型，要么是 O 型。

若用 p、q 等表示选言支，用"要么"表示命题联结词，则不相容选言命题的形式为：

要么 p，要么 q

命题联结词"要么"可以用符号"$\veebar$"（读作：严格析取）表示，这样，不相容选言命题亦被称为严格析取命题，其命题形式为：

$$p \veebar q$$

由于不相容选言命题陈述其选言支仅有一个为真，并且不能同真，因而其逻辑性质是：有而且仅有一个选言支真，则不相容选言命题真；其他情况下，不相容选言命题为假。反过来看，当一个不相容选言命题为真时，其选言支中仅有一个真；当一个不相容选言命题为假时，其选言支中至少有两个同真，或者所有选言支均假。

不相容选言命题与其选言支之间的真值关系可用真值表表示如下：

p	q	p $\veebar$ q
1	1	0
1	0	1
0	1	1
0	0	0

（二）不相容选言推理

不相容选言推理是根据不相容选言命题的逻辑性质进行推导的选言推理。

不相容选言命题的逻辑性质表明：一个真实的不相容选言命题中仅有一个选言支真，并且选言支不能同真。因此，不相容选言推理的规则是：

（1）否定除一个选言支之外的所有选言支，就可以肯定剩下的那个选言支。

（2）肯定一个选言支，可以否定其他选言支。

根据上述规则，不相容选言推理有以下两种有效式：

1. 否定肯定式。否定肯定式的组成特征是：前提中否定除一个选言支之外的所有选言支，结论肯定剩下的那个选言支。

否定肯定式的推理形式为：

$$\begin{array}{c} \text{要么 p，要么 q} \\ \underline{\text{非 p}} \\ \text{所以，q} \end{array} \quad \text{或者} \quad \begin{array}{c} \text{要么 p，要么 q} \\ \underline{\text{非 q}} \\ \text{所以，p} \end{array}$$

用符号形式表示为：

$(p \veebar q) \wedge \overline{p} \Rightarrow q$ 　　或者　　 $(p \veebar q) \wedge \overline{q} \Rightarrow p$

例如：

$$\begin{array}{c} \text{本案要么是单独作案，要么是至少两人共同作案；} \\ \underline{\text{现场足迹表明本案不是单独作案；}} \\ \text{所以，本案是至少两人共同作案。} \end{array}$$

2. 肯定否定式。肯定否定式的组成特征是：一个前提为不相容选言命题，另一个前提肯定了一个选言支，结论则否定其他选言支。

肯定否定式的推理形式为：

$$要么p，要么q$$
$$\underline{\qquad p \qquad}$$
$$所以，非q$$

或者

$$要么p，要么q$$
$$\underline{\qquad q \qquad}$$
$$所以，非p$$

用符号形式表示为：

$$(p \vee q) \wedge p \Rightarrow \overline{q} \qquad 或者 (p \vee q) \wedge q \Rightarrow \overline{p}$$

例如：

某甲要么属于正常死亡，要么属于非正常死亡；

法医鉴定认为某甲属于正常死亡；

所以，某甲不属于非正常死亡。

四、选言命题及其推理在法律工作中的应用

在法律工作中，司法人员经常面对错综复杂的案件，其认识很难"一步到位"。最初，司法人员需要理清工作方向和思路，提出若干种可供选择的猜测性认识，并将其作为选言支，来建立选言命题；然后，围绕着这些选言支进行调查取证或司法鉴定，以检验选言支的真假，进而通过肯定或否定一部分选言支，获得对案件的确定性认识。这种思维过程正是建立选言命题、进行选言推理的过程。

例如，某地两个小餐馆的从业人员因生意竞争而引发斗殴，致"陕北餐馆"女店主延梅伤重死亡，法医鉴定为：系被他人用钝器打击头部致重型闭合性颅脑损伤而死亡。因当时斗殴现场十分混乱，没有人看清是谁使用何种凶器击打延梅的头部。警方调查获悉："聚宾园餐馆"一方参与斗殴的人员是徐波、潘涛、李忠育和王桂芳；斗殴时，徐波使用的凶器是铁铲，潘涛用圆凳打人，李忠育持捅火铁条参与斗殴，王桂芳则未使用凶器。为查明真凶，警方建立了一个相容选言命题：

延梅头部的致命伤或者是徐波用铁铲打击所致，或者是潘涛用圆凳打击所致，或者是李忠育用捅火铁条打击所致；（王桂芳因未使用凶器而被排除。）然后，警方对铁铲和圆凳上沾有的血迹做了DNA检验，结论是：铁铲和圆凳上的血迹均不是死者延梅所留。于是，警方进行了以下的相容选言推理：

延梅头部的致命伤或者是由徐波用铁铲打击所致，或者是由潘涛用圆凳打击所致，或者是由李育忠用捅火铁条打击所致；

经鉴定，延梅头部的致命伤不是由徐波用铁铲打击所致，也不是由潘涛用圆凳打击所致；

所以，延梅头部的致命伤是由李忠育用捅火铁条打击所致。

据此，警方将已潜逃的李忠育抓获，并找回了已被变卖的捅火铁条，李忠育对用捅火铁条打伤延梅头部并致其死亡的犯罪事实亦供认不讳[1]。

在法律工作中应用选言命题及其推理，应当注意以下两个问题：

1. 在应用肯定否定式时，必须注意辨析选言前提中的各个选言支能否同真，即：查明选言前提是相容选言命题，还是不相容选言命题。当选言前提是不相容选言命题，肯定否定式为有效式；若选言前提是相容选言命题时，肯定否定式则为无效式，其结论未必真。

一个用自然语言表达的选言命题，究竟是相容的还是不相容的，不能单纯依靠联结词来确定，因为联结词"或者"与"要么"都可以在相容意义上使用，也可以在不相容意义上使用。因此，分析选言命题及其推理，应当看其选言支能否同真，进而判定其肯定否定式是否有效。例如：

①我的高考第一志愿准备填报中国政法大学，或者西南政法大学。（选言支不能同真）

②导致离婚诉讼要么是男方有过错；要么是女方有过错。（选言支可以同真）

③某单位领导袁某和会计杨某合伙贪污，所获 54 万元赃款平分。在审理本案时，杨某的辩护人说："本案主犯或者是袁某，或者是杨某；公诉人在刚才的发言中认为袁某是本案主犯；所以，杨某不是本案主犯。请法庭按《刑法》第 27 条关于从犯的规定，对杨某从轻或减轻处罚。"

对例③中的选言命题"本案主犯或者是袁某，或者是杨某"，需要根据案件的具体情况来考察其选言支是否相容。若能确认本案主犯仅有一人，则辩护人应用的肯定否定式为有效式；否则为无效式。如果对选言前提是否相容不加考察，轻率使用肯定否定式进行选言推理，则其结论难以令人信服。

2. 在应用否定肯定式时，必须注意分析选言前提中的选言支是否穷尽了事物的一切可能。若选言支穷尽，则选言前提必真，应用否定肯定式推

〔1〕 胡关禄主编：《侦查预审名案评析》，警官教育出版社 1999 年版，第 340～347 页。

出的结论才会必真；若选言支不穷尽，遗漏了部分可能情况，则选言前提可能真，也可能假，应用否定肯定式推出的结论也未必真。

例如，一名妇女死于自己家中，看完现场后，警察朱某作了以下推理：

这位妇女要么死于他杀，要么死于自杀；

从现场痕迹看，不会是他杀；

所以，这名妇女死于自杀。

后来，经鉴定，这名妇女是煤气中毒意外致死。由此可见，当选言前提中的选言支不穷尽时，对否定肯定式推出的结论不能确信不疑。

法律条文中的选言命题要求选言支穷尽，避免因遗漏部分情况而造成法律漏洞。在法律工作中建立选言命题却并不过分强调选言支穷尽，而是要求选言支尽量陈述那些可能性较大的情况。比如，某大城市发生一起银行抢劫案，侦查人员不会把几百万市民全部纳入犯罪嫌疑人的范围，而是根据作案时间、作案条件、作案人的特征等等，确定相对较小的侦查范围来进行排查，这属于相对穷尽。

 第四节 假言命题及其推理

一、什么是假言命题

假言命题是陈述事物情况之间条件关系的复合命题。例如：

①如果天气出现大雾，那么航班就会延误。

②只有达到了法定婚龄，才能办理结婚登记。

③当且仅当大脑功能发生永久性丧失，才能诊断为脑死亡。

假言命题由命题联结词联结两个支命题而组成。其中，表示条件的支命题称为前件，表示依赖条件而成立的支命题称为后件。命题联结词表示前件与后件之间的条件关系，不同的命题联结词分别表示不同类型的条件关系。

事物情况之间的条件关系有以下三种：（用 p、q 分别表示两种事物情况）

1. 充分条件：若 p 存在，则 q 必然存在；若 p 不存在，则 q 不一定不存在。即：有 p 必有 q，无 p 不一定无 q。这时，p 为 q 的充分条件。

2. 必要条件：若 p 不存在，则 q 必然不存在；若 p 存在，则 q 不一定存在。即：无 p 必无 q，有 p 不一定有 q。这时，p 为 q 的必要条件。

3. 充分必要条件：若 p 存在，则 q 必然存在；若 p 不存在，则 q 必然不存在。即：有 p 必有 q，无 p 必无 q。这时，p 为 q 的充分必要条件。

根据事物情况间的条件关系不同，假言命题分为充分条件假言命题、必要条件假言命题和充分必要条件假言命题三种；假言推理也相应地分为充分条件假言推理、必要条件假言推理和充分必要条件假言推理三种。

二、充分条件假言命题及其推理

（一）充分条件假言命题

充分条件假言命题是陈述前件为后件充分条件的假言命题。例如：

①如果甲在共同犯罪中起了主要作用，那么甲是主犯。

②"今天工作不努力，明天努力找工作。"

若用 p 表示前件，q 表示后件，用"如果……，那么……"表示命题联结词，则充分条件假言命题的形式为：

如果 p，那么 q

充分条件假言命题的联结词在自然语言中有多种表达方式，如"假如……，那么……"、"只要……，就……"、"若……，则……"等语词，也可以作为充分条件假言命题的联结词来使用。有时，联结词还可以在语言表达中被省略。

在命题逻辑中，命题联结词"如果……，那么……"用蕴涵词"→"（读作：蕴涵）表示，充分条件假言命题被称为蕴涵命题，其命题形式表示为以下蕴涵式：

$$p \rightarrow q$$

由于充分条件假言命题陈述前件为后件的充分条件，因而其逻辑性质是：若前件真而后件假，则充分条件假言命题为假；其他情况下，充分条件假言命题均为真。反过来说，当一个充分条件假言命题为真时，则或者其前件为假，或者其后件为真；当一个充分条件假言命题为假时，则其前件真，并且后件假。

充分条件假言命题与其支命题之间的真值关系可用真值表表示如下：

p	q	$p \rightarrow q$
1	1	1
1	0	0
0	1	1
0	0	1

有些蕴涵命题可用真值表判定为真，却有悖常识，很难让人们接受，这样就出现了所谓的"蕴涵怪论"。例如：

①如果美国遭受了"9·11"恐怖袭击，那么美国就会加大反恐的力度。

②如果美国遭受了"9·11"恐怖袭击，那么鲸是哺乳动物。

③如果我登上了金星，那么就去开采金星上的金矿。

④如果我登上了金星，那么就不去开采金星上的金矿。

依据真值表，例①、②的后件均为真；例③、④的前件均为假，故上述四例都属于真命题。

依据常识评判，人们可以接受例①为真，因为"美国遭受了'9·11'恐怖袭击"与"美国会加大反恐力度"之间有一种意义上的联系，由前者可以"导出"后者。在例②中却不存在这种"导出"关系，"美国遭受了'9·11'恐怖袭击"与"鲸是哺乳动物"之间没有意义上的联系，因而人们难以将其视为真命题。例③与例④尽管其前后件之间存在着意义上的联系，但其内容恰好相反，也难以同时被人们视为真命题。

通过比较可以看出，命题逻辑中的蕴涵词"→"与自然语言中的"如果……,那么……"，其含义并不完全等同。"如果……，那么……"除表示了 p 与 q 之间的真值关系外，还负载着"导出"之类的意义联系，而这种意义联系并没有进入命题逻辑的视野。命题逻辑只是从真值关系的角度来研究命题及其关系，它舍弃了 p 与 q 之间的意义联系，真值表所刻画的 p 与 q 之间可能存在的真假组合并不是由 p "导出" q 的推导关系，因此，命题逻辑中的"p→q"是对"如果 p，那么 q"的一种抽象。

（二）充分条件假言推理

充分条件假言推理是前提中有一个充分条件假言命题，并根据充分条件假言命题的逻辑性质进行推导的假言推理。

充分条件假言命题的逻辑性质表明其前后件之间关系是：有前件必有后件，无前件不一定无后件；有后件不一定有前件，无后件必无前件。据此，充分条件假言推理的规则是：

（1）肯定前件可以肯定后件。

（2）否定后件可以否定前件。

（3）肯定后件不能肯定前件。

（4）否定前件不能否定后件。

根据上述规则，充分条件假言推理有两种有效式和两种无效式：

1. 肯定前件式。肯定前件式的组成特征是：前提中肯定假言前提的前件，结论肯定假言前提的后件。

肯定前件式的推理形式为：

如果 p，那么 q

p
_____

所以，q

用符号形式表示为：

$$(p \rightarrow q) \wedge p \Rightarrow q$$

例如：

如果笔记本电脑中装有奔 4 处理器，那么它就是 2000 年以后制造的；

本案中乙方出售给甲方的笔记本电脑中都装有奔 4 处理器；

所以，本案中乙方出售给甲方的笔记本电脑都是 2000 年以后制造的。

2. 否定后件式。否定后件式的组成特征是：前提中否定假言前提的后件，结论否定假言前提的前件。

否定后件式的推理形式为：

如果 p，那么 q

非 q
_____

所以，非 p

用符号形式表示为：

$$(p \rightarrow q) \wedge \bar{q} \Rightarrow \bar{p}$$

例如：

某日晨，人们发现昨晚在储蓄所值夜班的出纳员曹小敏出现了红肿性嘴歪脸肿，她自称是吹了冷风所致，刑警用下述推理否定了这一说法，并由此挖出一起特大抢劫（未遂）案。

如果因吹冷风导致面部神经麻痹，那么会使嘴脸部出现痉挛性歪斜；

曹小敏不是嘴脸部痉挛性歪斜（是红肿性歪斜）；

所以，曹小敏不是因吹冷风导致面部神经麻痹。

3. 否定前件式（无效式）。否定前件式的组成特征是：前提中否定假言前提的前件，结论否定假言前提的后件。其推理形式为：

如果 p，那么 q

非 p
_____

所以，非 q

用符号形式表示为：

$$(p \rightarrow q) \wedge \bar{p} \Rightarrow \bar{q}$$

例如：

如果施工方拖延工期，那么就应承担违约责任；

现在施工方没有拖延工期；

所以，现在施工方不应承担违约责任。

"施工方没有拖延工期"不一定"不应承担违约责任"。比如施工质量不合格也应承担违约责任。这种推理形式违反了"否定前件不能否定后件"的规则，属于无效式。

4. 肯定后件式（无效式）。肯定后件式的组成特征是：前提中肯定假言前提的后件，结论肯定假言前提的前件。其推理形式为：

如果 p，那么 q

q

所以，p

用符号形式表示为：

$$(p \rightarrow q) \wedge q \Rightarrow p$$

例如：

如果有禁止结婚的亲属关系，那么其婚姻无效；

现已知某甲与某乙的婚姻无效；

所以，某甲与某乙有禁止结婚的亲属关系。

同样，"婚姻无效"也不一定"有禁止结婚的亲属关系"，重婚、未达到法定婚龄等因素也会导致婚姻无效。这种推理形式违反了"肯定后件不能肯定前件"的规则，属无效式。

三、必要条件假言命题及其推理

（一）必要条件假言命题

必要条件假言命题是陈述前件为后件必要条件的假言命题。例如：

①只有年满 23 周岁，才能当法官。

②"你不理财，财不理你。"

若用 p 表示前件，q 表示后件，用"只有……，才……"表示命题联结词，则必要条件假言命题的形式为：

只有 p，才 q

必要条件假言命题的联结词在自然语言中有多种表述方式，如"除非……，才……"、"不……，就不……"等语词，也可以作为必要条件假言命题的联结词来使用。

命题联结词"只有……，才……"可以用符号"←"（读作：逆蕴涵）表示，这样，必要条件假言命题亦被称为逆蕴涵命题，其命题形式为：

$$p \leftarrow q$$

由于必要条件假言命题陈述前件为后件的必要条件，因而其逻辑性质是：若前件假而后件真，则必要条件假言命题为假；其他情况下，必要条件假言命题均为真。反过来说，当一个必要条件假言命题为真时，则或者其前件为真，或者其后件为假；当一个必要条件假言命题为假时，则其前件假，并且后件真。

必要条件假言命题与其支命题之间的真值关系可用真值表表示如下：

p	q	$p \leftarrow q$
1	1	1
1	0	1
0	1	0
0	0	1

（二）必要条件假言推理

必要条件假言推理是前提中有一个必要条件假言命题，并根据必要条件假言命题的逻辑性质进行推导的假言推理。

必要条件假言命题的逻辑性质表明其前后件之间关系是：有前件不一定有后件，无前件必无后件；有后件必有前件，无后件不一定无前件。据此，必要条件假言推理的规则是：

（1）否定前件可以否定后件。

（2）肯定后件可以肯定前件。

（3）肯定前件不能肯定后件。

（4）否定后件不能否定前件。

根据上述规则，必要条件假言推理有两种有效式和两种无效式：

1. 否定前件式。否定前件式的组成特征是：前提中否定假言前提的前件，结论否定假言前提的后件。

否定前件式的推理形式为：

只有 p，才 q
非 p
<hr>
所以，非 q

用符号形式表示为：

$$（p←q）∧\bar{p}⇒\bar{q}$$

例如：

只有利用职务上的便利，才构成贪污罪；

本案被告人韩某没有利用职务上的便利；

所以，本案被告人韩某不构成贪污罪。

2. 肯定后件式。肯定后件式的组成特征是：前提中肯定假言前提的后件，结论肯定假言前提的前件。

肯定后件式的推理形式为：

只有 p，才 q

q

所以，p

用符号形式表示为：

$$（p←q）∧q⇒p$$

例如：

某晚，四名歹徒劫持一名女青年，为逃避警察搜捕而跳入长江。次日晨，一名男青年穿着湿衣服来乘过江轮渡，警察便进行了以下推理，后查明这名男青年正是本案作案人之一。

只有行为反常的人，才会清晨穿着湿衣服过江；

这名男青年清晨穿着湿衣服过江；

所以，这名男青年是行为反常的人。

3. 肯定前件式（无效式）。肯定前件式的组成特征是：前提中肯定假言前提的前件，结论肯定假言前提的后件。其推理形式为：

只有 p，才 q

p

所以，q

用符号形式表示为：

$$（p←q）∧p⇒q$$

例如：

只有电路完好，汽车才能正常发动；

这辆汽车的电路完好；

所以，这辆汽车能正常发动。

"电路完好"不一定能使"汽车正常发动"，若发动机损坏或无汽油，汽车也不能正常发动。这种推理形式违反了"肯定前件不能肯定后件"的规则，属于无效式。

4. 否定后件式（无效式）。否定后件式的组成特征是：前提中否定假言前提的后件，结论否定假言前提的前件。其推理形式为：

$$只有\ p，才\ q$$
$$非\ q$$
$$\overline{\qquad\qquad\qquad}$$
$$所以，非\ p$$

用符号形式表示为：

$$(p \leftarrow q)\ \wedge \overline{q} \Rightarrow \overline{p}$$

例如：

只有有电视信号输入，才能正常收视；

这台电视不能正常收视；

所以，这台电视没有电视信号输入。

"不能正常收视"不一定是"没有电视信号输入"，电视机故障或未接通电源等同样不能正常收视。这种推理形式违反了"否定后件不能否定前件"的规则，属于无效式。

四、充分必要条件假言命题及其推理

（一）充分必要条件假言命题

充分必要条件假言命题是陈述前件为后件充分必要条件的假言命题。例如：

①当且仅当一个能被 2 整除的数，才是偶数。

②"凡事预则立，不预则废。"

若用 p 表示前件，q 表示后件，用"当且仅当……，才……"表示命题联结词，则充分必要条件假言命题的形式为：

$$当且仅当\ p，才\ q$$

命题联结词"当且仅当……，才……"一般用于数学、逻辑等精确学科中。在日常生活中，人们通常用两句话来表达充分必要条件假言命题，其中一句陈述前件为后件的充分条件，另一句则陈述前件为后件的必要条件。例如，销售者对购买者说：

"你付清了货款，马上就可以提货；若未付清货款，就不能提货。"

在命题逻辑中，命题联结词"当且仅当……，才……"用等值词"↔"（读作：等值于）表示，充分必要条件假言命题被称为等值命题或双向蕴涵命题，其命题形式表示为以下等值式：

$$p \leftrightarrow q$$

由于充分必要条件假言命题陈述前件为后件的充分必要条件，因而其逻辑性质是：若前件与后件的真值相同，则充分必要条件假言命题为真；若前件与后件的真值不同，则充分必要条件假言命题为假。反过来说，当一个充分必要条件假言命题为真时，则其前件与后件要么同真，要么同假；当一个充分必要条件假言命题为假时，则其前件真而后件假，或者前件假而后件真。

充分必要条件假言命题与其支命题之间的真值关系可用真值表表示如下：

p	q	p↔q
1	1	1
1	0	0
0	1	0
0	0	1

（二）充分必要条件假言推理

充分必要条件假言推理是前提中有一个充分必要条件假言命题，并根据充分必要条件假言命题的逻辑性质进行推导的假言推理。

充分必要条件假言命题的逻辑性质表明其前后件之间关系是：有前件必有后件，无前件必无后件；有后件必有前件，无后件必无前件。据此，充分必要条件假言推理的规则是：

（1）肯定前件可以肯定后件。

（2）否定前件可以否定后件。

（3）肯定后件可以肯定前件。

（4）否定后件可以否定前件。

根据上述规则，充分必要条件假言推理有以下四种有效式：

1. 肯定前件式。肯定前件式的推理形式为：

$$当且仅当 p，才 q$$

$$\underline{\qquad\qquad p \qquad\qquad}$$

$$所以，q$$

用符号形式表示为：

$$（p↔q）\wedge p \Rightarrow q$$

例如：

当且仅当 DNA 黑色条码吻合，才能做出确认亲子关系的鉴定；

被鉴定人甲与乙 DNA 黑色条码吻合；

　　　　所以，对被鉴定人甲与乙能做出确认亲子关系鉴定。

2. 否定前件式。否定前件式的推理形式为：

当且仅当 p，才 q

非 p

___

所以，非 q

用符号形式表示为：

$$(p \leftrightarrow q) \wedge \bar{p} \Rightarrow \bar{q}$$

例如：

　　　　当且仅当所有联言支真，联言命题才真；

　　　　这个联言命题不是所有联言支真；
___

　　　　　所以，这个联言命题为假。

3. 肯定后件式。肯定后件式的推理形式为：

当且仅当 p，才 q

q

___

所以，p

用符号形式表示为：

$$(p \leftrightarrow q) \wedge q \Rightarrow p$$

4. 否定后件式。否定后件式的推理形式为：

当且仅当 p，才 q

非 q

___

所以，非 p

用符号形式表示为：

$$(p \leftrightarrow q) \wedge \bar{q} \Rightarrow \bar{p}$$

五、假言命题及其推理在法律工作中的应用

　　假言命题及其推理在法律工作中应用极为广泛，它是立法、审判、检察、司法行政、刑事侦查等工作中必不可少的思维工具。由于众多法律条文是用假言命题表述的，因而，正确理解和适用法律，就必须弄清假言命题的条件关系、种类、逻辑形式及逻辑性质，并在此基础上有效地进行假言推理。

　　例如，

　　　　我国《继承法》第 7 条规定："继承人有下列行为之一的，丧失继承权：①故意杀害被继承人的；②为争夺遗产而杀害其他继承人的；③遗弃被继承人的，或者虐待被继承人情节严重的；

④伪造、篡改或者销毁遗嘱，情节严重的。"

该法条中的每一项均为"丧失继承权"的充分条件，据此建立的充分条件假言命题可以作为法律推理的前提。在一起遗产纠纷案中，原告诉称：根据遗嘱，自己应当继承45万元遗产，而被告仅给付5万元。被告辩称：遗嘱中只让原告继承5万元遗产，原告私下在"50 000元"前面添加了一个"4"。审判人员看到遗嘱中的"450 000元"为手写的阿拉伯数字，字间距还算均匀，于是委托一所鉴定中心对遗嘱进行鉴定。经光谱检测，遗嘱中的"4"与其他数字出现了差异，可以肯定是后来添加的。仔细分辨时发现那个"4"竟是分两次写成的。先写的是个"1"，几天后大概觉得15万还是少了点，又把"1"改成了"4"。听到鉴定结论，原告惊得目瞪口呆，只得承认了篡改遗嘱的事实。审判人员则用下述充分条件假言推理推出了本案的基本判决结果：

如果继承人篡改遗嘱情节严重，则丧失继承权；

本案原告篡改遗嘱情节严重；
_____

所以，本案原告丧失继承权。

在法律说理和法律辩论中也常应用关于假言命题及其推理的逻辑知识。如，余某盗窃了一部价值七千多元的数码摄像机，在销赃时被抓获。余某在庭审时辩解道："只有把卖摄像机的钱花光了，才构成盗窃罪，而我把卖摄像机的钱刚拿到手就被抓了，所以，我不构成盗窃罪。"从逻辑角度看，余某的辩解是一个必要条件假言推理，尽管其推理形式有效，但其假言前提的前件"把卖摄像机的钱花光了"不存在，而后件余某"构成盗窃罪"却存在，即前件假而后件真，因而该必要条件假言命题为假。余某用虚假命题作为前提，推出的结论也就不可靠。

假言命题及其推理在刑事侦查工作中，常用于建立有关现象之间的条件联系，推测案件性质，分析作案条件，刻画作案人，为顺利侦破案件发挥重要作用。

例如，

某单位办公室主任盛丹萍从宿舍7楼窗口坠地身亡，尸体旁还散落着一根晒衣竹竿和几件衣服。死者的丈夫王一平向邻居哭诉道："我正在家里午睡，她看要下雨了，就去窗边收衣服，不知怎么就摔下去了……"。刑警们发现：7楼室内窗边的小凳上有盛丹萍的鞋印，窗台上有死者的指纹。这似乎表明：盛丹萍站在小凳上收衣服时，因上半身过多地伸出窗外，使身体失去平衡，意外坠楼。但是，一位刑警在窗外6楼高处的一片梧桐树叶上发现了擦拭性血迹，经检验，血型与死者相同，出血部位应为头部。于是，刑警们进行了以下推理：

如果盛丹萍是因收衣意外坠楼，那么窗外6楼高处的树叶上就不会有擦拭性血迹；

窗外6楼高处的树叶上有擦拭性血迹；

所以盛丹萍不是因收衣意外坠楼。

只有盛丹萍坠楼前已经受伤出血，才会在窗外6楼高处的树叶上留下擦拭性血迹；

窗外6楼高处的树叶上留下了擦拭性血迹；

所以，盛丹萍坠楼前已经受伤出血。

如果盛丹萍不是因收衣意外坠楼，且坠楼前已经受伤出血，那么王一平就有重大嫌疑（因当时室内只有盛、王二人）；

盛丹萍不是因收衣意外坠楼，且坠楼前已经受伤出血；

所以，王一平有重大嫌疑。

预审中，王一平交代了用哑铃砸昏妻子后推出窗外，并伪装收衣坠楼的犯罪事实。侦破本案的关键是应用假言命题及其推理，把一片树叶上的血迹与案件性质及犯罪嫌疑人联系起来，进而有效地推出结论。[1]

应用假言推理的能力是法律职业能力的构成要素之一，因而也成为职业能力测试的一项内容，其检测要点是推导与判定，即：如何应用假言推理由前提有效地推出结论，如何检验假言推理是否有效。

例如：国家公务员的职业能力测试中曾考过这样一道题：

如果某人是杀人犯，那么案发时他在现场。据此，我们可以推出（　　）。

A. 张三案发时在现场，所以张三是杀人犯

B. 李四不是杀人犯，所以李四案发时不在现场

C. 王五案发时不在现场，所以王五不是杀人犯

D. 赵六不在案发现场，但赵六是杀人犯

解析：题干为一个充分条件假言命题，加上任一选项即可构成充分条件假言推理。选项A违反"肯定后件不能肯定前件"的规则，为无效式；

〔1〕 赵志飞：《奇案疑踪与侦查逻辑》，中国人民公安大学出版社2003年版，第75~83页。

选项 B 违反了"否定前件不能否定后件"的规则，亦为无效式；选项 C 符合"否定后件可以否定前件"的规则，属于有效式；选项 D 违反了"否定后件可以否定前件"的规则，它否定了后件，却肯定了前件，亦属无效式。所以，正确的选项为 C。

 ## 第五节 负命题及其等值推理

一、什么是负命题

负命题是陈述某个命题不成立的复合命题。例如：

①并非所有的证人证词都属实。

②并非只有名牌大学的毕业生，才能考取研究生。

负命题由命题联结词"并非"联结被否定命题而组成。被否定命题是负命题中的支命题，它可以是简单命题，也可以是复合命题。负命题的联结词在自然语言中有多种表述方式，除"并非……"外，"并不是……"、"……是假的"、"……是不成立的"等语词，也可以作为负命题的联结词来使用。

若用 p 表示被否定命题，用"并非"表示命题联结词，则负命题的形式为：

并非 p

在命题逻辑中，命题联结词"并非"用否定词"–"表示，负命题的形式表示为：

$$\bar{p}$$

由于负命题是对整个被否定命题加以否定，因而负命题的逻辑性质是：若被否定命题真，则负命题假；若被否定命题假，则负命题真。

负命题与被否定命题之间的真值关系可用真值表表示如下：

p	$\bar{p}$
1	0
0	1

以上已介绍了七种复合命题，即：联言命题、相容选言命题、不相容选言命题、充分条件假言命题、必要条件假言命题、充分必要条件假言命题和负命题。由于复合命题在自然语言中的表述方式复杂多样，因而复合

命题的形式化就成为掌握命题逻辑的一项基本功。

复合命题的形式化是把用自然语言表述的复合命题转换成为命题形式，其操作过程是：

第一步：找出每个支命题，用命题变项符号 p、q、r、s 等表示。内容不同的支命题用不同的变项符号分别表示；内容相同的支命题则用相同的变项符号表示。

第二步：结合命题联结词，分析支命题之间的逻辑关系，进而选用相应的联结词或符号来联结表示支命题的变项符号，即可获得复合命题的形式。

例如：

"犯罪分子具有本法规定的从重处罚、从轻处罚情节的，应当在法定刑的限度以内判处刑罚。"（《刑法》第 62 条）

首先，找出支命题，并将其转换为变项符号：

（p）犯罪分子具有本法规定的从重处罚情节的；

（q）犯罪分子具有本法规定的从轻处罚情节的；

（r）应当在法定刑的限度以内判处刑罚。

其次，分析支命题之间的逻辑关系，并生成复合命题的形式。

p 与 q 之间为析取关系，（p∨q）与 r 之间为蕴涵关系，其命题形式为：

$$(p \lor q) \to r$$

二、负命题的等值推理

所谓等值，是指两个或两个以上命题的真值完全相同，它们要么同真，要么同假。负命题的等值推理是根据等值关系，在负命题和与之相等值的命题之间进行相互推导的推理。

用复合命题作为负命题中的被否定命题，称为复合命题的负命题，其常见的等值推理形式有以下几种：

1. $\overline{p \land q} \Leftrightarrow \bar{p} \lor \bar{q}$

例如：

"并非某甲的行为既构成抢劫罪，又构成故意杀人罪"等值于"某甲的行为或者不构成抢劫罪，或者不构成故意杀人罪"。

2. $\overline{p \lor q} \Leftrightarrow \bar{p} \land \bar{q}$

例如：

"并非企业只单纯追求经济效益，或者只单纯追求社会效益"等值于"企业既不能只单纯追求经济效益，也不能只单纯追求社会效益"。

3. $\overline{p \lor q} \Leftrightarrow (p \land q) \lor (\bar{p} \land \bar{q})$

例如：

　　某校竞选学生会干部。候选人甲对候选人乙说："你我两人中只能选上一人。"乙说："并非要么你能选上，要么我能选上。"乙的话等值于"或者你我二人都能选上，或者你我二人都不能选上。"

4. $\overline{p \rightarrow q} \Leftrightarrow p \land \bar{q}$

例如：

　　在审理一起共同犯罪案件时，辩护人为被告人赵某进行了无罪辩护后，控辩双方有以下发言：

　　公诉人："如果赵某有罪，那么他是本案从犯。"

　　辩护人："我反对。公诉人说赵某的话不能成立。"

　　公诉人："按辩护人的意见，那就是：赵某有罪，并且他不是本案从犯。"

在公诉人的发言中，表述了这样的等值推理："并非如果赵某有罪，那么他是本案从犯"等值于"赵某有罪，并且他不是本案从犯"，这属于有效推理。辩护人的主观愿望是想否定"赵某有罪"，他没有正确理解：负命题是对整个被否定命题加以否定，而不是仅仅只否定其中的一部分。

5. $\overline{p \leftarrow q} \Leftrightarrow \bar{p} \land q$

例如：

　　"并非只有第三者插足，才会导致婚姻破裂"等值于"没有第三者插足，也会导致婚姻破裂"。

6. $\overline{p \leftrightarrow q} \Leftrightarrow (p \land \bar{q}) \lor (\bar{p} \land q)$

例如：

　　"并非当且仅当考试作弊，才能及格"等值于"即使考试作弊，也不能及格，或者考试不作弊，也能及格"。

7. $\overline{\overline{p}} \Leftrightarrow p$

这是双重否定律，双重否定等值于肯定。例如：

　　"说'并非中国的人权状况有明显进步'这不符合事实"等值于"中国的人权状况有明显进步"。

三、等值链[1]

一个复合命题可以等值转换为多个命题，因而等值推理形式也就复杂多样。若单纯依靠等值推理形式来进行推导和判定，势必带来沉重的记忆负担，这就需要寻找出一种简便而有效的方法，来代替数量众多的等值推理形式。等值链就是一种这样的方法。

等值链是表达各种真值联结词之间等值转换关系的链式。它通过比较合取否定式、析取、蕴涵、逆蕴涵等四种复合命题的等值关系，总结出其等值转换规律，并将其表述为一个链式，作为进行等值推理推导与判定的工具。

（一）等值链的形成过程

第一步：设 p、q 为命题变项，用真值联结词将其联结为合取否定式、析取式、蕴涵式和逆蕴涵式的各种形式，并用真值表表示出其真值关系：

表一

p	q	$\bar{p}$	$\bar{q}$	$\overline{p \wedge q}$	$\overline{p \wedge \bar{q}}$	$\overline{\bar{p} \wedge q}$	$\overline{\bar{p} \wedge \bar{q}}$
1	1	0	0	0	1	1	1
1	0	0	1	1	0	1	1
0	1	1	0	1	1	0	1
0	0	1	1	1	1	1	0

表二

p	q	$\bar{p}$	$\bar{q}$	$p \vee q$	$p \vee \bar{q}$	$\bar{p} \vee q$	$\bar{p} \vee \bar{q}$
1	1	0	0	1	1	1	0
1	0	0	1	1	1	0	1
0	1	1	0	1	0	1	1
0	0	1	1	0	1	1	1

表三

p	q	$\bar{p}$	$\bar{q}$	$p \to q$	$p \to \bar{q}$	$\bar{p} \to q$	$\bar{p} \to \bar{q}$
1	1	0	0	1	0	1	1
1	0	0	1	0	1	1	1
0	1	1	0	1	1	1	0
0	0	1	1	1	1	0	1

---

[1]　等值链是由中南财经政法大学韦泽民教授独创。

表四

p	q	p̄	q̄	p←q	p←q̄	p̄←q	p̄←q̄
1	1	0	0	1	1	0	1
1	0	0	1	1	1	1	0
0	1	1	0	0	1	1	1
0	0	1	1	1	0	1	1

　　第二步：从上述真值表中找出以下四组具有等值关系的复合命题。（为书写方便，以下把否定词"‾"标在命题联结词上方，来表示复合命题的负命题。即：将"p∧q"改写为"p∧̄q"。）

　　（1）p∧̄q；p̄∨q̄；p→̄q；p̄←q。

　　（2）p∧̄q̄；p̄∨q；p→q；p̄←q̄。

　　（3）p̄∧q；p∨q̄；p̄→q；p←̄q。

　　（4）p̄∧q̄；p∨q；p̄→q̄；p←q。

　　第三步：把上述四组中合取否定式的两个命题变项易位，即：p∧̄q变为q∧̄p；再把析取式的两个命题变项也易位，即：p∨q变为q∨p。于是，上述四组等值命题变更为：

　　（1）q∧̄p；q̄∨p̄；p→̄q；p̄←q。

　　（2）q̄∧̄p；q∨p̄；p→q；p̄←q̄。

　　（3）q∧̄p̄；q̄∨p；p̄→q；p←̄q。

　　（4）q̄∧̄p̄；q∨p；p̄→q̄；p←q。

　　第四步：将上述各组中的第四个等值命题衔接为链式（相同的命题变项可以合并，链式的起点可以是任意一个命题。）

　　（1）q∧̄p→q̄∨p̄←q

　　（2）q∨p̄←q̄∧̄p→q

　　（3）p̄→q̄∨p←q̄∧̄p

　　（4）p←q̄∧̄q̄→q∨p

　　第五步：从上述链式中可以发现两个共同特征，其一，命题变项的排列方式是在间隔的位置上相互否定。即："p"与"p̄"，以及"q"与"q̄"，都是有规律的交替出现，若前面出现了"p"，在间隔了另一变项后，必然出现"p̄"。反之亦然。其二，真值联结词的排列顺序是："→"的右边总是"∨"，"∨"的右边总是"←"，"←"的右边都是"∧̄"，而"∧̄"的右边则是"→"。无论起点如何，都会形成周期性循环。即：……→∨←∧̄→……

根据这两个共同特征，可以从上述四个链式中抽象出等值链的基本形式，即：

x→y ∨ x̄←ȳ ∧ x̄

等值链的基本形式可以变换为下述逆写形式：

x̄ ∧ ȳ→x ∨ y←x

等值链的基本形式与逆写形式之间是等值的，可将两者衔接为：

x→y ∨ x̄←ȳ ∧ x̄ ∧ ȳ→x ∨ y←x

（二）等值链的推导作用

等值链的推导作用是指应用等值链，进行等值推理，从给定的前提推导出一个或多个与前提相等值的结论。

例1. 以"p→q"为前提，可以推导出哪些与之相等值的结论？

解析：首先，从等值链中找出"p→q"所处的位置，即：

$\boxed{x→y}$ ∨ x̄←ȳ ∧ x̄ ∧ ȳ→x ∨ y←x

其次，把 x 代入 p，y 代入 q，得：

$\boxed{p→q}$ ∨ p̄←q̄ ∧ p̄ ∧ q̄→p ∨ q←p

又次，从等值链中取出等值命题。

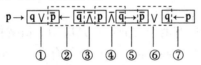

即：①q∨p̄；②p̄←q̄；③q̄∧p̄；④p∧q̄；⑤q̄→p；⑥p̄∨q；⑦q←p。

最后，得出推导的结论，即从"p→q"可以推出上述 7 个等值的结论。

例2. 以"只有甲不是主犯，乙才是主犯"为前提，可以推出哪些与之相等值的命题？

解析：

首先，将前提形式化。设："甲是主犯"为 p，"乙是主犯"为 q，则前提的命题形式为：p̄←q。

其次，从等值链中找出"p̄←q"所处的位置，即：

x→y ∨ $\boxed{x←ȳ}$ ∧ x̄ ∧ ȳ→x ∨ y←x

又次，把 x̄ 代入 p̄，ȳ 代入 q。得：

p→q̄ ∨ $\boxed{p̄←q}$ ∧ p̄ ∧ q→p̄ ∨ q̄←p

再次，从等值链中取出等值命题。

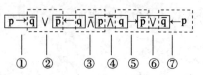

① ② ③ ④ ⑤ ⑥ ⑦

即：①$p\to\bar{q}$；②$\bar{q}\vee\bar{p}$；③$q\wedge\bar{p}$；④$p\wedge\bar{q}$；⑤$q\to\bar{p}$；⑥$\bar{p}\vee\bar{q}$；⑦$\bar{q}\leftarrow p$（其中②与⑥，③与④均为支命题的互相易位形式，故可略去②与③）。

最后，用自然语言表达上述等值命题。即：以"只有甲不是主犯，乙才是主犯"为前提，应用等值推理，可以推导出下述结论：

①如果甲是主犯，那么乙不是主犯；（$p\to\bar{q}$）

④并非甲和乙都是主犯；（$p\wedge\bar{q}$）

⑤如果乙是主犯，那么甲不是主犯；（$q\to\bar{p}$）

⑥或者甲不是主犯，或者乙不是主犯；（$\bar{p}\vee\bar{q}$）

⑦只有乙不是主犯，甲才是主犯。（$\bar{q}\leftarrow p$）

由上可见，运用等值链进行等值推理，主要有三个操作步骤，其一是定位，即：从等值链中找出给定命题的位置；其二是代入，即：把命题变项代入等值链中；其三是取出，即：以等值链中的真值联结词为纽带，联结两端的命题变项，依次取出等值命题。

（三）等值链的判定作用

等值链的判定作用有两个方面：一是应用等值链检验等值推理是否有效；二是应用等值链判定两个或两个以上复合命题之间是否等值。

例1. 郑某从某公司窃得一部笔记本计算机，在路上受到警察盘问时，郑某说这计算机是自己买的，两个多月来，一直使用它。警察检查时发现，这部计算机的操作系统设有密码锁定，不知道密码就无法进入其操作系统。于是，警察对郑某说："只有你能进入操作系统，这部计算机才是你的。"郑某以及围观者对警察的话作了以下转述：

郑某：警察是说"如果我能进入操作系统，那么这计算机就是我的。"

围观者甲：警察是说"如果你不能进入操作系统，那么这计算机就不是你的。"

围观者乙：警察是说"只有这计算机是你的，你才能进入操作系统。"

围观者丙：警察是说"只有这计算机不是你的，你才不能进入操作系统。"

围观者丁：警察是说"并非这计算机是你的，并且你不能进入操作系统。"

若把郑某及围观者的转述视为等值推理，请检验其推理是否有效。

解析：

首先，将警察的话与各种转述形式化。设："你能进入操作系统"为 p，"这计算机是你的"为 q，则：

警察：$p \leftarrow q$

郑某：$p \rightarrow q$

甲：$\bar{p} \rightarrow \bar{q}$

乙：$q \leftarrow p$

丙：$\bar{q} \leftarrow \bar{p}$

丁：$q \wedge \bar{p}$

其次，从等值链中找出"$p \leftarrow q$"所处的位置。

$$x \rightarrow y \vee \bar{x} \leftarrow \bar{y} \wedge x \wedge \bar{y} \rightarrow \bar{x} \vee \boxed{y \leftarrow x}$$

又次，把 y 代入 p，x 代入 q。得：

$$q \rightarrow p \vee \bar{q} \leftarrow \bar{p} \wedge q \wedge \bar{p} \rightarrow \bar{q} \vee \boxed{p \leftarrow q}$$

再次，从等值链中取出等值命题，并将其与各种转述相比较。

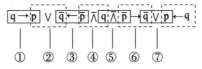

即：① $q \rightarrow p$；② $p \vee \bar{q}$；③ $q \leftarrow \bar{p}$；④ $\bar{p} \wedge q$；⑤ $\bar{q} \wedge p$；⑥ $p \rightarrow \bar{q}$；⑦ $\bar{q} \vee p$。

比较：甲的转述符合⑥，丙的转述符合③，丁的转述符合⑤，郑某及乙的转述与上述七个等值命题均不符。

最后，得出判定结论，即：甲、丙、丁的等值推理有效；郑某和乙的推理无效。用推理形式表示为：

有效式 $p \leftarrow q \Leftrightarrow \bar{p} \rightarrow \bar{q}$

$\qquad p \leftarrow q \Leftrightarrow \bar{q} \leftarrow \bar{p}$

$\qquad p \leftarrow q \Leftrightarrow q \wedge \bar{p}$

无效式 $p \leftarrow q \Leftrightarrow p \rightarrow q$

$\qquad p \leftarrow q \Leftrightarrow q \leftarrow p$

（四）等值链的扩大应用

等值链的用途较为广泛，除用于等值推理的推导与判定之外，还可以推演出复合命题推理的规则和有效式。

例：求充分条件假言推理和必要条件假言推理的规则及有效式。

解析：

充分条件假言推理	必要条件假言推理
设：不带否定词的变项为"肯定"； 　　带有否定词的变项为"否定"； 　　顺箭头方向为"可以"； 　　递箭头方向为"不能"；	设：不带否定词的变项为"肯定"； 　　带有否定词的变项为"否定"； 　　顺箭头方向为"不能"； 　　递箭头方向为"可以"；
p →q ∨ p̄←q̄ ∧ p 肯 肯 否 否 定 定 定 定 前 后 前 后 件 件 件 件 可 不 不 可 以 能 能 以 肯 肯 否 否 定 定 定 定 后 前 后 前 件 件 件 件	p →q ∨ p̄←q̄ ∧ p 肯 肯 否 否 定 定 定 定 前 后 前 后 件 件 件 件 不 可 可 不 能 以 以 能 肯 肯 否 否 定 定 定 定 后 前 后 前 件 件 件 件
规则： （1）肯定前件可以肯定后件； （2）肯定后件不能肯定前件； （3）否定前件不能否定后件； （4）否定后件可以否定前件。	规则： （1）肯定前件不能肯定后件； （2）肯定后件可以肯定前件； （3）否定前件可以否定后件； （4）否定后件不能否定前件。
有效式： （1）（p→q）∧p⇒q （2）（p→q）∧q̄⇒p̄	有效式： （1）（p←q）∧q⇒p （2）（p←q）∧p̄⇒q̄

等值链可以推广用于充分必要条件假言命题和不相容选言命题，其等值链为：

$$p↔q \ \overline{\vee} \ \overline{p}↔\overline{q} \ \overline{\vee} \ p$$

该等值链同样能推演出相应的推理规则和有效式，即：

充分必要条件假言推理	不相容选言推理
$p \leftrightarrow q$ ∨ $\bar{p} \leftrightarrow \bar{q}$ ∨ p 肯定前件可以肯定后件　否定前件可以否定后件　肯定后件可以肯定前件　否定后件可以否定前件	$p \leftrightarrow q$ ∨ $\bar{p} \leftrightarrow \bar{q}$ ∨ p 肯定q可以否定p　否定p可以肯定q　否定q可以肯定p　肯定p可以否定q

充分必要条件假言推理	不相容选言推理
规则： (1) 肯定前件可以肯定后件； (2) 肯定后件可以肯定前件； (3) 否定前件可以否定后件； (4) 否定后件可以否定前件。	规则： (1) 肯定一个选言支可以否定其他选言支； (2) 否定除一个选言支之外的所有选言支，可以肯定剩下的那个选言支。
有效式： (1) $p \leftrightarrow q \wedge p \Rightarrow q$ (2) $p \leftrightarrow q \wedge q \Rightarrow p$ (3) $p \leftrightarrow q \wedge \bar{p} \Rightarrow \bar{q}$ (4) $p \leftrightarrow q \wedge \bar{q} \Rightarrow \bar{p}$	有效式： (1) $(p \veebar q) \wedge p \Rightarrow \bar{q}$ (2) $(p \veebar q) \wedge \bar{p} \Rightarrow q$ (3) $(p \veebar q) \wedge \bar{q} \Rightarrow p$ (4) $(p \veebar q) \wedge q \Rightarrow \bar{p}$

若在等值链中的命题联结词上添加否定词，则能将等值链变为负链，即：

$$\bar{x \to y} \ \overline{\vee \ x \leftarrow y} \ \overline{\overline{\wedge x}}$$

负链的功能与等值链的基本功能相似。

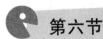

第六节　几种常见的复合命题推理

一、假言联锁推理

假言联锁推理亦称为纯假言推理，它是以两个或两个以上假言命题为前提，推导出一个假言命题结论的推理。假言联锁推理的前提和结论均为假言命题，它们可以是充分条件的，也可以是必要条件的，还可以是充分必要条件。所谓"联锁"，则指前一个前提的后件与后一个前提的前件相同，这样，各个前提就首尾联结，环环相扣，形成条件关系的传递，从而推出结论。

常见的假言联锁推理有以下几种形式：

1. 充分条件假言联锁推理肯定式。其推理形式为：

如果 p，那么 q

如果 q，那么 r

所以，如果 p，那么 r

用符号形式表示为：

$(p \rightarrow q) \wedge (q \rightarrow r) \Rightarrow (p \rightarrow r)$

例如：

某晚，一家药厂仓库内有 10 桶红霉素碱被盗，价值 8.8 万元。经现场勘查确认：作案人有意避开了值班室，穿越了 300 多米漆黑曲折、毗连交错的厂区小路，携带重达 300 公斤的赃物翻越过高墙。于是，办案人员进行了以下推理：

如果作案人能携带 300 公斤赃物翻越高墙，那么是团伙作案；

如果是团伙作案，那么该团伙中有熟悉厂区复杂路径的内部人员；

所以，如果作案人能携带 300 公斤赃物翻越高墙，那么该团伙中有熟悉厂区复杂路径的内部人员。

据此，办案人员以该厂内部人员为侦查重点，很快破获了此案，追回了被盗药品。

2. 充分条件假言联锁推理否定式。其推理形式为：

如果 p，那么 q

如果 q，那么 r

所以，如果非 r，那么非 p

用符号形式表示为：

$(p \rightarrow q) \wedge (q \rightarrow r) \Rightarrow (\bar{r} \rightarrow \bar{p})$

例如：

如果本公司的产品提高售价，那么销量就会下降；

如果销量下降，那么就会降低市场占有率；

所以，如果不能降低市场占有率，那么本公司的产品就不能提高售价。

3. 必要条件假言联锁推理肯定式。其推理形式为：

只有 p，才 q

只有 q，才 r

所以，如果 r，那么 p

用符号形式表示为：

（p←q）∧（q←r）⇒（r→p）

例如：

只有查明案情，才能恰当地适用法律；

只有恰当地适用法律，才能做出正确的判决；

所以，如果要做出正确的判决，那么就要查明案情。

4. 必要条件假言联锁推理否定式。其推理形式为：

只有 p，才 q

只有 q，才 r

所以，如果非 p，那么非 r

用符号形式表示为：

（p←q）∧（q←r）⇒（$\overline{p}$→$\overline{r}$）

例：

只有培养创新精神，才能造就出创造性人才；

只有造就出创造性人才，才能加快科技进步；

所以，如果不培养创新精神，那么就不能加快科技进步。

二、二难推理

二难推理亦称为假言选言推理，它是以两个充分条件假言命题和一个两支的选言命题为前提而构成的推理。所谓"二难"，是指选言前提中提出的两个选言支，无论选择哪一个，都会推出令人难以接受的结论，陷入"进退两难"的困境。因此，二难推理在论辩中经常使用。

（一）二难推理的推理形式

在二难推理中，若结论是对前提中某个支命题的肯定或否定，则称为"简单"；若结论为选言命题，则称为"复杂"；若由肯定前件进而肯定后件，则称为"构成"；若由否定后件进而否定前件，则称为"破坏"。因此，二难推理有以下四种推理形式：

1. 简单构成式。简单构成式的特点是：两个假言前提的前件不同而后件相同；选言前提分别肯定不同的前件，结论肯定相同的后件。

其推理形式为：

如果 p，那么 r

如果 q，那么 r

$$\frac{p \text{ 或者 } q}{\text{所以，} r}$$

用符号形式表示为：

$$(p{\to}r) \wedge (q{\to}r) \wedge (p{\vee}q) \Rightarrow r$$

例如：

沈某出售"虎骨"，违法所得累计近万元。当地工商行政管理部门接到举报后，派了几名身穿便装的执法人员来到沈某的店铺。

执法人员："听朋友说你这里有虎骨卖？"

沈某："野生东北虎的虎骨，百分之百的真货。"接着，沈某拿出了"虎骨"。

执法人员："哪来的虎骨？"

沈某："从山里收购来的。"

执法人员在出示证件后说："你违法出售虎骨。依照《中华人民共和国野生动物保护法》，应当没收违法所得，并处罚款。"

沈某："我卖的不是真虎骨，是用牛骨和猪骨假冒的。"

执法人员："那你是以假充真。依照《中华人民共和国产品质量法》，同样应当没收违法所得，并处罚款。"

本例中，执法人员对沈某提出了这样一个二难推理的简单构成式：

如果你出售的是真虎骨，那么应当没收违法所得，并处罚款；

如果你出售的是假虎骨，那么应当没收违法所得，并处罚款；

你出售的或者是真虎骨，或者是假虎骨；

所以，应当没收违法所得，并处罚款。

2. 复杂构成式。复杂构成式的特点是：两个假言前提的前件不同而后件也不同；选言前提分别肯定不同的前件，选言结论则分别肯定不同的后件。

其推理形式为：

如果 p，那么 r

如果 q，那么 s

p 或者 q

所以，r 或者 s

用符号形式表示为：

$$(p→r) \land (q→s) \land (p \lor q) \Rightarrow (r \lor s)$$

例如：

蒋某（男）与郭某（女）于 1998 年 10 月结婚，在婚姻关系存续期间共同建造了 3 间私房。2000 年 2 月，郭某生下一女孩。后因蒋某移情别恋，2001 年 11 月，蒋某与郭某自愿登记离婚。离婚协议约定：女孩归女方抚养，3 间私房归女方所有。2002 年 5 月蒋某再婚。2002 年 12 月因某单位征用土地而把那 3 间私房拆除，郭某获得拆迁费 13 万元。蒋某得知后，数次向郭某索要拆迁费未果，遂向法院起诉，称：那 3 间私房是婚姻关系存续期间的共同财产，要求对 13 万元拆迁费"进行合理的分割"。办案人员指出："离婚协议中已经约定，那 3 间私房归女方所有。"蒋某说："我与郭某是假离婚，离婚本身都违背我们的真实意愿，是不合法的，那离婚协议当然也就无效。"办案人员使用以下二难推理的复杂构成式来驳斥蒋某的言论：

如果离婚协议有效，那么 13 万元拆迁费应归郭某所有；

如果离婚协议无效，那么蒋某再婚便构成重婚罪；

离婚协议或者有效，或者无效；

所以，或者 13 万元拆迁费归郭某所有，或者蒋某再婚构成重婚罪。

3. 简单破坏式。简单破坏式的特点是：两个假言前提的前件相同而后件不同；选言前提分别否定不同的后件，结论否定相同的前件。

其推理形式为：

如果 p，那么 r

如果 p，那么 s

非 r 或者非 s

所以，非 p

用符号形式表示为：

$$(p→r) \land (p→s) \land (\bar{r} \lor \bar{s}) \Rightarrow \bar{p}$$

例如：

如果丁某是本案作案人，那么丁某就有作案时间；

如果丁某是本案作案人，那么丁某就具备作案条件；

丁某或者没有作案时间，或者不具备作案条件；

所以，丁某不是本案作案人。

4. 复杂破坏式。复杂破坏式的特点是：两个假言前提的前件不同，后件也不同；选言前提分别否定不同的后件，选言结论分别否定不同的前件。

其推理形式为：

$$如果 p，那么 r$$
$$如果 q，那么 s$$
$$\underline{非 r 或者非 s}$$
$$所以，非 p 或者非 q$$

用符号形式表示为：

$$(p{\rightarrow}r) \land (q{\rightarrow}s) \land (\bar{r}\lor\bar{s}) \Rightarrow (\bar{p}\lor\bar{q})$$

例如：

古代神学家认为："神既是全能的，又是全善的。"对此，无神论者用下述二难推理的复杂破坏式予以反驳：

如果神是全能的，那么神就能够消除人世间的丑恶现象；

如果神是全善的，那么神就愿意消除人世间的丑恶现象；

由于人世间的丑恶现象还大量存在，这表明神或者不能够消除之，或者不愿意消除之；

所以，神或者不是全能的，或者不是全善的。

（二）破斥错误二难推理的方法

正确应用二难推理，应当做到前提真实，推理形式有效，否则便属于错误的二难推理。破斥错误二难推理的方法通常有以下三种：

1. 指出其推理形式无效。

例如：

某人认为自己能在公务员招聘中被录用，其理由是：

如果我能被录用为公务员，那么我的学历符合公务员招聘条件；

如果我能被录用为公务员，那么我的身体健康状况符合公务员招聘条件；

我或者学历符合公务员招聘条件，或者身体健康状况符合公务员招聘条件；

所以，我能被录用为公务员。

该推理由选言前提分别肯定两个假言前提的不同后件，结论则肯定假言前提的相同前件。它违反了充分条件假言推理"肯定后件不能肯定前件"的规则，因而属于无效的二难推理。

2. 指出其前提不真实。二难推理的前提不真实有两种情况，一是假言前提的前后件之间不存在充分条件关系；二是选言前提中的选言支不穷尽。指出二难推理的前提不真实，就意味着其结论未必真。

例如：

> 一位白领男士在谈到加班问题时说：
>
> 如果不加班，那么工作不保；
>
> 如果天天加班，那么太太不保；
>
> 或者不加班，或者天天加班；
> _____
> 所以，或者工作不保，或者太太不保。

首先，"工作"和"太太"不会与"加班"势不两立，其假言前提不符合充分条件关系的"有前件必有后件"；其次，选言前提中的选言支不穷尽，若既不选择"不加班"，又不选择"天天加班"，而选择"适当加班"，就可避免陷入二难困境。

3. 用一个相反的二难推理来破斥对方提出的二难推理。

例如：

> 针对上例中白领男士提出的二难推理，可以用这样一个相反
> 的二难推理来加以破斥：
>
> 如果你不加班，那么太太可保；
>
> 如果你加班，那么工作可保；
>
> 你或者不加班，或者加班；
> _____
> 所以，或者太太可保，或者工作可保。

虽然这个相反的二难推理本身不一定正确，但它却可以把对方的二难推理给"顶"回去，摆脱左右为难的尴尬局面。

三、反三段论

反三段论是根据假言命题和联言命题的逻辑性质进行推导的推理，是假言联言推理的特殊形式。它进行推导的逻辑基础是：如果由两个前提能够推出一个结论，那么，当结论不成立并有一个前提成立时，则另一个前提不成立。若把这种推理的前提视为一个三段论，则它在结论中否定了该三段论的结论和一个前提，因而称之为反三段论。

反三段论的推理形式为：

$$\frac{\text{如果 p 并且 q，那么 r}}{\text{所以，如果非 r 并且 p，那么非 q}} \text{或者} \frac{\text{如果 p 并且 q，那么 r}}{\text{所以，如果非 r 并且 q，那么非 p}}$$

用符号形式表示为：

$$(p \wedge q \to r) \Rightarrow (\bar{r} \wedge p \to \bar{q})$$

或者 $(p \land q \to r) \Rightarrow (\bar{r} \land q \to \bar{p})$

例1：

　　如果某甲犯罪以后自动投案，并且如实供述自己的罪行，那么某甲是自首；

　　所以，如果某甲不是自首，并且某甲犯罪以后自动投案，那么某甲没有如实供述自己的罪行。

例2：

　　由前提"如果所有水生动物都用鳃呼吸，并且，鲸是水生动物，那么鲸用鳃呼吸"，应用反三段论，推出"有的水生动物不用鳃呼吸"，还需要补充以下哪一组条件：

　　A. 鲸用鳃呼吸，并且鲸是水生动物

　　B. 鲸用鳃呼吸，并且鲸不是水生动物

　　C. 鲸不用鳃呼吸，并且鲸是水生动物

　　D. 鲸不用鳃呼吸，并且鲸不是水生动物

　　E. 所有水生动物都用鳃呼吸，并且鲸用鳃呼吸

解析：该例的前提为 $(p \land q \to r)$，要推出"$\bar{p}$"；根据反三段论的推理形式，需补充"$\bar{r} \land q$"，组成 $(\bar{r} \land q \to \bar{p})$。将上述五个选择项形式化，得：A. $r \land q$；B. $r \land \bar{q}$；C. $\bar{r} \land q$；D. $\bar{r} \land \bar{q}$；E. $p \land r$。因此，正确答案为 C。

四、归谬式推理和反证式推理

归谬式推理是假设一个命题成立，并由此引申出自相矛盾的情况，进而推出该命题不成立的推理。其推理形式为：

　　　　　如果 p，那么 q

　　　　　如果 p，那么非 q

　　　　　所以，非 p

用符号形式表示为：

　　　　　$(p \to q) \land (p \to \bar{q}) \Rightarrow \bar{p}$

反证式推理是假设一个命题不成立，并由此引申出自相矛盾的情况，进而推出该命题成立的推理。其推理形式为：

　　　　　如果非 p，那么 q

　　　　　如果非 p，那么非 q

　　　　　所以，p

用符号形式表示为：

　　　　　$(\bar{p} \to q) \land (\bar{p} \to \bar{q}) \Rightarrow p$

归谬式推理与反证式推理相比，其起点及终点是不同的。前者由假设

p 真，推出 p 假。后者由假设 p 假，推出 p 真。但这两种推理的逻辑基础却是相同的，即：能导出自相矛盾的假设不能成立。

例如：古代，某国欲处死一批犯人。为显示皇恩浩荡，皇帝下诏说：允许每个犯人在临刑前说一句话，由监斩官判定这句话的真假。若判定为真，则将犯人绞死；若判定为假，则将犯人斩首。这时，有个聪明的犯人说了这样一句话："我将被斩首。"

对于这句话，监斩官竟无法判定其真假。若用归谬式推理和反证式推理，可将监斩官的思维过程整理如下：

归谬式推理：

如果"我将被斩首"是真话，那么就应将该犯绞死（按诏书，说真话者绞死）；

如果"我将被斩首"是真话，那么就不应将该犯绞死（这样导致他的话因其内容与事实不符而成为假话）；

所以，"我将被斩首"不是真话。

反证式推理：

如果"我将被斩首"是假话，那么就应将该犯斩首（按诏书，说假话者斩首）；

如果"我将被斩首"是假话，那么就不应将该犯斩首（这样导致他的话因其内容符合事实而成为真话）；

所以，"我将被斩首"不是假话。

上述两个推理推出了互相矛盾的命题，令监斩官无可适从，只好去"请旨"。皇帝则既感叹该犯人的机智，又感悟到诏书中的荒谬，于是下令赦免该犯人。

归谬式推理和反证式推理常用于由设定命题真假出发的推导，其方法是：先假设某个命题为真或者为假，然后对假设进行推导。若能推出矛盾，则该假设不成立，便能否定该假设。若不能推出矛盾，则该假设有成立的可能性。

例如：某建筑工程招标，有甲、乙、丙、丁四家建筑公司投标。在公布竞标结果前，各公司经理分别做出预测。甲公司经理说："本公司最有可能中标，其他公司都不可能。"乙公司经理说："中标的一定出自乙和丙两家公司之中。"丙公司经理说："中标的若不是甲公司就是我们公司。"丁公司经理说："如果四个公司中必有一个中标，那就非本公司莫属。"当竞标结果公布后发现：四位经理中仅有一人的预测成真。

以下哪项判断最有可能为真?

A. 甲公司经理说对了，甲公司中标了

B. 乙公司经理说对了，丙公司中标了

C. 甲公司和乙公司的经理都说错了

D. 乙公司和丁公司的经理都说错了

E. 甲公司和丁公司的经理都说错了

解析：根据题中给定的信息，将四家公司经理的预测列表如下：

	说　　对	说　　错
甲	甲中标，或四家都没中标	中标者出自乙、丙、丁
乙	中标者出自乙、丙	甲或丁中标，或四家都没中标
丙	中标者出自甲、丙	乙、丁中标，或四家都没中标
丁	丁中标或四家都没中标	中标者出自甲、乙、丙

假设一：选项 A 真。则甲说对了，甲亦中标；但由此可推出丙也说对了。这与"仅有一人预测成真"相矛盾，故该假设不成立。

假设二：选项 B 真。则乙说对了，丙中标；但由此推出乙、丙都说对了，与题目相矛盾，故该假设不成立。

假设三：选项 C 真。则丁说对了，丁中标，此时甲、乙、丙均说错了。该假设推不出与题目相矛盾的情况。

假设四：选项 D 真。则甲中标，甲、丙都预测正确，同样推出了矛盾，故该假设不成立。

假设五：选项 E 真。则有两种情况：其一，乙中标，此时，仅有乙的预测正确，甲、丙、丁均说错了，这与题目不矛盾；其二，丙中标，则乙、丙均说对了，与题目相矛盾。因此，假设 E 真就有可能推出矛盾。

总之，在五个选项中只有 C 不能推出矛盾，因而 C 是最有可能为真的判断。

解答这类问题，也可以从假设选项或命题为假出发，来进行推导。

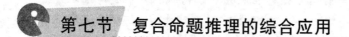

第七节　复合命题推理的综合应用

复合命题推理的综合应用是灵活地运用多种复合命题推理的有效式，来解决某个相对复杂问题的过程，其核心问题是推导技术与判定方法，即：如何进行推导；如何判定推理是否有效。

一、复合命题推理的推导技术

当人们面临较为复杂的问题时，只运用某一种复合命题推理往往是不够的，而需要综合应用多种复合命题推理的有效式，从给定的前提出发，一步一步地推出结论。这样的推导过程就是复合命题推理的综合应用过程。

例（1）范某和崔某共同贩毒，为确定本案主犯，审判人员已查明以下事实：

　　　①不可能范某和崔某都不是本案主犯；

　　　②只有范某提供了收购毒品的资金，他才不受崔某指使；

　　　③如果范某受崔某指使，那么他就不是本案主犯；

　　　④范某经济拮据，并没有提供收购毒品的资金。

解析：要回答上述问题，需要综合运用多种复合命题推理。其推导过程是：

第一步：用④作为前提，运用联言推理分解式，即：

　　　范某经济拮据，并没有提供收购毒品的资金；

　　　所以，范某没有提供收购毒品的资金。

第二步：用②和第一步推出的结论作为前提，运用必要条件假言推理否定式，即：

　　　只有范某提供了收购毒品的资金，他才不受崔某指使；

　　　范某没有提供收购毒品的资金；
　　　─────────────────────

　　　所以，范某受崔某指使。

第三步：用③和第二步推出的结论作为前提，运用充分条件假言推理肯定前件式，即：

　　　如果范某受崔某指使，那么他就不是本案主犯；

　　　范某受崔某指使；
　　　─────────────────

　　　所以，范某不是本案主犯。

第四步：用①作为前提，运用负命题等值推理，即：

　　　不可能范某和崔某都不是本案主犯；
　　　─────────────────────

　　　所以，本案主犯或者是范某，或者是崔某。

第五步：用第四步和第三步推出的结论作为前提，运用相容选言推理否定肯定式，即：

本案主犯或者是范某，或者是崔某；

范某不是本案主犯；

所以，崔某是本案主犯。

在综合应用复合命题推理时，不能总带着"内容"去推导。为了简便，需引入符号化方法，将推导过程形式化。

例（2）在一场足球比赛前，有记者问："前锋李某和杨某是否首发上场？"主教练的回答是：

①如果孙某首发，则李某也首发；

②如果张某不首发，则杨某首发；

③如果孙某不首发而张某首发，则守门员江某首发；

④守门员江某和刘某不能都首发上场；

⑤守门员刘某近期表现神勇，我决定让他首发上场。

记者们在理解主教练的意图时，发表了以下看法：

A. 李某和杨某都首发上场

B. 李某和杨某都不会首发上场

C. 李某首发而杨某不首发

D. 李某不首发而杨某首发

E. 在李某和杨某中，至少有一人首发上场

问：哪种看法最符合主教练的意图？

解析：采用符号化的方法，解答过程为：

设：

p 表示"孙某首发"；

q 表示"李某首发"；

r 表示"张某首发"；

s 表示"杨某首发"；

t 表示"守门员江某首发"；

u 表示"守门员刘某首发"；

v 表示"守门员刘某近期表现神勇"。

前提：

① $p \rightarrow q$

② $\bar{r} \rightarrow s$

③ $(\bar{q} \wedge r) \rightarrow t$

④ $\overline{t \wedge u}$

⑤v∧u

推导过程：

⑥u（⑤联言推理分解式，即：（v∧u）⇒u）

⑦$\bar{t}\vee\bar{u}$（④负命题等值推理，即：$(\overline{t\wedge u})\Rightarrow(\bar{t}\vee\bar{u})$）

⑧$\bar{t}$（⑦、⑥相容选言推理否定肯定式，即：$(\bar{t}\vee\bar{u})\wedge u\Rightarrow\bar{t}$）

⑨$\overline{\bar{p}\wedge r}$（③、⑧充分条件假言推理否定后件式，即：$(\bar{p}\wedge r)\rightarrow t\wedge\bar{t}\Rightarrow\overline{(\bar{p}\wedge r)}$）

⑩$p\vee\bar{r}$（⑨负命题等值推理，即：$(\overline{(\bar{p}\wedge r)})\Rightarrow(p\vee\bar{r})$）

⑪$q\vee s$（①、②、⑩二难推理复杂构成式，即：$(p\rightarrow q)\wedge(\bar{r}\rightarrow s)\wedge(p\vee\bar{r})\Rightarrow(q\vee s)$）

结论：

$q\vee s$，即："或者李某首发，或者杨某首发。"选项 E 最符合主教练意图。

总之，复合命题推理的综合应用在推导技术上有以下特点：

1. 其基本操作思路是：分解—推导—合成，即：把一个较为复杂的问题分解为有限的解答步骤，每一步都是具有可操作性的推理，各个推理之间前后衔接，环环相扣，将多种不同的复合命题推理联结成为一个严密而完整的推理序列，最后一个推理的结论提供了整个问题的答案。

2. 前提的获取技术是：每个前提都应当是给定的，或者是由前面的推理所推导出来的命题；若因前提不足而用假设作为前提，则需运用归谬式推理或反证式推理来验证假设。如果推出了矛盾，该假设就不能作为前提。

3. 推理形式的应用技术是：每个推理均需运用复合命题推理的有效式，遵循推理的规则去"推"，不应使用无效式，更不是靠"猜"。

4. 推导过程的表述技术是：引入符号化方法，将推导过程形式化。

二、复合命题推理有效性的判定方法

对于单纯形式出现的选言或假言推理，可以运用推理的规则去判定其是否有效；但是，若需判定以综合形式出现的复合命题推理是否有效，推理的规则却显得力不从心。例如：

或者张三的供述属实，或者李四的供述不属实；

如果王五的供述属实，那么张三的供述就不属实；

所以，如果李四的供述属实，那么王五的供述就不属实。

为了解决复合命题推理有效性的判定问题，命题逻辑提供了重言式的判定方法。

（一）重言式

复合命题的真值形式可以分为以下三类：

1. 重言式，亦称为永真式。其特点是：无论公式中的命题变项取什么真值，该公式总是为真。如：$p \vee \bar{p}$。当 p 取值为真时该公式为真；当 p 取值为假时该公式也为真。

2. 矛盾式，亦称为永假式。其特点是：无论公式中的命题变项取什么真值，该公式总是为假。如：$p \wedge \bar{p}$。当 p 取值为真时该公式为假；当 p 取值为假时该公式也为假。

3. 可满足式，亦称为偶真式。其特点是：公式的真值依公式中命题变项取何真值而时真时假。如：$p \wedge q$。当 p 与 q 均取值为真时该公式为真；当 p 与 q 至少有一个取值为假时该公式为假。

在上述三类公式中，重言式具有特别重要的意义，它反映了复合命题的逻辑规律，是判定复合命题推理是否有效的依据。

如果一个复合命题推理是有效的，那么它由真实的前提能必然地推出真实的结论，其前提与结论之间是蕴涵关系，这样，推理形式就可以表示为一个蕴涵式。重言式的判定是考察表示推理形式的蕴涵式是否为重言式，其基本思想是：如果前提重言蕴涵结论，即表示推理形式的蕴涵式为重言式，那么该推理形式有效；否则，为无效式。

重言判定的操作步骤是：

第一步：把需判定的推理表示为蕴涵式，以推理中各个前提的合取作为蕴涵式的前件，以推理的结论作为蕴涵式的后件。

第二步：应用真值表方法或其他方法考察该蕴涵式是否为重言式，进而得出判定结果。

重言式判定方法有多种，以下介绍其中的真值表方法和赋值归谬法。

（二）真值表方法

应用真值表方法判定复合命题推理是否有效，其操作步骤是：

第一步：用竖行列出推理中所有命题变项可能的真假组合情况。

例如，需判定 $(p \leftarrow q) \wedge \bar{p} \Rightarrow \bar{q}$ 是否有效。该推理中有 p、q 两个变项，其真假组合情况有四种，即：

p	q
1	1
1	0
0	1
0	0

第二步：把（p←q）∧p̄⇒q̄改写为（p←q）∧p̄→q̄，并将其分解为各个组成部分，按由简至繁的顺序从左到右排列，需判定的推理放在最右边，即：

p	q	p̄	q̄	p←q	（p←q）∧p̄	（p←q）∧p̄→q̄
1	1					
1	0					
0	1					
0	0					

第三步：根据复合命题的逻辑性质，依次填充真值表，即：

p	q	p̄	q̄	p←q	（p←q）∧p̄	（p←q）∧p̄→q̄
1	1	0	0	1	0	1
1	0	0	1	1	0	1
0	1	1	0	0	0	1
0	0	1	1	1	1	1

第四步：做出判定结论。从表中可见，无论 p 和 q 取何真值，（p←q）∧p̄→q̄均为真，故为重言式，因此，（p←q）∧p̄⇒q̄为有效式。

又如，需判定（p∨q）∧p⇒q̄是否有效，将其改写为（p∨q）∧p→q̄，并完成真值表：

p	q	q̄	p∨q	（p∨q）∧p	（p∨q）∧p→q̄
1	1	0	1	1	0
1	0	1	1	1	1
0	1	0	1	0	1
0	0	1	0	0	1

由表中可见，需判定的推理不是重言式，故为无效式。

再如前例：

或者张三的供述属实，或者李四的供述不属实；

如果王五的供述属实，那么张三的供述就不属实；

所以，如果李四的供述属实，那么王五的供述就不属实。

判定该推理是否有效，先将其改写为蕴涵式。

设：

p 表示"张三的供述属实"；

q 表示"李四的供述属实"；

r 表示"王五的供述属实"。

其蕴涵式为：

$$(p \vee \bar{q}) \wedge (r \to \bar{p}) \to (q \to \bar{r})$$

因该推理中有 p、q、r 三个命题变项，其真假组合情况便有 8 种，它的真值表如下：

p	q	r	$\bar{p}$	$\bar{q}$	$\bar{r}$	$p \vee \bar{q}$	$r \to \bar{p}$	$q \to \bar{r}$	$(p \vee \bar{q})$ $\wedge$ $(r \to \bar{p})$	$(p \vee \bar{q}) \wedge (r \to \bar{p})$ $\to (q \to \bar{r})$
1	1	1	0	0	0	1	0	0	0	1
1	1	0	0	0	1	1	1	1	1	1
1	0	1	0	1	0	1	0	1	0	1
1	0	0	0	1	1	1	1	1	1	1
0	1	1	1	0	0	0	1	0	0	1
0	1	0	1	0	1	0	1	1	0	1
0	0	1	1	1	0	1	1	1	1	1
0	0	0	1	1	1	1	1	1	1	1

由上表可见，该蕴涵式为重言式，因此，该推理有效。

真值表方法用途广泛，既可以用于判定重言式、矛盾式和可满足式，又可以用于判定复合命题之间的各种真假关系。但是，若命题变项较多，应用它则较为繁琐，因此，真值表方法需要简化。

（三）赋值归谬法

赋值归谬法是真值表方法的简化运用。其基本思想是：有效的推理不可能从真实的前提中推出虚假的结论，因而要证明一个蕴涵式是重言式，就必须证明它不可能前件真而后件假。为此，先假设需判定的蕴涵式其前件真而后件假，并据此假设，给蕴涵式中的各个命题变项和子公式赋值。如果出现了矛盾赋值，即对同一命题变项既赋真，又赋假，出现了 $p \wedge \bar{q}$ 的形式，则证明先期作出的假设不能成立，该蕴涵式为重言式；相反，如果没有出现矛盾赋值，则说明有某种赋值能使先期的假设成立，该蕴涵式不是重言式。

应用赋值归谬法判定复合命题推理是否有效，其操作步骤是：

第一步：用蕴涵式表示需判定的复合命题推理。

第二步：假设该蕴涵式为假，对其主蕴涵词赋假值。

第三步：给该蕴涵式的前件赋真值，后件赋假值，并根据复合命题的逻辑性质，依次给各个子公式和命题变项赋值。

第四步：检查赋值中是否出现矛盾。若出现了矛盾，则判定该蕴涵式为重言式，推理有效；若未出现矛盾，则判定该蕴涵式不是重言式，推理无效。

例（1）应用赋值归谬法判定（p→q）∧（q→r）⇒（p→r）是否有效。

解析：将需判定的推理改写为蕴涵式，并分行列出赋值过程：

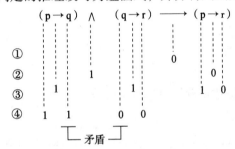

q 既取真值，又取假值，出现了矛盾，因此，该蕴涵式为重言式，推理有效。

例（2）应用赋值归谬法判定下述推理是否有效：

　　某被告人在提出上诉时说："如果我杀死了人，那么该判死刑；如果我抢劫了银行，那么也该判死刑；现在，我既没有杀死人，也没有抢劫银行；所以，对我不该判处死刑。"

解析：

设：

p 表示"我杀死了人"；

q 表示"该判死刑"；

r 表示"我抢劫银行"。

用蕴涵式表示推理形式，并分行赋值：

$$(p \rightarrow q) \quad \wedge \quad (r \rightarrow q) \quad \wedge \quad (\bar{p} \wedge \bar{r}) \rightarrow \bar{q}$$

①						
②						0
③	1	1	1	1	1	0
④	0	1	0	1	1	1

赋值过程中并未出现矛盾，因此，该蕴涵式不是重言式，推理无效。在熟悉了赋值归谬法的操作步骤之后，可以把赋值过程压缩为一行。

例（3）

若甲和乙都是杀人犯，则丙无罪；只有丁的陈述不正确，乙才不是杀人犯；已知丙有罪，并且丁的陈述正确；所以，甲不是杀人犯而乙是杀人犯。

解析：

设：

p 表示"甲是杀人犯"；

q 表示"乙是杀人犯"；

r 表示"丙有罪"；

s 表示"丁的陈述正确"。

其蕴涵式及赋值为：

$$((p \wedge q) \rightarrow \bar{r}) \quad \wedge \quad (\bar{s} \leftarrow \bar{q}) \quad \wedge \quad (r \wedge s) \rightarrow (\bar{p} \wedge q)$$
$$0\ \ 0\ 1\ \ 1\ 0\quad 1\quad\ \ 0\ 1\ 0\quad\ 1\ \ 1\ 1\ 1\quad\ \ 0\ \ \ 0\ 0\ 1$$

———————— 矛盾 ————————

p 与 $\bar{p}$ 同时取假值，出现了矛盾，因此，该蕴涵式为重言式，推理有效。

赋值归谬法比真值表方法简单易行，但它只能判定一个蕴涵式是否为重言式，不能进一步确定一个非重言式是矛盾式还是可满足式。

总之，推导与判定是命题逻辑的关键所在。推理形式和推导技术是推理的操作程序，掌握它能提高推理的快捷性；推理规则和判定方法是推理的操作规范，应用它能确保推理的有效性。快捷而有效则是思维效率的生动体现，也是对职业能力的培养和训练。

🔍 思考题

1. 什么是复合命题？复合命题由哪些部分组成？

2. 复合命题有哪些种类？如何识别与区分不同种类的复合命题？

3. 联言命题的逻辑性质如何？联言推理有哪些有效式？

4. 肯定否定式在什么情况下属于有效式？在什么情况下属于无效式？为什么？

5. 假言命题有哪些种类？如何理解假言推理的有效性？

6. 负命题与直言命题中的否定命题有何区别？

7. 举例说明等值链的作用。

8. 二难推理有哪些有效式？如何破斥错误的二难推理？

9. 举例说明真值表方法和赋值归谬法的操作过程。

练习题

一、将下列复合命题用符号形式表示

1. 学习要加，骄傲要减，机会要乘，懒惰要除。

2. 不敬业，就失业；不爱岗，就下岗。

3. 聪明的人总是用别人的智慧填补自己的大脑，愚蠢的人总是用别人的智慧干扰自己的情绪。

4. 在犯罪过程中，自动放弃犯罪或者自动有效地防止犯罪结果发生的，是犯罪中止。

5. 从政还是经商，你只能选择一个。

6. 除非是经本人同意，才能以营利为目的使用公民的肖像。

7. 说"如果犯罪分子受到了刑事处罚，那么就不该赔偿使被害人遭受的经济损失"是不正确的。

8. 只有破解了恐龙的基因，才能克隆恐龙。

9. 死刑案件由最高人民法院判决或者核准。

10. 未经人民法院依法作出有罪判决，就不能说甲是犯罪分子；经人民法院依法作出有罪判决，才能说甲是犯罪分子。

11. 津巴布韦不赞成：只有禁止象牙交易，才能遏制偷猎活动。

12. 假如你是个傻瓜，那就在社交场合一言不发是最聪明的；假如你是个聪明人，那在社交场合一言不发是最愚蠢的。

13. 甲、乙、丙、丁中仅有一个人是电脑黑客。

14. 并不是所有被害人的陈述都属实，而所有被告人的供述都不属实。

15. 如果你用乘法来算，一个很小的问题，乘以 13 亿，都会变成一个大问题；如果你用除法的话，一个很大的总量，除以 13 亿，都会变成一个小数目。

二、单项选择题

1. 医学院的实习生小赵、小钱、小孙、小李分别给甲、乙、丙、丁四位病人作了如下诊断：

小赵：病人甲患的是疟疾，病人丁患的是支气管炎。

小钱：病人甲患的是流感，病人乙患的是胃炎。

小孙：病人乙患的是胃溃疡，病人丙患的是痢疾。

小李：病人丙患的是肠炎，病人丁患的是肺结核。

后来证明，他们对每位病人的诊断中都有一种诊断是正确的。这四名实习生中，有一人的诊断全对，一人的诊断全错，小孙的诊断既非全对，也非全错。同时，病人甲被确诊为疟疾，病人丙被确诊为痢疾。

若以上情况均属实，则诊断全对的实习生是（　　　）。

A. 小赵　　　　B. 小钱

C. 小孙　　　　D. 小李

2. 某公司失窃巨款。保安人员调查后认为市场部经理蒋某与会计方某均有作案嫌疑，当方某作案的可能性被排除后，保安人员认定是蒋某作的案。总经理听取了汇报后，说："这完全不可能。"保安人员说："当所有其他的可能性都被排除后，那剩下的就一定是真的，不管它看上去有多么不可能。"

若以下各项均为真，则哪一项能对保安人员的认定构成最严重的质疑？（　　　）

A. 蒋某是该公司公认的优秀经理

B. 保安人员不可能比总经理更了解蒋某

C. 保安人员没有穷尽所有的可能性

D. 保安人员只凭逻辑推理，没有掌握直接证据

3. 网络小说《第一次亲密接触》中写道："如果把整个太平洋的水倒出，也浇不熄我对你爱情的火焰。整个太平洋的水能够倒得出吗？不行。所以我并不爱你。"

下列哪一个选项，其逻辑形式与题干最为类似？（　　　）

A. 假如你是天边的月，我就是月边的星。假如你是山上的树，我就是树上的藤

B. 有若娇红的苹果悬在树梢，在最高枝头，被采果的人忘了，不是忘了，而是要采采不到

C. 如果要在爱情上加一个时间，我希望是一万年。可我能活一万年吗？不能，所以爱情上没有时间

D. 如果我有翅膀，我就能飞到你的身边，可我有翅膀吗？没有，所以我不能飞到你的身边

4. 市场经济犹如把一个不会游泳的人扔进水里，要么挣扎着学会游泳，那你就是一个成功者；要么淹死，那你就是一个失败者。下面哪一项与题干的逻辑形式不相同？（　　）

A. 在倡导终身学习的现代社会中，你要么不断学习，那你就能适应社会的进步；要么不愿学习，那你就会被社会所淘汰

B. 一个政府官员面对贿赂，要么成为金钱的俘虏，那你就是个贪官；要么能抵御金钱的诱惑，那你就是个清官

C. 美国在遭受"9.11"恐怖袭击后采取了这样的政策："要么与我们站在一起去反对恐怖主义，那你是我们的朋友；要么不与我们站在一起，那你是我们的敌人"

D. 如果你的运气好，那你买的彩票就能够中大奖；如果你买的彩票没有中大奖，就说明你的运气不够好

5. 生病的儿子对母亲说："如果要我吃药，那就不打针。"母亲说："不行。"以下哪项最为准确地表述了母亲的意思？（　　）

A. 或者要吃药，或者要打针　　　　B. 既要吃药，又要打针

C. 不吃药，但要打针　　　　　　　D. 既不吃药，又不打针

6. 甲、乙、丙、丁四人的车分别为白色、银色、蓝色和红色。在问到他们各自车的颜色时，甲说："乙的车不是白色的。"乙说："丙的车是红色的。"丙说："丁的车不是蓝色的。"丁说："甲、乙、丙三人中有一个人的车是红色的，而且只有这个人说的是实话。"

如果丁说的是实话，那么以下说法正确的是（　　）。

A. 甲的车是白色的，乙的车是银色的

B. 乙的车是蓝色的，丙的车是红色的

C. 丙的车是白色的，丁的车是蓝色的

D. 丁的车是银色的，甲的车是红色的

7. "若有风，就放风筝。若气温高，就不放风筝。若天空不晴朗，就不放风筝"。假设以上说法成立，若放风筝，则以下哪种说法是正确的？（　　）

A. 有风　　　　　　　　　　　　B. 天空晴朗

C. 气温高　　　　　　　　　　　D. 有风，并且天空晴朗

8. 如果甲和乙都考试不及格，那么丙就一定不及格。上述前提再增加以下哪一项就可以有效地推出"甲考试及格了"的结论？（　　）

A. 乙和丙都及格了　　　　　　　B. 丙及格了，但乙不及格

C. 乙和丙都不及格　　　　　　　D. 丙不及格

9. 关于确定商务谈判代表的人选，甲、乙、丙三位公司老总的意见分别是：

甲：如果不选派李经理，那么不选派王经理。

乙：如果不选派王经理，那么选派李经理。

丙：要么选派李经理，要么选派王经理。

以下诸项中，能同时满足三位老总意见的方案是(　　)。

A. 选李经理，不选王经理　　　　B. 选王经理，不选李经理

C. 两人都派　　　　　　　　　　D. 两人都不选派

10. 在一起投毒案中，警方认定：甲、乙、丙、丁四人中有一人是投毒者，询问时，

甲说："丙是投毒者。"

乙说："我没投毒。"

丙说："我也没有投毒。"

丁说："只有乙投毒，我才没投毒。"

后查明，上述四句话中仅有一句是假话，据此，可以确定以下哪项成立？(　　)

A. 是甲投毒　　　　　　　　　　B. 是乙投毒

C. 是丙投毒　　　　　　　　　　D. 是丁投毒

三、多项选择题

1. 下列有效的推理形式是(　　)。

A. （p∧q）□q　　　　　　　　B. p □ （p∧q）

C. （p∨q）∧p □ q　　　　　　D. （p∨q）∧p □ q

2. 能使（p∨q）与（p ∨̄ q）同真的真值组合是(　　)。

A. p真，q也真　　　　　　　　B. p真而q假

C. p假而q真　　　　　　　　　D. p假，q也假

3. 在下列选项中，p是q的必要条件的是(　　)。

A. （p）甲在发烧，（q）甲生病了

B. （p）接通电源，（q）能玩电脑游戏

C. （p）三角形中的一个角大于90°，（q）是钝角三角形

D. （p）通过国家司法考试，（q）能当上法官

4. 充分条件假言推理的有效式是(　　)。

A. 肯定前件式　　　　　　　　　B. 否定前件式

C. 肯定后件式　　　　　　　　　D. 否定后件式

5. 若"本案的投毒者是本地人"这一支命题为真，则下列复合命题中必然为真的是(　　)。

A. 本案的投毒者既是本地人，又是成年人

B. 本案的投毒者或者是本地人，或者是成年人

C. 如果本案的投毒者不是本地人，那么就是成年人

D. 只有本案的投毒者是本地人，才不是成年人

6. 以"如果去玉龙雪山，那么就去虎跳峡"为前提，运用等值推理，能有效推出的结论是(　　)。

A. 不可能去玉龙雪山而不去虎跳峡

B. 或者不去玉龙雪山，或者去虎跳峡

C. 如果不去虎跳峡，那么就不去玉龙雪山

D. 只有不去玉龙雪山，才不去虎跳峡

7. 一位教师对学生甲说："除非修满学分，否则你拿不到毕业文凭。"这句话的含义是(　　)。

A. 学生甲修满了学分，并且拿到了毕业文凭

B. 学生甲既未修满学分，又未拿到毕业文凭

C. 如果学生甲想拿到毕业文凭，就必须修满学分

D. 不可能未修满学分而拿到毕业文凭

8. 在以下断定中，正确的是(　　)。

A. 如果一个复合命题推理的形式为重言式，则该推理形式有效

B. 如果一个复合命题推理有效，则表述该推理形式的蕴涵式为重言式

C. 如果一个复合命题推理的形式为可满足式，则该推理形式有效

D. 如果一个复合命题推理的形式为可满足式，则该推理形式无效

四、指出下列复合命题推理的种类，写出其推理形式，并运用推理的规则检验其是否有效

1. 创新过程中既包含智力因素，又包含非智力因素，还包含社会环境因素，所以，创新过程中包含非智力因素。

2. 实现顾客让渡价值最大化需要提高整体顾客价值；实现顾客让渡价值最大化需要降低整体顾客成本；所以，实现顾客让渡价值最大化既需要提高整体顾客价值，又需要降低整体顾客成本。

3. 并非累犯可以适用缓刑；所以，并非累犯既可以适用缓刑，又应当从轻处罚。

4. 张澜或者会操作电脑，或者会驾驶汽车；现已知张澜或者会操作电脑；所以，张澜不会驾驶汽车。

5. 某甲中毒死亡，或者是食物中毒，或者是药物中毒，或者是其他原因中毒；经法医鉴定已经排除了食物中毒和药物中毒的可能性；所以，某甲死亡是其他原因中毒。

6. 孟某构成了受贿罪；所以，孟某或者构成贪污罪，或者构成受贿罪。

7. 抗战时陕甘宁边区物资匮乏，在延安干部生产动员大会上，毛泽东说：饿死呢？解散呢？还是自己动手呢？饿死是没有一个人赞成的，解散也是没有一个人赞成的，还是自己动手吧。

8. 如果某甲是被勒死的，那么尸体颈部就会有勒痕；现在尸体颈部没有勒痕；所以，某甲不是被勒死的。

9. 如果孙某患了非典型肺炎，那么孙某就会发烧咳嗽；现在孙某是在发烧咳嗽；所以，孙某患了非典型肺炎。

10. 只有掌握了计算机技术，才能胜任软件开发工作；宋某还没有掌握计算机技术；所以，宋某还不能胜任软件开发工作。

11. 在一起抢劫案中，作案人在搏斗时被咬伤了手臂，经过对现场的血迹鉴定，确认作案人的血型为 A 型。据此，刑警黄某认为：只有血型为 A 型的人，才是本案作案人；某甲的血型为 A 型，又有抢劫前科；所以，某甲是本案作案人。

12. 当且仅当商品的售价高于成本，才能使销售者盈利；S 商场销售的新款数码摄像机的售价远远高于成本；所以，销售这种数码摄像机能使 S 商场盈利。

13. 并非某甲有配偶而重婚，或者明知他人有配偶而与之结婚；所以，某甲既没有有配偶而重婚，又没有明知他人有配偶而与之结婚。

14. 并非如果俞某去过犯罪现场，那么俞某就是作案人；所以，俞某虽然去过犯罪现场，但不是作案人。

15. 如果对病人甲的诊断不正确，那么就会治疗失误；如果治疗失误，那么就会使病人甲死亡；如果病人甲死亡，那么就会导致医疗事故；所以，如果对病人甲的诊断不正确，那么就会导致医疗事故。

16. 春秋时，郑国大臣祭足专权。一天，女儿祭氏得知：其夫雍纠与郑励公密谋，决定在次日杀掉祭足。对此，祭氏十分为难，她想：如果向父亲通风报信，那么丈夫就活不成；如果不向父亲通风报信，那么父亲就活不成；或者向父亲通风报信，或者不向父亲通风报信；所以，或者丈夫活不成，或者父亲活不成。

17. 某商店经理在倾诉经营困难时说："如果商品定价太高，那么就卖不出去；如果商品定价太低，那么商店就要亏本；商品的定价或者太高，或者太低；所以，或者商品卖不出去，或者商店要亏本。"

18. 如果甲和乙都考取了重点大学，那么丙也考取了重点大学；所以，如果丙没有考取重点大学，而甲考取了重点大学，那么乙没有考取重点大学。

五、运用等值链，给下列每一复合命题至少找出三个等值命题

1. 如果乙方拖欠货款，那么甲方就停止供货。

2. 或者收看（电视的）体育频道，或者收看电影频道。

3. 并非某甲既构成抢劫罪，又构成抢夺罪。

4. "只有买卖股票，才能发财"是不能成立的。

六、综合推理题

1. 某单位保险柜中 30 万元现金被盗，经提取现金指纹和脚印鉴定后确定为内盗，职员彭某、应某、夏某、袁某等四人涉嫌盗窃，警方调查时，

彭某说："我没有偷那钱，偷那钱的是应某"。

应某说："我和夏某都没有偷那钱"。

夏某说："只有彭某参与作案，应某才会作案"。

袁某说："彭某和夏某两人中至少有一人作案"。

现已知上述四句话中仅有一句真话，其他三句均为假话。

问：谁盗窃了那 30 万元现金？谁说的话是真话？请写出推导过程。

2. 古代有位智者自己犯了死罪，可国王想给智者一个机会，让他用智慧拯救自己。刑前，国王对智者说："现在你面前的两个武士，他们各持一瓶外观完全相同的酒，其中一瓶是美酒，另一瓶是毒酒，两个武士有问必答，但其中一个只答真话，另一人只答假话，谁说真话，谁说假话，只有他俩知道，其他人一概不知。现在只允许你任意向一个武士问一个问题，根据武士的回答，你判断哪瓶是美酒，然后把它喝掉，若判断正确，你的罪即可赦免，若判断错误，你就会毒发身亡。"

问：按国王约定的规则，智者该问武士一个什么问题？他如何根据武士的回答来判断哪瓶是美酒？

3. 某地发生了一起杀人案，警方已查明以下事实：

（1）该杀人案是 A、B、C、D、E 之中的两个人所作；

（2）如果 B 不是凶手，则 A 也不是凶手；

（3）只有 C 参与了这起杀人案，B 才是凶手；

（4）如果 D 是凶手，那么 E 是帮凶；

（5）A 和 D 之中至少有一人是凶手；

（6）并非 C 或者有作案时间，或者参与了这起杀人案。

问：谁是作案人？请写出推理过程。

4. 三名蒙面歹徒抢劫银行，其中一人持枪打伤银行职工，另一人将 20 多万元现金装入编织袋，还有一人驾车运载同伙逃离现场，警方经过 40 多小时的追踪围捕，终于抓获了 A、B、C 三人，缴获了全部赃款，并对犯罪过程中 A、B、C 三人的分工作出以下猜测：

猜测一：A 开枪伤人，B 负责装钱；

猜测二：A 负责装钱，C 开枪伤人；

猜测三：A 驾车逃离，B 开枪伤人。

经调查取证后证实，上述三个猜测都只对了一半。

问：在抢劫中 A、B、C 是怎样分工的？请写出推理过程。

5. 甲、乙、丙、丁四人共同犯罪，经预审，已知下列三个命题为两真一假：

（1）如果甲不是主犯，那么乙是主犯；

（2）如果丙不是主犯，那么丁是主犯；

（3）甲和丙都是主犯。

请推导：乙、丁两人中有无主犯，甲、丙两人是否都是主犯，并写出推导过程。

6. 科拉中毒死亡，安娜和贝思受到警方的传讯。

安娜说："如果这是谋杀，那肯定是贝思干的"。

贝思说："如果这不是自杀，那就是谋杀"。

警方作出以下假定：

（1）如果安娜和贝思都没有撒谎，那么这就是一次意外事故。

（2）如果安娜和贝思两人中有一人撒谎，那么就不是一次意外事故。

最后的事实证明，警方的两个假定都是正确的。

问：科拉之死究竟是谋杀、还是自杀，或者是意外事故？请简要介绍推导过程。

七、运用真值表方法或归谬赋值法，判定下述推理是否有效

1. 造成灵湖水污染的原因或者是造纸厂向湖中排放工业废水，或者是化工厂在湖边倾倒工业废渣，现已查明，化工厂在湖边倾倒了工业废渣，所以，造纸厂没有向湖中排放工业废水。

2. 并非甲和乙都是本案主犯，所以，甲和乙都不是本案主犯。

3. 只有做手术，他的病才能治好，所以，如果不做手术，那么他的病就不能治好。

4. 如果商店出售伪劣商品，则会侵害消费者的权益，如果侵害消费者的权益，则损害企业形象，如果损害企业形象，则会使销售额下降，如果销售额下降，则会使商店经营困难，所以，如果商店出售伪劣商品，则会使商店经营困难。

5. 某银行的金库内发生盗窃案，有 A、B、C、D、E 五名职工涉嫌，警方已查明以下情况：

（1）如果 B 没进过金库，则 A 也没有进过金库；

（2）如果 E 进过金库，则不可能 A 和 C 都没进过金库；

（3）或者 B 进过金库，或者 C 没进过金库；

（4）只有 E 进过金库，D 才进过金库；

（5）D 进过金库。

根据上述情况，警方推出：B 进过金库。

6. 某篮球队的最佳阵容有以下规律：

（1）只有 5 号不上场，6 号才不上场；

（2）如果 7 号上场，则 8 号也上场；

（3）要么 6 号上场，要么 8 号上场；

（4）如果 9 号和 10 号同时上场，则 7 号也上场。

一场比赛前，主教练决定 5 号和 10 号同时上场，有位记者根据最佳阵容规律推出：该场比赛 9 号不上场。

八、批判性思维能力测试题

1. 老师："不完成作业就不能出去做游戏。"

学生："我完成作业了，我可以去外边做游戏了！"

老师："不对。我只是说，你们如果不完成作业就不能出去做游戏。"

除了以下哪项，其余各项都能从上面的对话中推出？

A. 学生完成作业后，老师就一定会准许他们出去做游戏

B. 老师的意思是没有完成作业的肯定不能出去做游戏

C. 学生的意思是只要完成了作业，就可以出去做游戏

D. 老师的意思是只是完成了作业才可能出去做游戏

E. 老师的意思是即使完成了作业，也不一定准许出去做游戏

2. 要使中国足球队真正能跻身世界强队之列，至少必须解决两个关键问题。一是提高队员基本体能，二是讲究科学训练。不切实解决这两点，即使临战时拼搏精神发挥得再好，也不可能取得突破性的进展。

下列诸项都表达了上述议论的原意，除了：

A. 只有提高队员的基本体能和讲究科学训练，才能取得突破性进展

B. 除非提高队员的基本体能和讲究科学训练，否则不能取得突破性进展

C. 如果取得了突破性进展，说明一定提高了队员的基本体能并且讲究了科学训练

D. 如果不能提高队员的基本体能，即使讲究了科学训练，也不可能取得突破性进展

E. 只要提高了队员的基本体能和讲究了科学训练，再加上临战时拼搏精神发挥得好，就一定能取得突破性进展

3. 环境污染已经成为全世界普遍关注的问题。科学家和环境保护组织不断发出警告：如果我们不从现在起就重视环境保护，那么人类总有一天将无法在地球上生存。

以下哪项解释最符合以上警告的含义？

A. 如果从后天而不是明天起就重视环境保护，人类的厄运就要早一天到来

B. 如果我们从现在起开始重视环境保护，人类就可以在地球上永久地生活下去

C. 只要我们从现在起就重视环境保护，人类就不至于在这个地球上无法生存下去

D. 由于科学技术发展迅速，在厄运到来之前人类就可能移居到别的星球上去了

E. 对污染问题的严重性要有高度的认识，并且要尽快采取行动做好环保工作

4. 某地有两个奇怪的村庄，张庄的人在星期一、三、五说谎，李村的人在星期二、四、六说谎。在其他日子他们说实话。一天，外地的王聪明来到这里，见到两个人，分别向他们提出关于日期的问题。两个人都说："前天是我说谎的日子。"

如果被问的两个人分别来自张庄和李村，以下哪项最可能为真？

A. 这一天是星期五或星期日

B. 这一天是星期二或星期四

C. 这一天是星期一或星期三

D. 这一天是星期四或星期五

E. 这一天是星期三或星期六

5. 在某餐馆中，所有的菜或属于川菜或属于粤菜系，张先生的菜中有

川菜，因此张先生的菜中没有粤菜。

以下哪项最能增强上述论证？

A. 餐馆规定，点粤菜就不能点川菜，反之亦然

B. 餐馆规定，如果点了川菜，可以不点粤菜，但点了粤菜，一定也要点川菜

C. 张先生是四川人，只喜欢川菜

D. 张先生是广东人，他喜欢粤菜

E. 张先生是四川人，最不喜欢粤菜

6. 许多自称为教师的人实际上并不是教师，因为教书并不是他们的主要收入来源。

上述议论假设了以下哪项断定？

A. 教书所得收入不能维持教师的正常生活

B. 许多被称为教师的人缺乏合格的专业知识与技能

C. 收入的多少可以衡量一项职业受社会重视的程度高低

D. 收入偏低使教师不能敬业乐业

E. 一个人不能称之为作家，除非写作是其主要的收入来源。教师的情况也一样

7. 刘先生一定是结了婚的，你看，他总是穿着得体、干干净净的。

上述结论是以下述哪项前提作为依据的？

A. 除非结了婚，男人都是一副不修边幅、胡乱穿着的样子

B. 所有结了婚的男人都穿着整齐、干净

C. 如果男人结了婚，他的穿着一定经常有人照料，自然就不同凡响喽

D. 公司有规定，结了婚的男人一定要穿着得体，给年轻一代做个榜样

E. 如果不是穿得体面又干净，刘先生恐怕现在还是单身一人

8. 只有她去，你和我才会一起去唱"卡拉 OK"，而她只到能跳舞的"卡拉 OK"厅唱歌，那些场所都在市中心。只有你参加，她妹妹才会去唱"卡拉 OK"。

如果上述断定是真的，那么以下哪项也一定为真？

A. 她不和她妹妹一起唱"卡拉 OK"

B. 你和我不会一起在市郊的"卡拉 OK"厅唱歌

C. 我不在，你不会和她一起去唱"卡拉 OK"

D. 她不在，你不会和她妹妹一起去唱"卡拉 OK"

E. 她妹妹也只到能跳舞的地方唱"卡拉 OK"

9. 小张约小李第二天去商场，小李说："如果明天不下雨，我去爬

山。"第二天，天下起了毛毛细雨，小张以为小李不会去爬山了，就去小李的宿舍找他，谁知小李仍然去爬山了。待两人又见面时，小张责怪小李食言，既然天下雨了，为什么还去爬山；小李却说，他并没有食言，是小张的推论不合逻辑。

对于两人的争论，以下哪项论断是合适的？

A. 小张和小李的这个争论是没有意义的

B. 小张的推论不合逻辑

C. 两个人对毛毛细雨的理解不同

D. 由于小李食言，引起了这场争论

E. 由于小李的表达不够明确，引起了这场争论

10. 微波炉清洁剂中加入漂白剂，就会释放出氯气；在浴盆清洁剂中加入漂白剂，也会释放出氯气；在排烟机清洁剂中加入漂白剂，没有释放出氯气。现有一种未知类型的清洁剂，加入漂白剂后，没有释放出氯气。

根据上述实验，以下哪项关于这种未知类型的清洁剂的断定一定为真？

Ⅰ. 它是排烟机清洁剂。

Ⅱ. 它既不是微波炉清洁剂，也不是浴盆清洁剂。

Ⅲ. 它要么是排烟机清洁剂，要么是微波炉清洁剂或浴盆清洁剂。

A. 仅Ⅰ   B. 仅Ⅱ

C. 仅Ⅲ   D. 仅Ⅰ和Ⅱ

E. Ⅰ、Ⅱ和Ⅲ

11. 正是因为有了充足的奶制品作为食物来源，生活在呼伦贝尔大草原的牧民才能摄入足够的钙质。很明显，这种足够的钙质，对呼伦贝尔大草原的牧民拥有健壮的体魄是必不可少的。

以下哪项情况如果存在，最能削弱上述断定？

A. 有的呼伦贝尔大草原的牧民从食物中能摄入足够的钙质，且有健壮的体魄

B. 有的呼伦贝尔大草原的牧民不具有健壮的体魄，但从食物中摄入的钙质并不少

C. 有的呼伦贝尔大草原的牧民不具有健壮的体魄，他们从食物中不能摄入足够的钙质

D. 有的呼伦贝尔大草原的牧民有健壮的体魄，但没有充足的奶制品作为食物来源

E. 有的呼伦贝尔大草原的牧民没有健壮的体魄，但有充足的奶制品作

为食物来源

12. 某个体户严重违反了经营条例，执法人员向他宣布："要么罚款，要么停业，二者必居其一。"他说："我不同意。"如果他坚持自己意见的话，以下哪项断定是他在逻辑上必须同意的？

    A. 罚款但不停业   B. 停业但不罚款

    C. 既罚款又停业   D. 既不罚款又不停业

    E. 如果做不到既不罚款又不停业的话，就必须既罚款又停业。

13. 某个岛上的土著居民分为骑士和无赖两部分，骑士只讲真话，无赖只讲假话。甲和乙是该岛上的两个土著居民，关于他俩，甲说了以下这句话：

"或者我是无赖，或者乙是骑士。"

根据上述条件，可推出以下哪项结论？

    A. 甲和乙都是骑士   B. 甲和乙都是无赖

    C. 甲是骑士，乙是无赖   D. 甲是无赖，乙是骑士

    E. 条件尚不够充分以推出结论

14. 相传古时候两座怪城，一座"真城"，一座"假城"。真城里的人个个说真话，假城里的人个个说假话；一位知晓这一情况的旅行者第一次来到其中一座城市，他只要问遇到的第一个人一个答案为"是"或"否"的问题，就会明白自己所到的是真城还是假城。

以下哪个问句是最恰当的？

    A. 你是真城的人吗？   B. 你是假城的人吗？

    C. 你是说真话的人吗？   D. 你是说假话的人吗？

    E. 你是这座城市的人吗？

15. 如果你犯了法，你就会受到法律制裁；如果你受到法律制裁，别人就会看不起你；如果别人看不起你，你就无法受到尊重；而只有得到别人的尊重，你才能过得舒心。

从上述叙述中，可以推出下列哪一个结论？

    A. 你不犯法，日子就会过得舒心

    B. 你犯了法，日子就不会过得舒心

    C. 你日子过得不舒心，证明你犯了法

    D. 你日子过得舒心，表明你看得起别人

    E. 如果别人看得起你，你日子就能舒心

16. 当削减福利基金的议案引起争论的时候，我们肯定会听到自由党议员这样宣称：这种议案对穷人将是有害的。然而，这些政客并不理解，

随着预算的削减，税收就会减少，这样每个人将会有更多的钱而不是更少的钱。

如果以下哪个选项为真，将会严重动摇作者的立场？

A. 穷人倾向投自由党议员的票，因为他们许诺增加福利基金

B. 政客们的见解对穷人有利，因为他们需要赢得穷人的选票

C. 大家一致赞同的议案不一定会给每个人带来金钱上的好处

D. 穷人少交或不交税，但他们却能从税收中得到福利

E. 人们想要得到更多的钱，就必须削减预算和税收

17. 当一项关于阿司匹林在防止人们患心脏病方面的效力的研究得到积极的结论后，研究人员立即把这些结果提交给医学杂志，医学杂志在六周后发表了这些结果。如果这些结果能早点发表的话，许多在这期间发病的心脏病患者将会避免患病。

如果以下哪项为真，将会最大限度地削弱上述论证？

A. 医学杂志的工作人员为尽快发表研究的结论而加班加点地工作

B. 关于阿司匹林在减少实验动物的心脏病方面是否有作用的研究仍然没有得出确切的结论

C. 经常服用阿司匹林的人的胃溃疡的发病率高于平均水平

D. 医学杂志的法规是只有经过严格的同仁复查后，文章才能正式发表

E. 只有当一个人经常服用阿司匹林两年后，患心脏病的危险才会减少

18. 一个医生在进行医疗检查时过于细致，可能使病人感到麻烦并因进行了不必要的化验而导致浪费。另一个不够细致的医生又可能遗漏某些严重的问题，而使病人错误地自以为安然无恙。医生是很难精确地断定他们究竟应当细致到什么程度的。所以，对病人来说，当他们没有感到有病时，去做医疗检查一般来说是不明智的。问：以下哪项如果为真，最严重地削弱了上述论证？

A. 某些严重的疾病在其早期阶段具有某种症状，尽管病人还未感到有任何不适，但医生却能轻而易举地检查出来

B. 在收入减少的情况下，医生们一直在压缩他们在每次医疗检查时所花费的平均时间量

C. 缺乏医学知识的病人自己无从判断医生做医疗检查时细致到何种程度是适宜的

D. 许多人缺乏足够的经济支付能力来负担定期的医疗检查

E. 有些医生在做医疗检查时细致得恰到好处

19. 全国各地的电话公司目前开始为消费者提供电子接线员系统，然

而，在近期内，人工接线员并不会因此减少。

除了下列哪项外，其他各项均有助于解释上述现象？

A. 需要接线员帮助的电话数量剧增

B. 尽管已经做过测试，新的电子接线员系统要全面发挥功能还需进一步调整

C. 如果在目前的合同期内解雇人工接线员，有关方面将负法律的责任

D. 在一个电子接线员系统的试用期内，几乎所有的消费者，在能够选择的情况下，都愿意选择人工接线员

E. 新的电子接线员的接拨电话效率两倍于人工接线员

20. 甲、乙、丙三人一起参加了物理和化学两门考试。三个人中，只有一个在考试中发挥正常。考试前，

甲说："如果我在考试中发挥不正常，我将不能通过物理考试。如果我在考试中发挥正常，我将能通过化学考试。"

乙说："如果我在考试中发挥不正常，我将不能通过化学考试。如果我在考试中发挥正常，我将能通过物理考试。"

丙说："如果我在考试中发挥不正常，我将不能通过物理考试。如果我在考试中发挥正常，我将能通过物理考试。"

考试结束后，证明这三个人说的都是真话，并且，发挥正常的人是三人中惟一通过这两门科目中某门考试的人；发挥正常的人也是三人中惟一没有通过另一门考试的人。

从上述断定能推出以下哪项结论？

A. 甲是发挥正常的人

B. 乙是发挥正常的人

C. 丙是发挥正常的人

D. 题干中缺乏足够的条件来确定谁是发挥正常的人

E. 题干中包含互相矛盾的信息

本题参考答案

1A，2E，3E，4C，5A，6E，7D，8B，9B，10B，11D，12E，13A，14E，15B，16D，17E，18E，19C，20B。

第五章 模态命题、规范命题及其推理

学习目标

本章应掌握的基本原理：

△ 模态命题及其真值解释

△ 模态对当关系推理

△ 行为规范和法律规范的结构

△ 法律规范命题的种类

△ 规范对当关系推理

△ 复合规范推理

△ 法律解释的逻辑解释方法

本章需训练的基本能力：

△ 运用模态推理、规范推理的能力

△ 运用逻辑方法解释法律规范的能力

第一节 模态命题及其推理

一、模态命题的概述

（一）模态命题的含义

所谓模态命题，有广义、狭义两种理解。广义的模态命题，泛指一切含有模态词（如"可能"、"必然"、"应当"、"禁止"、"允许"、"知道"、"相信"等等,）的命题；狭义的模态命题，仅指含有"必然"、"可能"这种类型模态词的命题。本章所讨论的模态命题，是指狭义的模态命题，即反映事物情况必然性或可能性的命题。例如：

①违反客观规律必然要受到客观规律的惩罚。

②执法者可能知法犯法。

命题①反映了违反客观规律受到惩罚的必然性，命题②反映执法者知法犯法具有可能性。它们都是模态命题。

模态命题由模态词与原命题两部分组成。

模态词是表示必然性或可能性的词。如上面两个例子中的"必然""可能"。表示必然性的模态词除"必定"外，还有"一定"、"必定"等；表示可能性的模态词则有"可能"、"或许"、"也许"等。

　　原命题是被模态词所限定的命题。如上面两个例子中，前者的原命题是"违反客观规律要受到客观规律的惩罚"，后者的原命题是"执法者知法犯法"。

　　模态命题中的原命题可以是简单命题，也可以是复合命题，因而便有简单命题的模态命题（也可叫做"简单模态命题"）和复合命题的模态命题（也可叫做"复合模态命题"）。上面两个例子都属于简单模态命题。下面则是复合模态命题的例子：

　　　　①处理过轻不利于他认识错误和改正错误是可能的。

　　　　②物极必反。（即：事物如果发展到极点，则必然走向它的反面。）

　　前一个例子说明处理过轻不利于他认识错误和改正错误这两种情况同时存在具有可能性，后一个例子则反映事物发展到极点是事物走向自己反面的充分条件具有必然性。

　　就简单模态命题而言，模态词的位置比较灵活：可以像前面的例子那样，置于原命题中间；也可以放在原命题的后面或前面。如"执法者可能知法犯法"就可以表述为如下形式而意义不变。

　　　　执法者知法犯法是可能的。

　　　　可能执法者知法犯法。

　　但是，如果原命题本身是否定命题（或者说，模态词与否定词同时在原命题中出现时），则必须注意模态词的位置。

　　另外，简单模态命题是复合模态命题的基础，因此一般提到模态命题，往往指的就是简单模态命题。以下除非特别说明，均按这种方法处理。

　　（二）模态命题的种类

　　根据模态词类型的不同，模态命题可以分为必然模态命题（简称必然命题）和可能模态命题（简称可能命题）两大类。再根据原命题联项（即肯定或否定）的不同，进一步分为四类：必然肯定命题、必然否定命题、可能肯定命题、可能否定命题。

　　1. 必然肯定命题。必然肯定命题是反映事物情况存在具有必然性的命题。例如：

　　　　①新制度必然代替旧制度。

②人类社会由低级形态向高级形态发展是必然的。

前一个命题反映新制度代替旧制度具有必然性，后一个命题反映人类社会由低级形态向高级形态发展具有必然性。

必然肯定命题的逻辑形式为：

S 必然是 P   或   必然 p   或 $\Box p$

2. 必然否定命题。必然否定命题是反映事物情况不存在具有必然性的命题。例如：

①人的正确思想必然不会从天上掉下来。

②阶级不会自行消亡是必然的。

前一个命题反映人的正确思想不会从天上掉下来具有必然性，后一个命题反映阶级不会自行消亡具有必然性。

必然否定命题的逻辑形式为：

S 必然不是 P   或   必然非 p   或 $\Box \bar{p}$

3. 可能肯定命题。可能肯定命题反映事物情况存在具有可能性的命题。例如：

①这个案件可能是图财害命。

②可能第一位证人作了伪证。

前一个命题反映这个案件是图财害命具有可能性，后一个命题反映第一位证人作了伪证具有可能性。

可能肯定命题的逻辑形式为：

S 可能是 P   或   可能 p   或 $\Diamond p$

4. 可能否定命题。可能否定命题是反映事物情况不存在具有可能性的命题。例如：

①犯罪分子不受刑罚处罚是可能的。

②法庭可能不会作出被告有罪的判决。

前一个命题反映犯罪分子不受刑罚处罚具有可能性，后一个命题反映法庭不会作出被告有罪的判决是具有可能性的。

S 可能不是 P   或   可能非 p   或 $\Diamond \bar{P}$

（三）模态命题的真值解释

任何命题都有真假。非模态命题的真假取决于命题所陈述的内容是否符合实际情况，符合实际情况的非模态命题为真，否则为假。可见，非模态命题的真假是以现实世界的情况作为参照标准的。而模态命题不仅仅陈述事物情况，还陈述事物情况的必然性或可能性，因而确定一个模态命题的真假就不能仅仅局限于现实世界这个参照系。模态命题的真假与它所包含的非模态命题的真假有关，但不能完全由它所包含的非模态命题来决定。

例如：张三酒后驾车出了交通事故，这是事实，因而"张三酒后驾车出了交通事故"这个非模态命题是真的，但"张三酒后驾车必然发生交通事故"这个模态命题却未必是真的。相反，如果张三酒后驾车没有发生交通事故，这也是事实，因而"张三酒后驾车发生了交通事故"这个命题是假的，但"张三酒后驾车可能会发生交通事故"这个命题却是真的。

由此可见，必然 P 的真值并不直接取决于 P 的真值，而取决于 P 真是否具有必然性，可能 P 的真值也并不直接取决于 P 的真值，而取决于 P 真是否具有可能性。

模态命题是有一个非模态命题和一个模态词构成的，因此，要确定模态命题的真假，关键在于对模态词做何解释。模态词不是真值联结词，不能用真值表刻画模态命题的真值情况。如何确定模态命题的真假呢？许多逻辑学家通过运用"可能世界"理论来解决这个问题。

"可能世界"这个概念是德国哲学家莱布尼茨最早提出的。从直观上理解，所谓"可能世界"是指能够为人们合乎逻辑地设想出来的各种各样的情况或场合。凡是不违反逻辑即不包含逻辑矛盾的，能够为人们的主观设想、想像出来的情况都是可能世界。例如，"假如平时认真做好逻辑习题的话，上学期的逻辑期末考试我一定能够及格"，就是一个可能世界，事实上他上学期的逻辑考试没有及格。当然，现实世界也是一个可能世界，是被实现了的可能世界，它不过是诸多可能世界中的一个。

有了许多可能世界以后，我们再谈论一个模态命题的真假时，就有必要明确：所谈论的命题究竟在哪个可能世界里的真值。我们约定：以下所说的模态命题的真值都是相对于现实世界而言的。于是，我们就没有必要考虑所有的可能世界，而仅仅需要考虑相对于现实世界来说具有可能性的那些可能世界，即现实世界可以通达的那些可能世界。所谓一个可能世界 W_1，可通达一个可能世界 W_2，可以理解为 W_2 相对于 W_1 是可能的。例如，W_1 表示我们的现实世界，W_2 表示一个消除了贫困、饥饿的可能世界，W_2 就是 W_1 的一个可以通达的可能世界。一个可能世界可以通达到自身。

我们把现实世界可通达的所有可能世界组成的那个可能世界集记为 W，并以 W 作为定义模态命题真假的参照系。

"必然 P"为真，当且仅当 P 在 W 中的所有可能世界中都为真。

"必然非 P"为真，当且仅当 P 在 W 中的所有可能世界中都为假。

"可能 P"为真，当且仅当 P 在 W 中至少一个可能世界中为真。

"可能非 P"为真，当且仅当 P 在 W 中至少一个可能世界中为假。

模态命题的真假情况如下表所示：

P 在可能世界中的真假 / 模态命题的真假 / 模态命题的种类	P 在 W 中所有可能世界中为真	P 在 W 中所有可能世界中有真有假	P 在 W 中所有可能世界中为假
必然肯定命题□P	1	0	0
必然否定命题□P̄	0	0	1
可能肯定命题◇P	1	1	0
可能否定命题◇p̄	0	1	1

（四）模态命题对当关系

四种模态命题之间存在着真值对应关系，这种关系叫模态命题对当关系。这种关系也可以用一个正方形加以表示，叫做模态命题逻辑方阵。

讨论模态命题对当关系的前提条件是素材相同，即原命题相同，或原命题的主项相同并且谓项相同。

素材相同的四个模态命题之间的真值对应关系有如下四种类型：

1. 反对关系。反对关系是必然肯定命题与必然否定命题之间具有的一种真值关系。它们之间不可同真，但可同假。或者说，其中一个真，则另一个必假；一个假，另一个则真假不定。

2. 下反对关系。下反对关系是可能肯定命题与可能否定命题之间具有的一种真值关系。它们之间不能同假，但可同真。或者说，其中一个假，另一个必真；其中一个真，另一个则真假不定。

3. 差等关系。差等关系是必然肯定命题与可能肯定命题、必然否定命题与可能否定命题之间具有的一种真值关系。如果必然命题真，则相应的可能命题必真；如果必然命题假，则相应的可能命题真假不定；如果可能命题假，则相应的必然命题必假；如果可能命题真，则相应的必然命题真假不定。

4. 矛盾关系。矛盾关系是必然肯定命题与可能否定命题、必然否定命题与可能肯定命题之间具有的一种真值关系。它们之间既不能同真，也不能同假。或者说，其中一个真，则另一个必假；其中一个假，则另一个必真。

四种模态命题之间的真值对应关系可以用模态命题逻辑方阵表示出来。如下图所示：

模态命题逻辑方阵图中，可以引入不带模态词的原命题"P"和"P̄"。相对于四种模态命题，这种不带模态词的原命题称之为实然命题。实然命题引入后的模态命题逻辑方阵图如下图所示。

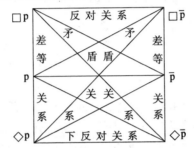

方阵图中，原来的关系不变，新增加的关系是：

□p 与 p̄、□p̄ 与 p 之间为反对关系；

◇p 与 p̄、◇p̄ 与 p 之间为下反对关系；

□p 与 p、p 与 ◇p、□p̄ 与 p̄、p̄ 与 ◇p̄ 之间为差等关系。

P 与 p̄ 之间为矛盾关系

（五）模态命题的负命题

模态命题的负命题，是指否定某个模态命题的命题。如下面两个例子：

并非事物可能不发生变化。

并非这次中毒事件必然发生。

前一个例子对"事物可能不发生变化"这个可能否定命题作了否定，构成了一个可能否定命题的负命题；后一个例子对"对这次中毒事件必然会发生"这个必然肯定命题作了否定，构成了一个必然肯定命题的负命题。

模态命题负命题的逻辑形式，是在相应模态命题的逻辑形式前面加上否定词或否定符号。以上两个负命题中的模态命题，它们的逻辑形式分别为：

可能非 p　　　　　或◇p̄

必然 p　　　　　　或□p

在这些逻辑形式前面加上否定词或否定符号，就是这两个模态命题负命题的逻辑形式：

并非可能非 p　　　　或◇̄ p̄

并非必然 p　　　　　或□̄p

一个模命题的负命题与该模态命题之间，它们的真值是正好相反的：一个模态命题真，则其负命题假；一个模态命题假，则其负命题真。因此一个模态命题的负命题，与该模态命题的矛盾命题是等值的。这样，就有了下列模态命题的负命题与其等值命题的公式：

$$\overline{□}p ↔ ◇\overline{p}$$

$$\overline{□\overline{p}} ↔ ◇p$$

$$\overline{◇}p ↔ □\overline{p}$$

$$\overline{◇\overline{p}} ↔ □p$$

据此，前面所举的两个模态命题的负命题，其等值情况如下：

"并非事物可能不发生变化"等值于"事物必然发生变代"。

"并非这次中毒事件必然会发生"等值于"这次中毒事件可能不会发生"。

模态肯定命题（必然肯定命题或可能肯定命题）的负命题与对应的模态否定命题（即必然否定命题或可能否定命题）是不应混同的。如必然肯定命题的负命题与对应的必然否定命题（□̄p 与 □p̄）、可能肯定命题的负命题与对应的可能否定命题（◇̄p 与 ◇p̄），它们都包含了一个否定词、一个相同的模态词和一个相同的原命题；然而否定词所在位置是有区别的，否定词的否定意义也是不一样的。在模态命题的负命题中，否定词位于模态词之前（实际上是位于模态命题之前），构成了对整个模态命题的否定；而在模态否定命题中，否定词位于模态词之后、原命题之前，其作用在于否定原命题的主项具有谓项所表示的性质，或者说，在于反映原命题的主项不具有谓项所表示的性质。

在比较模态肯定命题的负命题与其对应的模态否定命题时，如果将模态命题的负命题转换为等值的模态命题，那么它们之间的不同就非常显明了。对比"并非这次中毒事件必然会发生"和"这次中毒事件必然不会发生"，前者等值于一个可能否定命题（即"这次中毒事件可能不会发生"），与后面这个必然否定命题显然是不等值的。

（六）模态命题应用中应注意的问题

应用模态命题时主要应注意以下两个问题。

1. 正确而恰当地使用模态词。模态命题是反映事物情况必然性或可能性的命题，而能否正确而恰当地反映这种必然性或可能性，则是决定模态命题是否正确和恰当的重要因素。由于模态命题是通过模态词来反映这种必然性或可能性的，因而必须正确而恰当地使用模态词。

在这个问题上，经常出现的毛病有两种情形：一是应当用必然模态词却误用了可能模态词，二是应当用可能模态词却误用了必然模态词。例如：

①有奸情必有合谋。

②作案人可能有作案时间。

前一个例子中的事物情况（有奸情者有合谋）中具有可能性而不具备必然性，当用可能模态词却误用了必然模态词，应改为"有奸情可能有合谋"。后一个例子中的事物情况（作案人有作案时间）不是具备可能性的问题而是具备必然性的问题，当用必然模态词却误用了可能模态词，应改为"作案人必定有作案时间"。

正确而恰当地使用模态词，在司法实践中有着重要的意义。例如有一起商店毛料被盗的案件，侦查人员根据被剪毛料的料头成锯齿型特征，便断定是内行作案有意伪装的结果，作案人与卖布职业有关，进而认为该案是一个"标准的内盗案件"。但最后破案结果表明，根本不是什么"标准的内盗"，而是纯粹的外盗。判断失误原因何在呢？关键在于对毛料料头成锯齿型特征的解释。内行作案有意伪装只是出现这种特征的一种可能，还存在着其他可能性：或外行缺乏剪布的技巧，或受到工具的限制等等。因此正确的判断应该是：毛料料头成锯齿型特征可能是内行作案有意伪装造成的。由于模态命题判断失误，也即错用了模态词，致使侦查工作走入歧途。

此外还有一种毛病，即当用模态词而未用模态词，这里主要是就可能模态词而言的。在实际工作和生活中，难免碰到一些比较棘手的敏感问题，肯定回答和否定回答都不合适。在这种情况下，附加可能模态词的回答往往可以收到较好的效果。比如一位负责或主持某项工作的同志，在被问到某些机密情况而不便明确回答时，就可以恰当地运用一个可能模态命题作答。假如不是这样，而是运用一个实然命题将应当保守秘密的事物情况和盘托出，或者缄口不言，拒不回答，恐怕都是不可取的。

2. 正确区分模态命题的负命题与模态否定命题。模态命题的负命题与模态否定命题的区别已在前面作了介绍。在一般情况下，模态命题的负命题，当其否定词位居模态命题之前（例如"并非这次中毒事件必然发生"这样的型式），进行这种区别还是比较容易的。但是在有一种情况下往往发生混淆，那就是：命题中同时出现了否定词和模态词，并且它们又前后相连，紧紧靠在一起。例如：

　　①明天不可能下雨。
　　②明天可能不下雨。
　　③能说会道的人不一定掌握真理。
　　④能说会道的人一定没有掌握真理。

前两例中否定词与模态词"可能"紧紧相连，后两例中的否定词则与模态词"一定"（即"必然"）紧紧相连。为了对这些命题的类型作出准确的认定，就应该对命题中否定词和模态词的先后位置有清醒的认识，从而区别两种情况：

第一种情况：否定词在前，模态词在后。此时为某个模态命题的负命题。如上面第一、三两个例子："明天不可能下雨"，也即"并非明天可能下雨"，等值于"能说会道的人不一定掌握了真理"，等值于"能说会道的人可能没有掌握真理"。

第二种情况：模态词的在前，否定词在后。此时为某个模态否定命题。如上面第二个例子为可能否定命题，第四个例子为必然否定命题。

在汉语中，"未必"这种语词形式即"不必然"的意思，是表达必然命题负命题的。如上面的第三个例子，就可以表述为"能说会道的人未必掌握了真理"。

二、模态推理

（一）什么是模态推理

模态推理是指前提或结论为模态命题的推理。例如：

　　①马克思说过：任何领域的发展都不可能不否定自己从前的存在形式。由此可见，任何领域的发展必然否定自己从前的存在形式。
　　②珠穆玛峰还在不断发生变化，因此，珠穆朗玛峰必然不再变化的说法是不能成立的。

第一个例子的前提、结论均为模态命题（或模态命题的负命题）；第二个例子的前提是一个实然命题，结论是模态命题的负命题。

（二）对当模态推理

所谓对当模态推理，就是根据模态命题对当关系进行推演的模态推理。模态命题对当关系，可以仅指四种模态命题之间的真值对应关系。也可以指四种模态命题以及两种实然命题之间的真值对应关系。据此，对当模态命题便有如下四种类型：

1. 反对关系模态推理。反对关系模态推理就是根据反对关系进行推演的模态推理。命题之间的反对关系，是不可同真但可同假的关系，因此由其中一个为真可以推出另一具为假，而由其中一个为假不能推出另一个的真假。据此，反对关系模态推理便有如下正确式：

（1）□p⇒$\overline{\square \overline{p}}$

例如：大量事实证明，这个事故必定是责任事故，因此，这个事故必定不是责任事故的说法不对的。

（2）□$\overline{p}$⇒$\overline{\square p}$

例如：既然本案必然不是图财害命，因此本案必定是图财害命的看法就不对了。

（3）□p⇒$\overline{\overline{p}}$ 或□p⇒p

例如：凡犯罪行为必定都有社会危害性，所以，凡犯罪行为都有社会危害性。

（4）$\overline{p}$⇒$\overline{\square p}$

例如：并非生前溺水的男尸都俯卧，因此，并非生前溺水的男尸一定俯卧。

（5）□$\overline{p}$⇒$\overline{p}$

例如：反动势力必然不会自动退出历史舞台，所以，反动势力不会退出历史舞台。

（6）p⇒￢$\square \overline{p}$

例如：我国刑法对适用类推定罪判刑的案件有严格的限制，因此，那种认为我国刑法对适用类推定罪判刑的案件必定没有严格限制的看法是不符合事实的。

2. 下反对关系模态推理。下反对关系模态推理就是根据下反对关系进行推演的模态推理。命题之间的下反对关系是不可同假但可同真的关系，因此由其中一个为假可以推出另一个为真，而由其中一个真不能推出另一个真假。据此，下反对关系模态推理便有如下正确式：

（1）◇$\overline{p}$⇒$\overline{\diamond p}$

例如：这样的案件可能不会判 10 年以上的有期徒刑，因为大量案例都说明，这样的案件不可能会判 10 年以上的有期徒刑。

（2）$\overline{\lozenge\overline{p}}\Rightarrow\lozenge p$

例如：任何一部法律都不可能没有漏洞，所以说，任何一部法律都有漏洞。

（3）$\overline{\lozenge p}\Rightarrow\overline{p}$

例如：我国刑法不可能实行罪行擅断主义，因此，我国刑法不实行罪行擅断主义。

（4）$\overline{\overline{p}}\Rightarrow\lozenge p$　　或 $p\Rightarrow\lozenge p$

例如：刑法时效制度既然起源于罗马法，因此，说刑法时效制度可能起源于罗马法，当然也是对的。

（5）$\overline{\lozenge\overline{p}}\Rightarrow p$

例如：法律不可能不反映统治阶级的意志，所以，法律是反映统治阶级意志的。

（6）$\overline{p}\Rightarrow\lozenge\overline{p}$

例如：本案定罪判刑的理由并不充足，可见，本案定罪判刑的理由可能不充足。

3. 差等关系模态推理。差等关系模态推理就是根据差等关系进行推演的模态推理。命题之间的差等关系，是可以同真可以同假的关系。具体说，在相应的必然命题、实然命题和可能命题（即逻辑方阵中位于同侧的命题）之间，由前者为真可推出后者为真，由后者为真不能推出前者的真假。据此，差等关系模态推理便有如下正确式。

（1）$\square p\Rightarrow p$

例如：贪污罪必定有犯罪动机，所以说，贪污罪是有犯罪动机的。

（2）$\overline{p}\Rightarrow\overline{\square p}$

例如：这个案件不是仇杀案件，所以这个案件不必然是仇杀案件。

（3）$p\Rightarrow\lozenge p$

例如：无首裸尸很难辨认，因此，无首裸尸可能很难辨认。

（4）$\overline{\lozenge p}\Rightarrow\overline{p}$

例如：没有作案时间的人不可能是犯罪人，所以，没有作案时间的人不是犯罪人。

（5）$\square\overline{p}\Rightarrow\overline{p}$

例如：过失罪必定没有犯罪故意，可见，过失犯罪没有犯罪故意。

（6）$\overline{\overline{p}} \Rightarrow \square \overline{p}$　　或　　$p \Rightarrow \square \overline{p}$

　　　例如：报纸上刊登香烟方告是违法的，因此，说什么报纸上刊登香烟广告一定不会违法，显然是不对的。

（7）$\overline{\overline{p}} \Rightarrow \diamondsuit \overline{p}$

　　　例如：既然说违法行为都是犯罪行为不对，所以，违法行为可能不是犯罪行为。

（8）$\overline{\diamondsuit \overline{p}} \Rightarrow p$　　或　　$\overline{\diamondsuit \overline{p}} \Rightarrow \overline{\overline{p}}$

　　　例如：犯罪分子不可能不留下痕迹，因此，犯罪分子是要留下痕迹的。

4. 矛盾关系模态推理。矛盾关系模态推理就是根据矛盾关系进行推演的模态推理。命题之间的矛盾关系，是不可同真不可同假的关系，因此，由其中一个为真可以推出另一个为假，由其中一个为假可以推出另一个为真。据此，矛盾关系模态推理便有如下正确式：

（1）$\square p \Rightarrow \overline{\diamondsuit \overline{p}}$

　　　例如：从死者被杀惨状看，凶手必定十分狠毒，因此，说凶手可能不是十分狠毒，显然不符合事实。

（2）$\overline{\square p} \Rightarrow \diamondsuit \overline{p}$

　　　例如：大量迹象表明，罪犯不一定是成年人，所以说，罪犯可能不是成年人。

（3）$\diamondsuit \overline{p} \Rightarrow \overline{\square p}$

　　　例如：有犯罪动机的人可能不是罪犯，因此，有犯罪动机的人一定就是罪犯的看法是错误的。

（4）$\overline{\diamondsuit \overline{p}} \Rightarrow \square p$

　　　例如：从现场勘查情况看，凶手与被害人可能不相识的说法应予否定，因此，凶手与被害人必定相识。

（5）$\square \overline{p} \Rightarrow \overline{\diamondsuit p}$

　　　例如：两个人中跑得快的必定不是贼，所以，两个中跑得快的不可能是贼。

（6）$\overline{\square \overline{p}} \Rightarrow \diamondsuit p$

　　　例如：遭到抢劫的女性未必就不能很顺畅地把案情讲清楚，因此，遭到抢劫的女性很顺畅地把案情讲清楚，是完全可能的。

（7）$\diamondsuit p \Rightarrow \rightarrow \square \overline{p}$

　　　例如：凶手可能是逃犯，所以，认为凶手必然不是在逃犯的意见应予否定。

(8) $\overline{\diamond p} \Rightarrow \Box \overline{p}$

　　例如：这场火灾可能是自然灾害的假设不能成立，因此，这场火灾必然不是什么自然灾害。

前面介绍模态命题的负命题时，曾给出了模态负命题与其等值命题的四个等值公式：

$\overline{\Box p} \Leftrightarrow \diamond \overline{p}$

$\overline{\Box \overline{p}} \Leftrightarrow \diamond p$

$\overline{\diamond p} \Leftrightarrow \Box \overline{p}$

$\overline{\diamond \overline{p}} \Leftrightarrow \Box p$

不难看出，这里所说的矛盾关系模态推理与这四个等值式是有关联的。这里的第一个等值式，是推理（2）和（3）的依据；反过来看，推理（2）和（3），则是第一个等值式的展开。同样，第二个等值式，是推理（6）和（7）的依据；推理（6）和（7），则是第二个等值式的展开。第三个等值式，的推理（5）和（8）的依据；推理（5）和（8），则是第三个等值式的展开。第四个等值式，是推理（1）和（4）的依据；推理（1）和（4），则是第四个等值式的展开。

按照通常的理解，依据等值关系所进行的推理叫做等值推理，即从等值式的左边推出右边，或者从等值式的右边推出左边。从这个意义上说，矛盾关系模态推理，实际上也就是等值式关系模态推理了。

为了方便记忆，我们将上述所有对当关系的模态推理的有效式用以下图式表示：

第二节 法律规范命题及其推理[1]

一、规范命题的概述

（一）行为规范的特征、组成和结构

所谓行为规范，就是规定特定主体在假定情况出现的时候，应当或不应当作出某种行为的规则。

规范要求人们作出或不作出的行为，只能是属于人的意志可以控制的行为，否则，这样的规范就是不合理的或无效的。一般来说，就规范所涉及的人的行为关系来看，规范可分为技术规范和社会规范。

技术规范是规定人们支配和使用自然力、劳动工具、劳动对象的行为规则。譬如，各种技术操作规程，生产管理的规章制度等等，均属此类。

社会规范是调整人们社会关系的行为准则，包括道德的、宗教的、社会习惯以及其他共同生活的规则。社会规范不是由国家机关制定的，也不是通过国家强制力来保证其实施的，而且，一般也没有采用正式文件的形式，只存在于人们的观念中，或存在于人们的生活习惯中。

一个完整的规范命题由以下三个方面的内容组成，即：①确定规范的承受者，表明该规范是针对谁发出的指令，是对谁提出的行为要求；②规定规范承受者应当或不应当作出的行为，也就是规范中对某种行为所作的描述；③指出要求承受者作出或不作出某种行为时所需具备的情况或条件，它是规范中的一种假定或预见。

例如，《信托法》第53条规定："有下列情形之一的，信托终止：①信托文件规定的终止事由发生；②信托的存续违反信托目的；③信托目的已经实现或者不能实现；④信托当事人协商同意；⑤信托被撤销；⑥信托被解除。"

在上述规范命题中，承受者是信托双方当事人，规范命题中列举的各点，就是本规范适用的情况，"信托终止"就是在上述情况下要求作出的行为。

一个完整的一般规范的逻辑结构是：

---

[1] 第2、3节的写作参阅了雍琦教授主编的《审判逻辑导论》一书的有关内容，在此表示感谢！

"如果某人具有特征 T，并且出现情况 W，那么，他必须（或可以）C。"

个别规范则可表述为：

"某个 X 在情况 W 下必须（或可以）C"

规范中提到的"情况 W"和要求作出的行为"C"，有时比较复杂。在这种情况下，规范就采用分别叙述的方式予以列举。

实际生活中，规范的表述形式常常不是完整的。如果规范中没有明确指出该规范的承受者，就表明该规范的承受者是没有预期特征的承受者，意味着对所有的人都适用。如果规范中没有明确指出履行该规范指令的情况、条件，就表明该规范要求在任何情况下都得履行该规范的指令。因此，一个规范可以省略表述为：

"X 必须 C"或"X 可以 C"

在一个规范中，主要成分是要求应当（或不应当）作出的是什么样的行为，亦即关于行为的规定。就规范对承受者给出的行为规定来看，又都包含了肯定方面和否定方面的意思，例如：

"教师必须按时上课，不得迟到早退。"

这一规范前面部分，表达的就是肯定方面的意思，它命令承受者应当作出什么样的行为。这一规范的后面部分，表达的则是否定方面的意思，它命令承受者应当不作出什么样的行为。不过，实际生活中，并非每一规范都如此明显地作出了正反两方面的表达。当一个规范只以肯定形式命令承受者作出某种行为时，它隐含的另一方面的意思，就是禁止承受者作出与之相反的那类行为；当一个规范只以否定的形式，命令承受者不得作出某种行为时，它隐含的另一方面的意思，就是要求承受者必须作出与之相反的那类行为。

因此，当规范表达为"必须 C"时，也就等于说："必须 C，并且禁止非 C"；当规范表达为"不准 C"时，也就等于说："不准 C，并且必须非 C"。所以，规范可以采用命令作出某种行为的语言形式，也可以采用禁止作出某种行为的语言形式。命令形式和禁止形式，可以互相替换。

此外，规范有时还采用"可以怎样"或"可以不怎样"的表达式。

如果规范规定承受者在某种情况下"可以 C"，隐含的另一方面的意思就是不禁止作出与规定"C"相反的行为；反之，若规定为"可以非 C"时，隐含的另一方面的意思就是不禁止作出与"非 C"相反的行为。

采用否定的语言形式表达的规范，通常把承受者省去。如前所说，这样的规范都是一般规范，其承受者就是特定范围内的每一个人。例如，

"禁止随地吐痰"这一规范的承受者就是特定场合的每一个人。又如，"严禁酒后开车"，这一规范的承受者就是所有的驾车人员。

行为规范虽然是约束人们行为的规则，然而承受者并不都那么乐于接受、履行。为了强调履行该行为规范的必要性，迫使规范承受者按规范给出的指令作出或不作出某种行为，于是，规范的制定者便在给出一个行为规范的同时，给出相应的制裁规定，命令另外的人对违反者实施某种惩罚措施。例如：

"禁止随地吐痰，违者罚款×元。"

这里，"禁止随地吐痰"，是对特定场合内的人给出的指令；"违者罚款×元"，则是对不履行前一规范的制裁规定。

制裁规定当然也是一种行为规范。不过，在同一规范中，制裁规定总是同某个一般行为规范相联系的，而且，制裁规定的承受者与行为规范的承受者是不同的。为表示区别，我们将制裁规定称作制裁规范，以区别于行为规范。制裁规范是行为规范制定者给有责任监督履行某项行为规范的人发出的指令，目的在于保证与之相联系的某项行为规范得到履行。如上例："场内禁止吸烟"，它的承受者是进入场内的每一个人；"违者罚款×元"，它的承受者就是负有监督履行责任的人员。

（二）法律规范及其结构

法律规范是具有特殊意义的一种社会规范。它不同于一般社会规范的根本特点，就在于它是由国家机关制定和认可的，并且，又是依靠国家强制力来保证其实施的。法律规范的强制性，突出地就表现为，在给出行为规范的同时还给出相应的制裁规定。例如，宪法中关于公民权利与义务的规定，就是给公民提出的行为规范，它的承受者就是每一个有行为能力的公民；而刑法则是对违反者的制裁规定，它是立法者给司法机关的指令，要求司法机关对违反规范的人，按规定的制裁方式予以刑罚惩处。

不难理解，如果法律规范也如同其他某些社会规范那样，只对承受者提出应当怎样行为的要求，没有相应的制裁规定，承受者就会觉得履行也可，不履行也没有什么痛苦或损害的威胁，这样一来，法律规范也就不成其为法律规范了。

当然我们也必须看到，制裁并非目的。在对承受者提出应当怎样行为要求的同时，确立相联系的制裁规定，目的在于使规范的承受者预见到违反规范的害处，懂得必须作或不作什么；进而保证行为规范得以实现它的效力。"强制只能用来针对少数不合作的人；在任何正常并运转有效的国家中，必须运用制裁手段加以对待的违法者的人数远远少于遵纪守法的公民。""如果大多数公民不愿遵守此法律，那么强制就会变得毫无意义，以强制作为威胁手段也会丝毫不起作用。"[1]

正是基于上述理由，法律规范作为一个完整的法律体系或一个法律文件来看，它都包含了这样三个部分，即假定、处理和制裁。其中，"假定"和"处理"这两部分可合称为"行为模式"，"制裁"部分也称之为"法律后果"；就一个具体的法律规范命题而言，则都可分解为"行为模式"和"法律后果"这两部分。

假定部分，就是法律规范中指出的、适用该规范的条件或情况的那一部分。所谓"条件"，又包括承受者应具备的特征和要求作出或不作出某种行为所需具备的条件，相当于前面谈到的行为规范结构中的"T"和"W"这两部分。

处理部分，就是规范命令（允许或禁止）承受者作出什么样的行为的那一部分，相当于前面谈到的行为规范结构中的"C"这一部分。

制裁部分，就是法律规范中规定的，违反该规范将要承担的法律后果的那一部分。

这样，我们就可把一个完整的法律规范（不是指法律规范命题）的结构，表述为这样一个公式：

"如果具有性质T的人，并且出现情况W，那么，必须（禁止或允许）C；违者（或侵犯者）处以S。"

但是，这一结构仅仅是就一个法律规范体系来说的。在一个具体的法律规范命题中，如此明确、完整地表示出这三个部分的情况，十分罕见。通常表现为如下几种情形：

1. 在同一法律规范体系中，把该规范的假定、处理部分以及违反该规范的制裁部分，分别表述在不同的法律文件中。例如《宪法》就只是关于处理部分的规定，而《刑法》则是关于对违反者制裁的规定。

2. 在同一法律文件中，假定、处理和制裁这几部分，分别表述在不同的条文中，因而该法律文件中的某些法律条文就省去了假定条件，或者省去了制裁规定。

3. 单就制裁规范而言，也同样可分解为适用规范的假定部分（即"违者"具有的特征和出现了什么样的情况）和具体的制裁规定（制裁方式）部分。其中，假定部分中关于"违者"的特征，统一表述在另一些条文

---

[1] ［美］博登海默著，邓正来、姬敬武译：《法理学——法哲学及其方法》，华夏出版社1987年版，第335页。

中。如《刑法》，就将这一部分表述在"总则"中；"分则"的条文就省去了这样一部分。

上述情况表明，法律规范的结构与具体的法律规范命题（法律条文）的结构，不是一回事。我们将要进一步讨论的，只是法律规范命题的结构。

一般来说，法律规范都不是针对个别的人，而是针对具备同样特征的许多人而提出的，同时，它的适用也不是一次性的，因此，法律规范都属一般规范，并且也都属抽象规范。至于法院针对某个特定对象作出的裁决、判处结论，是否也应视为法律规范，这是一个值得讨论的问题。一些法学学者认为：判决只是法律规范在具体条件下的适用，虽然也具有必须遵守的性质，然而它不是法律规范，而是非规范性的文件。其实，正因法院的判决是法律规范在具体条件下的适用，是以法律规范为依据而推出的结论；判决中的具体规定，又是法律规范中包含有的规定，所以，对于法院的判决，我们也不妨将其视为法律规范，只不过它不是一般规范，而是从一般规范中推导出来的个别规范而已。

二、规范命题的基本类型及其逻辑关系

（一）什么是规范命题

任何一个规范命题都必然包含有"应当"、"允许"或"禁止"这一类语词，用以表明某种行为规定的执行方式。这类语词，称为规范词。因此，所谓规范命题，就是包含有规范词的命题，亦称规范命题。

（二）规范命题的分类

从规范命题的性质来看，总的不外三种类型，即授权性规范命题，义务性规范命题和禁止性规范命题，各自都通过相应的规范词表示。

1. "允许"型规范命题。"允许"型规范命题，就是包含有"允许"、"可以"一类规范词的规范命题。它表明一旦假定的情况实际出现，执行相关的行为规定或制裁规定是许可的。例如《婚姻法》第11条第1款：

"因胁迫结婚的，受胁迫的一方可以向婚姻登记机关或人民

法院请求撤销该婚姻。"

这个规范命题表达的意思就是，如果"因胁迫结婚"这个情况出现，允许"受胁迫一方向婚姻登记机关或人民法院请求撤销该婚姻"。

"允许"型规范命题，又叫授权性规范命题，在汉语中，表示"允许"规范模态的语词，除"允许"外，还常用"可以"、"准予"、"有权"一类语词表示。法律规范中，关于权利性的法律条文，一般也都属于"允许"型规范命题。例如：

"委托人有权了解其信托财产的管理运用、处分及收支情况，并有权要求受托人作出说明。"（《信托法》第 20 条第 1 款）。

"合营各方没有在合同中订有仲裁条款的或者事后没有达成书面仲裁协议的，可以向人民法院起诉。"（《中外合资经营企业法》第 15 条第 2 款）。

上述就都是"允许"型规范命题。

"允许"型规范命题，除含有上述那类规范词的命题以外，在法律条文中，还有诸如"照×条×款酌情处理"这样的表达形式。它表明：如果假定的情况实际出现，按照前款的规定执行是允许的。因此，这类规范命题，也应看做"允许"型规范命题。

2. "必须"型规范命题。"必须"型规范命题就是包含有"必须"、"应当"等规范词的规范命题，它表明一旦假定的情况出现，不履行相关的行为规定是被禁止的。例如：

"法庭调查时，审判人员应当核实未成年被告人在实施被指控的行为时的年龄。"（《最高人民法院关于审理未成年人刑事案件的若干规定》第 28 条）

"药品经营企业销售中药材，必须注明产地。"（《药品管理法》第 19 条第 2 款）

"必须"型规范命题亦称义务性规范命题或命令性、强制性规范命题。因此，包含有"有义务"、"有……的义务"或"有……责任"等规范语词的规范命题，也都属于与"必须"或"应当"具有同样意义的规范命题。例如：

"附带民事诉讼的当事人对自己提出的主张，有责任提供证据。"（《最高人民法院关于审理刑事案件程序的具体规定》第 69 条）

"成年子女有赡养扶助父母的义务。"（《宪法》第 49 条第 3 款）

按照规范命题中包含的不同规范词对规范命题进行分类，规范命题除"允许"、"必须"型这两种基本类型外，还有一种"禁止"型规范命题。在汉语中，诸如包含有"不得"、"不准"、"不许"、"严禁"等模态词的规范命题，都属"禁止"型规范命题。这里之所以没有单独列出，是因为在规范逻辑中，"允许"被定义为"不禁止"、"禁止"被定义为"不允许"，可见，"禁止"这样的规范模态，可以通过对"允许"的否定而获得。

在一个规范命题中，除去规范词以外，还有它制约的相关行为规定部分，我们用小写"p"来表示关于行为规定的命题成分（行为规定，可以是肯定形式的命题，也可以是否定形式的命题；可以是某种命题自身，也可以是对该种命题的否定）用大写"P"表示规范词"允许"，用大写"O"表示规范词"必须"，在符号上面加"—"，表示对该符号所代替内容的否定，这样，上述四种基本的规范命题就可以表示为：

①Pp（允许型肯定规范命题）　　②P$\overline{p}$（允许型否定规范命题）
③Op（必须型肯定规范命题）　　④O$\overline{p}$（必须型否定规范命题）

再把对规范词的否定考虑进去，比如，对"允许"的否定就是"不允许"，对"必须"的否定就是"不必须"。这样，就又可演变出如下四种规范命题形式：

⑤$\overline{P}$p　　⑥$\overline{P}$ $\overline{p}$
⑦$\overline{O}$p　　⑧$\overline{O}$ $\overline{p}$

上述八种规范命题的形式，只是从逻辑角度作出的概括，法律规范中，上述几种形式并不一定都有相应的实例。在这八种规范命题形式中，⑤~⑧是通过规范词的否定而得的，基本的形式为前面四种。

（三）简单规范命题间的对当关系及其规范推理

如前所述，规范命题可分解为规范词和行为规定两个部分，而行为规定又表现为命题形式，它可以是简单命题，也可以是复合命题。前者称为简单规范命题，后者称为复合规范命题。

所谓简单规范命题之间的逻辑关系，是指上述几种简单规范命题形式之间正确与否的制约关系。规范命题之间的逻辑关系不是一种真假关系，而是妥当或不妥当、规定与执行之间的关系。这些关系，具体说来就是：

1. 反对关系及其推理。在同一规范体系中，"必须p"与"必须非p"之间为反对关系。其意是说，在同一规范体系中，不能把"p"与"非p"这样两种行为同时确立为义务，亦即不能要求承受者既作"p"这样的行为，又作"非p"这样的行为，否则，这样的规范就是自相矛盾，违反矛盾律，因而不可能生效。

由于"必须p"与"必须非p"之间为反对关系，因此，若在一个规范体系中已明确规定"p"是义务，则可推知"非p"不是义务（反之亦然）。这就是说，当确定"p"是义务时，不作"非p"这样的行为就不是被禁止的，不能又制裁不作"非p"者。

但是，当规范中规定"p"不是义务，或者没有明确规定承受者有"p"这样的义务，不能因此推出"非p"就是义务；有可能"p"与"非

p"都不是义务。所以，若规范中没有要求承受者必须执行"p"这样的行为规定，不能把这理解为就是要求必须按照"非 p"这样的规定执行。

反对关系推理的形式为：

(1) $Op \Rightarrow \overline{O}\ \overline{p}$

(2) $O\overline{p} \Rightarrow \overline{O}p$

　　例如："子女必须赡养父母，因此，禁止子女不赡养父母。"

2. 差等关系及其推理。在同一规范体系中，"必须 p"与"允许 p"，"必须非 p"与"允许非 p"之间，分别为差等关系，亦即："必须"蕴涵"允许"，"允许"的否定蕴涵"必须"的否定。换句话说就是：义务蕴涵权利，对权利的否定也就意味着对义务的否定。不同规范命题的差等关系表明：

首先，在制定规范过程中，在确立权利和义务时，若某种行为可以确立为义务，那么，这种行为也就同时可确立为权利。特别是当某种行为是同承受者的职责相联系时，这种行为就不但是承受者的一种义务，同时也是他的一种权利，他不但"必须"这样作，而且也"可以"这样作。

其次，从规范与执行之间的关系来看，如果规范中规定承受者有"p"这样的义务，要求承受者必须作出"p"这样的行为，那么就得承认承受者有作出"p"这种行为的权利；既然规定"p"是"必须"的，当然可以推知作"p"是"允许"的。

简言之，差等关系表明：由义务可以推出权利。例如，根据"知道案件情况的人都由作证的义务"，当然可以推出"知道案件情况的人有权作证"，若有人干涉、阻挠，就是"侵权"，因而是不允许的。

至于"必须非 p"与"允许非 p"之间的关系，道理与上述相同，不再赘述。

由"必须"可以推出"允许"，但是反过来，由"允许"却不能推出"必须"。这意思就是说：如果规定"p"是允许履行的，不能由此推出"p"是必须履行的；规定承受人有"p"这样的权利，不能推出他有"p"这样的义务。例如，根据"委托人有权查阅、抄录或者复印与其信托财产有关的信托账目以及处理信托事务的其他文件"这样的规定，就不能推出"委托人必须查阅、抄录或者复印与其信托财产有关的信托账目以及处理信托事务的其他文件"，不能对前者作后者这样的理解。

规范命题之间的差等关系还告诉我们：在同一规范体系中，"必须 p"与"允许 p"（或者"必须非 p"与"允许非 p"），二者可能都成立，也可能都不成立。因此，对于某些行为，既可以确立为义务，也可以确立为权利；而对于另外有些行为，则既不能确立为义务，也不能确立为权利。如果"p"这样的行为确立为义务（即"必须p"）是能够成立的，那么、把"p"这样的行为确立为权利（即"允许p"），当然也是可以成立的；若把"p"这样的行为确立为权利（"允许p"）都不能成立，那么，将"p"这样的行为视为义务（"必须p"）就更不能成立。道理很明显，若规定"公民有按规定纳税的义务"，当然就得承认公民有按规定纳税的权利；若规定"公民无权干涉他人的婚姻自由"，即否定了公民有干涉他人婚姻自由的权利，当然也就否定了公民有干涉他人婚姻自由的义务。简言之，对"允许p"的否定（即"不允许p"），可以推出对"必须p"的否定（即"不必须p"）。

差等关系推理的形式为：

(1) $Op \Rightarrow Pp$

(2) $O\overline{p} \Rightarrow P\overline{p}$

(3) $\overline{Pp} \Rightarrow \overline{Op}$

(4) $\overline{P\overline{p}} \Rightarrow \overline{O\overline{p}}$

3. 下反对关系及其推理。"允许p"与"允许非p"为下反对关系。意思是说：

第一，在同一规范体系中，"允许p"与"允许非p"可以同时成立，但非必然同时成立。当规定承受者有"p"这样的权利时，不意味着否认有"非p"这样的权利，也不意味着就肯定有"非p"这样的权利。这就是说，由"允许p"不能推出"不允许非p"，也不能推出"允许非p"；同理，由"允许非p"不能推出"不允许p"，也不能推出"允许p"。因为，在有些情况下，规定"允许p"，意味着"允许非p"；但在某些情况下，比如，当"p"既被视为权利，又被视为义务的时候，规定"允许p"就不意味着"允许非p"。例如，我国《宪法》中规定："中华人民共和国公民有受教育的权利和义务。"在这种情况下，关于"中华人民共和国公民有受教育的权利"，显然就不能理解为"因为规定可以受教育，所以也就可以不受教育"。可见，由"可以怎样"，不能推出"可以不怎样"。

第二，如果在同一规范体系中，"允许p"不能成立，则"允许非p"必然成立，亦即由"不允许p"可以推出"允许非p"；反之亦然。这就是说，如果不能承认承受者有作出"p"这种行为的权利，就必须承认他有作出"非p"这种行为的权利。否则，就会在逻辑上违反排中律，使得承受者动辄得咎，无所适从；这样的规范当然不会有什么效力。

下反对关系推理的形式为：

（1）$\overline{P}p \Rightarrow P\overline{p}$

（2）$\overline{P}\overline{p} \Rightarrow Pp$

4. 矛盾关系及其推理。"必须 p"与"允许非 p"，"必须非 p"与"允许 p"，它们之间分别为矛盾关系。意思是说：在同一规范体系中，"必须非 p"与"允许 p"不能同时成立。如果规范中确立了承受者有"p"这样的义务，就不能同时又承认他有"非 p"这样的权利；如果否认承受者有"非 p"这样的义务，就得承认他有"非 p"这样的权利。

因此，由对"必须 p"的否定（即"不必须 p"），可以推出"允许非 p"；由对"允许 p"的否定（即"不允许 p"），可以推出"必须非 p"。同理，由对"必须非 p"的否定（即"不必须非 p"，可以推出"允许 p"；由对"允许非 p"的否定（即"不允许非 p"），可以推出"必须 p"。

矛盾关系推理的形式为：

$O P \Leftrightarrow \overline{P}\overline{p}$

$O\overline{p} \Leftrightarrow \overline{P}p$

不同规范命题之间的上述各种关系，可用下图表示：

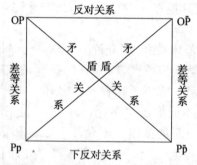

在上述这些推演关系的基础上，我们再引进"禁止"型规范命题，并且以符号"F"表示"禁止"。如前所述，"禁止"被解释为"不允许"；"允许"被解释为"不禁止"。若以"⇒"表示由左面的公式可推出右面的公式，以"⇔"表示左右两面的公式可以互推，意即"等值"，那么，简单规范命题之间的对当关系推理的所有有效式可用以下图表表示出来：

$F\overline{p} \Leftrightarrow \overline{P}\overline{p} \Leftrightarrow Op$　　　　$O\overline{p} \Leftrightarrow \overline{P}p \Leftrightarrow Fp$

　　$\Downarrow$　　$\Downarrow$　　　　　　　$\Downarrow$　　$\Downarrow$

$\overline{F}p \Leftrightarrow \overline{O}\overline{p} \Leftrightarrow Pp$　　　　$P\overline{p} \Leftrightarrow \overline{O}p \Leftrightarrow \overline{F}\overline{p}$

上面这些推演关系，表明了三种不同性质的规范命题之间，亦即义务性规范命题、授权性规范命题和禁止性规范命题之间的相互关系。同时，由于"禁止"型规范命题，又同制裁性规范命题相联系，规定"禁止 p"，就意味着要制裁作"p"者，因而也表明了这些规范命题同制裁性规范命题的关系。从上面这些关系可以看出，只有当"p"（或"非p"）被确立为义务，亦即规定"必须p"（或"必须非p"）的时候，才可作出"禁止非p"（或"禁止p"）这样的规范命题，也才能确立制裁作"非p"者（或制裁作"p"者）这样的规范。

由上面这些推演关系还可以看出，由于规范词的变化，就影响和制约了行为规定部分的命题结构的变化（"p"可以变为"非p"），而"p"又常常表现为一个复合命题的形式。当规范词制约的行为规定，表现为一个复合命题结构的时候，规范词的变化如何影响命题结构的变化呢？规范词与行为规定部分各支命题间的关系，又是怎样的呢？这就有必要进一步研究其中的演变规律。

三、复合规范命题及其推理

（一）复合规范命题的基本形式

复合命题有假言命题、选言命题和联言命题等基本形式。在法律规范命题中，表示行为规定的命题形式不仅多为复合命题，而且一般都是多重复合命题，其结构显得比较复杂。但是，无论具体的命题结构如何复杂，其中的各支命题间的关系，仍不外乎假言、选言、联言等几种复合命题中各支命题间的那些关系，因此，我们这里只考察几种基本的复合规范命题形式。

1. 假言规范命题。如果规范词制约的行为规定，表现为假言命题的形式，就叫假言规范命题。假言规范命题中，表示行为规定的命题部分，通常表现为充分条件假言命题的形式。它表达的意思是："如果某种情况出现，那么就作出某种行为"，是"必须"的、"允许"的或是"禁止"的。

若以"p"表示关于某种情况的描述；以"q"表示在这种情况下作出的行为；以"→"表示"p"、"q"之间的条件关系，再加上相应的规范词，即为假言规范命题的表达公式。

根据规范词的不同，假言规范命题可分为：

（1）"必须"型假言规范命题。其公式为：O（p→q）

例如："信托终止的，受托人应当作出处理信托事务的清算报　告。"（《信托法》第58条第1款）。

它实则为这样的假言规范命题结构："如果犯罪分子具有本法规定的减轻处罚情节，那么，在法定刑以下判处刑罚"，是"必须"的。

（2）"允许"型假言规范命题。公式为：P（p→q）

例如："有前款第1项、第3项、第4项所列情形之一的，委托人

可以解除信托。"（《信托法》第51条第2款）

它实则为这样的假言规范命题结构："如果犯本章之罪（即危害国家安全罪），那么，就并处没收财产"，是"允许"的。

（3）"禁止"型假言规范命题。公式为：$F(p \rightarrow q)$

例如："第二审人民法院审判被告人或者他的法定代理人、辩护人、近亲属上诉的案件，不得加重被告人的刑罚。"（《刑事诉讼法》第190条第1款）

它实则为下面这样的假言规范命题结构：

"如果第二审人民法院审判被告人上诉的案件，就加重被告人的刑罚"，是"禁止"的。

2. 选言规范命题。选言规范命题表达的意思是：行为规定描述的几种行为中，选择履行其中的任一行为，是"必须"的、"允许"的或"禁止"的。

若以"p"、"q"等表示行为的描述，以符号"∨"表示几种行为描述之间的选择（或"析取"）关系，再加上相应的规范词，即是选言规范命题的表达公式。

根据规范词的不同，选言规范命题也可分为：

（1）"必须"型选言规范命题。公式为：$O(p \vee q)$

例如："境内机构进出口货物，经办银行应当凭海关查验后的进出口许可证，或者凭进出口货物报关单，检查其外汇收支。"（《外汇管理暂行条例》第10条）

它实则就为这样一个选言规范命题结构："境内进出口货物，经办银行凭海关查验后的进出口许可证检查其外汇收支，或者境内进出口货物，经办银行凭进出口货物报关单检查其外汇收支"，是"必须"的。

（2）"允许"型选言规范命题。公式为：$P(p \vee q)$

例如："在审判过程中，被告人可以拒绝辩护人继续为他辩护，也可以另行委托辩护人辩护。"（《刑事诉讼法》第39条）

这一规范命题，实则就是下述这样一个"允许"型选言规范命题："在审判过程中，被告人拒绝辩护人为他辩护，或者在审判过程中，被告人另行委托辩护人辩护"，是"允许"的。

（3）"禁止"型选言规范命题。公式为：$F(p \vee q)$

例如："有下列情形之一的，禁止结婚：①直系血亲和三代以内的旁系血亲；②患有医学上认为不应当结婚的疾病"（《婚姻法》第7条）

此例就明显地属于上面公式表示的"禁止"型选言规范命题。它也可以看做是这样的命题结构：

"直系血亲和三代以内的旁系血亲结婚，或者患有医学上认为不应当结婚的疾病的男女结婚"是"禁止"的。

3. 联言规范命题。如果规范词制约的行为规定表现为联言命题形式，就叫联言规范命题。

联言规范命题表达的意思是：同时履行行为规定描述的几种行为，是"必须"的、"允许"的或"禁止"的。

若以"p"、"q"等表示行为的描述，以"∧"表示描述的几种行为之间的合取关系，再加上相应的规范词，即为联言规范命题的公式。

根据规范模态的不同，联言规范命题也可以分为：

（1）"必须"型联言规范命题。公式为：O（p∧q）

例如："任何单位和个人，都有义务保护犯罪现场，并且立即通知公安机关派员勘验。"（《刑事诉讼法》第 102 条）

它实则就为这样的联言规范命题结构："任何单位和个人保护犯罪现场，并且立即通知公安机关派员勘验"，是"必须"的。

（2）"允许"型联言规范命题。公式为：P（p∧q）

例如："对于死因不明的尸体，公安机关有权决定解剖，并且通知死者家属到场。"（《刑事诉讼法》第 104 条）

它实则就为这样的联言规范命题结构："公安机关解剖死因不明的尸体，并且，公安机关通知死者的家属到场"是"允许"的。

（3）"禁止"型联言规范命题。公式为：F（p∧q）

在成文的行为规范中，直接表达为"禁止"型联言规范命题的情形，比较少见。它通常是由"必须"型选言规范命题变形而得的。

例如："禁止家庭成员间的虐待和遗弃。"（《婚姻法》第 3 条第 2 款）

它就等值于这样一个"禁止"型联言规范命题："家庭成员间的虐待和遗弃"，是"禁止"的。

这里须得指出："禁止"型联言规范命题表达的意思是，"既作 p、又作 q 是禁止的"，不同于"既禁止 p，又禁止 q"这样的表达式。前者是"合取"的禁止，后者是"禁止"的合取。例如，"禁止破坏婚姻自由，禁止虐待老人、妇女和儿童"，它等值于"禁止破坏婚姻自由，（并且）禁止虐待老人，（并且）禁止虐待妇女，（并且）禁止虐待儿童"，而不等值于"禁止破坏婚姻自由，并且虐待老人、妇女和儿童"。因此，应注意区别。

（二）复合规范推理

我们仍以符号"⇒"表示左边的公式可推出右边的公式；以符号"⇔"表示左边和右边的公式可以互推。那么，复合规范命题之间最基本的推导关系，有如下几种：

1. O（p∧q）⇔（Op∧Oq）

这个推理的意思是说：如果同时履行 p、q 等几种行为是"必须"的，那就意味着 p、q 等几种行为，分别都是必须履行的。反之，如果 p、q 等行为分别都是必须履行的，那么，同时履行这些行为也是"必须"的。

例如："税务机关、税务人员必须秉公执法，忠于职守，清正廉洁，礼貌待人，文明服务，尊重和保护纳税人、扣缴义务人的权利，依法接受监督。"（《税收征收管理法》第9条第2款）

由这一复合规范命题，就可以推出下面这样的命题："税务机关、税务人员必须秉公执法，并且必须忠于职守，并且必须清正廉洁，并且必须礼貌待人，并且必须文明服务，并且必须尊重和保护纳税人、扣缴义务人的权利，并且必须依法接受监督。"

2. P（p∨q）⇔（Pp∨Pq）

这个推理的意思是说：如果 p、q 等行为的选择是"允许"的，那么，供选择履行的这些行为，分别也就都是"允许"的；反之，如果可选择履行的各种行为，分别都是"允许"的，那么，这些行为的选择履行当然也是"允许"的。

公式表明，"允许"对于"或者"这类连接词表示的关系，既可以从左到右那样分配，也可以从右到左那样概括。

例如："休庭时，可以允许法定代理人或者其他成年近亲属、教师等人员会见被告人。"（《最高人民法院关于审理未成年人刑事案件的若干规定》第30条）

这一复合规范命题，就可以推出下面这样的命题：

"休庭时，可以允许法定代理人会见被告人，或者允许其他成年近亲属会见被告人、或者允许教师会见被告人，等。"

又例如："子女可以随父姓，也可以随母姓。"（《婚姻法》第22条）这个规范命题就可以推出："子女可以随父姓或随母姓。"

3. （Op∨Oq）⇒O（p∨q）

这个推理的意思是说：如果两种被命令必须履行的行为，是可选择的，那就意味着履行某种行为的选择是被命令的，而不是可选可不选的。

例如："讯问笔录应当交犯罪嫌疑人核对，对于没有阅读能力的，应

当向他宣读。"(《刑事诉讼法》第95条)

由这一复合规范命题，就可以推出下面这样的命题："讯问笔录交犯罪嫌疑人核对，或者向没有阅读能力的犯罪嫌疑人宣读"，是"必须"的。

但是应当注意：如果规定两种行为之间的选择是"必须"的，绝不意味着这两种供选择履行的行为，分别都是被命令履行的。换句话说，选择履行某种行为是义务，不意味着这两种行为分别都是义务。因此，从右边那样的公式，不能推出左边那样的公式。

4. O（p∨q）⇒（Op∨Oq）

这个推理的意思是说：如果两种行为的选择是被命令履行的，那么，选择履行其中的某种行为是"必须"的，选择履行另一种行为也是"必须"的。

公式表明：当规定"O（p∨q）"的时候，强调的是其中至少有一种行为是必须履行的；至于履行这一规定之后还可以做什么，就这一规范的要求而言，则无关紧要。

例如："对遗弃家庭成员，受害人有权提出请求，居民委员会、村民委员会以及所在单位应当予以劝阻、调解。"(《婚姻法》第44条第1款)

居民委员会、村民委员会以及所在单位在劝阻或调解之中必须履行一个法律义务，另外一个就不是必须的。

5. P（p∧q）⇒（Pp∧Pq）

这个推理的意思是说：如果同时履行两种行为是被允许的，那就意味着这两种行为分别都是被允许的。

例如："受益人的信托受益权可以依法转让和继承。"(《信托法》第48条)（由这一规范命题就可以推出："允许受益人的信托受益权依法转让，并且，允许受益人的信托受益权依法继承。"）

但是不能反推。尽管两种行为分别都是被允许的，不意味着同时履行这两种行为才是被允许的。这就是说；"允许"的合取，不能推出"合取"才允许。否则，在某些情况下就会改变原规范命题的意思。

例如："人民检察院认为需要复查的案件可以要求公安机关复查，并且可以派检察人员参加。"

这一规范命题的意思，显然不同于说：

"人民检察院认为需要复查的案件，要求公安机关复查，并且派检察人员参加"，是"允许"的。

前者的意思是说："要求公安机关复查"是"允许"的，并且同时"派检察人员参加"也是"允许"的。后者的意思则是："要求公安机关复查，并且派检察人员参加"，是"允许"的。两者意思显然不同。因此，由"Pp∧Pq"，不能推出"P（p∧q）"。

公式告诉我们："允许"对"并且"这类连接词表示的关系，只能从左到右那样分配，不能从右到左那样概括。

6. F（p∨q）⇔（Fp∧Fq）

这个推理的意思是说：如果两种行为的选择是被禁止的，就意味着其中的每种行为分别都是被禁止的；反之，如果两种行为分别都是被禁止的，那么，选择履行其中任一行为，也是被禁止的。

公式表明：左边的公式与右边的公式，表达的意思相同，可以互推。

例如："药品的生产企业应当依法向政府价格主管部门如实提供药品的生产经营成本，不得拒报、虚报、瞒报。"（《药品管理法》第55条第3款）

这一规范命题就等值于"既禁止药品的生产企业拒报药品的生产经营成本，又禁止药品的生产企业虚报药品的生产经营成本、还禁止药品的生产企业瞒报药品的生产经营成本。"

上述例证表明："禁止"型复合规范命题，既可从左到右那样分配，也可从右到左那样概括。

值得注意的是，实际生活中表述"禁止"型复合规范命题时，常有"和"、"或"不分的情形。比如，"禁止打人或骂人"这样的规范命题，就常被表述为"禁止打人和骂人"，虽然后者这样的表述，也可以理解为"禁止打人，并且禁止骂人"，但有时会造成误解。因为前者属"F（p∨q）"这样的形式，它明确表达的意思是：选择作出p、q两种行为中的任一行为是被禁止的；而后者属"F（p∧q）"这样的形式，它明确表达的意思是：同时作出p、q两种行为是被禁止的。二者显然有区别。因此，"F（p∧q）"并不等值于"Fp∧Fq"。"合取"的禁止，与"禁止"的合取，二者不能混淆。

7. Op∧（p→q）⇒Oq

这个推理的意思是：如果p是必须的，而q是p的必要条件，则q也是必须的。

例如：证据应当在法庭上出示，并由当事人互相质证（《民事诉讼法》第66条第1款）。

而只有当事人出庭才能互相质证。

所以，当事人必须出庭。

8. Op∧（q→p̄）⇒Fq

如果 p 是必须的，而 q 是非 p 的充分条件，则 q 是禁止的。

例如：经济合同依法成立，即具有法律约束力，当事人必须全面履行合同规定的义务，任何一方不得擅自变更或解除合同（《经济合同法》第 6 条）。

而如果延迟履行合同，就不能全面履行合同规定的义务。

所以，不得延迟履行合同。

9. Fp∧（q→p）⇒Fq

如果 p 是禁止的，而 q 是 p 的充分条件，则 q 也是禁止的。

例如："出版者、表演者、录音录像制作者、广播电台、电视台等依照本法取得他人的著作使用权的，不得侵犯作者的署名权、修改权、保护作品完整权和获得报酬权。"（《著作权法》第 28 条）。

而使用他人作品，未按照规定支付报酬，就侵犯了他人著作权的获得报酬权。

所以，不得使用他人作品而不按照规定支付报酬。

10. Fp∧（p̄→q）⇒Oq

如果 p 是禁止的，而 q 是非 p 的必要条件，则 q 是必须的。

例如：禁止污染河流，而只有净化排入河流的工业废水，才不污染河流，所以，必须净化排入河流的工业废水。

11. Pp∧（p→q）⇒Pq

如果 p 是允许的，而 q 是 p 的必要条件，则 q 也是允许的。

例如：当事人在法庭上可以提出新的证据（《民事诉讼法》第 125 条第 1 款）。

而只有通知新的证人到庭，才能提出新的证据。

所以，允许通知新的证人到庭。

12. Pp∧（q→p̄）⇒Pq̄

如果 p 是允许的，而 q 是非 p 的充分条件，则非 q 是允许的。

例如：允许当事人在调解书送达前反悔，而当事人签收调解书后就不能反悔，所以，允许当事人不签收调解书。

第三节　法律解释

一、法律解释的概述

所谓法律解释是指：为理解法律规定的内容、法律或立法者的想法或观点而进行的逻辑推理活动。从法律逻辑的角度来看，法律解释是为了求得具体案件的解决而获得法律推理大前提的活动。因此，法律解释也是法律适用的一个重要环节。"法律的实施以解释过程为前提"。

（一）法律解释的必要性

1. 法律规范总是抽象的、概括的规定，是对一般人而言的，而不是对特定的、具体的人或事来规定的。同时，法律作为一种社会规范，不可能也无必要对一切社会现象都详加规定。而具体案件却是形形色色、千差万别的。同时，法律适用中援用的法律规范又必须是具体的、单一的，体现为一些具体的法律条款。因此，要将这种抽象的、概括的法律规范适用于具体案件的特定情况，就必须借助于法律解释来实现。法律解释是联结抽象的法律规范与具体的案件情况的中介或桥梁。

2. 法律规范虽然都表现为规范命题形式，并有着各不相同的逻辑结构，但它总是以某个法律概念（或称"专门术语"）为中心而展开的。这些法律概念一般都取自于日常生活，其语词含义难免暧昧或多义，法律概念中除了使用确定的概念外，还存在大量的法律模糊概念。由于人们认识水平的差异，对法律规定中的模糊概念总会有不同的理解。而且，由于立法者制定法律概念时往往只考虑最为典型的情形，这样，即使对那些表面上看来非常确定的法律概念，由于其外延界限并不如想像的那样清晰，它的边缘情况也往往是不明确的和模糊的。因此，即使对确定的法律概念也会存在不同理解，这也必须运用法律解释方法和技术，准确地理解法律规定的意旨内容。只有这样，在对某一具体案件事实进行司法归类时，才能确定是否可以将其归属于某一法律概念所指称的范围，从而获得妥当的裁决、判处结论。

3. 任何法律规定都不可能规定得尽善尽美。事实上，法律应规定而未规定，规定得模糊不清甚至不精确或相互矛盾等立法缺陷的情形，总是难免的。而法律解释就正是改正、弥补法律缺陷的一个重要途径。

4. 社会生活不断发生变化，新生事物层出不穷。法律又不能朝令夕改，必须保持其相对稳定性。因此，要将相对稳定的法律规定适用于日新月异的社会生活，就必须借助于法律解释。否则，就不可能使法律规定既保持相对稳定又适应发展的社会情况，就无法获得个案适用的妥当性和公正性。

（二）法律解释的对象和目的

法律解释的对象，亦称法律解释的标的，是指被解释者所解释的法律本文（Text）——法律条文或准法律条文。这里所说的"准法律"，是指由国家行政机关或地方权力机关、行政机关制定的具有普遍拘束力的条例、规章，细则等规范性文件，它们相对于国家立法机关制定的法律而言，称之为"准法律"。此外，最高司法机关对法律作出的具有普遍拘束力的司法解释，也具有准法律的性质，也可以成为个案解释的对象。

法律解释的目的，是指解释者运用解释手段所要获得的结果，即解释者通过对法律本文进行解释所欲探求和阐明法律规定之法律意旨。学理上通常认为，法律解释的目的是探求并发现法律规定的意蕴——立法者意图或隐藏于法律内部的合理意思。我们认为，这只是法律解释的中介目的而非终极目的。作为构建法律推理大前提活动的法律解释，其直接目的是探求法律规定对待处理案件的意旨，而其根本的或终极的目的则是要使待处理案件（具体个案）获得妥当的法律适用，从而实现个案处理的公平和正义。

（三）法律解释的分类

法律解释按所采用的解释方法不同，可以分为文理解释和论理解释两大类。文理解释是指按照法律条文用语的字义、文义、语法结构以及语言的通常使用方式而对法律规定的含义、内容所作的解释，因此，亦称语义解释或文义解释。文理解释方法包括文字解释和语法解释。论理解释是指不拘泥于法律条文的字面意思，而是斟酌法律理由，联系一切与之有关的因素，依一定的标准进行推理论证来确定和阐明法律本文的解释方法。主要有扩张解释、限制解释、当然解释、反对解释和类推解释等。

二、法律解释的文理解释方法

文理解释方法，也被称为是一种平意解释。"平意"解释是霍姆斯提出的一种很有影响的方法："我们所问的不是（作者）想说的，而是在使用这些词的环境中、在一个普通说英语者口中这些词将会具有的含义。"[1]

---

〔1〕 ［美］波斯纳著，苏力译：《法理学问题》，中国政法大学出版社1994年版，第333页。

文理解释方法包括文字解释和语法解释两种。

（一）文字解释方法

文字解释又叫字面解释，是从词（字）义上对法律规定中所使用的词汇予以注释，或者从逻辑上对法律规定中所使用的法律概念的内涵、外延予以揭示，从而阐明法律规定的含义和内容。例如，《刑法》第257条"以暴力干涉他人婚姻自由"中的"婚姻自由"，根据婚姻法学上的含义，包括结婚自由和离婚自由。据此，对《刑法》第257条第1款的规定应作如下文理解释：以暴力干涉他人结婚自由或离婚自由的，处2年以下有期徒刑或拘役。

（二）语法解释方法

语法解释是指对法律规定中的词组联系、句子结构、文字排列和标点符号等进行语法上的分析，或者从逻辑上对法律规定中的规范命题结构进行逻辑分析，从而阐明法律规定的含义和内容。例如：

我国首例行政诉讼抗诉案——夏小松不服富阳县公安局治安行政处罚案的提起、一审、二审以及再审，就源于当事人（及其辩护人）以及公、检、法三机关的承办人员对1986年《治安管理处罚条例》第19条第5项[1]的不同语法解释而引起的。富阳县某村委会主任夏小松因本村与邻村为一块250公斤的堤石的所有权归属而发生争执，遂在村广播喊话："凡在村的社员，都到黄家田公路边去，如强烈村要强抬石头，我们是不罢休的，这口气一定要出。"煽动本村村民前往助威，以致发生纠纷，继则持械斗殴、闹事，造成很坏影响。县公安局根据《治安管理处罚条例》第19条第5项的规定，以"煽动闹事"为由对夏处以治安行政拘留12日。夏不服，在行政复议和一审败诉后，又以自己"没有造谣惑众"为由，向杭州市中级人民法院提起行政上诉。二审法院认为，《治安管理处罚条例》第19条第5项只规定了一种行为，行为人必须同时具备"造谣惑众"和"煽动闹事"，才能适用该条规定。而夏只有"煽动闹事"的行为，没有"造谣惑众"的行为，其行为未构成《治安管理处罚条例》第19条第5项之规定的法定要件，遂认定县公安局以及一审法院适用法律、法规不当，判决撤销一审法院的判决和县公安局的治安行政处罚决定书。随后，浙江

---

〔1〕 1986年颁布的《治安管理处罚条例》第19条规定："有下列扰乱公共秩序行为之一，尚不够刑事处罚的，处15日以下拘留、200元以下罚款或者警告：①……⑤造谣惑众，煽动闹事的；⑥……"1994年修正的《治安管理处罚条例》第19条第⑤项修改为："捏造或者歪曲事实、故意散布谣言或者以其他方法煽动扰乱社会秩序的"。

省人民检察院则对此二审判决依法提起行政抗诉。浙江省高级人民法院在再审时，具体承办此案的法官内部对《治安管理处罚条例》第19条第5项也存在两种不同解释。有的认为，该条款只规定了一种行为，有的则认为规定了两种行为。其间，浙江省公安厅曾就此专门请示公安部，公安部于1991年5月20日作出了（91）第57号专门批复，对此作了明确的解释："《治安管理处罚条例》第19条第5项规定的'造谣惑众，煽动闹事'，是指两种扰乱公共秩序的行为，二者既相互联系又有所不同，前者指以制造谣言的手段蛊惑人心，造成群众思想混乱，从而影响社会秩序的安定；后者则指以各种方式、手段挑逗、鼓动、唆使群众闹事，直接危害社会秩序的安定。在前一种行为中，行为人可能以煽动闹事为目的；在后一种行为中，行为人可能兼有造谣惑众的情节。在这两种情况下，两种行为均可裁决处罚，但不能以此认为没有煽动闹事的造谣惑众，或者不具备造谣惑众情节的煽动闹事不构成违反治安管理的行为，不适用《治安管理处罚条例》第19条的规定。"浙江省高级人民法院的再审判决撤销了二审法院的判决。

由上可见，该案中以夏小松为代表的一方，将《治安管理处罚条例》第19条第5项"造谣惑众，煽动闹事的"中间的那个逗号（"，"）解释为"并且"，从而将其命题结构形式理解为："（p∧q）→r"。[1] 而以富阳县公安局为代表的另一方，则将该条款中间的那个逗号（"，"）解释为"或者"，从而将其命题结构形式理解为："（p∨q）→r"。此案留给我们的启示是：在适用法律过程中，必须注意语法解释，准确地理解法律规定中的词组联系、句子结构、文字排列、标点符号及其命题结构形式。

文理解释的特点是，在解释法律的某一规定时，只从文字、语法分析角度来确定法律条文的含义，置一切与该规定相关联的其他因素于不顾，即不考虑法律条文之外的其他因素（或要求），严格按其词义或语法结构进行解释，既不扩大，也不缩小。因此，进行法律解释时，首先应从文理解释入手。只有当文理解释难以达到待处理案件妥当的裁判结论时，才采用其他的解释方法。

（三）文理解释的注意事项

文理解释应遵守解释的语言规则，即"待解释的表达式，若无充分理由就不能被视为有法律上的特定意义；但是，如果已经确认它们具有这种

---

〔1〕 公式中的"p"表示"造谣惑众的（行为）"，"q"表示"煽动闹事的（行为）"，"r"表示"处15日以下拘留、200元以下罚款或者警告。"

意义，那么它就应该如此使用，而不论日常语言中相同形式的表达式的意义是什么。"[1] 具体来说，应当注意以下几点：

1. 文理解释原则上以通常、平易的意义进行解释，使法律解释尽量作到通俗易懂。

2. 法律规定中的法律概念（"专门术语"）应当按法律上的专门意义进行解释。日常用语被规定到法律之中就具有了特定的含义，它有别于日常用语。如日常用语中的"以下"均表示位置、次序或数目在某一点之下，不包括本数在内。[2] 但我国《刑法》、《民法通则》中所使用的"以下"，却都包括本数在内，因而有别于日常用语（参见《刑法》第 99 条、《民法通则》第 155 条之规定）。

3. 同一法律或不同法律中使用同一语词（概念），原则上应作同一解释（保持概念的同一性是形式逻辑同一律的基本逻辑要求）；如在特殊情况下要作不同解释时，则应当有特别的理由。如"不可抗力"在民法、刑法、行政法、商事法上均广泛采用，对其进行解释时，应当作同一解释，即"不能预见、不能避免并不能克服的客观情况"。但有些相同的语词在同一法律或不同法律中，也常常表达不同的概念，如《婚姻法》第 21 条第 1 款"父母对子女有抚养教育的义务；子女对父母有赡养扶助的义务"中的"子女"，前一个"子女"应是指"未成年子女或者丧失劳动能力的子女"，后一个"子女"指"成年子女和具有劳动能力的子女"。

4. 文义应当注意与全文的意义有联系地进行解释。解释法律切忌断章取义，曲解法条真意。如《民法通则》第 58 条第 2 款"无效的民事行为，从行为开始起就没有法律约束力"，如果孤立地仅就该款规定理解，就会把"部分无效的民事行为"也作同样的处理。但《民法通则》第 60 条"民事行为部分无效，不影响其他部分的效力的，其他部分仍然有效"之规定，则说明民事行为部分无效并非一律影响该行为全部的效力。

5. 法律词义原则上应从广义解释，例外才采用狭义解释。

三、法律解释的论理解释方法

论理解释的特点是，在解释法律规定时，不过分拘泥于法律规定的文字、语句等字面意思，而是基于一定的法律理由，联系一切与之相关的因素，依一定标准进行逻辑上的推理论证来确定和阐明法律规定的含义和内

---

〔1〕［波兰］齐姆宾斯基著，刘圣恩等译：《法律应用逻辑》，群众出版社 1988 年版，第 311 页。

〔2〕《现代汉语词典》，商务印书馆 1980 年版，第 1352 页。

容。也就是说，解释法律时，不能仅以法律条文的字面意义解释，而必须考虑法律到底要保护什么价值，这一种价值与其他价值有什么冲突，哪一种价值更为重要，即必须进行评价，作价值判断等。因此，论理解释带有浓厚的价值判断色彩。所谓的"价值理由"，是指解释者力求寻找的法律的精神和目的，论理解释所要推理论证的就是或显或隐地存在于法律条文中的法律理由。因此，论理解释的各种方法都要涉及法律理由，都以探求法律理由为目的。

（一）扩张解释和限制解释

扩张解释和限制解释是两种正好相反的论理解释方法。所谓扩张解释，就是指法律条文的文义范围过于狭窄不足以表示法律规定意旨，从而对法律条文的文义范围予以扩大，以求正确地阐明法律规定的意义和内容的法律解释方法。例如：《民法通则》第93条关于无因管理规定："没有法定的或者约定的义务，为避免他人利益受损失进行管理或服务的，有权要求受益人偿付由此而支出的必要费用。"条文中仅仅指出无因管理人有权要求受益人偿付"由此而支出的必要费用"，但对管理人因无因管理活动致使自己受有损失时，此项损失是否有权要求受益人赔偿则没有作出任何规定。如果此项损失不应赔偿，则显然不符合立法本意。对此，《最高人民法院关于贯彻执行民法通则的意见》解释如下：《民法通则》第93条规定的管理人或服务人可以要求受益人偿付必要的费用，包括在管理或者服务活动中直接支出的费用，以及在该活动中受到的实际损失。

所谓限制解释，则指法律条文的文义范围过于宽泛，不符合立法本意，从而限缩法律条文的文义范围，以求正确地阐明和确定法律规定的内容和意义的法律解释方法。例如：《刑法》第251条规定："国家工作人员非法剥夺公民的正当的宗教信仰自由和侵犯少数民族风俗习惯，情节严重的，处2年以下有期徒刑或者拘役。"条文中的"少数民族风俗习惯"一词的外延就过于宽泛，既包括少数民族好的风俗习惯，也包括少数民族坏的风俗习惯，还包括那些少数民族不好不坏的风俗习惯。由于我国刑法保护的只能是正当的、好的少数民族风俗习惯，而不可能去保护那些不良的少数民族风俗习惯，因此，在解释该条时，就应该做限制解释，即只保护那些好的和虽然不能谓之为良好但对社会也无害的少数民族风俗习惯，而将那些有害的风俗习惯排除在外。

扩张解释和限制解释是以逻辑学中所说的概念间的从属关系（属种关系和种属关系）作为逻辑基础的。根据逻辑学原理，若一个概念的全部外延与另一个概念的部分外延相同，或者一个概念的部分外延与另一个概念的全部外延相同，则这两个概念之间具有从属关系，即概念外延之间具有包含与被包含关系。其中外延较大的、包含另一概念外延的概念称为属概念，被包含的概念称为种概念。扩张解释就是概念的概括这一逻辑方法在法律解释中的运用，即由所要解释的法律条文中的种概念过渡到被解释的事实上的对象（属概念）。凡进行扩张解释，其要解释的法律条文中的概念与被解释的事实上的对象之间必须具有种属关系；而进行限制解释，其要解释的法律条文中的概念与被解释的事实上的对象之间必须具有属种关系。如果所要解释的法律条文中的概念与被解释的事实上的对象之间不具有从属关系（种属关系或属种关系），而是同级并列关系，则既不能进行扩张解释，也不能进行限制解释。这是进行扩张解释和限制解释的逻辑要求。

（二）当然解释

当然解释的方法，是指法律上虽无明文规定，但依规范目的的衡量以及逻辑上的或事理、情理上的当然之理，将法律未明文规定的事项与已明文规定的事项比较，两者性质相同，甚至未明文规定的事项较之已明文规定的事项更有适用理由，从而径行适用该法律规定的一种法律解释方法，因此又称勿论解释或自然解释。如《刑法》第 116 条规定："破坏火车、汽车、电车、船只、航空器，……"。对于破坏小轿车的情况该条文中没有明确规定，但由于"小轿车"当然地属于"汽车"，二者之间具有种属关系，所以，对于破坏小轿车的行为径行适用该条规定处理。因此，把"破坏小轿车的行为"解释为"破坏汽车的行为"就属于当然解释。

早在唐律中就有关于当然解释的规定："诸断罪而无正条，其应出罪者，则举重以明轻；其应入罪者，则举轻以明重。"运用当然解释方法进行法律解释的条件是：其法律条文是未明确规定某事项或某情况可以引起规定的法律效果，但某事项或某情况实属该法律规定的立法目的的范围之内，或者未规定的事项或情况与已规定的事项或情况具有逻辑上的当然联系（具有从属关系），或者具有事理上或情理上的当然联系。因此，通常在以下情况下采用当然解释方法：

1. 未规定的事项与法律已规定的事项具有逻辑上的当然联系，即二者之间具有种属关系。也就是说，法律条文中已明确规定的概念（事项或情况）当然地包含被解释的概念（法律未明文规定的事项），前者是后者的属概念。如前述《刑法》第 116 条规定的"破坏汽车的行为"就当然包含"破坏小轿车的行为"，"汽车"是"小轿车"的属概念。

2. 未规定的事项与法律条文中已规定的事项具有事理或情理上的当然

联系。现实生活中有许多不言自明，勿需论证的事理上或情理上的当然公理。例如，现实生活领域中存在分量的轻重、数量的多少（或大小等）、质量的好坏（或高低、优劣等）、程度的深浅（难易）、速度的快慢等现象，而且这些现象间还存在着以下联系——如"轻"与"重"：对一个人来说，轻的东西拿不动，重的东西他当然更拿不动。反之，能拿动重的当然更能拿动轻的。又如"少"和"多"：对一个学生来说，作业少他应付不了，作业多他当然更应付不了；反之，作业多能应付，少了当然更能应付。这些正是当然推理的客观基础。当然解释也正是以这些事理上或情理上的当然公理作为推导依据和标准的。因此，当法律就性质较轻的行为规定了某种法律责任，或者就某项权利的取得规定了较为宽松的条件，如果待处理案件当事人的行为的性质重于法律规定，或者待处理案件当事人创造的条件已超越了法律规定的条件，则其承担法律规定的责任或取得法律规定的权利自属理所当然。这正是唐律中所说的"举轻以明重"或"举重以明轻"的普通道理。

例如，公园里禁止攀折花木、践踏草坪，那么摘果伐木、斩草除根更在禁止之列。又如，《民法通则》第 123 条规定，从事高度危险作业造成他人损害的，加害人即使主观上无过错，也要承担损害赔偿责任。如果待处理个案的被告从事高度危险作业时，主观上有过错，则更应承担损害赔偿责任。

3. 法律未规定的事项与法律条文中已规定的事项具有发展阶段关系时，可以采用当然解释。例如，《刑法》第 123 条规定，伪造支票、股票或其他有价证券的，构成伪造有价证券罪。假如待处理案件的被告人不仅伪造有价证券，而且使用伪造的有价证券，虽然后者并不是法律条文中已规定的必要条件，但后者是前者的发展阶段。既然伪造有价证券就可构成犯罪，那么，伪造有价证券后再去使用它，当然更构成犯罪。

（三）反对解释

反对解释是指法律条文对某一反面情形未设明文规定，而依法律条文的正面规定，推论其反面情形，以阐明法律规定的立法本意的法律解释方法。换言之，即对于法律规定之事项，就其反面而为之解释，为反对解释。如，《著作权法》第 4 条第 1 款规定："依法禁止出版、传播的作品，不受本法保护。"对此进行反对解释，即为："凡不属于法律禁止出版、传播的作品，均受本法保护。"反对解释实际上是由不同的构成要件，推论不同的法律效果。因此，反对解释也有一定限制，并不是所有的法律条文都可以进行反面解释。对此，我国台湾学者杨仁寿介绍了德国学者乌尔里克·克鲁格（Ulrich Klug，亦译为库鲁格或克卢格）在其所著《法律逻辑》（Juristische Logik，柏林 1951 年德文版）中所阐述的运用逻辑技巧进行反对解释的理论。按照克鲁格的理论，某一法律规定，可否作反对解释，应视其构成要件与法律效果间之行文及其相互间之逻辑关系加以决定。若以"p"表示法律条文之构成要件，"q"表示法律效果，则法律条文的总体结构为"p→q"。如《刑法》第 14 条第 2 款规定："故意犯罪，应当负刑事责任。"其中"故意犯罪"为法律构成要件，"应当负刑事责任"为法律效果。依克鲁格的见解，法律条文"p→q"中的法律构成要件与法律效果之间，事实上具有三种不同的逻辑关系：

1. 外延的包含，也就是有 p 就有 q 之情形。从逻辑上来看，即 p 法律构成要件为 q 法律效果的充分条件。故有 p 就必有 q，但 q 未必都是 p，可能是 p，也可能不是 p（在 p 的范围之外）。而且，从逻辑上看，若"p"是"q"的充分条件，则"非 p"只是"非 q"的必要条件，而不是"非 q"的充分条件。因此，有"非 p"未必有"非 q"。换言之，p 法律构成要件并没有把所有可能引起 q 法律效果的情形全部穷尽的列举出来，而只是就其中部分情形予以例示。因而 p 构成要件只是 q 法律效果的充分条件，而不是必要条件。因此，在这种情形下，不能进行反对解释；若进行反对解释，则违反逻辑规律。如《刑法》第 17 条第 1 款规定："已满 16 周岁的人犯罪，应当负刑事责任。"由于其构成要件"已满 16 周岁的人犯罪"（p）并未穷尽"应当负刑事责任"（q）这一法律效果的全部情形，"p"只是"q"的充分条件而不是其必要条件，所以对该条款就不能进行反对解释，若解释为："凡不满 16 周岁的人犯罪，都不应当负刑事责任。"则不合乎逻辑规律。

2. 内涵的包含，亦即无 p 就必无 q 之情形。从逻辑上看，也就是 p 是 q 的必要条件。可用欧拉图表示为图 5-4 的形式。也就是说，无 p 必无 q，而有"q"必有"p"，但有"p"未必有"q"。根据逻辑原理，"p"是"q"的必要条件，"非 p"就是"非 q"的充分条件。因此，有"非 p"就必有"非 q"。换言之，在这种情形下，p 法律构成要件已将所有可能引起 q 法律效果的情形——加以列举，别无遗漏。由于 p 构成要件是 q 法律效果的必要条件，其反面情形"非 p"则是"非 q"的充分条件，亦即有"非 p"就必有"非 q"。因此，在这种情形下进行反对解释，是合乎逻辑规律的。例如，《刑法》第 257 条规定："以暴力干涉他人婚姻自由的，处 2 年以下有期徒刑或者拘役。……第 1 款罪，告诉的才处理。"由于该条第 3 款"第 1 款罪，告诉的才处罪"中的构成要件是其法律效果的必要条件，可以进行反对解释，即从其反面解释为："以暴力干涉他人婚姻自由的，如果被害人不告诉的，则不处理。"

3. 相互的包含，也就是有 p 必有 q，无 p 必无 q，p 与 q 相重叠之情形。从逻辑上看，p 法律构成要件为 q 法律效果的充分必要条件。根据逻辑原理，（p$\longleftrightarrow$q）蕴涵（$\bar{p}\rightarrow\bar{q}$）。也就是说，如果 p 是 q 的既充分又必要条件，那么，"非 p"就是"非 p"的充分条件，有 p 的反面——"非 p"，就必有 q 的反面——"非 q"。因此，在这种情形下，可以进行反面解释。例如，《民法通则》第 11 条第 1 款规定："18 周岁以上的公民是成年人……。"由于"18 周岁以上的公民"和"成年人"这两个概念的外延完全重合，因此，对该款规定可以进行反对解释，即："凡未满 18 周岁的公民都是未成年人。"

由上可知，并非任何法律规定都可以进行反对解释。进行反对解释的前提是，法律条文的法律构成要件与其法律效果之间的逻辑关系，必须具有必要条件或充分必要条件关系。换言之，可作反对解释的法律条文，其外延必须是封闭的，即已将适用对象涵盖无遗。因此，判定反对解释是否正确、妥当的标准，就是法律条文的构成要件与其法律效果间是否具有逻辑上的必要条件关系或充分又必要条件关系。如有，则所为之反对解释正确、妥当；否则，所作的反对解释就不正确、不妥当。

（四）类推解释

所谓类推解释，是指对于法律规定不明确或法律无明文规定的事项，基于一定的法律理由，就法律条文中最相类似的事项加以解释的一种法律解释方法。类推解释，通常在以下两种情形下采用：

1. 法律无明文规定的情形，亦即对于某一事项法律没有明文规定，但基于一定的法律理由，可就法律条文中最相类似的规定对之加以解释。

例如，"佛山市干部疗养院申请融资债券被盗公示催告案"中，该案承办法官在适用法律过程中就采用了类推解释方法（不过，判处书中未详述理由）。《民事诉讼法》第 193 条第 1 款规定："按照规定可以背书转让的票据持有人，因票据被盗、遗失或者灭失，可以向票据支付地的基层人民法院申请公示催告。按照法律规定可以申请公示催告的其他事项，适用本章规定。"根据该款规定可知，人民法院适用公示催告的客体有二类：一是"按规定可以背书转让的票据"；二是"依照法律规定可以申请公示催告的其他事项"。但在"其他事项"中是否包括"短期融资债券"，目前的法律尚无明文规定。而"票据"也仅包括本票、汇票和支票，并不包括"债券"。但衡诸法律设立公示催告程序的目的，即在于及早确定不明确的法律关系，以免因权利人或证券持有人不明而影响民事活动的正常进行。而且，"短期融资债券"与"票据"虽不相同，但在实质上颇为类似（如中途不退本金、可转让和抵押、不作货币流通等）。因此，依类推解释，可将《民事诉讼法》第193条第1款解释为："短期融资债券的持有人，因债券被盗、遗失或者灭失，也可以向债券支付地的基层人民法院申请公示催告"。

2. 法律规定不明确，如"例示规定"或"空白规定"的情形。亦即法律条文中既规定有列明的事项，同时又规定了某些抽象、笼统的不明确事项。这时，也常常要基于一定法律理由以及事项间的类似性而为类推解释，以阐明法律条文中不明确的、笼统的规定的内容和含义。

例如，《刑法》第115条第1款规定："放火、决水、爆炸、投毒或者以其他方法致人重伤、死亡或者使公私财产遭受重大损失的，处10年以上有期徒刑、无期徒刑或者死刑。"该条文中的"其他方法"是一些什么样的方法，法律没有明确规定，是笼统的，抽象的，在法律适用过程中就需要针对待处理个案的特定情况进行解释。而进行解释时，又离不开前面明文例示的"放火"、"决水"、"爆炸"、"投毒"这四种方法。换言之，此处的"其他方法"，必须是同前面明确列示的四种方法在危险程度等性质方面类似（相当）的其他危险方法，如"制造有毒酒予以销售"、"盗窃公路上的下水道井盖"、"私设电网"、"在旅游区开枪射击"等危险方法。这样，就形成了类推解释。

前面曾提到，类推解释与扩张解释，表面上看颇为相似，也极易混淆。实际上，这两种法律解释方法是有本质差别的，扩张解释所涉及的两个事项（概念）之间必须是从属关系（种属关系），它以概括方法作为其逻辑基础。而类推解释所涉及的两个对象（概念）则必须是同级并列关系，它以类比方法作为其逻辑基础。正因为类推解释所涉及的两个对象间是同级并列的，二者本不相同，只是在某些属性方面相类似，因此，类推解释是由此及彼的类比，而不是由种概念过渡到属概念的概括。也正因为如此，类推解释必须在更严格的条件下进行，必须充分考虑立法本意及其他诸多法律上的理由，切不可滥用。

🔍 **思考题**

1. 什么是模态命题对当关系？
2. 模态对当推理有哪几类？
3. 法律规范结构由几部分构成？

4. 规范对当关系推理有哪几类？

5. 复合规范推理有哪些有效的推理形式？

6. 法律解释中的论理解释方法主要有哪些，其逻辑结构如何？

 练习题

一、根据对当关系，指出下列各组命题的真假情况

1. 已知"甲必然是作案人"为假，则：

（1）"甲不必然不是作案人"为（　　　）。

（2）"甲不可能不是作案人"为（　　　）。

（3）"甲不可能是作案人"为（　　　）。

（4）"甲不是作案人"为（　　　）。

2. 已知"汶川发生地震了"为真，则：

（1）"汶川必然发生地震"为（　　　）。

（2）"汶川可能发生地震"为（　　　）。

（3）"汶川不可能发生地震"为（　　　）。

（4）"汶川不必然发生地震"为（　　　）。

3. 已知"吸烟可能导致肺癌"为真，则：

（1）"吸烟可能不导致肺癌"为（　　　）。

（2）"吸烟不可能导致肺癌"为（　　　）。

（3）"吸烟必然导致肺癌"为（　　　）。

（4）"吸烟不必然导致肺癌"为（　　　）。

4. 已知"君子必然不说假话"为假，则：

（1）"君子必然说假话"为（　　　）。

（2）"君子可能不说假话"为（　　　）。

（3）"君子不必然不说假话"为（　　　）。

（4）"君子不可能说假话"为（　　　）。

5. 已知"禁止近亲结婚"为真，则：

（1）"不允许近亲结婚"为（　　　）。

（2）"允许近亲结婚"为（　　　）。

（3）"不禁止近亲结婚"为（　　　）。

（4）"近亲必须结婚"为（　　　）。

6. 已知"不允许上诉"为假，则：

（1）"允许上诉"为（　　　）。

（2）"禁止上诉"为（　　　）。

（3）"允许不上诉"为（　　　）。

（4）"必须上诉"为（　　　）。

二、写出下列推理的形式，并判定它是否有效

1. 人必有一死，所以，人不可能长生不老。

2. 证人不应当是精神上有缺陷的人，因此，证人应当不是精神上有缺陷的人。

3. 科学技术的进步不可能不带来生产力的发展，所以，科学技术的进步可能带来生产力的发展。

4. 被告或者有罪或者无罪，所以，被告必然或者有罪或者无罪。

5. 明天可能既刮风又下雨，所以，明天可能下雨。

6. 禁止假冒其他企业已经注册的商标，所以，不允许假冒其他企业已经注册的商标。

7. 如果不注意防止污染和保护环境，则会破坏生态平衡。所以，若禁止破坏生态平衡，则应该注意防止污染和保护环境。

8. 如果允许在公共场所吸烟，则会危害他人身体健康。所以，若禁止危害他人身体健康，则禁止在公共场所吸烟。

9. 如果让一部分人先富起来，那么会存在一定程度的贫富不均。所以，如果允许一部分人先富起来，则允许存在一定程度的贫富不均。

10. 水是液体，所以，凡水必然有弹性。

三、批判性思维能力测试题

1. 据卫星提供的最新气象资料表明，原先预报的明年北方地区的持续干旱不一定出现。

以下哪项最接近上文中气象资料所表明的含义？

A. 明年北方地区的持续干旱可能不出现

B. 明年北方地区的持续干旱可能出现

C. 明年北方地区的持续干旱一定不出现

D. 明年北方地区的持续干旱出现的可能性比不出现的大

E. 明年北方地区的持续干旱不可能出现

2. 你可以随时愚弄某些人。

假若以上属实，以下哪些判断必然为真？

Ⅰ. 张三和李四随时都可能被你愚弄。

Ⅱ. 你随时都想愚弄人。

Ⅲ. 你随时都可能愚弄人。

Ⅳ. 你只能在某些时候愚弄人。

Ⅴ. 你每时每刻都在愚弄人。

A. 只有Ⅲ

B. 只有Ⅱ

C. 只有Ⅰ和Ⅲ

D. 只有Ⅱ、Ⅲ和Ⅳ

E. 只有Ⅰ、Ⅲ和Ⅴ

3. 小王、小李、小张准备去爬山。天气预报说，今天可能下雨。围绕天气预报，三个人争论起来。

小王："今天可能下雨，那并不排斥今天也可能不下雨，我们还是去爬山吧。"

小李："今天可能下雨，那就表明今天要下雨，我们还是不去爬山了吧。"

小张："今天可能下雨，只是表明今天不下雨不具有必然性，去不去爬山由你们决定。"

对天气预报的理解，三个人中：

A. 小王和小张正确，小李不正确

B. 小王正确，小李和小张不正确

C. 小李正确，小王和小张不正确

D. 小张正确，小王和小李不正确

E. 小李和小张正确，小王不正确

4. 不必然任何经济发展都会导致生态恶化；但不可能有不阻碍经济发展的生态恶化。

以下哪项与上述断定的含义最为接近？

A. 任何经济发展都不必然导致生态恶化，但任何生态恶化都必然阻碍经济发展

B. 有的经济发展可能导致生态恶化，但任何生态恶化都可能阻碍经济发展

C. 有的经济发展可能不导致生态恶化，但任何生态恶化都可能阻碍经济发展

D. 有的经济发展可能不导致生态恶化，但任何生态恶化都必然阻碍经济发展

E. 任何经济发展都可能不导致生态恶化，但有的生态恶化必然阻碍经济发展

5. 世界上不可能有某种原则适用于所有不同的国度。

以下哪项与上述断定的含义最为接近？

A. 有某种原则可能不适用于世界上所有不同的国度

B. 任何原则都可能有它不适用的国度

C. 任何原则都必然有它所适用的国度

D. 任何原则都必然有它不适用的国度

E. 有些原则可能有它不适用的国度

6. 本杰明："除非所有的疾病都必然有确定的诱因，否则有些疾病可能难以预防。"

富兰克林："我不同意你的看法。"

以下哪项断定，能准确表达富兰克林的看法？

A. 有些疾病可能没有确定的诱因，但有些疾病可能加以预防

B. 所有的疾病都可能没有确定的诱因，但有些疾病可能加以预防

C. 有些疾病可能没有确定的诱因，但所有的疾病都必然可以预防

D. 有些疾病必然没有确定的诱因，但所有的疾病都可能加以预防

E. 所有的疾病都必然有确定的诱因，但有些疾病可能难以预防

本题参考答案

1A，2A，3A，4D，5D，6C。

第六章　逻辑基本规律

■ 学习目标

本章应掌握的基本原理：

△同一律的内容、要求及违反要求的逻辑错误

△矛盾律的内容、要求、适用范围及违反要求的逻辑错误

△排中律的内容、要求、适用范围及违反要求的逻辑错误

△充足理由律的内容、要求及违反要求的逻辑错误

本章需训练的基本能力：

△分别运用四条基本规律的知识分辨实际思维和议论中的逻辑是非的能力

△综合运用四条基本规律的知识进行较为复杂的逻辑分析的能力

第一节　逻辑基本规律的概述

　　逻辑基本规律是关于思维的逻辑形式的一般规律，是人们在运用概念、作出判断、进行推理和论证时必须遵守的普遍的、共同的思维规律。

　　逻辑基本规律不同于各种思维的逻辑形式的具体规则。各种思维的逻辑形式的具体规则，只适用于它们各自特殊的思维范围。例如，定义和划分的规则就只适用于概念而不适用于推理。逻辑基本规律却普遍地适用于各种思维的逻辑形式，并规定和制约着各种具体规则，是制定各种思维逻辑形式具体规则的根据和出发点。

　　逻辑基本规律有同一律、矛盾律、排中律和充足理由律。

　　逻辑基本规律不是人脑中固有的或约定俗成的，也不是客观事物自身的规律，而是客观事物的质的规定性（相对稳定性）和事物间的因果联系在人脑的反映。正如列宁所指出的："逻辑规律就是客观事物在人的主观意识中的反映。"[1]

---

〔1〕《列宁全集》第38卷，人民出版社1959年版，第195页。

马克思主义哲学告诉我们，客观事物总在不断地发展变化，但发展变化的事物又不是不可捉摸的，它在发展的一定阶段上总保持着质的规定性；事物间又总是互相联系、相互制约的。事物的质的规定性和因果联系反映到人类思维中，就表现为思维的确定性和论证性。思维的确定性表现为同一思维过程中的任一思想的自身同一，这就是同一律；表现为同一思维过程中的思想前后一贯，不自相矛盾，这就是矛盾律；表现为在两个互相冲突的思想中作出明确的选择，排除中间的可能性，不模棱两可（或两不可），这就是排中律。思维的论证性表现为同一论证过程中的理由真实且充分，这就是充足理由律。这四条逻辑基本规律概括了正确思维的必然要求。

　　由于逻辑基本规律有其客观基础，因此，对规范人们的思维活动具有普遍意义。只有遵守逻辑基本规律，才能保证思维的规范性和正确性，才能使思维具有确定性和论证性，才能做到概念明确、判断恰当、推理合乎逻辑、论证有说服力。倘若违反了逻辑基本规律，人们的思维就会发生混乱，认识就会不正确。

第二节　同一律

一、同一律的内容和要求

　　同一律是逻辑基本规律中最基本、最重要的规律。同一律的内容是：在同一思维过程中，任一思想与其自身都是同一的。

　　"同一思维过程"是指同一时间、同一关系对同一对象的思维过程；"任一思想"是指同一思维过程中的任一概念或命题。

　　同一律的公式是：A 是 A，或 A→A。

　　公式里的 A 表示任一思想，可以是任一概念，也可以是任一命题。"A 是 A"是说：在同一思维过程中，任一概念或命题都是确定的。一个概念反映什么对象，就反映什么对象；一个命题陈述什么情况，就陈述什么情况，是真的就是真的，是假的就是假的。

　　根据同一律的内容，同一律的要求是：在同一思维过程中，必须保持概念自身的同一或命题自身的同一。

　　所谓必须保持概念自身的同一，是指必须保持概念的内涵和外延的确定性，不能随意变换某一概念的含义及其指称的对象，也不能混淆不同的概念。因为任何概念都是对处在一定时空条件下的客观事物的反映，尽管客观事物总在不断的发展变化，但在一定时空条件下的客观事物由质的规定性所决定，都只能是它自身而不会是其他。因此，反映事物特有属性而形成的概念，必然有其确定的内涵和外延，不能随意变换或与其他概念相混淆。例如，"抢夺罪"这个概念的内涵是：以非法占有为目的，乘人不备，公然夺取公私财物数额较大的行为；其外延是指具有上述特有属性的一切犯罪行为。在使用这个概念时，就必须保持其内涵和外延的确定性，不能在另外的意义上使用它，更不能将它与"抢劫罪"、"盗窃罪"等概念相混淆。

所谓必须保持命题自身的同一，是指必须保持命题自身的确定不变，不能有意或无意地用另外的命题替换。客观事物虽然具有很多属性，事物间的联系也是多种多样的，但在同一思维过程中，断定同一事物情况具有怎样的性质或关系，就必须保持这种断定的确定和同一；即使对同一事物情况的断定运用了不同的命题形式，这些命题形式之间也必须等值，不能把不同的、不等值的命题混为相同的命题而相互替换。

应当指出，同一律要求的同一，是指在对象、时间、关系相同的情况下，思想必须与其自身保持同一。如果上述任何一个方面有所不同，概念、命题当然也就可以不同。

二、违反同一律的逻辑错误

在同一思维过程中，如果违反"必须保持概念自身的同一"的要求，就会犯"混淆概念"或"偷换概念"的逻辑错误；如果违反"必须保持命题自身的同一"的要求，就会犯"转移论题"或"偷换论题"的逻辑错误。

"混淆概念"是指在同一思维过程中，无意地把本来不同的两个概念混为同一个概念来使用。例如，"《形而上学》是亚里士多德的著作，形而上学是反对辩证法的，所以，亚里士多德的著作是反对辩证法的。"且不说此例中推理形式方面的错误，单就使用概念而言，也是违反同一律的，因为它把"《形而上学》"和"形而上学"这两个本来不同的概念误作同一个概念来使用了。

"偷换概念"是指在同一思维过程中，有意地把相同语词表达的不同概念当作同一个概念来使用。这是一种诡辩的伎俩，一般是为了达到某种目的而故意混淆是非。例如，鲁迅先生指出：创作的基础是生活经验，生活经验除了"所做"之外，还包括"所遇、所见、所闻"。有人曾对此提出这样的责难："那么写杀人最好是自己杀过人，写妓女还得去卖淫吗？"

这一责难故意把鲁迅先生所说的包括"所做、所遇、所见、所闻"在内的生活经验，偷换为只限于"所做"的亲身经历的生活经验，显然违反了同一律的要求，犯了"偷换概念"的逻辑错误。

"转移论题"是指在同一思维过程中，无意地用内容完全不同的另外一个命题替换了原来的命题。平常我们所说的跑题、走题、离题或文不对题等，都是"转移论题"的具体表现。例如，有这样一段论述："树立远大志向并不容易。就拿周总理来说吧，因不满半殖民地半封建社会的旧中国，他立志要拯国救民，年仅十六七岁时，就东渡日本，寻求革命真理；他留法勤工俭学，汲取马克思主义真理；他领导南昌起义，打响了革命斗争的第一枪；他亲赴重庆，虎穴斗敌立功勋……可见，没有远大的志向，哪有成功的果实"。这段论述没有围绕"树立远大志向并不容易"这一论题展开，而是用"没有远大的志向，哪有成功的果实"这个命题替换了原来的命题，因而违反了同一律的要求。

"偷换论题"是指在同一思维过程中，故意用内容完全不同的另外一个命题替换了原来的命题。这也是一种诡辩手法，需要加以揭露和驳斥。例如，被告人王某贪污公款 3 万元，他在法庭上为自己辩解说："我贪污公款是有罪的。但由于单位管理混乱，贪污、盗窃现象十分严重，我参加工作才三年多，就目睹了好几起贪污、盗窃事件，而领导对此并不深入追究，只是轻描淡写地批评一下。久而久之，我就从看不惯到看得惯，进而发展到跟着干。因此，我贪污公款是单位管理混乱和官僚主义造成的。"在这里，被告人王某为了替自己开脱罪责，便采用"偷换论题"的诡辩手法，故意用"我贪污公款是单位管理混乱和官僚主义造成的"这个命题，替换了"我贪污公款是有罪的"这一原来的命题，犯了"偷换论题"的逻辑错误。

"转移论题"或"偷换论题"有一种常见的表现形式，即答非所问。例如：

　　　警察：你为什么骑车带人，懂不懂交通规则？

　　　骑车人：我以前从来没有骑车带人，这是第一次。

　　　下列哪段对话中出现的逻辑错误与题干中的最为相似？

　　　A. 审判员：你作案后跑到什么地方去了？

　　　被告：我没有作案。

　　　B. 母亲：我已经告诉过你准时回来，你怎么又晚回来一小时？

　　　女儿：你总喜欢挑我的毛病。

  C. 老师：王林同学昨天怎么没完成作业？

  王林：我爸爸昨天从法国回来了。

  D. 张三：你已经停止打你老婆了吗？

  李四：我从来就没有打过老婆。

  E. 谷菲：昨晚的舞会真过瘾，特别是那位歌星的歌特煽情。

  白雪：他长得也特酷，帅呆了！

  此题的题干中，骑车人针对警察提出的问题是答非所问，违反了同一律的要求，犯了"偷换论题"的逻辑错误。选项 A 和 D 中，审判员和张三的问话都是复杂问语。复杂问语是暗含某种假定的问语，无论是简单地肯定它，还是简单地否定它，都等于承认了这个假定，因此，被告和李四从根本上否定那个暗含的假定，并非答非所问，不违反逻辑基本规律的要求。选项 C 所答和所问之间有一定的因果联系，也不是答非所问。选项 E 谷菲和白雪的对话并非一问一答，而是合乎情理地各自谈了对"那位歌星"的看法，根本不存在答非所问的问题。唯有选项 B 女儿所答的并不是母亲所问的，是答非所问，偷换论题，其逻辑错误与题干中的最为相似。所以，正确答案是 B。

  三、同一律在法律工作中的作用

  同一律的作用在于保证思维的同一性。遵守同一律对于正确认识事物和表达交流思想具有重要意义，对法律工作也有着极其重要的作用。

  在立法工作中，只有遵守同一律，才能使法律条文中的概念和命题的含义清楚确切，始终保持同一；才能避免歧义和含混，便于人们正确地理解和执行。在司法工作中，只有遵守同一律，才能正确运用法律条文依法办案，才能避免根据个人的理解去随意解释或任意变换法律规定的内容，才能符合"以法律为准绳"的原则，从而真正做到"有法必依，执法必严"。法律学科中有许多相近的概念，若不细加分辨，极易混淆使用，如"从轻处罚"和"减轻处罚"、"抢劫"和"抢夺"、"犯罪中止"和"犯罪未遂"、"罚金"和"罚款"、"扣押"和"羁押"、"服法"和"伏法"等。虽然这些成对的概念大都一字之差，但其内涵和外延可能大相径庭。若不准确把握它们各自的内涵和外延，不了解它们之间的区别，把它们混淆使用，就会违反同一律，有可能造成"失之毫厘，谬以千里"的后果。因此，使用时必须严加区分。

  在侦查工作中，侦查人员所作的主观断定必须与案件的客观实际同一，否则，就要继续侦查，这是同一律对侦查工作的基本要求。在法庭辩论中，公诉人的答辩和律师的辩护应始终围绕同一个论题进行。如果辩论双方不保持论题的同一，而是你辩你的，我说我的，或者谈与案件无关的问题，就要违反同一律，就辩论不出个是非曲直，也就达不到法庭辩论的目的。在审判工作中，审判人员要做到正确地定罪量刑，也必须遵守同一律。因为法律规定的罪名概念，都有严格的定义，都有其确定的内涵和外延，只有保持罪名概念自身的同一，同时做到以犯罪事实为根据，以刑事法律为准绳，坚持罪刑相适应原则，才能达到准确定罪、适当量刑的目的。如果违反了同一律的要求，就有可能造成冤案、错案，其结果必然是冤枉了无辜，放纵了罪犯。因此，审判人员必须正确地理解和运用法律条文，严格按照法律规定的原意去理解和执行。法律条文规定的是什么就是什么，不能根据个人的理解去随意解释，或者任意变换法律规定的确定的内容，或者把相近的概念混淆使用。法律文书的制作同样需要遵守同一律，法律文书中所使用的概念和命题必须始终保持自身的确定和同一，必须与法律规定的原意相一致，只有这样，才能保证法律文书的权威性和有效性。

第三节　矛盾律

一、矛盾律的内容和要求

矛盾律的内容是：在同一思维过程中，两个相互排斥的思想不能同时为真。

矛盾律的公式是：A 不是非 A，或 $A \land \overline{A}$

公式里的 A 和非 A 表示两个相互排斥的思想，主要指两个具有矛盾关系或反对关系的命题。"A 不是非 A"是指在同一思维过程中，A 和非 A 这两个具有矛盾关系或反对关系的命题不能同真，其中至少有一假。中外许多古代思想家都有思维不能自相矛盾的论述，亚里士多德对此就曾这样阐述："相反（矛盾）叙述已显然不能在同一主题同时为真实；相对叙述也不能如此。"这一思想明确指出了两个具有矛盾关系或反对关系的命题在同一思维过程中不能同时为真。例如：

　　①"犯罪都具有社会危害性"与"有些犯罪不具有社会危害性"。

　　②"所有人都能自觉地运用逻辑"与"所有人都不能自觉地运用逻辑"。

例①的两个命题之间是矛盾关系，它们不能同真，其中必有一假。例②的两个命题之间是反对关系，它们也不能同真，其中至少有一假。

根据矛盾律的内容，矛盾律的要求是：在同一思维过程中，对两个具有矛盾关系或反对关系的命题不能同时予以肯定。因此，在同一思维过程中，如果出现了两个矛盾关系或反对关系命题，不能同时肯定它们，必须承认其中至少有一假。具有矛盾关系的命题既不能同真，也不能同假。下面就是具有矛盾关系的命题：

"所有 S 都是 P" 与 "有些 S 不是 P"

"所有 S 都不是 P" 与 "有些 S 是 P"

"这个 S 是 P" 与 "这个 S 不是 P"

"p 并且 q" 与 "非 p 或者非 q"

"p 或者 q" 与 "非 p 并且非 q"

"如果 p，那么 q" 与 "p 并且非 q"

"只有 p，才 q" 与 "非 p 并且 q"

"当且仅当 p，才 q" 与 "要么 p，要么 q"

"必然 p" 与 "可能非 p"

"必然非 p" 与 "可能 p"

"必须 p" 与 "允许非 p"

"必须非 p" 与 "允许 p"

具有反对关系的命题不能同真，可以同假。下面就是具有反对关系的命题：

"所有 S 都是 P" 与 "所有 S 都不是 P"

"p 并且 q" 与 "非 p 并且非 q"

"p 并且 q" 与 "要么 p，要么 q"

"必然 p" 与 "必然非 p"

"必须 p" 与 "必须非 p"

根据矛盾律的要求，在同一思维过程中，无论是对两个具有矛盾关系的命题，还是具有反对关系的命题，都不能同时予以肯定。否则，就会出现逻辑矛盾。

矛盾律作为逻辑基本规律，虽然自身不能解决矛盾关系或反对关系命题哪个为真、哪个为假的问题，但根据矛盾律，如果已知其中一个命题为真，便可以推知另一个命题必假。例如，如果已知"王某是盗窃犯"为真，根据矛盾律，便可以推知"王某不是盗窃犯"必假。

由矛盾律的内容可知：两个具有矛盾关系或反对关系的命题不能同时

为真，因此，当遇到几句话中有一句或几句为假的题目时，要得出正确答案，就得借助于矛盾律。例如：

　　某珠宝店失窃，甲、乙、丙、丁四人因涉嫌被拘审。四人的口供如下：

　　甲：案犯是丙。

　　乙：丁是罪犯。

　　丙：如果我作案，那么丁是主犯。

　　丁：作案的不是我。

　　四人的口供中，只有一人的口供是假的。

　　如果以上断定为真，那么以下哪项是真的？

　　A. 说假话的是甲，作案的是乙。

　　B. 说假话的是乙，作案的是丙。

　　C. 说假话的是丁，作案的是丙和丁。

　　D. 说假话的是丙，作案的是丙。

　　E. 说假话的是甲，作案的是甲。[1]

　　解答此类题目，一般需要先找出具有矛盾关系的两句话，并根据矛盾律确定假话就在其中；然后绕开矛盾命题，从矛盾命题之外的命题中寻求答案。本题由四人的口供可知，乙和丁的口供互相矛盾，根据矛盾律，其中必有一假。又由"四人的口供中，只有一人的口供是假的"这个已知条件，得知甲和丙的口供是真的。而甲的口供真，说明案犯是丙；将甲、丙的口供运用充分条件假言推理的肯定前件式，便可得出"丁是主犯"的结论。因此，丁说的是假话，作案的是丙和丁，即正确答案是C。

二、违反矛盾律的逻辑错误

　　在同一思维过程中，如果同时肯定两个具有矛盾关系或反对关系的命题，即既肯定 A，又肯定非 A，就会犯"自相矛盾"的逻辑错误。通常人们所说的"出尔反尔"、"自己打自己的嘴巴"、"前言不搭后语"等，就是对出现这种逻辑矛盾……的生动描述。

　　"自相矛盾"这一成语出自《韩非子·难一》，它讲述的是一个楚国人卖矛和盾的故事。楚人既誉其盾曰："吾盾之坚，物莫能陷也"，又誉其矛曰："吾矛之利，于物无不陷也"。他既夸自己的盾坚固得任何东西都不能刺穿，即自己的矛不能刺穿自己的盾；又夸自己的矛锋利得能刺穿任何东

---

〔1〕 陈波：《逻辑学是什么》，北京大学出版社 2002 年版，第 27～28 页。

西，即自己的矛能刺穿自己的盾。由于他对这两个互相矛盾的命题同时予以肯定，使自己陷入了自相矛盾的境地，因此，也就无法回答别人提问的"以子之矛，陷子之盾，何如？"的问题。这则成语故事形象而准确地阐明了自相矛盾（即逻辑矛盾）的实质。

在日常说话、写文章时，如果不注意思想的前后一贯，就会出现逻辑矛盾。例如：

以下哪些议论与上述那位楚人一样犯有"自相矛盾"的逻辑错误，除了：

A. 电站外高挂一块告示牌："严禁触摸电线！500 伏高压一触即死。违者法办！"

B. 你的意见是正确的，我完全同意，不过有几个地方还值得商榷。

C. 如果赵某是作案人，那么赵某有作案时间；现已查证，赵某是作案人，但赵某没有作案时间。

D. 狗父论证："这是一条狗，它是一个父亲。而它是你的，所以它是你的父亲。你打它，你就是在打自己的父亲。"

E. 一位小伙子在给他女朋友的信中写道："爱你爱得如此之深，以至愿为你赴汤蹈火。星期六若不下雨，我一定来。"

在上述议论中，尽管"狗父论证"是一个完全无效的论证，但其中并不存在逻辑矛盾，而其他议论都对同一事物情况做出了互相矛盾的断定，因而都犯有"自相矛盾"的逻辑错误。所以，正确答案是 D。

和同一律一样，矛盾律也只是在同一思维过程中才起作用，即它只要求对在同一时间、同一关系对同一对象所做出的两个相互排斥的思想不能同时予以肯定。如果是不同时间、不同关系，或者对不同思维对象做出互相否定的断定，则并不构成逻辑矛盾，因而不违反矛盾律的要求。例如，"王某在 2000 年以前，遵纪守法，没有任何违法犯罪行为，因而说王某是守法的公民。但 2000 年以后，王某利用职务上的便利，多次侵吞国有财物，触犯了国家刑律，被判处有期徒刑，因而说王某不是守法的公民。"这是在不同时间对王某做出的互相矛盾的断定，它们之间并不构成逻辑矛盾。

另外，要严格区分逻辑矛盾和辩证矛盾。矛盾律只要求排除同一思维过程中的逻辑矛盾，并不否认客观事物的内在矛盾，即辩证矛盾。辩证矛盾是客观事物内部对立面之间的矛盾，是客观存在的，是推动事物发展变化的动力。而逻辑矛盾则是主观思维形式结构的混乱，是对客观事物的歪曲反映。因此，决不能把二者混为一谈。总之，矛盾律承认客观事物的内在矛盾，但排除思维中的逻辑矛盾。

三、矛盾律在法律工作中的作用

矛盾律的作用在于保证思维的无矛盾性或首尾一贯性。无论何时何地，对待任何问题，如果思维中违反了矛盾律的要求，出现了逻辑矛盾，就不能正确地反映客观世界，也不能为人们所理解。在日常思维或论证过程中，自觉遵守矛盾律，有助于我们保持思维的严谨性，不会自己打自己嘴巴；准确运用矛盾律，有助于我们及时发现议论中的逻辑矛盾，并予以纠正。在法律工作的各个环节中，矛盾律同样起着十分重要的作用。

在立法工作中，只有遵守矛盾律，才能保证法律条文不自相矛盾。法律条文是规范人们行为的准则，是司法工作的依据，因此，必须前后一贯，不能自相矛盾，否则，会使人无所适从，从而丧失法律的强制性和权威性。为此，在法的制定过程中，必须遵守矛盾律，以避免部门法与宪法之间的矛盾、各部门法之间的矛盾、法律条文之间的矛盾，从而确保法律的准确性和严肃性，确保整个法律体系的科学性和严谨性。

在侦查、审查案件时，利用矛盾律，可以消除案件中自相矛盾的材料，确定真实有力的证据，为人民检察院提起公诉和人民法院正确审判奠定坚实的基础。司法工作的一项重要原则是"以事实为根据"，这就要求案件事实必须清楚确切，证据材料必须与案件发生的实际情况相吻合，不能有逻辑矛盾。因此，为了弄清案件事实，获得充分可靠的证据，就必须仔细分析、认真核实犯罪嫌疑人的供述、证人证言、被害人的陈述等证据材料是否前后矛盾，案件中的有关证据材料是否吻合一致，是否有逻辑矛盾。如果出现了逻辑矛盾，则说明案件事实不清楚，其中必然有假的情况，根据《刑事诉讼法》的规定，证据不经过查证属实，不能作为定案的根据。因此，必须对证据材料重新进行调查、分析、审核，直至完全消除自相矛盾的案件材料为止。

在审判工作中，运用矛盾律可以揭露和驳斥被告人的诡辩，有助于正确断案。一般说来，犯罪分子为了推脱罪责、逃避惩罚，往往会编造一些口供进行狡辩。他们一方面想极力回避事实，一方面又不可能完全置事实于不顾，因而常常对同一犯罪事实时而承认，时而否认，从而不可避免地陷入自相矛盾的境地。审判人员若能运用矛盾律，善于抓住被告人口供中的逻辑矛盾，"以子之矛，攻子之盾"，就会促使被告人自己打自己的嘴巴，最终不得不如实交代自己的罪行。

法律文书的权威性和严肃性要求制作法律文书时必须遵守矛盾律，不能出现逻辑矛盾。否则，会有损司法工作的严肃性和准确性，使法律文书失去应有的法律效力。例如，一份刑事判决书中这样写道："被告人周某犯非法采集血液罪，免予刑事处罚，并处罚金 1000 元。"我国《刑法》第 37 条规定："对于犯罪情节轻微不需要判处刑罚的，可以免予刑事处罚，但是可以根据案件的不同情况，予以训诫或者责令具结悔过、赔礼道歉、赔偿损失，或者由主管部门予以行政处罚或者行政处分"。该条规定表明，对定了罪而又免予刑事处罚的，只能采取列举的这些惩罚措施。"刑事处罚"的外延无疑应包括主刑和附加刑，因而"免予刑事处罚"即免除主刑和附加刑。而罚金是一种附加刑，是刑事处罚的一种。既然如此，这份判决书中的"免予刑事处罚"和"处罚金 1000 元"显然自相矛盾，对它们同时予以肯定，就违反了矛盾律，这份判决书也就失去了应有的法律效力。

第四节　排中律

一、排中律的内容和要求

排中律的内容是：在同一思维过程中，两个互相否定的思想不能同时为假。

排中律的公式是：A 或者非 A，或 $A \lor \overline{A}$

公式里的 A 和非 A 表示两个互相否定的思想，主要指两个具有矛盾关系或下反对关系的命题。"A 或者非 A"是指在同一思维过程中，或者 A 真，或者非 A 真，不可能两个命题同时都假。例如：

①"犯罪都是触犯刑律的"与"有些犯罪不是触犯刑律的"。

②"有些证据是物证"与"有些证据不是物证"。

例①的两个命题之间是矛盾关系，它们不能同假，其中必有一真。例②的两个命题之间是下反对关系，它们也不能同假，其中至少有一真。

根据排中律的内容，排中律的要求是：在同一思维过程中，对两个具有矛盾关系或下反对关系的命题不能同时予以否定。因此，在同一思维过程中，如果出现了两个矛盾关系或下反对关系的命题，不能同时否定它们，必须做出明确的选择，肯定其中的一个。两个具有矛盾关系的命题不能同真，也不能同假，常见的矛盾命题已如矛盾律中所述。两个具有下反对关系的命题不能同假，可以同真。下面就是具有下反对关系的命题：

"有些 S 是 P" 与 "有些 S 不是 P"

"p 或者 q" 与 "非 p 或者非 q"

"可能 p" 与 "可能非 p"

"允许 p" 与 "允许非 p"

作为逻辑基本规律，排中律同矛盾律一样，也不能解决两个矛盾关系或下反对关系的命题哪个为真、哪个为假的问题，但根据排中律，如果已知其中一个命题为假，就可以推知另一个命题必真。例如，如果已知"某甲的行为是合法的"为假，根据排中律，就可以推知"某甲的行为不是合法的"必真。

由排中律的内容可知：两个互相否定的思想不能同时为假，因此，当遇到几句话中有一句或几句为真的题目时，要得出正确答案，就得借助于排中律。例如：

小王和小刘做完一道数学题后发现两人的答案不一样。小刘说："如果我的不对，那你的就对了。"小王说："我看你的不对，我的也不对。"旁边的小张看了看他俩的答案说："小王的答案错了。"数学老师听了他们三个人的话，又看了看小王和小刘的答案后，笑着说："你们三个人中只有一个人说得对。"

请问下列说法中哪一个是正确的？

A. 小张说的是真话，小王的答案错了

B. 小王说错了，小刘的答案是对的

C. 小王说对了，小王和小刘的答案都不对

D. 小张说对了，小王和小刘的答案都不对

E. 小刘说的是真话，小王的答案对了

解答此类题目，一般需要先找出具有矛盾关系的两句话，并根据排中律确定真话就在其中；再从矛盾命题之外的命题中寻求答案。本题由小刘、小王和小张三人所说的话可知，小刘和小王所说的话互相矛盾，根据排中律，其律必有一真。又由数学老师所说的"你们三个人中只有一个人说得对"这个已知条件，得知小张说的话是假的，即小王的答案对。由联言命题的逻辑性质推知小王说错了，根据排中律可得小刘说的必然是真话。因此，正确答案是 E。

二、违反排中律的逻辑错误

在同一思维过程中，如果对两个互相否定的思想同时予以否定，即既否定 A，又否定非 A，就会犯"两不可"的逻辑错误。通常人们所说的"含糊其辞"、"似是而非"、"骑墙居中"、"模棱两可"等，都是对"两不

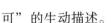

可"的生动描述。

"模棱两可"这一成语从词源上看，包含着矛盾命题两不可的意思。它是由《旧唐书·苏味道传》中"但模棱以持两端可也"缩略变化而来的。唐朝诗人苏味道仕途顺利，官运亨通，仅做宰相就达数年之久。但他在相位上并没有做出什么突出成绩来。他老于世故，处事圆滑，常对人说："处事不欲决断明白，若有错误，必贻咎谴，但模棱以持两端可也。"意思是说，处理事情不要决断得太清楚明白，要是处理错了，必定会遭到追究和指责，只要模棱两可，这样也行，那样也行，哪一边都抓不着小辫子就行了。当时人们根据苏味道这种为人处世的特点，特送给他一个绰号"苏模棱"。可见，"模棱两可"这一的成语，是指对矛盾命题含糊其辞，躲闪回避，不置可否，不明确表示肯定其中之一，这是违反排中律要求的。排中律要求对矛盾命题必须明确肯定其中之一，不能都否定（对矛盾命题含糊其辞，躲闪回避，是否定的一种形式）。在日常思维和表达中，也经常出现违反排中律要求的"两不可"的错误。例如：

  既不能说王某的行为是合法的，也不能说王某的行为不是合法的。

  说张某犯盗窃罪不对，说张某没犯盗窃罪也不对。

以上两例都犯了"两不可"的逻辑错误，它们都对两个互相矛盾的命题进行了否定，因而都违反了排中律的要求。

排中律的作用在于保证思维的明确性。遵守排中律是认识现实、发现真理的必要条件，因为任何正确的认识都是同思想上的游移不定、含混不清相排斥的。排中律要求在互相矛盾的思想面前必须有明确的态度。因此，凡是明确肯定互相矛盾的思想中必有一真的态度，是符合排中律要求的；而凡是对互相矛盾的思想都予以否定的态度，是违反排中律要求的。

应当注意，排中律所排除的错误是指对同一对象在同一时间、同一关系下做出的两个具有矛盾关系或下反对关系的命题都予以否定，因此，以下几种情况不违反排中律的要求：

对两个具有反对关系的命题同时予以否定，不违反排中律的要求，因为反对关系命题可以同假。例如，"说所有被告人都是有罪的不对，说所有被告人都不是有罪的也不对"，这段议论就不违反排中律的要求，因为"所有被告人都是有罪的"和"所有被告人都不是有罪的"是两个反对关系命题，它们可以同假，因而可以同时予以否定。

对本来有其他选项的情况不作非此即彼的选择，不违反排中律的要求。例如，"黑色"和"白色"之间还有很多颜色，我们完全可以既不选择黑色，也不选择白色，而是选择其他颜色。如果非要求做出非黑即白的选择，那就是错误地理解和使用了排中律，就是"错误的两刀论法"。例如：

> 甲：你认为《大明宫词》拍得好吗？
>
> 乙：我认为不算好。
>
> 甲：那就是说，你认为坏了？
>
> 乙：不，我并没有说坏。
>
> 甲：说不好就是坏嘛！

请问，下面哪个选项不可能是甲乙对话的正确评价：

> A. 甲问话的用意是要求乙做出一个肯定的、明确的回答
>
> B. 乙的回答前后矛盾
>
> C. 甲没有把握乙的两次回答的真谛
>
> D. 在乙看来，《大明宫词》拍得一般
>
> E. 甲对事物的评判一般是采取好与坏两种判定

"好"与"坏"之间并不矛盾，它们是一对反对关系的概念，中间有"不好也不坏"等其他情况存在。而排中律排除的是实际上并不存在也不可能存在的第三者，它并不要求在有第三者存在的"好"与"坏"中必须肯定一个。具体说，"好"的否定不是"坏"，而是"不好"，所以，乙的回答不存在逻辑矛盾，即选项 B 不可能是对甲乙对话的正确评价。而选项 A、C、D、E 都有可能是对甲乙对话的正确评价。因此，正确答案是 B。

对复杂问语不作简单的肯定或否定回答，不违反排中律的要求。复杂问语是一种暗含某种假定的问语。回答复杂问语时，无论是简单的肯定还是简单的否定，都等于承认了这个假定。如果复杂问语中暗含的假定是虚假的，回答时既否定"是"，又否定"非"，是不违反排中律的。例如，"你作案后回家了吗？"就暗含了一个假定：你作案了。因此，无论你回答"回家了"，还是回答"没回家"，其结果都承认你作案了。但如果事实上你并没有作案，你就完全可以对此不作简单的肯定或否定回答，而是从根本上否定那个暗含的假定，理直气壮地回答为"我根本没有作案"，这是不违反排中律要求的。

三、同一律、矛盾律和排中律的关系

同一律、矛盾律和排中律既有联系又有区别。

同一律、矛盾律和排中律有着密切的联系。同一律说"A 是 A"，矛盾律说"A 不是非 A"，排中律则说"A 或者非 A"。这三条规律的公式之间是可以进行等值转换的。矛盾律实际上是用否定形式表达了同一律用肯

定形式表达的内容。从这个意义上说，矛盾律是同一律的进一步展开和反证。矛盾律不允许同一思维有逻辑矛盾，指出相互矛盾的思想不能同真；排中律则进一步指出两个相互矛盾的思想中必有一真。从这个意义上讲，排中律是矛盾律的继续和进一步展开。这三条基本规律从不同角度体现了思维的确定性。

同一律、矛盾律和排中律又有着明显的区别。其区别主要体现在以下四个方面：

1. 基本内容不同。同一律说一个思想如果它真，它就真；如果它假，它就假，这是从正面直接表现思维的确定性。矛盾律说两个相互排斥的思想不能同真，这是从反面表现思维的确定性。排中律说两个互相否定的思想不能同假，必有一真，也是从反面表现思维的确定性。

2. 适用范围不同。同一律适用于任一或真或假的思想自身，矛盾律适用于两个具有矛盾关系或反对关系的命题，排中律则适用于两个具有矛盾关系或下反对关系的命题。两个矛盾关系的命题不能同真、也不能同假，是同时运用矛盾律和排中律的结果。

3. 逻辑要求和所犯的逻辑错误不同。同一律要求任一思想必须与其自身保持同一，否则，会犯"混淆概念"或"偷换概念"、"转移论题"或"偷换论题"的逻辑错误；矛盾律要求对两个相互排斥的思想不能同时予以肯定，必须承认其中至少有一假，否则，会犯"自相矛盾"的逻辑错误；排中律则要求对两个互相否定的思想不能同时予以否定，必须承认其中至少有一真，否则，会犯"两不可"的逻辑错误。

4. 作用不同。同一律的作用是保证思维的同一性。矛盾律的作用是排除逻辑矛盾，保证思维的无矛盾性，它能在两个相互排斥的思想中由真推假，常被用来揭露自相矛盾的思想的虚假性，是间接反驳的逻辑依据。排中律的作用是保证思维的明确性，它能在两个互相否定的思想中由假推真，是间接证明的逻辑依据。

四、排中律在法律工作中的作用

在日常思维和表达中，自觉遵守和准确运用排中律，能确保思维的明确性，有助于提高我们的逻辑素养和认识水平，有助于坚持真理、反驳谬误。在法律工作的各个环节中，排中律同样起着不可替代的作用。

在立法工作中，只有遵守排中律，才能保证法律规定清晰明确。在司法实践中，准确运用排中律，能够明辨是非，准确断案，确保思维的明确性。如在侦查工作中，遵守排中律，采用排除法先否定后肯定，有助于对案件作出明确的断定。例如，某人上吊而死，有人认为是自杀，有人认为是他杀，只此两种可能，不可能有第三种情况存在。侦查人员要准确断案，就必须在认真细致地进行现场勘查和调查研究的基础上，根据排中律的要求，对这两个互相矛盾的命题作出明确的选择：否定是自杀，就得肯定是他杀；否定是他杀，就得肯定是自杀。决不能含糊其辞，说出诸如"某人既不像是自杀，也不像是他杀"之类贻笑大方的话来。

在审判工作中，要做到准确地定罪量刑，同样要遵守排中律，在罪与非罪、此罪与彼罪之间有明确的抉择。排中律所排除的"中"乃事实上不存在也不可能存在的第三者。任何刑法上行为事实的认定，不是有罪，就是无罪，二者必居其一，罪与非罪之间不存在也不可能存在第三种情况。因此，否定有罪，就得肯定无罪；否定无罪，就得肯定有罪，态度必须明朗。否则，既不肯定有罪，也不肯定无罪，而在判决书中写上"教育释放"、"警告训诫"、"不予刑事处罚"之类模棱两可的话，要说无罪，还带着尾巴；要说有罪，也谈不上。这种不置可否的态度是违反排中律要求的，是司法工作所不允许的。

 第五节　充足理由律

一、充足理由律的内容和要求

充足理由律是关于思维要有论证性的规律。充足理由律的内容是：在同一思维或论证过程中，一个论断被确定为真，必须有真实而充分的根据或理由。

充足理由律的公式是：A 真，因为 B 真并且由 B 能推出 A。也可以用符号表示为：

$$(B \wedge (B \rightarrow A)) \rightarrow A$$

公式中的 A 表示在论证过程中被确定为真的论断（即论题）；B 表示用来确定 A 真的根据或理由，是论题 A 之所以成立的论据。该公式的意思是：在同一思维或论证过程中，论题 A 之所以被确定为真，是因为论据 B 真，并且由论据 B 可以合乎逻辑地推出论题 A。即论据 B 是论题 A 的充足理由。例如：

①死者是他杀（A），因为死者遍体鳞伤（B_1），致命伤是由背后用刀刺入心脏的（B_2），并且现场未发现致伤工具（B_3）。

②王某是犯罪分子（A），因为王某触犯了国家刑律（B_1），

受到了刑罚处罚（B₂）。

可以看出，例①的论题 A 能确定为真，因为理由 B₁、B₂、B₃ 是真实的，并且由 B₁、B₂、B₃ 真可以推出 A 真，即 A 真有充足的理由。例②的论题 A 也能确定为真，因为 A 真有充足的理由，从 B₁、B₂ 真能够推出 A 真。

根据充足理由律的内容，充足理由律的要求是：①理由必须真实；②理由与论断之间要有必然的逻辑联系，即从理由能够必然地推出论断。以上要求对于一个被确定为真的论题来说，是缺一不可的。但必须指出，充足理由律本身并不能提供真实的理由，理由的真假问题只能由实践和各门具体科学解决。能够充当充足理由的真实命题主要有：科学中的公理、定律，用经验方法确定为真的命题，用其他真命题证明为真的命题，国家的法律、法令等。

二、违反充足理由律的逻辑错误

违反充足理由律的要求，就会犯"理由虚假"或"推不出"的逻辑错误。

所谓"理由虚假"是指在论证过程中，以明显为假的命题或捏造、虚构的事实为论据来确定论题的真实性。因为用来证明论题的理由是不真实的，所以也就不能确定论题是真实的。例如，"宇宙在时间上是有开端的（A），因为宇宙是上帝创造的（B₁），而上帝创造的东西在时间上都是有开端的（B₂）。"此例就犯了"理由虚假"的错误，其论题 A 不能被确定为真，因为作为理由的 B₁、B₂ 是虚假的、荒谬的。

所谓"推不出"的错误，是指理由虽然真实，但理由与论断之间没有必然的逻辑联系，因而也就不能从理由必然地推出论断。它有许多表现形式，如论据与论题不相干、论据不充分、以相对为绝对，违反推理规则等。例如，"李某某是本案的凶手无疑（A），因为案发当天，李某某到过作案现场（B）。"该论证中的理由 B 虽然真实，但理由 B 与论题 A 之间没有必然的逻辑联系，由理由 B 不能必然推出论题 A，因为它违反了三段论推理的规则。以上所例表现形式因在本书第十章论证中有具体阐述，故在此不再赘述。

充足理由律是客观事物间因果联系的反映，是证明与反驳的基础，其作用在于保证思维的论证性。正确的思维不仅要有同一性、首尾一贯性和明确性，还要有论证性。在论证过程中，只有遵守充足理由律，才能使论证言之有理、持之有据，从而具有很强的说服力。

充足理由律和同一律、矛盾律、排中律有着密切的联系。首先，同一律、矛盾律、排中律是充足理由律的基础。如果思想不同一，或自相矛盾，或两不可，就无法确定命题之间是否有必然的逻辑联系，也就根本谈不上思维有论证性。可见，思维的论证性是以思维的同一性、无矛盾性和明确性为基础的，只要违反前三条规律，就必然同时违反充足理由律。其次，充足理由律是前三条规律的必要补充。在前三条规律保证了思维的同一性、无矛盾性和明确性的基础上，还要进一步指出命题之间的联系具有必然性和论证性。如果说前三条规律回答的是"思想是什么"的问题，那么，充足理由律回答的就是"思想为什么是这样"的问题。这四条逻辑基本规律是确保人们正确思维的统一体。任何正确的思想体系都必须同时遵守这些逻辑基本规律。惟有如此，才能真正做到概念明确，判断恰当，推理有逻辑性，论证有说服力。

三、充足理由律在法律工作中的作用

在司法实践中，从立案侦查到定罪量刑，步步都要有充足的理由。这就要求必须遵守充足理由律，使所作的侦查结论、审判结论言之有理、持之有据、真实可靠，从而具有很强的说服力。如果违反了充足理由律，仅凭"想当然"敷衍了事，就会出现错审、错判、错杀或量刑畸轻畸重等错误。

在刑事诉讼工作中，定罪量刑的充足理由就是刑事诉讼中的证据。为此，证据的查证属实和证据与犯罪事实间存在必然联系，就显得尤为重要。但在具体的司法工作中，却常常出现证据不真实、证据与犯罪事实间没有必然的逻辑联系这样两种违反充足理由律的逻辑错误。具体表现为：不顾客观事实，只凭主观想像的"证据"定案；或采取刑讯逼供的手段逼取口供，又借用这些口供进行推导，造成证据虚假；或对案情进行主观推测和假定，并要求犯罪嫌疑人或被告人据此交代，显然这种引供、诱供出的证据同样会导致证据虚假；或使用还没有得到证明或尚无法证明其真实性的所谓事实作为证据，等等。这往往会造成冤案、错案，从而使无辜受到冤枉，使真凶逍遥法外。不夸张地说，我国历代都有违反充足理由律、凭想当然办案而造成冤案、错案的例子。《十五贯》就是其中非常典型的一例。无锡知县过于执根据苏戌娟在尤葫芦被杀后与熊友兰同行；尤葫芦丢了15贯钱，而熊友兰身上恰好也有15贯钱，就主观臆断："熊友兰与苏戌娟一定是通奸谋杀无疑了！"继而大搞刑讯逼供逼取他所想像的口供，把两个无辜青年判了死刑。真是草菅人命！过于执完全违反了充足理由律，一不了解苏戌娟和熊友兰是在什么情况下一路同行的，二不调查熊友兰身上带的15贯钱究竟是不是赃物，就从"想当然"出发，乱找"理

由"，瞎抓"证据"，甚至连苏戌娟年轻貌美也成了他判案的重要依据，真是岂有此理！若不是后来况钟经过一番深入细致的调查研究，找出了真凶娄阿鼠，两个无辜青年的性命就要被白白葬送了。由此可见，在司法工作中严守充足理由律是何等重要！

　　在批判性思维以及各种能力型考试如 MBA、MPA 逻辑考试中，思维的论证性是重点考查的内容，具体的考题类型有"直接推断型"、"强化前提型"、"削弱结论型"、"说明解释型"等。考题提出的问题主要有：对某个论题所给出的理由真实吗？理由与所要论证的论题相关吗？选项中哪一项与题干中的论证方法相同或最为相似？例如：

　　　　有一个糊涂法官坚持要判某人有罪，其理由是该人不能证明自己无罪。

　　　　以下诸项中，哪一项的论证手法与该法官的做法最为相似？

　　　　A. 哥德巴赫猜想是成立的，即每个大于 6 的偶数都可以表示为两个素数之和。理由是：没有人能够使我们信服这样的偶数不能表示为两个素数之和

　　　　B. 有人坚持托勒密的"地心说"，理由是：亚里士多德就是这么认为的

　　　　C. 有人认为，天上星星的精确数目是 9×10^{1000} 颗。此人对不同意这种看法的人说："据说这是爱因斯坦说的，难道你比爱因斯坦还高明吗？那你为什么没有发明相对论？为什么你没有爱因斯坦那么大的名声？"

　　　　D. 有人说小李是个品行不端的人，理由是：他爸爸不是个好东西，爱拈花惹草

　　　　E. 许多人认为大米没有白面的营养价值高，理由是：为什么很多人不喜欢吃大米呢？

　　题干中该法官的理由与论题不相干，违反了充足理由律的要求，犯了"诉诸无知"的逻辑错误。因为法律规定的"无罪推定"原则，是假定任何一位被告人都不是罪犯，最多只是嫌疑犯，在审判过程中，控方必须拿出足够的证据来证明嫌疑犯有罪；而绝不是先假定被告人有罪，然后让被告人自己拿出证据来证明自己无罪。选项 A 犯有与该法官相同的错误，选项 B 和 C 犯的是"诉诸权威"的错误，选项 D 的错误是"诉诸个人"，选项 E 的错误是"诉诸公众"。因此，正确答案是 A。

　　逻辑基本规律是正确思维必须同时遵守的逻辑规律。有时，在同一思维过程中，可能会同时违反其中的几条规律，因此，必须全面仔细地进行

分析。例如，一份刑事判决书中这样写道：

> 被告人顾某潜入某农场仓库欲盗窃山芋干。行窃时，因用小刀未能割开装山芋干的麻袋，他使用火柴烧，企图将麻袋烧出一个洞，以达到盗窃山芋干的目的。因为心慌意乱，顾某点火时引起稻草着火，造成了重大火灾。某市法院认为，被告人顾某为了达到个人私欲的目的，以放火为手段盗窃山芋干，致使集体的大量财物被烧毁，严重危害了公共安全，已构成放火罪。为此，依照我国《刑法》第114、115条的规定，判处被告人顾某有期徒刑10年。

这份刑事判决书中，有多处违反了逻辑基本规律的要求。首先，在介绍案情时所称的"点火"，到定性时变成了"放火"，这显然违反了同一律的要求，犯了混淆或偷换概念的逻辑错误。其次，"以放火为手段盗窃山芋干"的说法是违反矛盾律的。因为被告人"点火"是为了盗窃，而"放火"的目的在于烧毁，烧毁了就无法盗窃，为盗窃就不会故意烧毁，因此说"以放火为手段盗窃"是自相矛盾的。再次，将被告人顾某的行为定为放火罪，也违反了同一律的要求，混淆了"失火罪"与"放火罪"这两个不同的罪名概念。最后，量刑时同时引用原《刑法》第114、115条的规定，是违反排中律要求的。因为原《刑法》第114条规定的是"尚未造成严重后果的"放火罪，其最高刑期是10年；而第115条规定的是后果严重的放火罪和失火罪，符合这条规定的放火罪的最低刑期为10年，失火罪的最高刑期为7年。既然两条都引用，那么被告人造成的后果到底是严重还是不严重呢？含混不清，模棱两可，让人摸不着头脑，这是排中律所不允许的。

思考题

1. 什么是逻辑基本规律？其客观基础是什么？
2. 同一律的内容和要求是什么？违反同一律要求的逻辑错误有哪些？
3. 矛盾律的内容和要求是什么？违反矛盾律要求会犯什么逻辑错误？逻辑矛盾与辩证矛盾有何区别？
4. 排中律的内容和要求是什么？违反排中律要求犯什么逻辑错误？
5. 充足理由律的内容和要求是什么？违反充足理由律的逻辑错误主要有哪些？
6. 同一律、矛盾律、排中律的关系如何？
7. 充足理由律与同一律、矛盾律、排中律有何联系？

练习题

一、下列议论是否违反逻辑基本规律的要求？请对包含逻辑错误的议论进行具体分析

1. 自由主义不能一概反对，我国《宪法》中明文规定：公民有言论、出版、集会、结社等自由。

2. 青年人应该有远大理想以适应未来社会的需要。换句话说，什么样的青年最理想？综合素质高、健康活泼、熟练掌握英语和计算机知识的青年最理想。

3. 有人自私，但并非人人自私。

4. 说他犯贪污罪不对，说他没犯贪污罪也不对。

5. 在一次审讯中，犯罪嫌疑人不承认自己是杀人凶手。办案人员就问："你行凶后是不是回家了？"犯罪嫌疑人回答说："我根本就没有行凶。"

6. 李某应该减轻处罚，因为他一贯表现好，犯罪前曾在部队立过二等功。

7. 说王某犯抢劫罪不错，说王某没犯抢劫罪也不错。

8. 在一次案情讨论会上，甲说："赵某的行为构成了犯罪。"乙说："赵某的行为没构成犯罪。"丙说："我认为甲、乙的说法都不对。"

9. 关于宗教信仰问题，有信仰的自由，也有不信仰的自由。所以，我们既不禁止，也不提倡。

10. 我认为某甲是凶手，因为犯罪现场留有某甲的指纹。

11. 某辩护人为被告人辩护说："被告人在犯罪前曾经荣立一等功，根据《刑法》第68条之规定，有重大立功表现的，可以减轻或者免除处罚。希望法院在量刑时予以考虑。"

12. 我认为我完全有能力把这个案子办好，但现在还没有把握。

13. 小张问："难道你没看过甲案的有关材料？"老王答："谁说我没看过？"小张问："那么，你看过甲案的有关材料啦？"老王答："我并不是说我看过了。"

14. 关于某乙的行为是否是正当防卫，我觉得两种看法都有道理，我都同意。

15. 甲说："吸烟必无害处。"乙说："吸烟可能有害处。"丙说："我不同意你们两人的意见，吸烟没什么害处，只是对周围的人有害处。"

二、若肯定 A 而否定 B，是否违反逻辑基本规律的要求？为什么？

A. 甲上场而乙不上场。

B. 只有甲不上场，乙才上场。

三、对下列 A、B 两种意见，甲都赞成，乙都反对。甲、乙的断定是否违反逻辑基本规律的要求？为什么？

A. 给小王和小李都发奖金。

B. 如果给小王发奖金，那么就得给小李发奖金，这不好。

四、如果断定 A、B 都真而 C 假，是否违反矛盾律的要求？为什么？

A. 甲班有的学生会英文打字。

B. 甲班有的学生不会英文打字。

C. 甲班学生都会英文打字。

五、妻子对丈夫说："让你一下子把酒全戒掉，恐怕不太容易。你先戒掉一半吧。"丈夫回答说："我听你的。我一向只喝汾酒和西凤酒，戒掉一半，那我以后只喝汾酒好了。"

这位丈夫的答话违反了哪条逻辑基本规律的要求？犯了什么逻辑错误？

六、"被告人陈某构成了贪污罪。因为第一，被告人开支较大，经济来源令人怀疑；第二，被告人经常一个人在这个门市部做营业工作，贪污货款完全有条件；第三，被告人经常发牢骚，嫌自己工资太低。综上可见，被告人陈某犯贪污罪无疑。"

这段议论有何逻辑错误？请根据逻辑基本规律的要求做简要分析。

七、下列议论中，丙与丁的说法是否违反逻辑基本规律的要求？

甲说：关系 R 是传递的。

乙说：关系 R 是非传递的。

丙说：甲和乙说的都不对。

丁说：甲和乙说的都对。

八、同时肯定"所有科技人员都懂计算机"和"有些不懂计算机的是科技人员"，是否违反矛盾律的要求？为什么？

九、同时肯定下列三个命题，是否违反矛盾律的要求？为什么？

①PES　　　　②MOP→SIP　　　　③SIM

十、一天，某市发生了一起抢劫杀人案。经侦查，拘留了赵、钱、孙、李四名犯罪嫌疑人。现已知，四人中只有一人手持凶器杀了人。在审讯中，这四个人的口供如下：

赵：不是我杀的人。

钱：是李杀的人。

孙：是钱用刀杀人。

李：不是我杀的人。

现假定这四个人中只有一个人说真话，请问是谁杀了人？写出推导过程。

假定这四个人中只有一个人说假话，请问是谁杀了人？写出推导过程。

十一、某公安局的刑侦人员 A、B、C、D 对甲案的嫌疑犯李和赵作出如下断定：

A. 赵不是凶犯。

B. 如果李是凶犯，那么赵就不是凶犯。

C. 或者李是凶犯，或者赵是凶犯。

D. 李和赵都是凶犯。

事后证明，这四个人的断定只有一个人是错误的。请问凶犯是谁？并写出推导过程。

十二、已知下列甲、乙、丙、丁四人中，只有一人说假话。请问谁在说假话？并用欧拉图表示 S 和 P 之间可能具有的外延关系。

甲：M 真包含于 P，并且所有 S 是 M。

乙：有的 M 是 P，并且 M 真包含于 S。

丙：并非"所有 M 不是 P，有的 M 是 S"。

丁：所有 S 都不是 P。

十三、批判性思维能力测试题

1. 甲、乙、丙、丁是同班同学。甲说："我班同学都是团员。"乙说："丁不是团员。"丙说："我班有人不是团员。"丁说："乙不是团员。"

如果四人中只有一人说假话，可以推出以下哪项断定为真？

A. 说假话的是甲，丙不是团员

B. 说假话的是乙，丙不是团员

C. 说假话的是丙，丁不是团员

D. 说假话的是丁，乙不是团员

E. 说假话的是甲，乙不是团员

2. 临床试验显示，对偶尔食用一定量的牛肉干的人而言，大多数品牌牛肉干的添加剂并不会导致动脉硬化。因此，人们可以放心食用牛肉干而无需担心对健康的影响。

以下哪项如果为真，最能削弱上述论证？

A. 食用大量牛肉干不利于动脉健康

B. 动脉健康不等于身体健康

C. 肉类都含有对人体有害的物质

D. 喜欢吃牛肉干的人往往也喜欢食用其他对动脉健康有害的食品

E. 题干所述临床试验大都是由医学院的实习生在医师指导下完成的

3. 某仓库失窃，四名保管员涉嫌被传讯。四人的口供如下：

甲：我们四人都没作案。

乙：我们中有人作案。

丙：乙和丁至少有人没作案。

丁：我没作案。

如果四人中有两人说的是真话，有两人说的是假话，那么以下哪项断定成立？

A. 说真话的是甲和丙　　　　　B. 说真话的是甲和丁

C. 说真话的是乙和丙　　　　　D. 说真话的是乙和丁

E. 说真话的是丙和丁

4. 对同一事物，有人说好，有人说不好，这两种人之间没有共同语言。可见，不存在全民族通用的共同语言。

以下除哪项外，都与题干所犯的逻辑错误近似？

A. 甲："厂里规定，工作时禁止吸烟。"乙："当然，可我吸烟时从不工作。"

B. 有的写作教材上讲，写作中应当讲究语言形式的美。我的看法不同，我认为语言就应该朴实，不应该追求那些形式主义的东西

C. 有意杀人者应处死刑，行刑者是有意杀人者，所以，行刑者应处死刑

D. 象是动物，所以，小象是小动物

E. 这种观点既不属于唯物主义，也不属于唯心主义，我看两者都有点像

5. 某中学的四位老师在高考前对某理科毕业班学生的前景进行推测，他们特别关注班里的两个尖子生。

张老师：如果于一能考上清华，那么刘宁也能考上清华。

李老师：依我看这个班没人能考上清华。

王老师：不管刘宁能否考上清华，于一考不上清华。

赵老师：我看刘宁考不上清华，于一能考上清华。

高考结果证明，四位老师中只有一人的推测成立。

A. 李老师的推测成立

B. 王老师的推测成立

C. 赵老师的推测成立

D. 如果刘宁考上了清华，则张老师的推测成立

E. 如果刘宁考不上清华，则张老师的推测成立

6. 某商场失窃，员工甲、乙、丙、丁四人涉案被拘审。通过审问，四人各说了一句话。

甲：是丙作的案。

乙：我和甲、丁三人至少有一人作案。

丙：我没作案。

丁：我们四人都没作案。

如果四人中只有一人说真话，那么可以得出以下哪项结论？

A. 甲说真话，作案的是丙

B. 乙说真话，作案的是乙

C. 丙说真话，作案的是甲

D. 丙说真话，作案的是丁

E. 丁说真话，四人中无人作案

7. 在对全省小煤矿进行安全检查后，甲、乙、丙三个安检人员分别作出断言。

甲：有小煤矿存在安全隐患。

乙：有小煤矿不存在安全隐患。

丙：大运和宏通两个小煤矿不存在安全隐患。

如果上述三个断定只有一个正确，则以下哪项一定为真？

A. 大运和宏通煤矿都不存在安全隐患

B. 大运和宏通煤矿都存在安全隐患

C. 大运存在安全隐患，但宏通不存在安全隐患

D. 大运不存在安全隐患，但宏通存在安全隐患

E. 上述断定都不一定为真

8. 有人坚信飞碟是存在的，理由是：谁能证明飞碟不存在呢？

以下哪项与题干的论证方式相同？

A. 科学家不是天生聪明的，因为爱因斯坦就不是天生聪明的

B. 神农架地区有野人，因为有人看见过野人的踪影

C. 中世纪欧洲神学家论证上帝存在的理由是：你能证明上帝不存在吗

D. 一个经院哲学家不相信人的神经在脑中会合，理由是：亚里士多德

著作中讲到，神经是从心脏里产生出来的

E. 鬼是存在的，如果没有鬼，为什么古今中外有那么多人讲鬼故事

9. 某矿山发生一起严重的安全事故。关于事故原因，甲、乙、丙、丁四位负责人分别作出如下断定：

甲：如果造成事故的直接原因是设备故障，那么肯定有人违反操作规程。

乙：确实有人违反操作规程，但造成事故的直接原因不是设备故障。

丙：造成事故的直接原因确实是设备故障，但没有人违反操作规程。

丁：造成事故的直接原因是设备故障。

如果四人中只有一人的断定为真，那么以下断定都不可能为真，除了：

A. 甲的断定为真，有人违反了操作规程

B. 甲的断定为真，但没有人违反操作规程

C. 乙的断定为真

D. 丙的断定为真

E. 丁的断定为真

本题参考答案

1E，2B，3C，4E，5D，6A，7B，8C，9B。

第七章 归纳推理与类比推理

学习目标

本章应掌握的基本原理：

△ 归纳推理的特征及其合理性以及与演绎推理的关系

△ 各种归纳推理的特征、推理形式及其相互关系

△ 探求因果联系的逻辑方法的内容、特点及其逻辑形式

△ 类比推理的特征及其应用形式

△ 回溯推理的特征及其推理形式

本章需训练的基本能力：

△ 正确识别用自然语言表达的推理属于哪一种或然性推理并且是否正确的能力

△ 正确分辨归纳推理的种类的能力

△ 准确指出具体事例使用的是何种探求因果联系的逻辑方法的能力

△ 综合分析一个具体实例中使用了哪些或然性推理形式的能力

第一节 归纳推理的概述

一、什么是归纳推理

人们对客观事物的认识遵循着一定的规律，总是由认识个别事物开始，进而认识事物的一般规律；又以一般规律为指导，更深刻地认识个别事物。如此循环往复，使认识不断深化、扩展和提高。

归纳推理就是以个别性知识为前提推出一般性知识的结论的推理。例如：

王某溺水而死，其内脏有硅藻反应，

赵某溺水而死，其内脏有硅藻反应，

刘某溺水而死，其内脏有硅藻反应，

李某溺水而死，其内脏有硅藻反应；

所以，凡溺水而死者，其内脏都有硅藻反应。

在这个推理中，前提反映的是一些个别性知识，结论反映的则是一般性知识。这种根据一类事物包含的许多个别对象的共同情况推出关于该类事物的一般性结论的推理，就是归纳推理。

归纳推理是由个别到一般的推理，它所推出的一般性结论，显然是从前提中的个别性知识概括出来的。但概括的情况不同：一种是考察了一类事物中的全部个别对象，根据它们具有某种属性，从而概括出关于该类事物的一般性结论。显然，这种归纳推理的结论断定的范围没有超出前提断定的范围，结论是前提所蕴涵着的，即前提与结论间具有必然性的联系，因此，在前提真实的情况下，其结论必真。这种归纳推理被称为完全归纳推理。另一种是只考察了一类事物中的部分个别对象，根据它们具有某种属性，概括出关于该类事物的一般性结论。显而易见，这种归纳推理的结论断定的范围超出了前提断定的范围，其前提不蕴涵结论，即前提与结论间具有或然性的联系，因此，在前提真实的情况下，其结论可能真也可能假。这种归纳推理就是不完全归纳推理。

应当注意，演绎推理和归纳推理的逻辑性的表现形式不同。演绎推理可以由真实的前提必然地推出真实的结论，因而其推理的逻辑性表现为前提蕴涵结论。而归纳推理的前提一般不蕴涵结论，其前提真时结论未必真，即归纳推理的结论一般是或然性的，人们在不同条件下运用归纳推理，其结论的可靠程度会有高低不同。因此，归纳推理的逻辑性表现为其前提与结论之间联系的合理性。就一个前提为真的归纳推理而言，要提高其结论的可靠程度，实际上就是要考察其前提对结论的证据支持度。这就要求运用归纳推理时，应当遵循有利于提高推理可靠程度的应用条件，使其结论具有较高的可靠性。一般说来，考察研究的对象越多，考察的范围越广，概括出的结论的可靠程度就会越高。

归纳推理虽然具有或然性，但这种从个别到一般的思维活动是客观存在的，它是客观事物个别与一般的辩证关系的反映。由于个别中包含一般，一般寓于个别之中，因此，运用归纳推理可以从个别性的前提推出一般性的结论。归纳推理如实反映了从个别到一般的认识过程，是人们通过总结实践材料探求新知识的重要工具和手段。

二、归纳推理与演绎推理的关系

在逻辑发展史上，曾出现过归纳派和演绎派两大对立的派别。归纳派把归纳推理当作惟一的或占统治地位的科学的思维方法，否认演绎推理在认识中的地位和作用。演绎派则针锋相对，认为演绎推理是惟一科学的思维方法，否认归纳推理在认识中的意义和地位。这两大派别把归纳和演绎完全对立起来，割裂了人的完整的认识过程，其观点都是片面的。

其实，在人们的认识过程中，归纳推理与演绎推理既交互应用、相互补充，又互相区别、不容混淆。它们之间既有联系又有区别。其联系主要表现为：

第一，演绎推理离不开归纳推理。演绎推理是由一般到个别的推理，是对一般性原理的应用，但它本身却不能为自己准备好作为出发点的一般性原理。归纳是演绎的基础，作为演绎前提的一般性原理是通过归纳从经验材料中概括出来的，是由归纳推理提供的。因此，离开了归纳推理，演绎推理就无从获得它得以出发的一般性前提。

第二，归纳推理也离不开演绎推理。归纳推理从个别到一般的思维进程决定了其个别性知识的前提需要演绎推理提供的理论、原理作指导。如果失去了一般性原理的指导，归纳推理就无法对经验材料进行集中和概括。此外，要提高归纳推理结论的可靠性，也要应用已有的科学知识对各种事物或现象进行分析研究，这也需要借助于演绎推理。可见，归纳推理从前提到结论都离不开演绎推理，没有演绎推理，就不可能有效地进行归纳推理。

总之，归纳推理与演绎推理是密不可分的，它们同等重要，没有此轻彼重之分。正如毛泽东同志所指出的："就人类认识运动的秩序说来，总是由认识个别的和特殊的事物，逐步地扩大到认识一般的事物。人们总是首先认识了许多不同事物的特殊的本质，然后才有可能更进一步地进行概括工作，认识诸种事物的共同的本质。当着人们已经认识了这种共同的本质以后，就以这种共同的认识为指导，继续地向着尚未研究过的或者尚未深入地研究过的各种具体的事物进行研究，找出其特殊的本质，这样才可以补充、丰富和发展这种共同的本质的认识，而使这种共同的本质的认识不致变成枯槁的和僵死的东西。这是两个认识的过程：一个是由特殊到一般，一个是由一般到特殊。人类的认识总是这样循环往复地进行的，而每一次的循环（只要是严格地按照科学的方法）都可能使人类的认识提高一步，使人类的认识不断地深化。"[1]

但是，归纳推理和演绎推理毕竟是两种不同的推理，它们之间又有着明显的区别。其区别主要体现在以下四个方面：

第一，思维进程的方向不同。演绎推理是由一般到个别的推理，归纳

---

〔1〕《毛泽东选集》第 1 卷，人民出版社 1991 年版，第 309～310 页。

推理则是由个别到一般的推理。二者思维进程的方向正好相反。

第二，结论断定的范围不同。演绎推理的结论断定的范围没有超出前提断定的范围，而归纳推理（完全归纳推理除外）的结论断定的范围则超出了前提断定的范围。

第三，前提与结论的联系程度不同。演绎推理的前提与结论之间的联系是必然的，只要前提真实，形式有效，其结论就必然真实；而归纳推理（完全归纳推理除外）的前提与结论之间的联系是或然的，即使前提真实，形式有效，其结论也未必真实。

第四，前提的性质不同。演绎推理的大前提是一般性原理，因此同经验没有直接关系；而归纳推理的前提是个别性知识，因此同经验、实践有直接关系。

三、搜集和占有经验材料的方法

归纳推理是以个别性知识为前提推出一般性知识的结论的推理，因此，人们要进行归纳推理，就必须有目的地搜集和占有大量的经验材料，而观察和实验就是搜集和占有经验材料常用的方法。

（一）观察

观察是指人们有目的地通过感觉器官和科学仪器设备，去认识处于自然状态下的客观事物或现象的方法。例如，对刑事案件进行侦查时，首先就要对犯罪现场进行勘验，即仔细观察犯罪现场的情况。在这个观察过程中，要通过人的感觉器官并借助于仪器设备，收集指纹、脚印等痕迹和现场的一切异常情况。这些观察到的第一手资料会为进一步分析案情、刻画犯罪嫌疑人、制定侦破计划提供必要的客观依据。

观察是一种感性认识活动，是在对象处于自然状态下的一种认识活动，即不改变客观事物或现象的原始状态，不附加任何条件，客观情况是怎样就直接地、如实地反映怎样。但它又不同于一般的感性认识活动，而是有目的、有计划地进行的活动。如在刑事侦查过程中，侦查人员所进行的每一项观察活动，都必须根据案件侦查的需要和进展情况来确定观察的对象、方法和步骤，以达到观察的具体目的。

为了使观察所获得的材料尽可能真实可靠，能实事求是地反映客观事物或现象，就必须坚持观察的目的性、客观性、全面性和准确性，并尽可能地借助于相关的仪器设备，以避免和克服主观的随意性、片面性和感官认识的局限性。

通过观察虽然可以获得第一手资料，但观察毕竟受时间、空间及人的观察能力等限制，而且它只能在事物或现象处于自然状态下进行。因此，为了更充分地发挥认识的主动性，更有效地获得材料，就要运用实验的方法。

（二）实验

实验是有目的地在人工控制的条件下安排现象的发生，以认识事物或现象的方法。在司法实践特别是刑事侦查中，为了证实证人的陈述是否可靠，犯罪嫌疑人的供述和辩解是否真实，有时就需要进行实验，以判定某种条件下某种事实能否发生，某一行为能引起何种结果，在某种条件下某种工具痕迹能否形成等。

其实，实验也是一种观察，只不过它是通过人为地控制自然现象的条件而进行的。观察所认识的是处于自然状态下的事物或现象，而实验所认识的则是处于人工控制条件下的事物或现象。因此，实验能够排除干扰因素，突出主要因素，缩短认识过程；能够制造在自然条件下不易得到或无法得到的条件，并且人工控制的条件具有可重复性，这就保证了实验所获得的材料更为可靠。

第二节　完全归纳推理和不完全归纳推理

根据前提是否考察了一类事物的全部个别对象，归纳推理可以分为完全归纳推理和不完全归纳推理。

一、完全归纳推理

完全归纳推理就是根据一类事物中的每一个个别对象都具有某种属性，从而推出关于该类事物的一般性结论的归纳推理。例如：

一个盗窃团伙共有 5 名成员，我们考察了这个团伙的每一位成员都有前科，于是得出结论：这个盗窃团伙的所有成员都有前科。

这就是一个完全归纳推理。

若用 S 表示一类事物，用 S_1、S_2……S_n 表示该类事物中的每一个个别对象，用 P 表示某种属性，则完全归纳推理的逻辑形式可以用公式表示为：

S_1 是 P，

S_2 是 P，

……

S_n 是 P,

S_1、S_2……S_n 是 S 类的全部个别对象;

所以,所有 S 都是 P。

由于完全归纳推理的前提考察的是一类事物的全部个别对象,其结论断定的范围没有超出前提断定的范围,其前提与结论之间的联系是必然的,因此,只要前提都真,其结论就必真。可见,完全归纳推理的前提蕴涵结论,它是一种必然性推理。同时,完全归纳推理又是以个别性知识为前提推出一般性知识的结论的推理,因此,传统逻辑将它归入归纳推理之列。

要获得真实的结论,运用完全归纳推理时必须注意以下两点:

第一,前提考察的必须是一类事物的每一个个别对象,决不能有所遗漏。否则,会犯"以偏概全"的逻辑错误。

第二,前提中对每一个个别对象所作的断定都必须是真实的。

由于完全归纳推理是一种由个别到一般的必然性推理,是使认识从个别上升到一般的推演过程,具有综合、概括的认识作用,并且其结论完全可靠,因此,它在论证过程中、在日常工作总结和情况汇总时,被广泛运用。但是,完全归纳推理毕竟是在考察了一类事物的全部个别对象的基础上进行的推理,因而其运用是有局限的。如果一类事物中的个别对象是无限的,或者虽有限但数量过多,完全归纳推理就难以发挥作用了,这时就需要运用不完全归纳推理。

二、不完全归纳推理

不完全归纳推理就是根据一类事物中的部分对象具有某种属性,从而推出关于该类事物的一般性结论的归纳推理。例如:

抢劫罪具有社会危害性,

盗窃罪具有社会危害性,

强奸罪具有社会危害性,

……

抢劫罪、盗窃罪、强奸罪等都是犯罪;

所以,所有犯罪都具有社会危害性。

这就是一个不完全归纳推理。其前提只考察了犯罪中的部分对象(即抢劫罪、盗窃罪、强奸罪)有"具有社会危害性"的属性,从而推出"所有犯罪都具有社会危害性"的一般性结论。

不完全归纳推理的前提只考察了一类事物中的部分对象,结论则是关于该类事物全部对象的一般性知识,因此,其结论断定的范围超出了前提断定的范围，其前提与结论之间的联系是或然的。也就是说，不完全归纳推理是一种或然性推理，即使其前提都真，结论也未为真。因此，运用时必须努力提高其前提对结论的支持度，以提高结论的可靠程度，增强推理的合理性。

尽管如此，不完全归纳推理突破了完全归纳推理的局限，能从为数不多的事例中概括出普遍性的原理和规律，从而为人们提供了新知识，扩大了人们的认识范围。因此，它在科学研究和实际工作中应用极为广泛。

根据前提是否揭示了被考察对象与其属性间的因果联系，不完全归纳推理又可以分为简单枚举归纳推理和科学归纳推理。

（一）简单枚举归纳推理

简单枚举归纳推理又称简单枚举法。它是根据一类事物中的部分对象具有某种属性，并且没有遇到相反事例，从而概括出关于该类事物的一般性结论的归纳推理。例如：

作案人甲有作案时间，

作案人乙有作案时间，

作案人丙有作案时间，

……

甲、乙、丙是作案人中的部分对象，并且未发现作案人没有作案时间的反例；

所以，凡作案人都有作案时间。

这就是一个简单枚举归纳推理。其前提考察了作案人中的部分对象甲、乙、丙具有"有作案时间"的属性，并且没有遇到相反事例，于是推出"凡作案人都有作案时间"的一般性结论。那么，请思考：

下述哪个推理与上例所使用的推理形式不同？

A. 美国加利福尼亚大学医学教授唐纳德·阿特拉斯，搜集了一些音乐指挥的寿命材料。他发现，阿尔图罗·托斯卡里尼一直工作到 90 岁，布鲁诺·瓦尔特工作到 85 岁，瑞典的欧内斯特·安塞姆工作到 86 岁，等等。于是，他得出结论：音乐指挥都比较长寿。

B. 我们摩擦冻僵的双手，手便暖和起来；我们敲击冰冷的石块，石块会发出火光；我们用锤子不断地锤击铁块，铁块会热到发红；古人还通过钻木取火。所以，任何两个物体的摩擦都会生热。

C. 人们早已知道，某些生物的活动是按照时间的变化（昼夜交替或四季变更）来进行的，具有时间上的周期性节律。如鸡叫三遍天亮，青蛙冬眠春晓，牵牛花破晓开放，大雁春来秋往，等等。人们由此得出结论：凡生物体的活动都具有时间上的周期性节律。

D. 外科医生在给病人做手术时可以看 x 光片，律师在为被告辩护时可以查看辩护书，建筑师在盖房子时可以对照设计图，教师备课时可以翻阅各种参考书，为什么独独不允许学生在考试时看教科书及相关的资料？

E. 张三是湖南人，他爱吃辣椒；李四是湖南人，他也爱吃辣椒；王五是湖南人，他更爱吃辣椒。我碰到的湖南人都爱吃辣椒。所以，所有湖南人都爱吃辣椒。

选项 A、B、C、E 都是根据一类事物中的部分对象具有某种属性，并且没有遇到相反事例，从而概括出关于该类事物的一般性结论的归纳推理，即运用的都是与前例相同的简单枚举归纳推理形式。只有选项 D 使用的是在不同事物之间进行的类比推理，与上例所使用的推理形式不同。因此，正确答案是 D。

简单枚举归纳推理的逻辑形式可以用公式表示为：

S_1 是 P，

S_2 是 P，

……

S_n 是 P，

S_1、S_2……S_n 是 S 类的部分对象，并且没有遇到相反事例；

所以，所有 S 都是 P。

简单枚举归纳推理的依据是一类事物中的部分对象情况的多次重复出现，并且没有遇到相反事例，但这只是得出正确结论的必要条件，而不是充分条件。其原因有二：一是一类事物中的部分对象所具有的某种属性，只是可能而并非必然为该类事物的全部对象所具有。例如，"胎生的"这一属性为人、猩猩、猴子、牛、老虎、狮子等哺乳动物所具有，却并非为哺乳动物类的全部对象所具有，因为哺乳动物鸭嘴兽就是卵生的，而不是胎生的。二是"没有遇到相反事例"不等于相反事例不存在，也不等于今后不会出现相反事例。一旦发现相反事例，由简单枚举归纳推理得出的结论就会被推翻。例如，人们曾根据"燕子、麻雀、鸽子、喜鹊、老鹰、海鸥等鸟都会飞"这一现象的多次重复出现，而没有遇到反例，便得出了"所有鸟都会飞"的一般性结论。但后来却发现了相反事例：鸟类中的鸵鸟不会飞。于是，原结论就被推翻了。

尽管简单枚举归纳推理的结论是或然的，但由于运用它十分简捷方便，只考察部分对象就可以做出一般性结论，而且其适用范围较广，因此，它在人们的日常生活、工作以及科学发现和研究中仍起着重要作用。许多经验性的知识就是运用简单枚举归纳推理获得的，如"瑞雪兆丰年"、"鸡不入笼有大雨"等谚语，"学如逆水行舟，不进则退"、"路遥知马力，日久见人心"等格言，都是人们根据生活中多次重复的事例运用简单枚举归纳推理概括出来的。在科学研究中，也常常借助于简单枚举归纳推理提出初步的猜想或假设，为进一步研究提供思路。

为了提高简单枚举归纳推理结论的可靠程度，运用时必须注意以下两点：

1. 尽量考察更多的事例。简单枚举归纳推理的依据之一是类似事例的多次重复出现，因而其结论的可靠程度与前提考察的事例数量密切相关。一般说来，考察的事例越多，漏掉相反事例的可能性就越小，推理的根据就越充分，结论的可靠程度也就越高。如运用简单枚举归纳推理考察"可以出人才"的"行业"的事例越多，得出的"行行都可以出人才"的结论的可靠程度就会越高。

2. 要注意考察可能出现相反事例的场合。简单枚举归纳推理的另一个依据是前提考察的事例中没有遇到相反事例，即其结论的得出关键在于没有遇到相反事例，或者说，只要发现一个相反事例，结论就不能成立。因此，运用时要特别注意考察有可能出现相反事例的场合。

在运用简单枚举归纳推理时，如果不注意以上两点，就会犯"轻率概括"的逻辑错误。"轻率概括"亦称"以偏概全"，就是只根据少数几个重复出现的事例，便草率地概括出一般性结论，并将这一结论看成是完全可靠的。例如，《韩非子·五蠹》中"守株待兔"的农夫，就犯了"轻率概括"的逻辑错误。他由偶然碰到一只兔子撞死在树上这个事例，便贸然作出"每天都会有兔子撞死在树上"这个一般性结论，结果"兔不可复得，而身为宋国笑。"

（二）科学归纳推理

科学归纳推理又叫科学归纳法。它是根据一类事物中的部分对象具有某种属性，并且分析了对象与属性之间具有因果联系，从而概括出关于该类事物的一般性结论的归纳推理。例如：

金受热体积膨胀，

银受热体积膨胀，

铜受热体积膨胀，

铁受热体积膨胀，

……

金、银、铜、铁……是金属类的部分对象，金属体积的大小取决于其分子之间距离的大小，而受热使金属分子之间的凝聚力减弱，分子之间的距离便相应增大，从而导致金属体积膨胀；

所以，凡金属受热其体积就膨胀。

这就是一个科学归纳推理。其前提考察了"金属"类中的部分对象金、银、铜、铁等受热时具有"体积膨胀"的属性，并且又分析了"金属受热"与"金属体积膨胀"之间的因果联系，于是得出了"凡金属受热其体积就膨胀"这个一般性结论。

科学归纳推理的逻辑形式可以用公式表示为：

S_1 是 P，

S_2 是 P，

……

S_n 是 P，

S_1、S_2……S_n 是 S 类的部分对象，并且 S 与 P 之间有因果联系；

所以，所有 S 都是 P。

科学归纳推理不仅考察了一类事物中的部分对象具有某种属性，而且还对对象与属性之间的因果联系进行了科学的分析，从而使人们的认识达到了不仅知其然，而且知其所以然的程度。正因为科学归纳推理的结论是在科学地分析了对象与属性之间的因果联系的基础上得出的，所以，其结论虽然也是或然的，但比较可靠。

科学归纳推理在人们的思维和表达中有着重要的认识意义和论证作用，在科学研究、科学发现和日常说理论证中被广泛运用。

无论是完全归纳推理还是简单枚举归纳推理和科学归纳推理，都是由个别到一般的推理，而且简单枚举归纳推理和科学归纳推理都是根据一类事物中的部分对象具有某种属性，从而推出该类事物的全部对象都具有某种属性的不完全归纳推理，其结论断定的范围都超出了前提断定的范围，前提与结论之间的联系都是或然的。

尽管如此，完全归纳推理、简单枚举归纳推理和科学归纳推理仍有着明显的不同，主要体现在以下三个方面：

第一，推理的依据和运用时的要求不同。完全归纳推理的依据是一类事物所包含的各个对象都具有某种属性，因而运用时要求前提必须确实地考察一类事物中的全部个别对象，不得有所遗漏。简单枚举归纳推理是以一类事物中的部分对象具有某种属性情况的多次重复出现，并且没有遇到相反事例作为推理依据的，因而运用时要求尽量考察更多的事例和可能出现相反事例的场合。科学归纳推理则是以一类事物中的部分对象具有某种属性，并且研究分析了对象与属性之间的因果联系作为推理依据的，因而运用时要求在考察部分事例的基础上，还要进一步揭示出对象与属性之间的因果联系。

第二，结论的性质和可靠程度不同。这是由于推理的依据不同而造成的必然结果。完全归纳推理的前提与结论断定的范围是相等的，因而能够从真实的前提必然地推出真实可靠的结论，其结论具有必然性。而简单枚举归纳推理和科学归纳推理的结论均超出了前提断定的范围，其结论都具有或然性。然而，简单枚举归纳推理和科学归纳推理在结论的可靠程度方面却有所不同。简单枚举归纳推理结论的可靠程度低，一旦遇到相反事例，其结论就会被推翻；而科学归纳推理的结论则建立在研究分析了对象与属性之间因果联系的基础之上，其推理依据更充分，其结论的可靠程度明显高于简单枚举归纳推理。

第三，前提所考察的对象数量对结论可靠程度的影响不同。完全归纳推理的结论要可靠，其前提必须考察一类事物的所有个别对象，决不能有所遗漏。对简单枚举归纳推理来说，其前提所考察的对象数量的多少对结论可靠程度的影响很大，在未遇到相反事例的情况下，前提中考察的对象数量越多，漏掉相反情况的可能性就越小，其结论的可靠程度就越高。但对于科学归纳推理来说，其前提所考察的对象数量的多少对结论的可靠程度影响不大，只要真正认识到了对象与属性之间的因果联系，即使前提中考察的对象数量不多，甚至只考察一两个典型事例，也能得出比较可靠的结论。

第三节 概率归纳推理和统计归纳推理

概率归纳推理和统计归纳推理也是两种常见的不完全归纳推理。

一、概率归纳推理

所谓概率是指对事物或现象出现的可能性的程度或可能性的大小做出数量方面的估计。简单枚举归纳推理和科学归纳推理都是根据某类部分对象具有某种属性推出该类所有对象都具有某种属性，即它们得出的都是全称命题的结论。但在人类社会和自然界中，还客观存在着这样一种现象：在 S 类的部分对象中，既有若干 S 是 P，又有若干 S 不是 P。在这种情况下，使用前两种推理确定"所有 S 都是 P"是不恰当的。这类对象 S 就被称为随机现象，而随机现象的每一种可能的属性就是随机事件。于是，人们就可以对某一随机事件出现的可能性程度或可能性大小做出量的估计，这就是概率。例如，"明天的降雨概率为30%"，这就是对"明天有雨"这一事件的可能性做出的量的估计。

概率归纳推理就是根据某类部分对象出现的概率推出该类所有对象出现的概率的归纳推理。例如：

某市夏季共发生重大案件200起，刑侦人员随机抽取了其中的50起案件，发现有30起为强奸案件，另外20起是其他案件，即考察的50起案件中强奸案的发案概率为60%。于是得出结论：这200起重大案件中有60%是强奸案。

概率归纳推理的逻辑形式可以用公式表示为：

S_1 是 P，

S_2 不是 P，

S_3 是 P，

……

S_n 是（或不是）P，

S_1、S_2、S_3……S_n 是 S 类的部分对象，n 中有 m 个是 P；

所以，所有 S 中有 m/n 是 P。

概率归纳推理是以某类部分对象的概率推出该类全部对象的概率，即由部分到全体的推理，其结论断定的范围超出了前提断定的范围，因此，其结论是或然的。为了提高概率归纳推理结论的可靠程度，避免出现"以偏概全"或"样本过少"的错误，运用时必须注意以下三点：

第一，要尽量扩大考察的范围。被考察对象的数量越多、范围越广，所得结论的可靠程度就越高。比如，对某厂1万件产品进行抽查，抽查100件和抽查200件的概率，自然后者的可靠性大于前者。

第二，尽量增加观测的次数。观测的次数越多，结论的可靠性就越大。如果观测的次数多，而且每次所得概率的差异极小，则结论就比较可靠。

第三，要充分考虑到客观事物的变化情况。客观事物是不断变化发展的，概率不会是一成不变的，因此要注意研究新情况，不能用对某事件得出的原有的概率来推论已经发生变化的该事件的概率。

概率归纳推理虽然是一种或然性推理，但由于它能帮助人们对有关的人、事、物、时、地等可能性的程度或大小做出数量方面的估计，从而使人们做到心中有数，减少行动的盲目性，因此，在日常思维和法律工作中被广泛运用。例如，在"无名尸"一类案件的侦破中，侦查人员常常借助于概率归纳推理，根据现场遗留物品具有的性质和对遗留物品产于某地的确认，做出"被害人较大可能是某地人"的推论。此外，预测或推断作案人、预测犯罪活动发案率高的时间和地区等，也常借助于概率归纳推理。

二、统计归纳推理

"物以类聚"，客观事物总是分为一个一个的类，而类是由分子组成的。有的类分子较少，可以列举；有的类分子很多，无法一一列举。为了有效地认识和把握由很多分子组成的类的属性，就可以使用统计归纳推理。

统计归纳推理就是根据样本具有某种属性推出总体也具有某种属性的归纳推理。统计学中规定，被调查的全部对象叫做总体，从总体中抽选出来的部分对象叫做样本。通常把从总体中选出样本的方法叫做选样。

如果用 S 表示某个类，用 S_1、S_2、S_3……表示 S 类中的分子，用 P_1、P_2、P_3……表示分子所具有的属性，用 P 表示各分子所具有属性的平均数，那么，统计归纳推理的逻辑形式可以用公式表示为：

S_1 是 P_1，

S_2 是 P_2，

S_3 是 P_3，

……

S_1、S_2、S_3……是 S 类的部分对象，P_1、P_2、P_3……的平均数是 P；

所以，所有 S 都是 P。

在进行统计归纳推理时，可以使用多种统计方法。在此，只介绍两种最简单、最常用的统计方法：求算术平均数法和分层抽样法。

（一）求算术平均数法

样本的数据相加之和除以这些数据的数目所得的数，就是平均数。由样本的平均数推出总体的平均数，就是求算术平均数法。例如：

某市共有 12 个区，其中 6 个区在今年第三季度发生的重大案件数分别为 20、18、30、25、40、35 起。运用求算术平均数法可以得出，这 6 个区在今年第三季度发生的重大案件的平均数为：$(20+18+30+25+40+35) \div 6 = 28$。由此得出结论：某市 12

个区今年第三季度平均发生重大案件 28 起。

除了弄清求算术平均数法的形式外，还要特别注意被考察的数据中最大值和最小值之间的差异以及每个数据出现的次数，否则，就有可能落入平均数陷阱。例如，"本校教师的月平均工资为 5000 元"，但你不要窃喜，因为你的工资可能还不到 2000 元呢。又如：

某商城公关部职工的平均工资是营业部职工的 2 倍，因此，公关部职工比营业部职工普遍有较高的收入。

以下哪项如果为真，最能削弱上述论证？

A. 公关部职工的人均周实际工作时数超过营业部职工的 50%

B. 公关部职工为商城创造的人均价值是营业部职工的近 10 倍

C. 公关部职工中最高工资与最低工资之间的差距远大于营业部职工

D. 公关部职工人数只是营业部职工人数的 10%

E. 公关部职工中有 20% 享受商城的特殊津贴，营业部职工中则有 25% 享受此种津贴

一个单位的平均工资存在着如何分布的问题，如果少数人的工资畸高或畸低，就得不出该单位的某个或某些职工的工资到底有多少的结论。该题中，最能削弱题干论证的是选项 C。因为，如果公关部职工中最高工资与最低工资之间的差距远大于营业部职工，那么，从"公关部职工的平均工资是营业部职工的 2 倍"，推不出"公关部职工比营业部职工普遍有较高的收入"的结论。因此，正确答案是 C。

（二）分层抽样法

分层抽样法是指根据所要研究的问题的性质，把总体分成若干层（即若干小类），再从各层中随机抽取样本进行考察的方法。例如：

某市在估计入冬以来 300 起交通事故造成的经济损失情况时，按交通事故的轻重程度分为三层：严重的交通事故 50 起，中度的交通事故 100 起，轻微的交通事故 150 起；再从这三层中分别随机抽取 5 起有代表性的交通事故作为样本，通过运用求算术平均数法，求得样本中平均每一起交通事故造成的经济损失为 26 000 元，从而得出结论：某市入冬以来 300 起交通事故平均每起造成的经济损失为 26 000 元。

由于统计归纳推理是由部分到全体的推理，其结论断定的范围超出了

前提断定的范围，因此，其结论是或然的。而统计归纳推理结论的可靠程度主要取决于样本的代表性，只有从最能代表总体的样本出发，才能得出关于总体的可靠结论。为此，需要做到以下三点：

第一，根据调查内容和目的，适当加大样本数量，以便消除误差。

第二，要从总体的各层中选取样本。

第三，要随机抽样，以保证抽样的客观性。

既然如此，对于任何一个抽样统计结果，我们都可以从以上角度去质疑它的可靠性。在 MBA 逻辑考试中，就常常出现这种类型的考题。例如：

　　某国家对人们的吸烟情况进行了调查，结果表明：近三年来，大学生的吸烟人数在逐年下降。于是得出结论：吸烟的青年人数在逐年下降。

　　下述哪项如果为真，调查的结论会受到怀疑？

　　A. 由于经费紧张，下一年不再对大学生作此调查

　　B. 国际上的香烟打进国内市场，香烟的价格在下降

　　C. 近三年来，反对吸烟的大学生在增加

　　D. 许多吸烟的青年不是大学生

　　E. 近三年来，戒烟协会在增加

由于题干的结论涉及的是青年，因此，应该从青年这个总体中分层，并从各层中随机抽样，以确保样本的代表性。而选项 A、B 与题干的结论不相干，选项 C、E 对调查结论提供了支持。唯有选项 D 对调查结论提出了有力的质疑，因为它表明：大学生样本缺乏代表性，事实上许多吸烟的青年并不是大学生。这就使得调查结论的可信度大大降低了。因此，正确答案是 D。

 ## 第四节　探求因果联系的逻辑方法

探求因果联系是进行科学归纳推理的必要条件，因为科学归纳推理是以分析对象与属性之间的因果联系为依据进行推理的。客观世界是一个有着内在联系的、复杂的统一整体，任何事物都存在于普遍联系之中，事物之间总是相互联系、互相制约的。因果联系就是这诸多联系中的一种。如果某种现象的出现或存在必然引起另一种现象的出现或存在，那么，这两种现象之间就具有因果联系。其中，引起另一现象出现的先行现象叫原

因，被某一现象引起的后继现象叫结果。例如，"甲开枪打死了乙"，甲开枪和乙死亡之间就具有因果联系，其中，甲开枪是乙死亡的原因，乙死亡是甲开枪的结果。

因果联系具有以下特点：

1. 因果联系具有普遍性。客观世界中的任何现象都有它产生的原因，任何原因都必然引起一定的结果。无原因的结果和无结果的原因都不存在的。

2. 因果联系具有先因后果的时间性。原因和结果在时间上总是先后相继的，原因总在结果之前，结果总在原因之后，即因果联系具有先因后果的时间性。因此，在探求因果联系时，必须在被研究现象出现之前的先行现象中寻找其原因，在被研究现象出现之后的后继现象中寻找其结果。但应当注意，时间上的先后相继只是确定现象间具有因果联系的必要条件，即并非一切在时间上先后相继的现象之间都有因果联系。例如，电闪和雷鸣先后相继，但电闪并不是雷鸣的原因，它们二者拥有一个共同的原因：带电云块之间的相互碰撞。因此，断定两种现象间是否具有因果联系，不仅要看它们在时间上是否先后相继，更重要的是要考察后继现象是不是由先行现象引起的。否则，会犯"以先后为因果"的逻辑错误。

3. 因果联系具有共存性。原因和结果在时空上总是接近的，并且总是共同变化的：原因的变化将引起结果的变化，结果的改变总是由原因的改变引起的。但因果之间的共存性也容易使人们倒因为果，或倒果为因，犯"因果倒置"的错误。例如，微生物入侵是有机物腐败的原因，而有人误认为有机物腐败才导致微生物入侵，这便是倒因为果。又如，在19世纪的英国，勤劳的农民至少有两头牛，而好吃懒做的人通常没有牛。于是某改革家建议政府给每位没有牛的农民两头牛，以便使他们勤劳起来。这便是倒果为因。

4. 因果联系具有多样性。因果联系是复杂多样的，有一因一果、多因一果、一因多果和合因一果等。一因一果是指只有某一特定原因才能引起某一结果。多因一果是指不同的原因引起同一结果。一因多果是指同一个原因引起多种不同的结果。合因一果是指几种原因的共同作用而引起某一结果。

探求因果联系是一个复杂的认识过程，不仅需要具备一定的科学知识，还要借助于一定的逻辑方法。即求同法、求异法、求同求异并用法、共变法和剩余法。

一、求同法

求同法又称契合法，它是根据被研究现象出现的若干场合中，只有一个先行的相关情况相同，其他情况都不同，进而确定这个惟一相同的相关情况与被研究现象之间有因果联系的逻辑方法。例如：

起初人们并不知道引起甲状腺肿大的原因是什么，于是就对甲状腺肿大流行的地区进行了调查。经过比较分析发现，这些地区的人口、气候、风土民情、饮食习惯等都有程度不同的差别，但在这众多的差别中，有一种情况却是相同的，即这些地区的土壤和水流中都缺碘，因而使居民的饮食中也缺碘。于是得出结论：甲状腺肿大是由饮食中缺碘引起的。

这就是运用求同法得出的结论。

联系上例，如果用 a 表示被研究现象"甲状腺肿大"，用 A 表示不同场合中惟一相同的情况"缺碘"，用 B、C、D、E、F、G 表示不同场合中各种不同的情况"人口"、"气候"、"风土民情"、"饮食习惯"等，那么，求同法可以用公式表示为：

场合	相关情况	被研究现象
(1)	A、B、C	a
(2)	A、D、E	a
(3)	A、F、G	a
……	……	……

所以，A 与 a 之间有因果联系。

求同法的特点是异中求同。"异"是指各个场合的其他情况都不相同，"同"是指各个场合中都有一个相同的情况。求同法就是从不同场合中排除其中众多不同的相关情况，寻求惟一相同的相关情况，进而确定这一相同的相关情况与被研究现象之间有因果联系。

求同法是探求因果联系的初步方法，其前提只是已经观察到的被研究现象出现的若干场合，而并非所有场合，所以其结论具有很大的或然性。为了提高求同法结论的可靠程度，运用时必须注意以下两点：

第一，要尽可能多考察一些场合。求同法是在不同场合的相关情况中寻找相同情况的方法，所以，其结论的可靠程度与所考察场合的数量有关。一般说来，考察的场合越多，各场合共有一个偶然巧合性相同情况的可能性就越小，结论的可靠程度也就越高。

第二，注意分析各场合中的相同情况是否只有一个，以免遗漏真正的原因。在求同法的各种不同场合中存在的相同情况可能不止一个，已经发现的相同情况很可能与被研究现象毫不相干，而真正的原因——另一相同情况却隐藏在许多不同情况背后，如果不仔细分析，就很容易在排异时将它错误地排除掉，而误把那个不相干的、表面相同的情况当作真正的原因。例如，某甲第一天晚上看了两小时书，喝了几杯浓茶，结果一夜失眠。第二天晚上看了两小时书，吸了许多烟，结果也是一夜失眠。第三天晚上看了两小时书，喝了几杯浓咖啡，结果又是一夜失眠。在这里，三个晚上都有一个相同情况——看了两小时书，但仔细分析会发现，它并不是某甲失眠的真正原因。而喝茶、吸烟、喝咖啡虽然表面看来是三种不同的情况，但在它们背后却隐藏着另外一种相同的情况，那就是茶、烟、咖啡都含有使人兴奋的物质。因此，食用大量兴奋性物质才是引起某甲失眠的真正原因。此例非常典型地表明：应用求同法时，表面的"同"可能掩盖着本质的"异"，而表面的"异"也可能掩盖着本质的"同"。为此，不能被表面的、不相干的相同情况所迷惑，而应仔细观察、深入研究，准确找出被研究现象的真正原因。再看一道 MBA 逻辑考题：

> 光线的照射有助于缓解冬季抑郁症。研究人员曾对 9 名患者进行研究，他们均因冬季白天变短而患上了冬季抑郁症。研究人员让患者在清早和傍晚各接受 3 个小时伴有花香的强光照射。一周之内，7 名患者完全摆脱了抑郁，另外 2 人也表现出了明显的好转。由于光照会诱使身体误以为夏季已经来临，这样便治好了冬季抑郁症。

> 以下哪项如果为真，最能削弱上述论证的结论？

> A. 研究人员在强光照射时有意使用花香伴随，对于改善患上冬季抑郁症的患者的适应症有不小的作用

> B. 9 名患者中最先痊愈的 3 位均为女性，而对男性患者的治疗效果较为迟缓

> C. 该实验均在北半球的温带气候中，无法区分南北半球的实验差异，但也无法预先排除

> D. 强光照射对于皮肤的损害已经得到专门研究的证实，其中夏季比起冬季的危害性更大

> E. 每天 6 小时的非工作状态，改变了患者原来的生活环境，改善了他们的心态，这是对抑郁症患者的一种主要影响

题干中，研究人员得出"光线照射是缓解冬季抑郁症的原因"这一结论，运用的就是求同法。要削弱此结论，就要指出：光线照射并不是缓解冬季抑郁症的真正原因，而是还有别的原因。选项 A 虽然说"有意使用花

香伴随", 但花香也只是伴随而已, 并没有否定光线照射的根本性作用。选项 B 实际上是支持题干结论的。选项 C 和 D 与题干结论不相干。选项 E 表明: 每天 6 小时的非工作状态, 改变了患者的生活环境, 改善了他们的心态, 这才是缓解冬季抑郁症的根本原因, 从而有力地削弱了题干的结论。所以, 正确答案是 E。

二、求异法

求异法又称差异法, 它是根据被研究现象出现和不出现的两个场合中, 只有一个相关情况不同, 其他情况都相同, 进而确定这个惟一不同的相关情况与被研究现象之间有因果联系的逻辑方法。例如:

> 1881 年 5 月 5 日, 在法国默伦附近的一个牧场上, 有许多人在围观。法国生物学家巴斯德正在做一个实验。只听他高声说道: "诸位先生, 我现在把这 50 只羊分为两群, 我将给其中的一群羊注射炭疽病菌苗, 而另一群羊不注射。过 12 天, 我还要这样重复一遍。再过 12 天, 我将要给这 50 只羊全部注射新鲜的、剧毒的炭疽病菌。请大家记住, 注射炭疽病菌两天后, 先前没有接种菌苗的 25 只羊将全部死掉, 而接种过菌苗的 25 只羊一只也不会死。" "看他吹的!" 人们窃窃私语, 表示出了极大的怀疑。然而, 到了 6 月 1 日这天, 当人们再次来到牧场时, 展现在他们面前的情景, 和巴斯德预言的完全一样。

巴斯德的这一实验运用的就是求异法。两群羊的其他情况完全相同, 惟一不同的是: 一群接种过炭疽病菌苗, 一群没有接种过炭疽病菌苗。在这惟一不同的情况下, 都注射了炭疽病菌, 两天后, 前者安然无恙, 后者却全部死光。可见, 接种炭疽病菌苗是羊免疫的原因。

联系上例, 如果用 a 表示被研究现象 "羊免疫", 用 B、C、D 表示两个场合 (两群羊) 中的相同情况, 用 A 表示在一个场合 (正面场合) 中出现而在另一个场合 (反面场合) 中不出现的惟一不同情况 "接种炭疽病菌苗", 那么, 求异法可以用公式表示为:

场 合	相关情况	被研究现象
正面场合	A、B、C、D	a
反面场合	B、C、D	无 a

所以, A 与 a 之间有因果联系。

求异法的特点是同中求异。"同" 是指两个场合中除有 A 和无 A 外, 其他情况都相同; "异" 是指在正面场合中有相关情况 A 和被研究现象 a, 而在反面场合中没有相关情况 A 和被研究现象 a。求异法就是从许多相同的情况中找差异，从差异的对比中找原因。由于求异法要求在正反两个场合中只能有一个相关情况不同，其他情况必须完全相同，这在自然条件下很难做到，只有在人工控制的条件下才能满足，因此，求异法主要用于科学实验。

求异法的结论虽然也是或然的，但比求同法的结论要可靠得多。这是因为，求同法只考察被研究现象出现场合的情况，即只从正面考察被研究现象；而求异法不仅考察被研究现象出现的场合，还考察被研究现象不出现的场合，即通过正反两个场合的对比来考察被研究现象，这样，就能比较准确地判定某个情况与被研究现象之间的因果联系。

要正确运用求异法，必须注意以下两点：

第一，在正反两个场合中，只能有一个相关情况不同，其他情况都必须相同。运用求异法时，应严格要求正反两个场合中的其他情况均相同而唯有一个情况不同。如果其他情况中还隐藏着另一个不同情况，就不能运用求异法判定现象间的因果联系。

第二，要分析两个场合中的惟一不同情况与被研究现象之间的因果联系是单独的，还是复合的。如果被研究现象的原因是复合的，那么各部分原因都有各自不同的作用，当其中一部分原因消失时，被研究现象也就不会出现。因此，运用求异法时，应完整地把握情况与现象间的因果联系，不能把部分原因当作全部原因。

三、求同求异并用法

求同求异并用法又称契合差异并用法，它是根据被研究现象出现的一组场合（即正面场合组）中，都有一个相同的相关情况；而被研究现象不出现的另一组场合（即反面场合组）中，都没有这个相关情况，进而确定这个相关情况与被研究现象之间有因果联系的逻辑方法。例如：

　　一位医学家为了测试动物的免疫功能，把6条狗、14只羊和28只鸡平均分成A、B两组。然后把经过减弱的狂犬病毒、炭疽菌、霍乱菌分别注射在A组中的狗、羊、鸡身上，结果这些动物在小病一场后很快康复。接着，他把正常强度的狂犬病毒、炭疽菌、霍乱菌分别给A、B两组中的狗、羊、鸡注射，结果B组中的动物很快发病，并相继死亡，而A组中的动物却安然无恙，它们都对病原体产生了免疫力。这位医学家将两组动物的情况进行比较后，得出了如下结论：注射减弱的病原体与增强动物的免疫力之间有因果联系。

这就是运用求同求异并用法得出的结论。

联系上例，将 A 组叫做正面场合组，B 组叫做反面场合组，用 A 表示相同情况"注射减弱的病原体"，用 a 表示被研究现象"增强动物的免疫力"，用 B、C、D、E、F、G 等表示狗、羊、鸡各自不同的情况，那么，求同求异并用法可以用公式表示为：

场　合		相关情况	被研究现象
正面场合组	（1）	A、B、C	a
	（2）	A、D、E	a
	（3）	A、F、G	a
	……	……	……
反面场合组	（1）	B、H	无 a
	（2）	D、M	无 a
	（3）	F、N	无 a
	……	……	……

所以，A 与 a 之间有因果联系。

求同求异并用法的特点是两次求同，一次求异。即首先把被研究现象 a 出现的正面场合组中的各个场合加以比较，发现只有一个情况 A 是相同的，其他情况都不同，据此运用求同法得出结论：凡有情况 A 就有现象 a；然后，把被研究现象 a 不出现的反面场合组中的各个场合加以比较，发现其他情况都不同，只有一个情况相同，即情况 A 都不出现，据此运用求同法得出结论：凡无情况 A 就无现象 a；最后，把正、反两组场合的结果进行分析比较，根据有 A 就有 a，无 A 则无 a，运用求异法得出结论：A 与 a 之间有因果联系。

求同求异并用法是吸收了求同法和求异法的特点而形成的一种方法，它不同于求同法和求异法的相继运用。求同法和求异法的相继运用是指先用求同法确定因果联系，后用求异法进行检验，即其特点是一次求同，一次求异。它要求相对应的正、反两个场合组的各个场合中，除了有无情况 A 这一差别外，其他情况都完全相同。而求同求异并用法则不同，它要两次运用求同法，在正、反两个场合组中分别求同，然后在这两个场合组之间求异。其正、反两个场合组的各个场合中，除了有无情况 A 这一差别外，其他情况也可以不同。

求同求异并用法虽然兼有求同法和求异法的特点，结论较为可靠，但仍是或然的。为了提高其结论的可靠性程度，运用时必须注意以下两点：

第一，要尽量多考察正、反两个场合组中的场合。考察的场合越多，比较的范围越广，就越能排除在某个场合中偶然出现的或者与被研究现象不相干的情况，最后所得的结论也就越可靠。

　　第二，要尽可能选择与正面场合组场合相似的反面场合组场合进行比较。反面场合组场合可以是无限的，但其中有很多场合对于探求被研究现象的原因并没有意义，只有那些与正面场合组相似的场合才有意义，而且正、反两个场合组场合越接近，就越能体现因果联系的质的确定性，其结论也就越可靠。

　　四、共变法

　　共变法是根据被研究现象出现的若干场合中，其他相关情况都相同且保持不变，只有一个相关情况在变化，而且当这一情况发生变化时，被研究现象也随之发生相应的变化，进而确定这惟一变化的相关情况与被研究现象之间有因果联系的逻辑方法。例如：

　　　　人们发现，水银的体积会随着温度的变化而变化。当温度确定时，水银的体积也是确定的；当温度升高时，水银的体积也相应增大；而温度降低时，水银的体积也相应缩小。据此，人们认为：温度变化与水银体积的大小之间有因果联系，并据此原理制成了温度计。

　　这就是运用共变法得出的结论。

　　联系上例，如果用 B、C、D 表示各场合中均相同且保持不变的其他相关情况，用 A_1、A_2、A_3……表示惟一变化的相关情况 A 的各种变化状态，即温度的确定、升高或降低，用 a_1、a_2、a_3……表示被研究现象 a 的相应变化状态，即水银体积的确定、增大或缩小，那么，共变法可以用公式表示为：

场合	相关情况	被研究现象
(1)	A_1、B、C、D	a_1
(2)	A_2、B、C、D	a_2
(3)	A_3、B、C、D	a_3
……	……	……

　　所以，A 与 a 之间有因果联系。

　　共变法的特点是同中求变，即在各个场合中的其他相关情况均保持相同且不变的条件下，从量的变化方面来探求情况 A 与现象 a 之间的因果联系。因果联系具有量的确定性，在特定条件下，原因在量上的扩大或缩小，一定会引起结果在量上的扩大或缩小。原因和结果在量上的这种共变关系，就是共变法探求因果联系的客观依据。

共变法与求异法既有联系又有区别。它们在探求因果联系的各个场合中，都只有一个情况 A 不同，其他相关情况都相同。但是，求异法的特点是同中求异，情况 A 的变化是从有到无，因此，凡是通过考察某种现象的出现和不出现来探求因果联系的，就要运用求异法。共变法的特点则是同中求变，情况 A 的变化是从 A_1 到 A_2，从 A_2 到 A_3……它考察的是数量上的递增或递减的变化关系，因此，在探求因果联系时，如果事物中的某些因素无法消除或者暂时不能消除，就要运用共变法。可见，求异法是共变法的一种极端情况，如果把情况 A 一直变化到完全消失为止，就可以得到求异法所需要的那个反面场合；共变法则是求异法的进一步展开，它不但要探求出原因，还要找出因果的数量关系，在定性分析的基础上进行定量分析。与求异法相比，共变法更简便易行，只要有共变关系，就可以据此得出结论，而不必像求异法那样，必须去比较有无两个极端场合。

共变法是从原因和结果的数量变化方面探求因果联系的，其结论更为可靠。但它自身不能避免遗漏真正的原因，因而其结论仍是或然的。为了更好地运用共变法，需要注意以下三点：

第一，与被研究现象发生共变的情况必须是惟一的。运用共变法时，只能有一个情况发生变化而引起被研究现象随之变化，其他情况必须保持不变。否则，如果有两个以上相关情况在变化，就无法确定究竟是哪一个情况与被研究现象之间有共变关系，得出的结论就不可靠。

第二，相关情况与被研究现象之间的共变关系必须是有规律的递增或递减的变化关系。共变法所依据的变化关系不是随意的，而是有规律的递增或递减的变化关系，即要么同向共变，要么异向共变。因此，如果在被考察的场合中出现不规律的变化，即相关情况或被研究现象不是相应地在递增或递减的变化，就不能运用共变法判定有因果联系。

第三，共变关系不能超过一定的限度。共变关系是有一定限度的，如果超过了这个限度，原来的共变关系就会消失，甚至会出现一种相反的共变关系。例如，在土质、水分、管理等其他情况都不变的条件下，在一定限度内适量施肥，农作物的产量会提高。但如果超过了一定的限度，施肥过量，则不但不会使农作物增产，反而会减产。因此，如果不考虑共变关系的限度，运用共变法就会出现逻辑错误。

五、剩余法

剩余法是根据已知某一复合情况与某一复合现象之间有因果联系，并且复合情况中的一部分与复合现象中的一部分有因果联系，进而确定复合情况的剩余部分与复合现象的剩余部分之间有因果联系的逻辑方法。

例如：

　　某商场连续被盗5台34英寸电视机，公安人员抓获了4名盗窃分子，他们都对自己的罪行供认不讳，但都声称自己仅盗走了1台电视机，并且都已将赃物交出。经过认真细致的侦查和调查，公安人员发现他们都只盗窃了一次而且都是单独作案。从现场情况看，电视机非常沉，盗窃分子不可能一人一次同时盗走两台。侦查实验也证实了这一点。公安人员据此得出结论：还有另外的盗窃者盗走了第5台电视机。

这一结论就是运用剩余法得出的。公安人员根据已知的盗窃行为与电视机被盗之间有因果联系，并将已知有因果联系的部分排除掉，进而确定还有另外的盗窃者盗走了第五台电视机。

如果用A、B、C、D表示复合情况，用a、b、c、d表示复合现象，用B、C、D表示复合情况中的一部分，用b、c、d表示复合现象中的一部分，用A表示复合情况的剩余部分，用a表示复合现象的剩余部分，那么，剩余法可以用公式表示为：

A、B、C、D与a、b、c、d有因果联系，
B与b有因果联系，
C与c有因果联系，
D与d有因果联系；
_____
所以，A与a之间有因果联系。

剩余法是研究复合情况与复合现象之间因果联系的方法，其特点是从余果求余因，即从复杂的因果联系中排除已知的因果联系，以探求剩余的未知的因果联系。因此，在科学研究和司法工作中，当用已知原因不能完全说明某种复杂现象时，就可以运用剩余法得出结论。

剩余法的结论也是或然的，运用时必须注意以下两点：

第一，必须确认某一复合情况A、B、C、D与某一复合现象a、b、c、d有因果联系，复合情况的一部分B、C、D与复合现象的一部分b、c、d有因果联系，并且复合现象的剩余部分a不可能是由复合情况的一部分B、C、D引起的。否则，就不能断定A与a之间有因果联系。

第二，复合现象的剩余部分a的原因有时不是单一的，这就需要作进一步研究，一直分析到单一情况为止，以避免把真正的原因遗漏掉。

以上介绍的探求因果联系的逻辑方法各有自己的特点和作用，在日常思维和司法实践中都有着重要意义。为了提高结论的可靠程度，人们在实际探求因果联系时，常常将几种方法结合在一起综合运用。例如：

考察世界不同地区有大量鱼类死亡的水域，尽管其他情况都不相同，但都有一种情况相同，即这些水域的水质都受到了不同程度的工业污染。于是运用求同法推知：工业污染是造成鱼类死亡的原因。再进一步考察受污染程度不同的水域，发现工业污染较轻的水域，鱼类死亡的数量少；而工业污染较重的水域，鱼类死亡的数量多；而且工业污染越重，鱼类死亡的数量越多。由此运用共变法对上述结论做了进一步验证。最后考察工业污染被彻底治理的水域，发现鱼类死亡的现象不再出现了。这时运用求异法，进一步验证了工业污染是造成鱼类死亡的原因的结论。

上例综合运用了求同法、共变法和求异法这三种逻辑方法，使所得结论的可靠程度明显提高。

 第五节 类比推理

一、什么是类比推理

类比推理就是根据两个或两类对象在某些属性上相同或相似，从而推出它们在另一属性上也相同或相似的推理。类比推理也称类比法或类推法。例如：

> 已知甲同学热爱法律专业，学习刻苦，天资聪颖，学习方法科学，考试成绩优秀，毕业后很快成为一名优秀的法律工作者。现又观察到，乙同学也热爱法律专业，学习刻苦，天资聪颖，学习方法科学，考试成绩优秀。于是推出结论：乙同学毕业后也会很快成为一名优秀的法律工作者。

这个结论就是运用类比推理得出的。

类比推理的逻辑形式可以用公式表示为：

A 具有 a、b、c、d 属性，

B 具有 a、b、c 属性；

所以，B 也具有 d 属性。

公式中的 A、B 表示相比较的两个或两类对象，这两个或两类对象既可以是两个不同的事物类，也可以是同类或异类的两个不同的个体事物。a、b、c 表示 A、B 这两个或两类对象的相同或相似属性，d 表示推出属性。

类比推理是有其客观依据的。客观事物自身往往具有许多属性，而且各种属性并非孤立存在，而是相互联系、彼此制约的。同时，不同的事物之间又有着多方面的相似。因此，当人们观察到某对象具有某属性，而另一对象与之具有某些相同或相似属性时，便据此推断出另一对象也具有某属性。

类比推理是通过比较两个或两类对象的某些属性相同或相似，从而推出它们在另一属性上也相同或相似的推理，其前提和结论或者都是关于某个事物的个别性命题，或者都是关于某类事物的一般性命题。因此，从思维进程的方向上看，类比推理既不同于从一般到个别的演绎推理，也不同于从个别到一般的归纳推理，它是由个别到个别或者从一般到一般的推理。

类比推理是一种或然性推理，在前提真实的情况下，其结论未必真。这是因为：首先，类比推理的依据仅仅是两个或两类对象的某些属性相同或相似，但是，客观事物之间不仅具有相同或相似属性，还具有不同属性，即事物之间还存在着差异性。因此，如果推出属性是两个或两类对象的相同或相似属性，那么可以由真前提推出真结论；但如果推出属性恰好是两个类比对象间的差异性，那么由真前提就会推出假结论。可见，类比推理由前提得出结论的依据并不充分，因而其结论也就只能是或然的。其次，客观事物的属性是多种多样的，其中有些是事物的特有属性，有些是事物的非特有属性。如果推出属性是对象的特有属性，那么由此推出的结论就很可能是必然的；但如果推出属性是对象的非特有属性，那么把它推广到别的对象上，就不可能类推出必然的结论。这也决定了类比推理的结论是或然的。最后，人们进行类比时，只是猜测到两个或两类对象的相同或相似属性中可能存在与推出属性有联系的属性，但并没有确定。退一步讲，即使两个类比对象的相同或相似属性与推出属性有联系，也无法确定是必然联系。

二、类比推理的逻辑要求

既然类比推理的结论是或然的，在实际运用时，为了使其结论更为可靠，就不得不尽量满足以下逻辑要求：

1. 用以类比的对象间力求有更多的相同或相似属性。类比推理是根据两个或两类对象间的相同或相似属性进行推论的，因此，类比对象间的相同或相似属性越多，由此去推测它们在另一属性上也相同或相似的可能性就越大，结论也就越可靠。

2. 进行类比的相同或相似属性与推出属性之间应该是相关的、有本质联系的。类比推理结论的可靠程度，还取决于类比所依据的相同或相似属性与推出属性事实上的相关程度，二者的相关程度越高、联系越密切，结论就越可靠。如果达到了本质的联系，即相同或相似属性与推出属性之间具有"如果 abc，那么 d"的关系，得出的结论就不仅是可靠的，而且是必然的了。相反，如果相同或相似属性与推出属性之间毫无联系、互不相干，而是仅仅根据对象之间某些表面的、偶然的相同或相似属性，便轻率地得出结论，就会犯"机械类比"的逻辑错误。例如，有个学生根据医生蒙骗患了不治之症的病人，不应该受到谴责，便推出学生考试作弊蒙骗老师，也不应该受到谴责。这就是"机械类比"，该学生根据的只是表面上看似相同而实际上互不相干的属性进行类比，推出的结论当然不能成立。

3. 要注意类比对象中是否存在与推出属性相排斥的属性。如果类比对象中存在与推出属性相排斥的属性，那么，无论类比对象间有多少相同或相似属性，也不能通过类比得出结论。

三、类比推理的作用

类比推理虽然是一种或然性推理，但它作为一种独立的思维形式，是人们进行创造性思维活动的重要方法之一。与不完全归纳推理相比，类比推理不受对象类别的限制，只要两个对象在某些属性上相同或相似，就可以进行类比。可以说，类比推理是一种极富创造力的推理，借助于它，可以使人的认识从已知的领域过渡到陌生的领域，从而启迪思维、开阔视野，起到举一反三、触类旁通的作用。因此，类比推理在日常生活、科学研究和司法实践中被广泛运用，对人们认识世界和表达论证思想起着不容忽视的重要作用。

（一）类比推理能够启迪思维，引发联想

进行类比推理时，要判定两个对象间的相似性，在已有的两个或两类对象间进行类比，就必须在对已有知识进行深入分析的基础上，借助于丰富的联想和想像把两个或两类对象联系起来才能实现。联想和想像包含在类比推理形式中，类比推理反过来又触发新的联想和想像产生，它是启发人们思维、产生"灵感"火花的触发剂。例如，牛顿就是从苹果落地这一常见现象受到启发并产生联想，将苹果与月亮类比，由苹果落地联想到月亮绕地球旋转也是一种指向地心的"下落"运动，从而提出了万有引力定律。又如，在刑事侦查工作中，由此盗窃案件的某些现象联想到彼盗窃案件的某些相似或相同现象，或由此案件现场发现的案犯遗留的某一物证痕迹联想到彼案件现场类似的物证痕迹，可以进行并案侦查。

（二）类比推理能够扩大认识成果，由此及彼地提供联系的桥梁

类比推理把对 A 对象的认识推移到了对 B 对象的认识上，从而扩大了人们的认识范围，搭起了由已知的知识领域迈向陌生的知识领域的桥梁。例如，被恩格斯称为 19 世纪自然科学三大发现之一的细胞学说，就是借助于类比推理建立起来的。19 世纪 30 年代，德国的生物学家施旺和施莱登分别发现了动物和植物是由细胞构成的，施莱登又在植物细胞中发现了细胞核。施旺就把动物细胞和植物细胞进行比较：植物属于生物，动物也属于生物；植物由细胞构成，动物也由细胞构成。于是他由植物细胞中有细胞核，推断动物细胞中也会有细胞核。后来经显微镜观察，果然在动物细胞中发现了细胞核。在这里，施旺由植物细胞中有细胞核推断动物细胞中也有细胞核，其联系、过渡的桥梁就是类比推理。

（三）类比推理是提出假说的重要工具

在科学研究中，类比推理常被用来提出假说。许多重要的科学理论，最初都是通过类比推理提出的；科学史上的许多重大发现、重大发明和技术创新，都不同程度上得益于类比推理的启发。类比推理在提出假说的过程中起着帮助发现的作用。如万有引力定律、细胞学说、达尔文的生物进化论、望远镜的发明、钢筋混凝土的研制、雷达的创制等，都是由类比推理引发联想、提出假说而获得成功的。在刑事侦查中，如果已知"甲案的作案者是王某"，而乙案在作案手段、作案工具、作案时间、现场遗留的痕迹等方面与甲案大体相同，就可以得出结论：乙案的作案者也是王某。虽然这个结论不是必然的，但它提供了一个侦查假设，这对确定侦查方向、缩小侦查范围、提高破案率大有帮助。

（四）类比推理是表达、论证思想的必要工具

在日常表达和论证中，恰当地运用类比推理，将抽象深奥的道理寓于形象具体的类比中，会使表达深入浅出、含而不露，收到事半功倍的效果。例如，被誉为"七君子"之一的救国会领袖沈钧儒在法庭辩论中有这样一段辩护词：

法官：抗日救国不是共产党的口号嘛？

沈钧儒：共产党吃饭……我们也吃饭；难道共产党抗日，我们就不能抗日嘛？

在这里，沈钧儒运用类比推理，生动形象、含而不露地表达了自己坚决抗日的决心和勇气。

四、类比推理在刑事侦查工作中的应用

除上述基本形式外，类比推理在科学研究和司法实践中还有一些具体的应用形式，如科学研究中的模拟类比推理，刑事侦查中的并案侦查类比推理、侦查实验类比推理和比对推理等。

（一）科学研究中的模拟类比推理

在现代自然科学和工程技术中广泛应用一种模拟实验方法，其逻辑基础就是类比推理，这种模拟实验方法的过程就是运用类比推理的过程。模拟类比推理就是根据被研究现象（即原型）设计制造出模型；然后用模型进行实验，分析研究出模型的属性；最后根据模型的属性推论原型的属性，以认识某些现象的特点和规律。其推理形式可以表示为：

模型 A 具有 a、b、c、d 属性，

原型 B 具有 a、b、c 属性；

所以，原型 B 具有 d 属性。

例如，要研究新型飞机、大型船舶、宇宙飞船、通讯卫星等的性能，或者设计大型水利电力工程、防震的高层建筑等，就得先用模型进行模拟实验，以便取得所需要的科学资料。这种由模型到原型的过渡，离不开类比推理。当然，在运用模拟类比推理时，模型与原型必须相同或相似，只有这样，才能使所做的模拟实验具有较高的科学价值。

（二）刑事侦查中的类比推理

由于类比推理具有推测性，因此在刑事侦查中的应用非常广泛。如刑事侦查中经常采用的并案侦查、侦查实验、同一认定等方法，实际上就是类比推理在刑事侦查中的具体运用。

1. 并案侦查类比推理。所谓并案侦查，就是把在一定时间内发生的几起性质相同或彼此有关联的案件，认定为同一个或同一伙作案人所为的案件而展开的侦破活动。其思维过程就是类比推理的运用过程。

犯罪分子作案时，往往在犯罪时间、地点、手段、方法、动机、目的、工具、对象等方面表现出一定的特点和规律，如果连续作案，就会在某些方面暴露出其习惯性特点，表现出某些相同或相似之处。为此，侦查人员就可以通过类比，将几个案子合并在一起侦查，以提高办案效率。并案侦查类比推理可以将几起性质相同或彼此有关联的案件有机地联系在一起，从而大大启发和拓宽侦查人员的思路，缩小侦破范围，起到破一案带多案、破新案带积案的作用。

在刑事侦查实践中，并案侦查类比主要有如下两种具体表现形式：

一种是根据几起案件在许多方面有相同或相似之处，又知其中一起案件为某一个或某一伙作案人所为，由此运用类比推理进行并案，推出其他案件也是该作案人所为的结论。其推理过程可以用公式表示为：

A案具有a、b、c、d特征，并且是作案人p所为，

B案也具有a、b、c、d特征；

所以，B案也是作案人p所为。

公式中的a、b、c、d可以分别表示作案的时间、手段、方法、动机、目的和作案对象等诸特征。例如：

> 某地发生了一起重大盗窃案，久侦未破。公安部门遂将作案时间、手段、方法以及作案人可能具有的特征等，通报本地区各公安局，要求协同破案。一位有经验的侦查人员感觉此案在许多方面与他过去承办的一起盗窃案十分相似，便向上级反映了这一情况。经公安部门调查，过去那起盗窃案的罪犯李某已从劳教地外逃，有作案时间，遂将李某列为重点犯罪嫌疑人进行追捕。破案结果证实了这一推测。

另一种是根据几起性质相同的案件在许多方面相同或相似，便运用类比推理进行串案分析和并案侦查，从而推出这几起案件是同一个人或同一伙人所为的结论。例如：

> 在短短半个月时间内，某地交通局、汽车修理厂、蔬菜公司、纺织品公司、百货大楼营业部等单位接连被撬锁盗窃。通过细致勘查、反复研究、认真类比，侦查人员发现这几起盗窃案有7个相同特征：盗窃部位相同，均选择单位的办公室、营业部；窃取的物品相同，均以现金、国库券为主要窃取目标；作案手段相同，均为攀墙、撬锁，事前预谋踩点，戴手套作案，事后打扫现场；作案人数相同，均为2~3人；作案时间相同，均选择雨天和后半夜路上行人稀少之时作案；作案工具相同，均使用两种工具（一根撬棍和一把起子）；现场足迹相同，均有同类鞋底花纹的耐克球鞋留下的足迹。于是确定：这是由同一伙犯罪分子所为的系列案件，可以进行并案侦查。破案结果完全证实了这一推测的正确性。

由于类比推理的结论是或然的，因此，并案侦查类比推理要获得可靠的结论，必须注意以下两点：

第一，几起案件的相同特征要多而独特。可以说，几起案件的相同特征越多、越独特，所得的结论就越可靠。如果相同特征中存在特定特征（如痕迹物证），结论的可靠性就更大。

第二，几起案件应是性质相同或彼此有关联的案件，否则，很难进行类比。比如，几起案件分别为盗窃案、抢劫案和强奸案，即使有也很难看

出它们之间的相似点，因为案件的性质不同，作案的手段和方法就不同，而作案的手段和方法相同是刑事侦查中使用类比推理的重要依据。作案的手段和方法不仅最能反映犯罪分子作案的特点，而且也是案件比较稳定的因素，因此，确定作案手段和方法相同，对提高结论的可靠程度非常重要。

当然，刑事侦查工作是一项十分严肃而复杂的工作，并案侦查类比推理只是一种或然性推理，它只能提供案件侦破的可能方向，对面临的问题做出推测性的回答。因此，即使注意了以上两点，其结论也只能具有某种程度的可靠性，还有待于进一步查证，还需要证据的充分支持。

2. 侦查实验类比推理。侦查实验相当于科学研究中的模拟实验，其逻辑基础也是类比推理。《刑事诉讼法》第108条第1款规定："为了查明案情，在必要的时候，经公安局长批准，可以进行侦查实验。"侦查实验主要是为了确定案发时现场的实际情况及特点而进行模拟实验，得出结论并类推于原型，从而弄清案件的真实情况的方法。这种方法在古代就已被采用。例如，据《折狱龟鉴》记载，浙江慈溪有一名妇女因偷情杀害亲夫。为了掩人耳目放火焚尸，谎称其夫是因家中失火被烧死的。死者家属怀疑，遂告到官府。那妇女却一口咬定是家中失火烧死了丈夫。县令为了明辨真伪，便取来两头活猪。其中一头被杀死，与另一头活猪一起放在火中焚烧。然后察看两头猪的口腔，发现死后焚烧的猪口腔干净，而烧死的活猪的口腔内有大量烟灰。再检查那妇女丈夫的口腔，发现没有一点烟灰，从而推断那妇女的丈夫是先被杀死后遭焚烧的。县令命那妇女如实招来，她不得不认罪。在这里，县令从火烧死猪口中无灰，推断火烧死人也口中无灰，就是借助于侦查实验类比推理完成的。

由于犯罪活动的不可再现性，常常需要采用重现和模拟的方法，来确定在某种条件下某种事实能否发生，某一行为能产生何种结果，某种痕迹能否形成，证人证言和犯罪嫌疑人的口供是否真实等，这就需要进行侦查实验。例如：

　　　　有一起凶杀案，侦查人员发现被害人居住的室内现场的竖硬地面上留有足迹，其中一种足迹与犯罪嫌疑人林某的鞋底花纹一致，但林某说是在被害人死后第二天他进屋时留下的。林某说的是真话还是假话呢？为了弄清这个问题，侦查人员进行了广泛深入的调查访问，了解到被害人生前有个习惯，每天睡觉前都要洒水扫地，于是认定林某的足迹应该是在被害人洒水后踩出来的。那么，是洒水后多长时间踩出来的呢？是否如林某所说是案发后

第三天踩下的呢？这是确认林某有无作案可能的关键。于是侦查
人员决定进行现场模拟实验。先在与遗留足迹相同土质的地面上
洒上水；然后选择一个身高体重与林某相同的人，穿上同样种类
的鞋，每隔半小时踩一次，并拍下照片；最后将各个时间拍的照
片与现场足迹照片对比，结果证明：一至二小时内踩出的足迹与
现场足迹完全相同。这说明林某说的是假话，其足迹应该是在被
害人被杀的那天晚上洒水后一至二小时内踩下的。由此确定林某
为重大嫌疑人。破案结果证实，林某就是杀人凶手。

可见，运用侦查实验类比推理对案件的侦破具有重要作用。

3. 比对推理。比对推理也称比对法，是根据已知对象与被考察对象的
特征是否一一对应相同，从而得出被考察对象是否就是已知对象的结论的
推理。由于比对推理是在两个个体对象间进行比较的，其思维进程的方向
是由个别到个别，因此，它属于类比推理，是类比推理的一种特殊应用
形式。

比对推理有肯定式比对推理和否定式比对推理两种。肯定式比对推理
可以用公式表示为：

已知对象 A 具有特征 a_1、a_2……a_n，

被考察对象 B 具有特征 a_1、a_2……a_n；

所以，被考察对象就是已知对象。

否定式比对推理可以用公式表示为：

已知对象 A 具有特征 a_1、a_2……a_n，

被考察对象 B 不具有特征 a_1、a_2……a_n；

所以，被考察对象不是已知对象。

比对推理的作用主要在于识同别异。具体说来，肯定式比对推理的作
用在于识同，而否定式比对推理的作用在于别异。在刑事侦查特别是无名
尸体案件的侦破中，首先碰到的问题就是要查明尸源，确定死者的身份，
这就需要运用比对推理来判定无名尸体是否就是某个失踪人员，从而为侦
破该类案件提供必要条件。例如：

某地河水中发现一具装在旅行箱内的无名女尸。刑侦人员经
过认真细致的反复查证，最终查明：失踪妇女刘娜年龄26岁，身
高1.67米，与无名女尸的年龄、身高相同；刘娜失踪时留披肩长
发，脑后部一缕头发经编扎后用一根紫色细橡皮圈扎住，身穿一
条深藏青色"王牌"牛仔裤，与无名女尸的发型、衣着相同。刑
侦人员据此运用肯定式比对推理确定：无名女尸就是失踪妇女刘

娜。根据这一结论顺藤摸瓜，最终破案。

在确定犯罪嫌疑人的个体特征时，也常运用比对推理。例如：

> 根据作案现场遗留的便纸是横条练习簿里的纸，并且上面有"掘进、通风、采矿、井巷"和"爱情啊，你姓什么？"的文字，判定这张便纸的主人应该是一个20岁左右、初高中文化水平、学采矿专业的在校学生或青年工人。通过调查访问，某校一位老师断言：这张便纸上前面的文字是铁矿矿山的采矿术语，是他们学校应届采矿专业毕业班学生的作业；"爱情啊，你姓什么？"是不久前上的一堂文艺作品欣赏课的标题。班里学生的年龄都在20岁左右，都是学采矿专业的，相当于高中文化水平。由此运用比对推理推断：犯罪嫌疑人（便纸的主人）就在这个班。破案结果证实了这一推断。

比对推理之所以能够进行，是因为客观世界中不存在绝对相同的两个事物，每个事物都有其独有特征而与其他事物区别开来。因此，把握了某个对象的独有特征后，就可以在纷繁复杂的事物中认识具有自身独有特征的那个对象。

比对推理毕竟是一种或然性推理，因此，运用肯定式比对推理时，应注意尽量增加比对特征并要求比对特征一一对应相同，只要有一项比对特征不对应相同，就要用否定式比对推理形式得出否定结论。

在刑事侦查工作中，除了经常采用类比推理形式外，还常常使用由结果追溯原因的回溯推理。

回溯推理又叫溯源推理，是由已知的结果，根据一般性知识，推测产生这一结果的原因的推理。例如：

> ①法医对一具刚从水里捞起的尸体进行检验，发现死者颜面青紫，眼睑结膜有出血斑点。于是根据"如果一个人溺水死亡，则其颜面青紫，眼睑结膜有出血斑点"，得出"死者是溺水死亡"的结论。

> ②某商店夜间被大火焚毁，人们从火灾现场发现了商店管理人员王某的尸体。经尸体解剖发现，死者的食道、呼吸道、肺部等处有烟灰杂物。侦查人员据此断定，王某是被火烧死的。

以上两例都是回溯推理。例①以"如果一个人溺水死亡，则其颜面青紫，眼睑结膜有出血斑点"为依据，由已知的结果（死者颜面青紫，眼睑结膜有出血斑点）推测出产生这一结果的原因（死者是溺水死亡）。例②根据"如果一个人被火烧死，则其食道、呼吸道、肺部等处有烟灰杂物"，由已知的结果（死者王某的食道、呼吸道、肺部等处有烟灰杂物）推测出其原因（王某是被火烧死的）。

如果用 q 表示已知的结果，用如果 p 那么 q 表示一般性认识，用 p 表示追溯的原因，那么，回溯推理的形式可以用公式表示为：

q，

如果 p，那么 q；

所以，p。

从推理过程看，回溯推理运用的是充分条件假言推理的肯定后件式的变体，而肯定后件式是违反充分条件假言推理"肯定后件不能肯定前件"规则的；加之事物间的因果联系非常复杂，一种结果可以由多种不同的原因所引起，即 q 这个结果的存在不一定就是因为有 p 这个原因。因此，尽管回溯推理有一定的根据，它也只能是一种或然性推理。

回溯推理的结论虽然是或然的，但回溯推理绝不是毫无根据的胡乱猜测，而是有客观根据的，其根据就是客观事物之间的因果联系，因为客观事实存在，必然有其存在的原因。回溯推理中通常被省略的假言前提就是一个有因果联系的关于一般性知识的命题，回溯推理就是根据已知的客观事实来推测追溯其存在的原因的。因此，事物之间的因果联系，尤其是因果联系的一果多因性，是回溯推理的客观基础。

回溯推理的重要特征是思维过程的逆向性。它是从已知的结果出发，根据一般性知识，去逆向推导已知结果产生的原因，这种思维方向恰好与人们惯常的思维方向相反。人们习惯于根据事物间的因果联系，从原因出发去探求结果；而回溯推理却是从结果出发去推测原因。回溯推理的结论虽不完全可靠，但它是遵循因果联系的准则，通过对结果的分析来逐步达到对原因的真理性认识的。借助于回溯推理，可以对许多现象进行分析，以此探求事物或现象所以如此的原因。因此，回溯推理在日常思维中被广泛运用，尤其在刑事侦查中起着重要作用。

侦查破案的过程，实际上就是由既成的案件事实探求其原因的思维过程。在这一过程中，侦查人员常常借助于回溯推理提出侦查假设，以作为进一步调查研究和分析案情的出发点和方向。因为刑事案件总是发生在侦查之前，犯罪活动又通常是在隐蔽的状态下秘密实施的，并且具有事实上不能再现的特点，所以侦查人员不可能目睹案件的发生过程，只能从犯罪现场的结果出发，通过现场勘查获得的物证、痕迹并进行调查访问，去推测追溯作案人。这就需要借助于回溯推理，根据已知的情况和线索，结合侦破经验，从结果推测原因，从现场情况推测作案过程和作案人，从而建立侦查假设，明确侦查方向，缩小侦查范围。例如，在一起刑事案件侦破中，侦查人员通过对现场情况和调查材料进行分析、推论，提出了"方柏军可能是杀人凶手"这一侦查假设。其根据是以下三个回溯推理：

方柏军是屠夫，懂得肢解技术，

如果是本案凶手，则必然懂得肢解技术；

所以，方柏军可能是杀人凶手。

方柏军具有作案动机，

如果是本案凶手，则必然具有作案动机；

所以，方柏军可能是杀人凶手。

方柏军是胆大妄为、工于心计的人，

如果是本案凶手，则必然是胆大妄为、工于心计的人；

所以，方柏军可能是杀人凶手。[1]

破案结果完全证实了根据这三个回溯推理提出的侦查假设。

回溯推理是侦破案件时使用频率很高的推理，有时即使是判定一个细节也要用到它。例如，在分析犯罪分子的职业特点时，侦查人员可以根据"犯罪分子使用木工工具非常熟练"这个果，运用回溯推理推测出"犯罪分子很可能是个木工"这个因；根据"犯罪分子肢解尸体非常内行"这个果，推测出"犯罪分子很可能懂得外科解剖术"这个因，等等。

在刑事侦查工作中运用回溯推理时，为了保证侦查结论的可靠性，必须注意以下几点：

第一，作为推理起点的已知结果必须是已经确知为真的案件事实，不能是假定的事实。在认定案件事实时，不能把彼种事实误认为此种事实，更不能把假定的事实当成真实的事实，而应该把案件事实调查确凿，使已知的结果真实可靠，以便确立真实的前提。

第二，前提中隐含的"如果 p，那么 q"这一命题，应确实反映 p 是 q 的原因。回溯推理是依据事物间的因果联系进行推理的，因此，其前提中隐含的"如果 p，那么 q"这一命题，必须确实反映 p 和 q 之间具有因果联系，否则，推出的结论就不可靠。例如，"如果某人是凶手，那么某人身上有血迹"、"如果某人发了横财，那么某人就会为人慷慨"，其中的"某人是凶手"与"某人身上有血迹"之间、"某人发了横财"与"某人会为人慷慨"之间，虽然存在着某些联系，但并不构成因果联系。因此，

〔1〕　赵志飞：《奇案疑踪与侦查逻辑》，中国人民公安大学出版社 2003 年版，第 25～26 页。

这两个命题都不能作为回溯推理的前提，否则，推出的结论就不可靠。

第三，应尽可能穷尽引起已知结果的各种可能原因。因果联系是复杂的，有时同一个结果可以由多种不同的原因所引起。例如，某人淹死的原因有很多，可能是不慎失足落水，可能是自杀（即自己跳入水中），也可能是他杀（即被人推入水中），等等。而回溯推理是由果推因，所以，要想获得比较可靠的结论，必须尽可能穷尽引起已知结果的各种可能原因，以便于找出其中为真的那个原因。

总之，刑事侦查工作是一项十分复杂而艰苦的工作，一起案件的侦破往往不是某种单一的推理形式就能解决的，而常常是多种推理形式和逻辑规律综合运用的结果。

练习题

一、指出下列推理属于何种归纳推理，并写出它们的逻辑形式

1. 在人类社会中，不论是奴隶社会、封建社会、资本主义社会，还是社会主义社会，法律都是有阶级性的。所以，在一切存在阶级的社会里，法律都有阶级性。

2. 法医经过长期观察，发现被雷击死者，皮肤上会出现自上而下分枝走向的树枝状雷电击纹，在工作实践中，还没有发现与此不同的情况。于是断定：所有被雷击死者，皮肤上都会出现自上而下分枝走向的树枝状雷电击纹。

3. 意大利的那不勒斯城附近有个石灰岩洞，人们牵着牛马等高大动物通过岩洞从未出现问题，但是狗、猫、鼠等小动物走进洞里就倒地而死。人们通过研究发现，小动物之所以死去，是因为它们的头部靠近地面，而地面附近有大量的二氧化碳，缺乏氧气。据此得出结论：地面附近缺氧的石灰岩洞会造成头部离地面较近的各种小动物死亡。

4. 甲溺水死亡内脏有硅藻反应，乙溺水死亡内脏有硅藻反应，丙溺水死亡内脏有硅藻反应……据研究，这是因为人在入水后呼吸，水进入人的肺脏，水中的浮游生物同水一起经血液循环进入内脏所致。于是得出结论：凡溺水死亡者，其内脏都有硅藻反应。

5. 富兰克林、瓦特、法拉第、爱迪生等许多著名的科学家都是自学成才的，可见，著名的科学家都是自学成才的。

6. 人们观察了许多被扼死的人，发现死者颈部都有被掐痕迹和皮下出血现象，并且没有遇到反例，于是得出结论：凡被扼死的人，颈部都会有被掐痕迹和皮下出血现象。

7. 已知某些生物的活动是按照时间的变化（昼夜交替或四季变更）进行的，具有周期性的节律。如鸡叫三遍天亮，牵牛花破晓开放，在北方燕子春来秋往，人白天工作夜间休息等等。有的科学家从中得出结论：凡生物体的活动都具有时间上的周期性。

8. 古代有个患头痛病的樵夫上山砍柴，不慎碰破了脚趾，出了一点血，但头却不痛了。当时他没有在意，后来，头痛病复发时，他无意中又碰破了上次碰破过的脚趾，头痛又好了，这次引起了他的注意。以后凡头痛病复发时，他就有意刺破那个脚趾，结果都有减轻或制止头痛的效果。这个樵夫所碰的部位，就是现在人体穴位中的"大敦穴"。

二、指出下列各题运用了哪种探求因果联系的逻辑方法，并写出其逻辑公式

1. 我国古代有一起因借债不还而用镰刀杀人的案件。检验官命令该地居民将镰刀全部交出，排列在地上。当时正值夏天，很快苍蝇就飞集在其中一把镰刀上。检验官当即命令将这把镰刀的主人逮捕讯问，但那人不服。检验官指着镰刀说，其他镰刀上都没有苍蝇，而你用镰刀杀人，血腥气还在，所以苍蝇聚集其上，这不足以说明问题吗？杀人者乃叩头服罪。

2. 某铁路局货运段接到一批外地托运来的发菜。在搬运过程中，发现这些货包的重量远远超过该体积发菜应有的重量，于是断定：货包里除发菜外，一定还有其他东西。破开货包一看，果然里面藏着许多银元。

3. 某单位在半年内共召开了七次重要会议，其中四次内容被泄露，三次内容未被泄露。据查，这七次会议的参加者不完全相同，但凡有王某参加的四次会议，内容均被泄露，而王某未参加的三次会议，内容均未被泄露；其他人都没有与王某相同的情况。由此推断：王某的泄密是造成四次会议内容失密的原因。

4. 有人曾把某劳改农场的罪犯按不同的文化层次进行分析，结果发现，罪犯中文化程度高的人特别少，而文化程度低的人特别多。也就是说，人的文化程度越高，犯罪率越低；人的文化程度越低，犯罪率越高。可见，人的文化程度与犯罪率的高低有因果联系。

5. 甲、乙两地相邻，其户数、人口、居民的构成大体相同，但甲地发案率低，乙地发案率却高。对甲、乙两地进行比较发现，甲地治保组织健全，能充分发挥作用；而乙地治保组织陷于瘫痪，形同虚设，根本不起作用。由此得出结论：治保组织健全，并充分发挥作用，是发案率低的原因。

6. 国外有的科学家通过对头发化学成分的分析，发现头发内含有大量的硫和钙。精确的测定表明，心肌梗塞患者头发中的含钙量已降到了最低限度。假定一个健康男子头发的含钙量平均为 0.26%，那么，一个患有心肌梗塞男子的头发的含钙量仅有 0.09%。据此，科学家们相信：根据头发含钙量的变化，可以诊断出心肌梗塞的发展情况。

7. 人们观察到，种植豌豆、蚕豆、大豆等植物时，不仅无需向土壤中施氮肥，反而还能增加土壤中氮的含量。尽管这些植物有许多不同之处，但它们的根部都有突出的根瘤。由此可见，根部有突出根瘤的植物能增加土壤中氮的含量。

8. 某地有一养鱼池，因池水被大量污染物质严重污染，池中的鱼全部死亡。后来，人们在池中种上了水葱，不到两个月，污染物质竟全部消失，池中又可以养鱼了。这说明，水葱有很强的净化污水的能力。

9. 每一种化学元素都有自己特定的光谱。1866 年简孙和罗克耶尔研究太阳光谱时发现，太阳光谱中有一条红线、一条青绿线、一条蓝线和一条黄线。红线、青绿线和蓝线是氢的光谱，而黄线是什么呢？当时已知的元素中，没有一种元素的光谱里有这样的黄线，于是他们猜测，这条黄线是某种未知的天体物质的光谱。他们把这种新发现的物质叫做氦。

10. 长期生活在又咸又苦的海水中的鱼，它们的肉却不咸，这是为什么呢？科学家们考察了一些生活在海水中的鱼，发现它们虽然在体形、大小、种类等方面不同，但它们腮片上都有一种能排盐分的特殊构造，叫氯化物分泌细胞组织。科学家们又考察了一些生活在淡水中的鱼，发现它们虽然也在体形、大小、种类等方面不同，但它们腮片上都没有这种氯化物分泌细胞组织。由此得知，具有氯化物分泌细胞组织是海鱼在海水中长期生活而肉不咸的原因。

三、下列推理是类比推理还是回溯推理？是否正确？请说明理由

1. 甲、乙两起盗窃案，在作案的方式方法、作案工具与作案时间等方面都十分相似，现已知甲案为李某所为，因此侦查人员断定：乙案也可能是李某所为。

2. 某日清晨，在某办公楼外的地面上发现一具女尸，其头部出血并流至地面，与尸体垂直的第三层楼上的一个房间的窗户是打开的，那是个医务所，而死者是该医务所的护士。在死者身旁不远的地方发现一块擦窗户用的抹布。经查证，死者当夜在医务所值班。于是，侦查人员初步认定，死者是在夜间擦窗户时不慎失足坠楼致死的。

3. 在某江面上发现一具浮尸，尸体完整，无伤痕，亦无搏斗迹象，死者显然是淹死的，于是，人们结合"如果一个人不慎失足落水而死，那么江面上就会出现浮尸"，进而推论：死者可能是不慎失足落水而淹死的。

4. 去年侦破一起强奸案，某侦查人员在现场亲眼看到这样的情况：死者是一名少女，贵重物品均未丢失，并有搏斗痕迹。现在发生的这起案件，死者也是一名少女，同样也有搏斗痕迹，而且贵重物品也未丢失。于是，该侦查人员断定：此案也必定是一起强奸案。

5. 一个星期六的晚上，某地发生了一起作案人乘男女青年谈恋爱之机抢夺手表的案件。公安人员发现，此案与一个月前发生的另一起抢夺手表的案件有许多相似之处：两案都是趁男女青年周六晚上在僻静地方谈恋爱之机作案；作案人都诈称是公安人员；据反映，作案人的口音、身材、身高、年龄均基本相同。公安人员先破了其中一案，查清作案人是田某，于是又将田某列为另一起案件的重点嫌疑人。破案结果证明，两案均为田某所为。

6. 出窑的砖已经定型了，他的错误改不了了。

7. 罗马体育馆的设计师，通过分析研究人的头盖骨的结构和性能发现，人的头盖骨由 3 块骨片组成，形薄体轻，但却比较坚固。他由此受到启发，若体育馆的屋顶用 1620 块形薄体轻的构件组成颅形，也应该是坚固的。按照这种想法设计施工，果然达到了预期的目的。

8. 某地连续发生三起持枪抢劫案。三起案件均为三人团伙作案；作案时都手持冲锋枪、火药枪、马刀等凶器；抢劫地点都位于交通不便的百货店；目标都是以现金为主；犯罪分子都操同一地方口音。后来破获其中一起是一个自称"游击队"的三人团伙所为。侦查人员据此推断：其他两起案件也是该团伙所为。

四、已知 A、B、C、D、E 均属 S 类事物，并且 A 具有 P 属性，B 具有 P 属性，C 具有 P 属性，D 具有 P 属性

根据上述条件，如果分别运用联言推理、归纳推理和类比推理，分别可以得出什么结论？请写出它们的推理形式，并说明其结论的性质。

五、批判性思维能力测试题

1. 某市繁星商厦服装部在前一阵疲软的服装市场中打了一个反季节销售胜仗。据统计，繁星商厦皮衣的销售额在 6、7、8 三个月连续成倍数增长，6 月 527 件，7 月 1269 件，8 月 3218 件。市有关主管部门希望在今年冬天向全市各大商场推广这种反季节销售的策略，力争今年 11、12 月和明年 1 月全市的夏衣销售能有一个大突破。

以下哪项如果为真，能最好地说明该市有关主管部门的这种希望可能会遇到麻烦？

A. 皮衣的价格可以在夏天一降再降，因为厂家可以在皮衣淡季时购买原材料，其价格可以降低 30%

B. 皮衣生产企业为了使生产销售可以正常循环，宁愿自己保本或者微利，把利润压缩了 55%

C. 在盛夏搞皮衣反季节销售的不只繁星商厦一家，但只有繁星商厦同时推出了售后服务由消协规定的 3 个月延长到 7 个月，打消了很多消费者的顾虑，所以在诸商家中独领风骚

D. 今年夏天繁星商厦的冬衣反季节销售并没有使该商厦夏衣的销售获益，反而略有下降

E. 根据最近进行的消费者心理调查的结果，买夏衣重流行、买冬衣重实惠是消费者极为普遍的心理

2. 在过去的世纪里，北美的主要能源几经变更，先是从木头到煤，然后从煤到石油和天然气。在每次转变时，新的、占主流的燃料与以往的燃料相比都是含碳越来越少、含氢越来越多。合乎逻辑的结论是：在未来，主要的能源将是纯粹的氢。

以下哪项所描述的一般原则能对上述论证提供最大的支持？

A. 假如从一个系统的某一状态向该系统的另一状态的转变能够接连不断的发生，那么，其最终的状态将会复现

B. 假如两种能够满足人们需要的属性同属于一个有用的物体，那么，该物体的最佳形态就是使这两种属性平分秋色

C. 假如一个过程的第二阶段比其第一阶段完成得快，那么，该过程的第三阶段将比第二阶段完成得更快

D. 假如一个事物变化的每一步都包含一种属性的削弱和另一种属性的增长，那么，当该变化结束时，第一种属性就会消失，而只剩下第二种属性

E. 假如对于某种目的来说，第一个物体比第二个物体更适用，那么，对于该种目的来说，最佳的物体将会包括第一个物体的全部属性而不包括第二个物体的任何属性

3. 在确定慢性疲劳综合症（CFS）的努力中，这种不可思议的疾病究竟属于生理性的还是属于心理性的尚未确定。病理学家做了如下实验：第一组患者被指定服用一种草药膏剂，并被告知这种膏剂是在试用过程中，其中 30% 的人在接受治疗三个月内得到了治愈；第二组患者接受同样的草药膏剂治疗，但被告知这种膏剂已经过广泛的临床实验被证明是有效的，结果有 85% 的人在同样三个月内得到治愈。由此可见，人对从疾病中能够

有复原机会的信念能影响人从疾病中的康复。

以下哪项如果为真，能最强地削弱上述论证？

A. 参加实验的患者没有人有过任何心理紊乱治疗的历史

B. 如果告诉第一组患者这种草药膏剂被证明是有效的，这组人康复的比率就会和第二组一样

C. 事实情况是：第一组患者普遍比第二组患者患 CFS 病的时间长、病情重

D. 两组实验对象是随意从一批人中挑选出来的，他们被诊断患有 CFS 病

E. 容易上当受骗与疾病的关系被弄颠倒了

4. 在一项学习实验中，一位研究人员将老鼠置于一个迷宫之中，其中有的老鼠是瞎子，有的老鼠是聋子，有的老鼠没有嗅觉，还有一些老鼠没有感官缺陷。但是，所有老鼠都在几乎同样多的时间里学会了自己的任务。在除视觉、听觉和嗅觉之外的感觉中，只有动觉以前没有被表明与迷宫学习无关。以这些事实为基础，研究人员得出结论：动觉即身体运动的感觉对迷宫学习已经足够了。

研究人员的推论最易于受到以下哪种批评的攻击？

A. 研究人员对老鼠跑迷宫在熟练程度上的细小差别没有给予足够的重视

B. 动觉与至少其他一种感觉的相互作用是迷宫学习所需要的，这一可能性不能在上述数据的基础上被排除掉

C. 从所给材料可以确定，被剥夺感官刺激来源的老鼠比先前更加依赖动觉，但这一材料没有表明这样的转换是如何发生的

D. 从所给材料可以得出结论：老鼠能只凭动觉便学会跑迷宫，但并没排除对非动觉刺激的反映

E. 从所给材料可以得出结论：跑迷宫的老鼠至少依赖两种感觉刺激来源，其中之一是动觉，但剩下的是哪一种感觉必须使用就没有定论了

5. 创造力必须经过培养。艺术家、音乐家和作家的实践都自觉或不自觉地从新的、有趣的角度去说明、理解世界。教师通过向学生展示从不同角度观察日常生活中的事件的意义，能够激发学生的创造力。

以下哪项如果为真，能最严重地动摇上述论证？

A. 某些不是艺术家、音乐家和作家的人也能从新的、有趣的角度去说明、理解世界

B. 教师向学生展示观察事物的不同角度的努力实际上可能会约束学生

创造力的发展

C. 教育应该强调实践技能而不是创造性思考，因为实践技能会帮助人得到一个好工作

D. 对于创造性思考而言，并非所有学生都有同样的接受力

E. 某些艺术家、音乐家和作家非常年轻的时候就耗尽了精力，造就了短暂的辉煌之后便一无所有了

6. 在司法审判中，所谓肯定性误判是指把无罪者判为有罪，否定性误判是指把有罪者判为无罪。肯定性误判就是所谓的错判，否定性误判就是所谓的错放。而司法公正的根本原则是"不放过一个坏人，不冤枉一个好人"。

某法学家认为，目前，衡量一个法院在办案中对司法公正原则贯彻得是否足够好，就看它的肯定性误判率是否足够低。

以下哪项如果为真，能最有力地支持上述法学家的观点？

A. 错放，只是放过了坏人；错判，则是既放过了坏人，又冤枉了好人

B. 宁可错判，不可错放，是"左"的思想在司法界的反映

C. 错放造成的损失，大多是可弥补的；错判对被害人造成的伤害，是不可弥补的

D. 各个法院的办案正确率普遍有明显的提高

E. 各个法院的否定性误判率基本相同

7. 对冲基金每年提供给它的投资者的回报从来都不少于25%，因此，如果这个基金每年最多只能给我们20%的回报的话，它就一定不是对冲基金。

以下哪项的推理方法与题干相同？

A. 好的演员从来都不会因为自己的一点进步而沾沾自喜，谦虚的黄生一直注意不以点滴的成功而自傲，看来黄生是个好演员

B. 移动电话的话费一般比普通电话贵，如果移动电话和普通电话都在身边时，我们选择了普通电话，那就体现了节约的美德

C. 如果一个公司在遇到像亚洲金融危机那样的挑战时还能够保持良好的增长势头，那么在危机过后就会更红火，秉东电信公司今年在金融危机中没有退步，所以明年会更旺

D. 一所成熟的学校在一批老教授离开工作岗位后，应当有一批年轻的学术人才脱颖而出勇挑大梁，华成大学去年一批教授退休后，大批年轻骨干纷纷外流，一时间群龙无首，看来华成大学算不上是一所成熟的学校

E. 练习武功有恒心的人一定会每天早上5点起床，练上半小时，今天

武钢早上 5 点起床后，一口气练了 1 个小时，看来武钢是个练武功有恒心的好小伙子

8. 最近进行的一项调查表明，师大附中的学生对滚轴溜冰的着迷程度远远超过其他任何游戏，同时调查发现，经常玩滚轴溜冰学生的平均学习成绩比其他学生更好一些。看来，玩滚轴溜冰可以提高学生的学习成绩。

以下哪项如果为真，最能削弱上面的推论？

A. 师大附中与学生家长签订了协议，如果学生的学习成绩没有排在前 20 名，双方共同禁止学生玩滚轴溜冰

B. 玩滚轴溜冰能够锻炼身体，保证学习效率的提高

C. 玩滚轴溜冰的同学得到了学校的有效指导，其中一部分同学才不至于因此而荒废学业

D. 玩滚轴溜冰有助于智力开发，从而提高学习成绩

E. 玩滚轴溜冰很难，能够锻炼学生克服困难做好一件事的毅力，这对学习是有帮助的

9. 在经历了全球范围股市暴跌的冲击后，T 国政府宣称，它所经历的这场股市暴跌的冲击，是由于最近国内一些企业过快的非国有化造成的。

以下哪项如果是事实上可操作的，最有利于评价 T 国政府的上述宣称？

A. 在宏观和微观两个层面上，对 T 国一些企业最近的非国有化进程的正面影响和负面影响进行对比

B. 把 T 国受这场股市暴跌的冲击程度，和那些经济情况与 T 国有很大差异，但最近同样实行了企业非国有化的国家所受到的冲击程度进行对比

C. 把 T 国受这场股市暴跌的冲击程度，和那些经济情况与 T 国类似，但最近没有实行企业非国有化的国家所受到的冲击程度进行对比

D. 计算出在这场股市风波中 T 国的个体企业的平均亏损值

E. 运用经济计量方法预测 T 国的下一次股市风波的时间

10. 前年引进美国大片《廊桥遗梦》，仅仅在 H 市放映了一周时间，各电影院的总票房收入就达到 800 万元。这次 H 市又引进了《泰坦尼克号》，准备连续放映 10 天，1000 万元的票房收入应该能够突破。

根据题十包含的信息，题十推断最可能隐含以下哪项假设？

A. H 市很多人因为映期短而没有看上《廊桥遗梦》，这次可以得到补偿

B. 这次各电影院普遍更新了设备，音响效果比以前有很大改善

C. 这两部片子都是艺术精品，预计每天的上座率、票价等非常相似

D. 连续放映 10 天是以往比较少见的映期安排，可以吸引更多的观众

E. 灾难片加上爱情片，《泰坦尼克号》的影响力和票房号召力是巨大的

11. 有人对某法官在性别歧视类案件审理中的公正性提出了质疑。这一质疑不能成立，因为有记录表明，该法官审理的这类案件中 60% 的获胜方为女性，这说明该法官并未在性别歧视类案件的审理中有失公正。

以下哪项如果为真，能对上述论证构成质疑？

Ⅰ 在性别歧视类案件中，女性原告如果没有确凿的理由和证据，一般不会起诉。

Ⅱ 一个为人公正的法官在性别歧视类案件的审理中保持公正是件很困难的事情。

Ⅲ 统计数据表明，如果不是因为遭到性别歧视，女性应该在 60% 以上的此类案件的诉讼中获胜。

A. 只有Ⅰ   B. 只有Ⅱ   C. 只有Ⅲ

D. 只有Ⅰ和Ⅲ   E. Ⅰ、Ⅱ和Ⅲ

12. 有 90 个病人，都患有难治病 T，服用过同样的常规药物。这些病人被分为人数相等的两组，第一组服用治疗 T 的试验药物 W 素，第二组服用不含 W 素的安慰剂。10 年后的统计结果显示，两组都有 44 人死亡。因此，这种药物是无效的。

以下哪项为真，最能削弱上述论证？

A. 在上述死亡病人中，第二组的平均死亡年份比第一组早两年

B. 在上述死亡病人中，第二组的平均寿命比第一组小两岁

C. 在上述活着病人中，第二组比第一组病情更严重

D. 在上述活着病人中，第二组比第一组更年长

E. 在上述活着病人中，第二组比第一组更年轻

13. 农科院最近研制了一种高效杀虫剂，通过飞机喷洒，能够大面积地杀死农田中的害虫。这种杀虫剂的特殊配方虽然能够保护鸟类免受其害，但无法保护其他有益昆虫。因此，这种杀虫剂在杀死害虫的同时，也杀死了农田中的各种益虫。

以下哪项产品的特点和题干中的杀虫剂最为类似？

A. 一种新推出的电脑杀毒软件，能随时监视并杀除入侵病毒，必要时还会自动提醒使用者升级，但它同时降低了电脑的运行速度

B. 一种带有特殊回音强立体声效果的组合音响，能使其主人在欣赏它的时候倍感兴奋和刺激，但往往同时使左邻右舍不得安宁

C. 一部经典的中国文学名著，真实地再现了中晚期中国封建社会的历史，但是，不同立场的读者会从中得出不同的见解和结论

D. 一种新投入市场的感冒药，能迅速消除患者的感冒症状，但也会使服药者在一段时间内昏昏入睡

E. 一种新型战斗机，它所装有的特殊电子仪器使得飞行员能对视野之外的目标发起有效攻击。这种电子仪器能区分客机和战斗机，但不能准确地区分不同的战斗机。因此，当飞行员在对视野之外的目标发起有效攻击时，有可能误击友机

14. 棉花是植物纤维，疏松多孔，能保温。积雪是由水冻结而成的，有 40% ~ 50% 的空气间隙，也是疏松多孔，能保温。可见，疏松多孔是能保温的原因。

以下哪项运用的求因果联系方法与题干的最为类似？

A. 白求恩大夫曾救治过两位伤员，伤员的伤情大体相同，都是子弹射穿了腹部。其中一位手术后第二天死去，另一位则平安痊愈。经查得知，生者是在受伤后 8 个小时做的手术，而死者是在受伤后 18 个小时做的手术，可见，生死之别就在这 10 个小时的差别

B. 甲状腺肿大病患者分布地区的湿度、气候和风俗等情况虽有不同，但有一个情况相同，即离海洋较远，水、土壤、食品和食盐中缺碘，于是认为，缺碘是患甲状腺肿大病的原因

C. 在有空气的玻璃罩内通电击铃，随抽出空气的量的增多，铃声越来越小，若把空气全部抽出，则完全听不到铃声。可见，空气多少是发出声音大小的原因，空气有无是能否听到铃声的原因

D. 意大利的弗·雷第反复进行了一个实验，在 4 个大广口瓶里放进鱼和肉，然后盖上盖子或蒙上纱布，苍蝇进不去，结果一个蛆也没有。另 4 个大广口瓶里放进同样的鱼和肉，敞开瓶口，苍蝇飞进去产卵，结果腐烂的鱼和肉很快便生满了蛆。可见，苍蝇产卵是鱼肉生蛆的原因

E. 有 4 名俄国水手偶然流落到一个荒无人烟的海上孤岛，他们不自觉地进行了在恶劣环境中预防坏血病的尝试。其中 3 个靠吃生肉、喝热血和吃草在这个岛上生活了 6 年，1 人因吃不了生肉，喝不了热血，得坏血病死去。科学家发现，生肉中含有较多的维生素 C，维生素 C 又叫抗坏血酸，它的缺乏会引起坏血病

15. 在过去 10 年中，登山设备有了一些改进。这些改进使这项运动对于有经验的登山者而言更安全并且更富有娱乐性。然而，尽管有了这些改进，登山的受伤率在过去 10 年中还是增加了。

假如以上陈述都是正确的，则以下哪项如果正确，能最好地解释题干中的矛盾？

A. 许多登山者陷入一种虚假的安全感之中，使用新设备尝试一些他们没有能力做到的高难度动作

B. 一些登山受伤的事故是由未预见的天气条件造成的

C. 登山运动尽管是一种危险运动，但它通常不会给有经验的登山者带来伤害

D. 在过去10年中，登山技术和登山设备都有一些提高和改进

E. 尽管登山受伤率增加了，但登山死亡率没有变化

16. 所有名词都是实词，动词不是名词，所以，动词不是实词。

以下哪项与上述推理在结构上最为相似？

A. 铝是金属，因为金属都是导电的，因此，铝是导电的

B. 好学生都遵守纪律，有些好学生是大学生，所以，大学生都遵守纪律

C. 细粮都不是高产作物，因为薯类都是高产作物，细粮都不是薯类

D. 虚词不能独立充当语法成分，介词是虚词，所以，介词不能独立充当语法成分

E. 实词能独立充当语法成分，连词不能独立充当语法成分，所以，连词不是实词

17. 当代大学生普遍缺乏中国传统文化的学习和积累。根据国家教育部有关部门及部分高等院校最近做的一次调查表明，大学生中喜欢和比较喜欢京剧艺术的只占到被调查人数的15%。

以下哪项最能削弱上述观点？

A. 15%的比例正说明培养大学生对传统文化的学习大有潜力可挖

B. 喜欢京剧艺术与学习中国传统文化不是一回事，不要以偏概全

C. 大学生缺少对京剧欣赏方面的指导，不懂得怎样去欣赏

D. 有一些大学生既喜欢京剧，又对中国传统文化的其他方面有兴趣

E. 调查的比例太小，恐怕不能反映当代大学生的真实情况

18. Ⅰ 宣泄怒火对人非常重要。能量一经阻塞，势必要寻求释放。对感情的宣泄筑堤拦坝，必定会殃及自身，因为它会造成"决堤"，并把其他的人格体系也冲个片瓦无存。在抒发愤懑时将感情的水库放空，就会情绪舒展，心中欣悦，把能量释放开去，用于更有建设性的工作。事实上，若人们战胜了感情的羁绊，充分抒发了情绪，必将消除压力，克服痛苦。

Ⅱ 如果孩子得了麻疹，我们肯定不会让他上学。因此，如果孩子得了

艾滋病，也不该让他上学，因为艾滋病和麻疹在同是疾病方面相似。

Ⅲ 婚前性行为可以说是势在必行。无论如何，在买鞋之前，总不能不先试一下鞋。

Ⅳ 外科医生在给病人做手术时可以看 X 光片，律师在为被告辩护时可以查看辩护书，建筑师在盖房子时可以对照设计图，教师备课时可以看各种参考书，为什么独独不允许学生考试时看教科书和相关资料？

下述哪种说法对于这几段议论不成立？

A. Ⅰ中的类比对结论的支持充分有力

B. Ⅱ、Ⅲ、Ⅳ的类比是错误的

C. Ⅰ和Ⅱ中至少有一个是正确的类比

D. Ⅲ的类比是正确的，因为在"婚前性行为——满意的婚姻"与"买鞋——合脚的鞋"这二者的相似之间具有因果相关性

E. Ⅰ、Ⅱ、Ⅳ中至少有一个是错误的类比

19. 世界卫生组织在全球范围内进行了一项有关献血对健康影响的跟踪调查。调查对象分为三组。第一组对象均有两次以上献血记录，其中最多的达数十次；第二组对象均仅有一次献血记录；第三组对象均从未献过血。调查结果显示，被调查对象中癌症和心脏病的发病率，第一组分别为 0.3% 和 0.5%，第二组分别为 0.7% 和 0.9%，第三组分别为 1.2% 和 2.7%。一些专家据此得出结论，献血有利于减少患癌症和心脏病的风险。这两种病已经不仅在发达国家而且也在发展中国家成为威胁中老年人生命的主要杀手。因此，献血利己利人，一举两得。

以下哪项如果为真，将削弱以上结论？

Ⅰ 60 岁以上的调查对象，在第一组中占 60%，在第二组中占 70%，在第三组中占 80%。

Ⅱ 献血者在献血前要经过严格的体检，一般具有较好的体质。

Ⅲ 调查对象的人数，第一组为 1700 人，第二组为 3000 人，第三组为 7000 人。

A. 仅仅Ⅰ   B. 仅仅Ⅱ和Ⅲ

C. 只有Ⅰ和Ⅲ   D. 仅仅Ⅰ和Ⅱ

E. Ⅰ、Ⅱ和Ⅲ

20. 在法庭的被告中，被指控偷盗、抢劫的定罪率，要远高于被指控贪污、受贿的定罪率。其重要原因是，后者能聘请收费昂贵的私人律师，而前者主要由法庭指定的律师辩护。

以下哪项如果为真，最能支持题干的论证？

A. 被指控偷盗、抢劫的被告，远多于被指控贪污、受贿的被告

B. 一个合格的私人律师，与法庭指定的律师一样，既忠实于法律，又努力维护委托人的合法权益

C. 一些被指控偷盗、抢劫的被告，有能力聘请私人律师

D. 司法腐败导致对有权势的罪犯的庇护，而贪污、受贿等职务犯罪的构成要件是当事人有职权

E. 被指控偷盗、抢劫的被告中罪犯的比例，不高于被指控贪污、受贿的被告

本题参考答案

1E，2D，3C，4B，5B，6E，7D，8A，9C，10C，11D，12A，13E，14B，15A，16C，17B，18D，19D，20E。

第八章　假说与侦查假说

学习目标

本章应掌握的基本原理：

△ 假说的主要特征

△ 建立与检验假说的逻辑方法

本章需训练的基本能力：

△ 依据相关材料，提出并检验假说与侦查假说的能力

第一节　假说的概述

一、什么是假说

（一）假说的含义

假说就是在已有事实材料和科学原理的基础上，对未知的事物情况或规律性所作的猜测性解释。在科学研究和日常工作中，人们有时会遇到一些扑朔迷离的现象，而已有事实和科学原理却不足以解释这些现象，于是，人们往往采用推测、猜想、假设等方式，试图跨越事实、原理与需解释现象之间的鸿沟，去探索其中的奥秘。这些推测、猜想、假定的理论形态就是假说。

　　例如，医学中发现了一种被称为"青壮年急死综合症"的疾病，患者多为身体健康、营养状态良好、年龄在 20 岁～40 岁之间的男性，发病前一般没有先兆或患者略感不适，发病时间大多在凌晨 2 点～4 点，患者在睡眠中突然发出惊叫或鼾声，随即痉挛抽搐，意识丧失，发病仅几分钟或几十分钟患者便死亡。更奇怪的是：不论是尸表检查，还是尸体解剖，既找不到足以构成死因的明显病变，又未能发现因外力作用致死的证据。"青壮年急死综合症"在世界各地均有发生，其病因至今还是未解之谜。医学家们根据其症状和相关的医学理论，对病因提出了一些猜测性解释。一种解释是"心死说"，认为是"突然的心脏机能不全导

致急性心脏性死亡",其潜在内因是心血管系统疾病;另一种解释是"脑死说",根据发病时患者突然惊叫,这在病理学上是呼吸困难的表现,因而认为是"中枢性呼吸麻痹症,是脑死亡",其潜在内因是中枢神经系统疾病。"心死说"和"脑死说"就是关于"青壮年急死综合症"死因的两个假说。

(二)假说的特征

假说的主要特征是:

1. 假说具有一定的合理性。假说不是纯粹的主观臆测,更不是随意的幻想和编造的神话,而是依据已有的知识,在一定事实材料基础上提出的推测性说明,因此,不管后来是被证实还是被证伪,它都具有一定的合理性和科学性。如上例中的"脑死说",其事实依据是:患者在睡眠中突然惊叫等症状;其理论依据是:惊叫是中枢性呼吸麻痹导致呼吸困难的表现等医学原理。相反,诸如"起死回生"、"时光倒流"之类的想法,则既违背客观事实,又违反科学原理,因而属于不切实际的妄想,并不是假说。

2. 假说具有推测性。假说中的基本内容或关键部分只是一种假定性的推测。尽管假说是在事实材料和科学原理的基础上形成的,但这些事实材料并不是充足的,这意味着假说可能是正确的,也可能是错误的,是一种有待于实践的进一步检验的,有待于继续修改、补充和完善的思想。因此,它既不同于对事实的客观陈述,也不同于确已证实的科学理论。如前例中的"心死说"和"脑死说",至今尚未被临床实践充分证实,也没有上升成为医学理论,它们仍然是两个猜测性的解释。

3. 假说应当具有解释力。所谓解释力是指假说应当能够解释它所要解释的现象。解释力是假说的基本功用,人们建立假说的目的正是用它来解释某种未知现象,具有解释力,能够"自圆其说",假说才可以成立。如上例中对"青壮年急死综合症"的病因,"心死说"的解释是"突然的心脏机能不全";"脑死说"解释为"中枢性呼吸麻痹"。相反,如果某一假说不具有解释力,则应舍弃之;如果某一假说的解释力较弱,则需修改之。西方国家曾有人提出"犯罪率与人口密度成正比"的假说,但是,为什么人口密度相差无几的国家,犯罪率却相差悬殊?为什么同一国家在不同时期,人口密度基本相同,而犯罪率却明显不同?这些现象无法解释,表明上述假说的解释力存在着功能性障碍。

4. 假说具有可变性和多样性。假说产生后可能被证实而演变成科学理论,也可能因其错误而被淘汰,假说的内容和形式的变化往往比较大。哥白尼的"日心说"本质是正确的,但他认为行星的运动轨迹是正圆,后来，德国天文学家开普勒对此做了重大修正：行星轨迹呈椭圆型，太阳在一个焦点上。由此克服了"日心说"的一个严重缺陷。

所谓多样性，是指对同一个现象，可以同时存在多个假说。这种多个假说往往以下情况存在：其一，并存的假说中，有一个是正确的，其余是错误的，如：关于地球的形状，历史上曾出现过"方形说"、"拱形说"、"柱形说"、"平面说"、"凹形说"、"鼓形说"、"球形说"等，后来证实"球形说"基本上是正确的，其余的都是错误的，"球形说"本身又被修正为"扁球形说"；其二，并存的假说都不完全正确，又都不完全错误，如，关于光的本质，"微粒说"和"波动说"都是片面的；其三，并存的假说中，有的完全正确，有的不完全正确，如，关于地球表层岩石的成因，人们提出了"水成说"和"火成说"两种假说，后来经过反复考察，证实这两种假说各有其应用范围，在应用范围之内都是正确的。"水成说"适用于解释沉积岩，"火成说"适用于解释岩浆岩。

5. 假说应当具有可检验性。所谓可检验性是指人们从假说中可以找到对它进行检验的途径和方法，并能在当前或今后的实践中检验假说的内容是否确实可靠。接受检验是假说发展的动力，一个假说如果在检验中被不断证实，就能够获得支持，最终发展成为科学理论；一个假说如果在检验中被证伪，则意味着"此路不通"，人们就能够在否定该假说的基础上提出新假说，使假说得到修正而内容逐步精确化。如，对于前例中的"心死说"，医学家们可以从心脏机能障碍或严重病变方面检验之，目前已发现："青壮年急死综合症"的死者心脏内含血量较多，这不同于休克致死者常见的心脏缺血状态，这使"心死说"获得一定程度的支持。相反，如果一种解释是不可检验或无法检验的，则只能是一个谜。如古人用"天狗食月"来解释月食现象，但"天狗"何在？怎样才能发现它？"天狗"又是如何"食月"？均无法检验之，因而"天狗食月"不属于假说。

（三）假说的作用

假说的主要作用在于它是人们的认识接近客观真理的方式。人们在认识事物的过程中，常常受到已知事实和原理不足的困扰，与其知难而退，倒不如尝试探索，因而，"猜测—检验"的假说方式就成为人们探索的工具，经过一系列的"猜测—检验"，人们的认识能够不断地深化，逐渐地逼近客观真理，因此，恩格斯说："只要自然科学在思维着，它的发展形式就是假说。"[1]

例如,人们观察到蝙蝠能在黑暗中飞行自如而不碰到障碍物,便开始思考,蝙蝠靠什么导航?由此联想到猫头鹰的夜视能力特别强,能在黑暗的树林里发现并捕获猎物,而猫头鹰是靠眼睛导航的。于是,人们运用类比推理,提出了一个假说:"蝙蝠也靠眼睛导航"。为了检验这一假说,人们在一间暗室里纵横交错地系拉出多根钢丝,钢丝上悬挂着一些小铃,蝙蝠在飞行时若碰到钢丝就会发出铃声。然后,把几只经过"蒙眼"处理的蝙蝠放入暗室,结果,它们在飞行中仍然能够主动地避开钢丝和铃,"蝙蝠靠眼睛导航"的假说就被否定。接着,人们又提出一个新假说,即:"蝙蝠是靠耳朵导航"。于是又把几只经过"塞耳"处理的蝙蝠放入那间暗室,这些蝙蝠在飞行中频频碰撞障碍物,铃声响个不停,"蝙蝠靠耳朵导航"的假说便获得了支持。人们进一步研究发现:蝙蝠能发出超声波,它靠耳朵接受超声波来感知障碍物的方位,这使"蝙蝠靠耳朵导航"的假说进一步发展成为符合客观事实的正确认识。

假说是科学进步的先导,也是日常工作中广泛使用的思维方法。人们在已有事实和知识的基础上,对工作中的某一特定现象作出的猜测性解释或预测,称为工作假说。如:医生为及时救治急诊病人而根据已知病症和医学知识作出的初步诊断;企业根据市场状况及其发展趋势而作出的市场预测等等。我国《民法通则》规定:如果公民下落不明满4年,或因意外事故下落不明满2年的,经利害关系人申请,人民法院可以宣告他死亡。"宣告死亡"实际上是假定死亡,是一种法律推定。如果被宣告死亡人重新出现或者确知他没有死亡,经本人或利害关系人申请,人民法院应当撤销对他的死亡宣告。

对于假说,逻辑学并不研究假说的具体内容,也不评判其内容是否确实可靠;逻辑学只研究提出和检验假说的逻辑程序及方法,为假说的形成与检验提供逻辑基础。

二、假说的形成及其方法

(一)假说的形成

假说的形成也就是提出假说的过程,它的起点是人们对某种需要解释

〔1〕《马克思恩格斯选集》第3卷,人民出版社1972年版,第561页。

的现象产生了困惑，由此产生出一种探求解释的驱动；它的终点是人们建立了能够解释该现象的假说，可以将其交付检验。从逻辑程序上看，假说的形成一般经历了两个阶段，即：初始阶段和完成阶段。

1. 初始阶段。初始阶段是人们在发现了某种需要解释的现象后，围绕着该现象，收集相关的事实材料和科学原理，并以此为基础，运用或然性推理或者想像、猜测、直觉，作出能够解释该现象的初步假定。

例如，20世纪初，德国地球物理学家魏格纳有一天躺在病床上，对墙上的世界地图上的现象产生了极大兴趣。"任何人在观察大西洋两对岸，一定会被巴西与非洲间海岸线轮廓的相似性所吸引住。不仅圣罗克角附近巴西海岸的大直角突出和喀麦隆附近非洲海岸线的凹进完全吻合，而且自以此南一带，巴西海岸的每一个突出部分都和非洲海岸的每一个同样形状的海湾相呼应。反之，巴西海岸有一个海湾，非洲方面就有一个相应的突出部分。如果用罗盘仪在地球仪上测量一下，就可以看到双方的大小都是准确一致的"[1]

对此，魏格纳需要解释的现象是：为什么南美洲东海岸与非洲西海岸的海岸线轮廓如此相似？他在自己所知的关于地球构造的知识的基础上，作出了一个初步假定"大陆漂移"，该假定能够解释几个大陆板块可以像拼版玩具那样拼合与分离。

初步假定是假说的"毛坯"，它的使命是对需要解释的现象进行试探性解释。但是，试探的成功率通常较低，因而初步假定常常呈现出短暂的、不稳定的形态。它随时有可能被舍弃或被新的初步假定所取代。为了提高试探的成功率，人们通常的做法是：围绕着同一个现象的多种可能性，提出多个不同的初步假定，使之成为系列化的初步假定。系列中的各个初步假定可以同时并存，人们在进一步研究时就能够对其进行比较、选优或综合，形成假说的可能性也相应较大。

例如，20世纪70年代初，人们已经观察到上海的城市地面有下沉现象，在过去的40多年里，严重的地区已下沉了2米多。为解释地面下沉的原因，科技人员提出了以下初步假定：①海平面不断上升，因而使城市相对下沉；②高层建筑多，地面负荷太重而下沉；③大量开采天然气，使地面压缩而下沉；④地壳新的

---

〔1〕［德］魏格纳著，李旭旦译：《海陆的起源》，商务印书馆1964年版，第5页。

构造运动而引起下沉；⑤大量抽取地下水而引起下沉。

初步假定若能够解释需要解释的现象即可确立，这时，假说的形成过程便可进入到第二阶段，即：完成阶段。

2. 完成阶段。完成阶段是为已确立的初步假定寻求支持、进行论证，使之更加合理并用理论形态表现出来。

为初步假定寻求支持一般采用两种方式：一是用初步假定来解释一些已知事实，若它能够解释的事实越多，则合理性越高。如，用"大陆漂移"可以解释非洲西海岸与南美洲东海岸的海岸线轮廓彼此对应吻合；用"大量抽取地下水"不仅能够解释上海城市地面下沉的原因，还可以解释抽水量与下沉速度成正比。二是用初步假定来对某些未知事实进行预测，若预测正确，则它的合理性就较高。如，根据"大陆漂移"说，加之人们已经在非洲西部发现了钻石矿床，可以预言：在南美洲的相应地区也会有钻石矿床。后来，这一预言得到了证实。同样，根据"大量抽取地下水导致地面下沉"的初步假定，可以预言：如果向地下注水，那么就可以使地面下沉减缓甚至停止。该预言后亦被证实。

使初步假定表现为理论形态是用事实材料和科学原理对初步假定进行广泛的论证，使之形成一个结构相对稳定的假说体系。如，魏格纳对"大陆漂移"的原因及过程作了如下论证：在古生代的地球上只有一整块陆地，称为"泛大陆"，在它的周围是一片广阔的海洋。后来由于天体的引潮力和地球自转所产生的离心力，使原始大陆分裂成为若干块，这些陆块就像冰块浮在水面上一样逐渐漂移、分开。美洲脱离了欧洲和非洲向西移动，在它们之间就形成了大西洋。非洲有一半脱离了亚洲，在漂移的过程中，它的南岸沿顺时针方向略有扭动，渐渐与印巴次大陆分离，中间形成了印度洋。南极洲、澳大利亚脱离了亚洲、非洲向南移动，尔后又彼此分开，这就是澳大利亚和南极大陆。

如果初步假定能够合理地解释已知事实，能够正确地预测未知事实，并经过广泛论证而表现为理论形态，那么它就能够获得支持，初步假定也就发展成为假说；反之，就应当对初步假定进行否定，修正或者搁置。

综上所述，从逻辑角度看，假说的形成表现为以下一组操作：

（1）发现了某种需要解释的现象或事实（用命题 E 表示）；

（2）收集相关的事实材料和科学原理（用 W 表示），但这些事实和原理尚不足以解释 E；

（3）运用或然性推理、想像、猜测、直觉等提出初步假定（用命题 H 表示），初步假定与相关事实、原理结合在一起，能够合乎逻辑地解释 E，即：（H∧W）→E；

（4）为初步假定寻求支持，并加以论证，使之发展成为假说（用 H 表示）。

这样，假说的逻辑结构形式可以表示为：

$$E∧　［（H∧W）→E］⇒H$$

（二）形成假说的方法

假说的形成并非千篇一律，而是一个复杂多变的思维过程，在该过程中综合应用了多种方法。但是，假说需要对某种现象作出解释，其解释过程也就是推理过程，由需要解释的现象和猜测性解释推出假说。因此，形成假说的基本方法是假说演绎法，与假说演绎法配合使用的还有其他一些方法。

1. 假说演绎法。假说演绎法亦称为假说方法。就假说的形成而言，假说演绎法是发现假说的方法，它表现为这样一组操作：从某个需要解释的现象出发，如果用某个假说就能够解释该现象，由此推出假说有可能成立。

在假说形成的过程中，假说演绎法的逻辑形式为：

需要解释的现象 E

如果 H，那么 E

所以，H

例如，人们发现糖槭树有相互传递信息的本领。当一部分树叶遭到害虫噬咬后，整棵树的树叶会发生化学变化，使树叶变得很难吃，而且，未被害虫侵袭的邻近的树也会随之发生化学变化。需要解释的是：糖槭树之间怎样传递信息？对此，有位植物学家提出了一个假说，即：其信息传递是经过空气来进行的。受到害虫侵袭的糖槭树向空气中散发某种化学物质，这种化学物质随着空气移动而传送，经别的树识别、接收，就完成了信息传递。对此，可用假说演绎法将其思维过程表示如下：

（需解释）糖槭树之间的信息传递渠道；

如果利用空气移动来散发、传送和接收某种化学物质，

那么糖槭树之间就可以实现信息传递；

所以，糖槭树之间的信息传递是利用空气移动来实现的。

（假说）

假说演绎法的前提与结论之间是或然性联系，它的前提并不蕴涵结论，前提真，结论未必真。若用充分条件假言推理的规则来评判，其推理

形式不符合"肯定后件不能肯定前件"的规则，属于无效式。糖槭树之间信息传递的事实并不能必然的推出"空气传递"，因为利用土壤、水、昆虫媒介也可能实现信息传递。尽管如此，假说演绎法的结论因受到前提的支持，而能够成为假说。

2. 形成假说常用的其他方法。假说的形成离不开发现问题、分析问题，收集和整理相关材料，探求因果联系，建立初步假定并加以论证，因而需要多种方法与假说演绎法配合使用，这些方法有：类比、归纳、概率与统计推理，观察、实验、比较、分析与综合，探求因果联系的逻辑方法，论证的方法，想像、猜测、直觉、顿悟等。

例（1）血液循环理论的前身是"血液循环假说"，哈维在提出该假说时曾作过几个类比。其一是天文学的类比：太阳是宇宙的中心，其他天体围绕着太阳做圆周运动；心脏是人体的中心，血液以心脏为中心做圆周运动。二是气象学的类比：地面水被太阳照射，变成水蒸气上升，然后又凝聚为雨水降到地面；人体的血液也是循环运动的。三是机械学的类比：水从高处流向低处，水泵将水从低处抽到高处；心脏对于血液也发挥着类似的作用。本例说明有些假说是类比的"杰作"。

例（2）癌症发生的原因目前尚未确知，对此，科学家们提出了许多假说。其中，认同度较高的假说是：80%以上的癌症是由吸烟、不良饮食习惯、污染、药物、辐射等环境因素引起的。该假说是在考察大量病例的基础上，运用归纳、概率与统计推理而得出的。

例（3）一位教授浴后放掉浴缸里的洗澡水，他观察到：在出水孔形成了水流漩涡，旋流为顺时针方向。后来，他又观察了江河中的水流漩涡，并做了一些实验，发现旋流均为顺时针方向。于是，他用契合法得出初步假定：旋流方向与地球自转之间可能有因果联系。这位教授又作了进一步的分析：若该初步假定成立，则南、北半球的旋流方向应当相反。而赤道上就不会形成水流漩涡。后经实地考查，情况果然如此，初步假定获得支持而发展成为假说。该假说对水利工程设计有实用价值，还可以移植用于台风预报。

综上所述，假说是以假说演绎法为中心，多种方法互补的产物，训练建立假说的能力，就必须掌握并学会应用这些方法。

（三）形成假说应注意的问题

为了提高假说的合理性程度，在形成假说的过程中，应当正确处理以下四种关系：

1. 假说与事实材料的关系。事实材料是形成假说的基石，某种尚未获得解释的事实是假说的出发点；假说只有既符合事实，又能解释事实，才能获得支持，才具有合理性；它所正确解释的事实越多，其合理性程度也就越高。相反，如果没有事实依据，就只能产生虚幻的思想，而不能形成假说；如果违背客观事实，就必须修正或否定假说。

尽管事实材料对假说起到了基础作用和支持作用，但其作用却是有限的。假说是在事实材料不足的情况下形成的，即：依托有限的事实材料，经过大胆猜测，进而形成具有普遍性的假说。这样，假说的适用范围就超出了它所依托的事实材料，使得假说既能解释已知事实，又能预见未知事实，这正是假说价值的体现。如，门捷列夫建立的元素周期律，既给已知元素排好了"座位"，又为当时未知的元素预留了"空位"，这对于人们寻找和测试新元素具有指导意义。

由上可见，假说源于事实，又超出了已知事实的范围。因此，在建立假说时，应当把事实依据与大胆猜测相结合，一方面应当尽量收集事实材料，另一方面又不必等到事实材料全面而系统地收集完毕之后再来建立假说。

2. 假说与科学理论的关系。科学理论是形成假说的基础之一，也是评价假说合理性的尺度之一。一般来说，假说如果与科学理论相一致，其合理性的程度相对较高；如果与科学理论相矛盾，常常导致假说的修正或否定。如，有人设想制造"永动机"，希望它一旦启动就能连续工作而不需要补充动力。这是一种不切实际的幻想，因为它违反了能量守恒与转化定律。

假说应符合科学理论并不等于假说只能墨守成规，因为科学理论不可能尽善尽美，它本身也需要不断发展，它的发展形式正是假说。当人们发现了用现有科学理论不能解释的新现象，就是建立假说的机遇，用假说来解释新现象，常常引发科学进步。

例如，传统遗传学理论认为，高等动物的体细胞出现了明显的分工，眼睛里的视觉细胞、舌头上的味觉细胞等，都分工明确，各司其职。而这些专业化的细胞却不具有全能性，不含有整个生命体的全部遗传信息，不具有发育成为一个完整生命个体的潜在能力，只有生殖细胞才含有全部遗传信息，并存在着发育成为一个完整生命个体的能力。然而，1997 年出生的克隆羊"多利",则是从第一只绵羊的乳房上提取了一个细胞（中国的克隆羊则是从耳朵上提取一个细胞），从第二只绵羊的体内取出一个卵子，去掉卵子的细胞核，只保留一个卵子空壳，再把第一只绵羊乳房上提取的那个细胞注入卵子空壳，并将其植入第三只绵羊的子宫内，这样孕育出"多利"。"多利"继承了第一只绵羊的全部遗传信息。克隆技术证明生物体中任何一个体细胞都包含着整个生物体的全部遗传信息，这突破了传统遗传学理论，预示着传统遗传学向现代遗传学的发展。

因此，当假说与现有科学理论相矛盾时，不要轻易断言：理论正确而假说错误。有时，应当修正的一方恰好是现有理论。

由上可见，假说依据科学理论，又常常突破现有的科学理论，因而建立假说时，应当把科学精神与创新精神融会贯通。

3. 假说与逻辑的关系。一个好的假说在逻辑结构上应当是一个简单体系，这是对假说理论表现形式方面的要求，也是经济性和美学的要求。简单体系是一种低成本策略，它舍弃了一切复杂的表面现象，直指问题的本质，这正是客观规律的表达方式；简单体系赋予假说很大的"内存"，使它能够符合更多的事实，解释更多的现象，这正是假说合理性的重要标志。

简单体系的构造特征是：以一个思想为核心，从中可以引申出多个解释或观察结论。如，一位老中医提出"糖尿病足坏疽的病因是非缺性肌腱变性坏死"的假说，该假说能够解释86.7%的临床病理特征，可以导出"因邪致淤，去邪为先"的治疗思路，由该假说引申出来的治疗方法，总有效率达到96%以上，对该假说还可以从预防角度加以引申。

4. 建立假说与检验假说的关系。假说必须接受实践检验，因而建立假说与检验假说是两个相互联系、前后衔接的环节。为了使假说具有可检验性，在建立假说时就应当考虑预设"验材"。如"大陆漂移假说"中就包含着板块运动、地质构造、古生物、古气候等多项"验材"。这样，假说就不能只满足于解释已有事实，还应当尽可能多地覆盖未知事实，从中引申出一些预测性结论作为"检材"，这是假说获得支持和自我完善的需要。

为了扩大假说的可检验性，对于同一现象可以建立多个不同的竞争性假说。如，对"青壮年急死综合症"的死亡原因提出"心死说"和"脑死说"。这些竞争性假说互相诘难、互相补充，"检材"也更加广泛。

三、假说的检验

作为一种猜测性的解释，假说具有或然性。然而，人们对事物的认识，总是希望由或然性认识上升为必然性认识，形成对事物规律性的认识并用于指导实践，实现认识世界和改造世界的目的。这样，假说形成后，人们总是千方百计地提高其或然性程度，促使其向必然性认识转化，这就必须对假说进行检验。假说的检验是对假说中可能蕴藏的真理性进行检查测评，由于实践是检验真理的惟一标准，因而假说的检验就必须在社会实践中进行。

（一）检验假说的操作步骤

假说的形成与假说的检验之间并没有一条泾渭分明的界限，在形成假说时已经包含有局部检验，这种检验为初步假定发展成为假说提供了支持。当然，这时的检验还只是个别的、局部的，而假说形成之后的检验则是全面的、严格的，它对假说能否继续成立、能否转化为真理具有决定意义。

检验假说一般有以下两个操作步骤：

第一步，从假说中推演出一些待验命题。假说的推演是从假说出发，结合科学理论和事实材料，引申出待验命题，即：以假说与科学理论、事实材料作为前件，推导出与之有必然联系的待验命题，使之成一个充分条件假言命题：$(H \wedge W) \rightarrow E$。

为了对假说进行全面检验，应当从假说中推演出多个待验命题，即：$(H \wedge W) \rightarrow E_1 \wedge E_2 \cdots E_n$。这样，假说检验的途径也就更多，检验范围更加广泛。

第二步，通过实践，检查从假说中推演出来的待验命题是否符合客观事实。如果从假说中推演出来的待验命题符合客观事实，那么该假说就得到证实；相反，该假说就被证伪，这表明该假说中至少有部分内容是错误的，应当对其修正或放弃。

例（1）对"大陆漂移假说"的检验过程是：首先，从"大陆漂移假说"中推演出多个命题，分别表示几何形状、地质构造、古生物、古气候等方面的待验情况；然后，经过实地考察，来验证这些待验命题。即：

——各个大陆板块可以像拼版玩具一样拼合起来，大陆块边沿之间的吻合程度非常高。这是大陆漂移的几何拼合证据。

——大西洋两岸以及印度洋两岸彼此相对地区的地质构造是相同的。这是大陆漂移的地质证据。

——根据动物化石和植物化石，大西洋两岸的古生物物种几乎是完全相同的，并且各大陆的大量古生物种属也是相同的。这是大陆漂移的古生物证据。

——留在岩层中的痕迹表明，在 3.5 亿年前到 2.5 亿年前这段时间之间，今天的北极地区曾经一度是气候很热的沙漠，而今天的赤道地区曾经为冰川所覆盖，这些陆块古时候所处的气候带与今日所处的气候带恰好相反。这是大陆漂移的古气候证据。

——并且，大西洋两岸的距离正在逐渐增大；格陵兰由于继续向西移动，它与格林尼治之间的经度距离正在增大。

由于上述待验命题符合客观事实，为"大陆漂移假说"提供了证据支持，因而该假说被证实。

例（2）在化学史上统治了 100 多年的"燃素说"认为：物质含有燃素，燃烧时，燃素就从燃体中逸出。为检验这一假说，拉瓦锡进行了以下推演：如果燃体能自行释放燃素，那么任何物体燃烧都不需要空气。接着，拉瓦锡用实验证明：燃烧时如果没有空气，火就会熄灭。这样，"燃素说"就被证伪，拉瓦锡便提出了新假说——"氧化燃烧说"。

（二）检验假说的逻辑方法

检验假说的逻辑方法是假说演绎法，在形成假说的过程中，它是一种发现假说的方法；在检验假说的过程中，它是一种验证假说的方法，即：从假说出发，结合科学原理和事实材料，演绎地去解释已知事实和预测未知事实，从而使假说得到证实或证伪。

假说演绎法用于检验假说，有证实和证伪两种形式。

1. 证实形式。

$$(H \wedge W) \rightarrow E$$
$$\underline{E}$$
$$\therefore H$$

例如：18 世纪法国数学家克雷洛，根据牛顿的"万有引力假说"，计算出哈雷彗星的轨道，据此预测哈雷彗星将于 1759 年 4 月 4 日或 5 日经过近日点，前后可能有一个月的误差。后来，哈雷彗星果然于 3 月 12 日经过近日点，"万有引力假说"被证实。

值得注意的是：一个假说被证实只意味着它获得了证据的支持，这在一定程度上排除了不可能性，使得假说为真的可能性较大，可以被人们接受。但是，证实形式所运用的是充分条件假言推理的肯定后件式，它属于无效式，违反了"肯定后件不能肯定前件"的规则，由真实的前提不能必然地推出真实的结论。因此，所谓"证实"，只是证明了假说为真的可能性较大，并没有证明假说必然真。

2. 证伪形式。

$$(H \wedge W) \rightarrow E$$
$$\overline{E}$$
$$\overline{(H \wedge W)}$$
$$\therefore \overline{H}$$

例如，法国考古学家在考察古埃及一位法老的地下墓室及甬道时，发现了一些精美的壁画。古人在黑暗的墓室内绘制壁画时必须有照明设备。于是法国考古学家提出了一个假说：其照明设备是火炬或油灯。对该假说进行检验时，作出了这样的推演：如果其照明设备是火炬或油灯，那么墓室内就会有黑烟和烟油微粒。但是，法国考古学家在墓室及甬道内却没有发现黑烟痕迹，他们又用现代化仪器对墓室及甬道顶部积存的灰尘进行了化验，发现灰尘中没有黑烟及烟油微粒。这样，该假说就被证伪。

值得注意的是：证伪形式所运用的是充分条件假言推理的否定后件式，它属于有效式，符合"否定后件可以否定前件"的规则。但是，该推理只能必然地推出（H∧W）假，却不能必然推出 H 假。因为，只有 W 真时，H 才必假；若 W 假，则 H 可能真，也可能假。即：当假说所涉及的科学理论或事实材料有误时，就不能推出该假说的真假。

（三）假说证实度的评价标准

运用假说演绎法经检验而被证实的假说，其证实的程度还有高低不同。一般来说，证实度越高，假说中的真理含量也就相应较多，假说的可接受性也就越大。因此，在检验假说时，应当追求较高的证实度。

假说证实度的评价标准有：

1. 数量标准。从假说中推演出来的待验命题应当涉及一定数量的事例，人们通过考察这些事例来检验假说。相比较而言，经检验属实的事例数量越多，假说的证实度也就越高。

2. 多样性标准。从假说中推演出来的待验命题应当多样化，既包括对多个已知事实的解释，又包括对多种未知对象的预测，使之能多角度、多层次地检验假说。如果对假说的检验具有多样性，则证实度较高；反之，单一性检验的证实度相对较低。如，一位专家提出了"黄芪能治疗病毒性心肌炎"的假说，她首先从药理角度检验，获得了黄芪有抗病毒、调节免疫作用的证据；其次从实验角度检验，在分子水平、细胞水平及整体性实验方面获得了黄芪对心肌有很好的保护和治疗作用的证据；又次，从临床角度检验，获得了黄芪有效改善患者临床症状及心脏功能的证据；最后，从制药角度检验，获得了黄芪剂量、加工方法与疗效关系方面的证据。这样，因其检验的多样性，使得该假说的证实度较高。

3. 竞争性标准。对于两个相互排斥的竞争性假说而言，证伪其中某一假说的实例，对另一假说则有证实作用。这样，在竞争中获得优势的那个假说，其证实度较高。

假说的检验是一个长期而复杂的过程，往往不能一蹴而就。有些假说的检验难度较大，人们由于受到历史条件和认识水平的限制，只能采用渐进方式逐步检验之，验证就会持续很长时间。

例如，"哥德巴赫猜想"认为每个不小于 6 的偶数都是两个素数之和，即："1＋1"。这是一个高难度的假说，有人将其比喻为"数学王冠上的钻石"。在 1742 年提出后的 170 多年里，没有人能证明它，后来，数学家们用缩小包围圈的做法来逐步证明之。1920 年，挪威数学家布朗用筛法证明了"9＋9"，多国数学家经过 40 多年的努力，又分别证明了"7＋7"、"5＋5"、"3＋3"、"2＋3"、"1＋6"、"1＋5"、"1＋4"、"1＋3"，包围圈越来越小，假说的证实度也越来越高。1966 年，我国数学家陈景润证明了"1＋2"，距"1＋1"仅一步之遥，但至今还没有人能跨出这最后一步，"哥德巴赫猜想"仍属假说。

人们的认识是一个无限发展的过程，因而假说的检验也就不断深入。检验使得假说存在着三种发展前景：①当一个假说的证实度达到 100% 时，它便发展成为真理；②当一个假说被彻底证伪后，便遭舍弃；③检验使假说的内容得以修正而发展成为新假说，并继续经受检验。

第二节　侦查假说

一、什么是侦查假说

（一）侦查假说的特征

侦查假说亦称为侦查推论或侦查假设，它是指在案件发生后，侦查人员根据案件中已知的事实材料以及相关的科学知识和办案经验，对案件中需要查明的问题作出的推测性解释。侦查假说是一种工作假说，是假说方法在侦查活动中的具体应用。侦查假说对于侦查工作起着导向作用，甚至可以说侦破案件的全过程也就是侦查假说的提出、推演、检验、修正和证实的过程。

例如，1994年3月31日晚，浙江千岛湖上的游船"海瑞号"起火。次日，救援人员在船底舱发现了32具尸体，其中游客24人，导游2人，船员6人，均死于一氧化碳中毒和吸入性窒息，尸检未见抵抗伤。不少人认为这是一起意外的火灾事故，但刑侦专家却根据现场及尸检情况，提出了以下侦查假设：

第一，案件性质是抢劫杀人放火案。其理由是：起火时船上没有人逃生，消防和救生设备均未动用，相反，船上所有的人均进入底舱，并关闭舱门，起火点却恰好是底舱入口处。游客的财物有缺失现象，有9人把部分财物藏在衣袖、胸罩、内裤和鞋袜内。看来是怕被抢劫。起火原因是汽油燃烧所致。而"海瑞号"使用的燃料却是柴油，船上多了一个空汽油桶，显然是被外人带上船的。

第二，作案人只有2至3人。因为罪犯的人手少，他们要控制局面，腾不出人手来搜身，这样才有9名被害人藏匿部分财物。犯罪人必须有快艇之类的交通工具才能赶上"海瑞号"。作案地点是千岛湖上最大的水域，案发时天黑下雨。这些作案时间、地点和条件均显示是有预谋的作案，本地人作案的可能性大。罪犯很可能就在淳安。

第三，作案过程是：2~3名作案人驾驶快艇，强行登上"海瑞号"，以刀、枪等凶器威胁被害人。作案人很可能扬言"只要财不要命"，令被害人交出财物后进入底舱，纵火后，驾驶快艇逃离现场。

刑侦专家的侦查假说成为破案指南，侦查人员围绕着"淳安"、"枪"、"快艇"、"汽油桶"等线索展开侦查，仅用了几天时间就迅速破案，3名作案人落入法网，其作案过程竟与刑侦专家提出的侦查假说完全吻合。

侦查假说有以下特点：

1. 侦查假说是从已知结果来推测未知原因。因为，侦查人员需要查明的是犯罪事实和犯罪人，但首先发现的却是一个已经产生危害的犯罪案件，有犯罪结果，有现场各种痕迹，而对于造成这些结果的原因是什么，罪犯是谁，案件情节如何，侦查人员在起初并不知道，这就决定了侦查假说只能从已知的结果来推测未知的原因。

2. 侦查假说一般能够被确实可靠地验证。侦查假说所解释的对象不是一类事物，而是特定案件中的个别对象，即某案作案人、作案工具、作案过程之类，验证时只要求查明案件中的特定事实，找出作案人、作案工具等具体对象也就验证了侦查假说。

3. 侦查假说具有推测性。侦查假说是根据不充分的材料作出的，因此它只是提出了侦查破案的方向或线索的依据，它在未验证前只具有推测性，而在经过验证完全符合事实后，它就转化成了验证的结论，这时就成了定案的依据。所以，无论提出的侦查假说多么完满，多么与已知事实材料协调一致，但毕竟是一种假说。是否符合事实，必须要用证据予以证实，而不能直接作为定案依据。

4. 侦查假说的形式往往是一个选言命题。这是因为在侦查工作中就同一案情往往会形成多个假说，事物情况的多种可能性就是这种认识的客观基础。例如，一起盗窃案的现场情况既表现出有内盗迹象，又表现出有外盗迹象，则提出此案性质的侦查假说就有三种可能：或是内盗，或是外盗，或是内外勾结盗，因为这三种性质的作案都会造成该案财物失窃的结果。

（二）侦查假说的种类

侦查假说是针对案情提出的，而案情可分为两种，一是案件的个别情节，二是案件的基本情节，因此侦查假说也分为两种。

1. 关于案件个别情节的假说。根据办案的要求和规定，对每个刑事案件应当查明的情况主要有以下几个方面：①犯罪的性质；②犯罪的动机；③犯罪的目的；④犯罪的时间、地点；⑤作案的工具、手段、方法；⑥实施犯罪行为的人。

当以上案情不能用必然性推理推出时，就需要对其作出侦查假说，来推测这些个别情节，形成"关于案件性质的假说"、"关于犯罪手段的假说"、"关于作案时间、地点的假说"等等。其中，关于作案人的假说和关于案件性质的假说最为重要，因为，这两种假说是确定侦查方向，缩小侦查范围，准确及时破案的关键。

2. 关于案件基本情节的假说。这种假说就是将关于案件个别情况的各个假说概括起来，而形成关于这个案件整体情况的尽可能完整的假说，提出这种假说必须占有材料，先从个别事实入手，分别提出多个关于案件个别情节的假说，在此基础上，把这些个别情况的假说及已确认的事实材料结合起来，构成一个整体性的假说链条，并用简明的语句加以概括性的表述。

例如，某日凌晨，某厂财会室保险箱被破坏，盗走现金、票证等。侦查人员在现场勘查和走访调查基础上，先对该案的个别情节分别作了如下推测：

（1）对盗窃过程的推测：罪犯是剪断铁丝网后钻入厂区，然后爬上围墙，再攀上平顶屋面，爬上财会室所在大楼走廊，打碎财会室玻璃，伸手将弹子锁门打开，进入财会室，用铁棒和电解铜板撬保险箱盖，用钢锯锯断摇梗，打开保险箱盗走现金。

（2）对盗窃时间的推测：当天晚上 10 时左右下过一阵大雨。根据平顶屋面留下的被雨淋过的模糊不清的鞋印来看，罪犯是下雨前进入现场的。据有经验的老工人估计，锯断两只保险箱的摇梗要 2 小时左右，整个作案时间约 3 小时，因此作案时间应是当晚 10 时到凌晨 3 时之间。

（3）对犯罪人数的推测：从移动 230 多千克和 90 多千克重的保险箱看，两人作案的可能性大。

（4）对盗窃性质的推测：罪犯熟悉该厂地形，了解财会室情况，盗窃目标准确，且随身带工具和戴手套作案，事后又破坏现场，说明罪犯早有预谋，很大可能为内盗或内外勾结的盗窃。

（5）对案犯特征的推测：从围墙到平顶屋面高 2.05 米，说明罪犯身强力壮，有攀登能力。从打碎财会室窗玻璃能伸手拔开门锁的距离，测定罪犯身高应在 1.75 米以上。从锯断保险箱摇梗的锯口比较整齐，罪犯在锯的过程中加水操作，说明罪犯懂得金工技术。现场有手套痕迹，仅在计算机上发现水渍指纹一枚，说明罪犯是戴手套作案，而且很可能手套的一个指头部位破了。根据现场的抹布一面干净一面有不少泥沙，泥沙分布不均匀，在泥沙中有不少铁屑，说明保险箱和地面上的痕迹是用这块抹布擦掉的，罪犯有一定作案经验，很可能以前有过盗窃行为。

侦查人员在上述分析基础上，把关于案件个别情节的假说，按办案的基本要求进行归纳，形成一个关于案件基本情节的假说，用简明的语句表述为："此案是有预谋的盗窃案，很大可能是内盗或内外勾结盗窃，罪犯是身高 1.75 米以上，身强力壮，懂金工技术，熟悉该厂地形及财会室情况，有一定作案经验且具有上述作案时间的人。很可能是两人。"据此，侦查人员将侦查的主攻方向确定为该厂电工车间。经群众检举揭发、摸底排查，确定了重点对象，很快破了此案。

总之，侦查假说在刑事侦查中有着十分重要的作用，它为侦查工作提供目标、方向与思路，侦查假说的证实与证伪推动着侦查工作的进展，侦破的成功与否，在很大程度上取决于侦查假说的正确与否。因此，正确认识和研究侦查假说，训练应用侦查假说的能力，对于及时破案，准确查明罪犯以及从事其他法律工作都有着重要意义。

二、侦查假说的形成及其方法

（一）形成侦查假说的一般程序

侦查工作需要查清案件的"七何要素"，即：在何时、何地、由何人、基于何种目的与动机、使用何种手段、对何种对象、造成了何种后果。因此，形成侦查假说就不能靠胡乱猜测，而应当依照下列程序进行。

1. 收集案件的事实材料。收集案件的事实材料是建立侦查假说的先导。其主要途径是：①现场勘查。应当仔细的发现并提取现场的各种痕迹和物证，如指纹、毛发、脚印、血迹等。②调查走访。向被害人、证人及其他有关人员了解案情，收集证据。

2. 用相关的科学知识分析事实材料。对已收集到的事实材料应当进行科学分析，揭示它与案情之间的因果联系。如，应用法医学知识，能根据头发的成分推测出人的性别、年龄、营养状况、职业等；根据尸斑、尸僵程度或胃内食物残渣，可以推测死亡时间；应用痕迹学知识，可以根据现场痕迹推测人的身高、体重、年龄及作案工具、作案过程等。

3. 提出侦查假说。以案件的事实材料及其科学分析为基础，运用或然性推理来推测本案案情，进而形成若干侦查假说，其主要内容是：本案的性质，犯罪动机、犯罪过程、犯罪的个人特征等，以此确定侦查方向和范围，指导下一步侦查工作的展开。

例如，电工王某及其妻子在家中煤气中毒，发现时王某已经死亡，其妻昏迷不醒，被送往医院抢救。侦查人员经现场勘查，发现王某家的烟囱被人为堵塞，房顶雪面上有两行往返的脚印。对王某尸体解剖，经检验，血液中未见一氧化碳反应，但却发现肺水肿和硫贲妥钠毒性反映。初步判定这是一起谋杀案。作案的手段是利用注射器将硫贲妥钠毒剂注入王某体内，造成中毒死亡，然后布置煤气中毒的现场假象以转移视线。凶手是谁？有什么特点？侦查人员推测如下：

（1）作案手段狠毒，推测凶手与王某有深仇大恨。

（2）根据房顶雪面上仅有 26 公分的脚印，推测凶手身材不高。

（3）根据脚弓低，脚印边沿完整明显，压面大和外起脚等痕迹，分析凶手可能是女性。

（4）根据王某静脉血管针眼和血液中的硫贲妥纳等情况分析，凶手可能是个懂医护知识，而且有接触死者条件的人。

上述四个方面的推测，就是侦查人员依据本案事实和法医鉴定情况提出的侦查假说。

（二）建立侦查假说的方法

形成侦查假说是一个复杂的思维过程，需要综合应用多种方法。其中，假说演绎法、类比推理和归纳推理最为常用。这些推理有启迪思维、扩大视野的作用，但毕竟属于或然性推理，因而应用时应当遵守相应的逻辑要求，尽量提高其可靠性程度，以使得侦查假说更为合理地解释案情，更为有效地指导侦查实践。

1. 应用假说演绎法提出侦查假说。由果溯因是侦查人员认识案情的主要方式，也是侦查假说形成的重要途径，假说演绎法则是由果溯因的逻辑工具。在侦查实践中，假说演绎法可用于由一果溯一因，或一果溯多因，还可以用于由多果追溯一因。特别是用多果溯因方式而建立的侦查假说，它能够解释案件中的多个现象，其可靠性程度也相对较高。如，刑侦专家对千岛湖"3·31"案件性质所作的假说，就是用假说演绎法来进行多果溯因，其表述为：

待解释案情：
（结果）

E_1 起火后没有人弃船逃生。

E_2 船上的消防、救生设备均未动用。

E_3 全部游客、导游、船员均被关入底舱而窒息死亡。

E_4 游客的财物有缺失现象。

E_5 有9名游客将财物藏匿在衣袖、胸罩、内裤、鞋袜内。

E_6 船上多了一个空汽油桶，而起火原因是汽油燃烧。

E_7 起火点正是底舱入口处。

如果"海瑞号"上发生了抢劫放火杀人案（H原因），那么

会引起 $E_1 \wedge E_2 \wedge E_3 \wedge E_4 \wedge E_5 \wedge E_6 \wedge E_7$ 等（结果）

所以，"海瑞号"上发生了抢劫放火杀人案（H）（侦查假说）。

2. 应用类比推理提出侦查假说。并案侦查是由侦查假说提供的一种侦查思路，其逻辑基础是类比推理。为了提高并案侦查的成功率，侦查实践要求并案侦查应当在"一多三同"的条件下进行。即：多起案件，共同的作案主体，共同的案件特点，同一侦查主体。其中共同的案件特点就包括一系列内容，比如相同的作案人指纹、足迹、工具痕迹、相同的体貌特

征、相同的现场遗留物、相同的时间空间关联性、相似的作案手段、一致的作案目标等。显然，并案侦查的"一多三同"条件来源于应用类比推理的逻辑要求，即：尽量增加类比对象的相同属性；尽量提高类比属性与推出属性之间的关联程度。其目的是提高侦查假说的可靠性程度。

例如，某年6月5日中午12时，某市某公司职工王某下班回家，发现门被撬开，家中3000多元现金、录像机及部分衣物被盗。现场遗留案犯丢弃的"长城"牌人造革提包一个，内装一根20公分长的铁棍和一把19公分长的螺丝刀。勘查确认案犯是用铁棍或螺丝刀撬锁鼻后撞门入室。又在当年6月21日下午4时，该市某街道居民邢某回家时正遇上一名提"长城"人造革提包的男青年在其家中行窃，作案人见有人来后夺路逃跑。此后在该市另三个区连续发生手段相同的破门盗窃案，不到2个月竟发生67起，被盗财物达10余万元。侦查人员将这67起案件作了分析，认为有以下特点：

（1）案犯体貌特征相同：据4名目击者描述，案犯系男性，23岁左右，身高1米7左右，身材魁梧，外貌特征相同；

（2）现场遗留物相同：这些案件的多起现场遗留有"长城"牌提包或是目击者发现案犯带这种提包，里面装有相同作案工具；

（3）现场遗留指纹相同：在多起案件现场留有案犯的左手食指、中指、无名指指纹，经技术检验认定同一；

（4）现场遗留的足迹相同：在这些现场上留有作案人28厘米旅游鞋足迹，经技术检验认定同一；

（5）侵害目标相近：案犯袭击的目标大多是干道两旁的新建高层居民楼，这些楼大多是单元房，房主多是双职工；

（6）时间一致：案犯都是白天作案；

（7）作案手段近似：都是用自制铁棍撬门锁撞门入室，然后再用螺丝刀撬抽屉、柜门行窃，撬压技术熟练，作案大胆沉着，遇人不慌。

由于这67起盗窃案有一系列共同点，故应用类比推理提出侦查假说："那名男青年也是盗窃王某家的作案人"，进而决定并案侦查。

3. 应用归纳推理提出侦查假说。归纳推理能够从个别现象中概括出普遍情况，在侦查实践中，应用归纳推理可以获得案情中带有共性的现象，甚至揭示出犯罪活动的规律，由此建立的侦查假说，不仅能够解释有关案情，而且还有一定的预测功能，进而成为制定破案策略的依据。

　　例如，某市连续发生了数十起刺伤单身夜行妇女的案件，在分析案情后，侦查人员应用简单枚举归纳推理提出了三个侦查假说：①这类案件均由同一名作案人所为；②这类案件都发生在雨夜凌晨 2 点以后；③这类案件的发案地点集中在朱家湾、东新村一带。这三个侦查假说反映该犯罪人的作案规律，据此预测：这类案件的下一次发生也是雨夜凌晨 2 点以后，在朱家湾、东新村一带。于是，侦查人员制定了"张网以待"的破案策略，即：雨夜凌晨派人到朱家湾、东新村一带布岗守候。果然，当这名犯罪人再次作案时，被守候在附近的侦查人员当场抓获。

（三）建立侦查假说的基本要求

　　为了使侦查假说具有较高的可靠性，较为符合案件的真实情况，为指导侦查实践发挥更大的作用，在建立侦查假说时，就必须遵守以下要求：

　　1. 建立侦查假说必须有确实可靠的依据。侦查假说是用来解释案情与指导破案的，其可靠性是以案件事实材料和科学知识为基础。尽管建立侦查假说所依据的事实材料和科学知识是有限的，不充足的，但其真实性却不容动摇。如果用虚假材料作为依据，侦查假说就失去了客观基础，其内容就很可能是错误的，其后果是使侦查工作误入歧途，甚至导致错案、冤案。

　　例如：1992 年 11 月 7 日深夜，某市一家副食商店负责人唐浩丽被杀死在值班室床上，店内价值 6000 多元的货物和死者所带的 5000 元货款无影无踪。案发后，市公安局专案组于 12 月初将嫌疑人杨文礼、杨黎明抓获，后经近 1 年的审查，认为事实已清楚，移交检察院起诉。经法院审理，于 1993 年 11 月判处两被告人死刑，剥夺政治权利终身。被告人不服而提出上诉。二审法院讨论该案后，认为证据不足、问题甚多，作出"发回重审"的裁定。直到 1994 年 9 月，外省公安部门破获一起贩毒、贩枪、盗窃团伙案，作案人肖国红供认他曾伙同唐世禄、夏毓刚在"11·7"案件中实施抢劫杀人的详细情节。至此，该案才真相大白。为什么会酿成这样一起冤案呢？关键在于一个错误的侦查假说，即："11·7"案件是本地人所作。形成该侦查假说的依据是对现场事实情况的两个误断：其一，将死者身上的 24 处刀伤，误断为裁缝剪刀所致（因尸体旁有把沾血的裁缝剪刀而引起错觉）。事实上，死者身上的创口与剪刀创口并不一致。据真正的凶犯肖国红等供认，凶器是用游标卡尺改制成的单刃刀和蒙古刀。其二，法医将被害人死亡时间误断为是晚饭后 1 小时至 1.5 小时，即晚上八、九点钟；实际上，死亡时间是半夜 2 时。这个貌似"科学"的鉴定，导致错误假说的形成。据此，侦查人员认定作案人与死者是熟人或近邻，排除了流窜犯作案的可能性（事实上恰恰是流窜犯作案），从而制定了"立足本地，全面摸排，以物找人（被冤者杨黎明是皮鞋厂工人，与裁缝剪刀相关），以人找案……"的破案方向。像这样因对事实的误断而形成错误的假说，进而使侦破工作全盘失误，以致酿成如此重大冤案的教训，不能不引以为鉴。

2. 提出的侦查假说必须能解释有关的案情。这是假说解释力的要求，它包括：①所提出的侦查假说必须能解释现已发现的案情，或者说必须与案情是相吻合的、不矛盾的；②所提出的侦查假说还要能对当时未发现或未确定的案件其他情节作出推测，并可以证实。具有预测功能的侦查假说，其实用价值更大。

3. 提出的侦查假说必须全面完整。提出侦查假说必须考虑到全部的可能性，关于案件性质、作案人、作案时间、地点、工具、过程的假说，都要尽量反映案件中的所有可能情况，穷尽一切可能，不放过任何蛛丝马迹，有多少种可能，就应提出多少个侦查假说。

全面而完整的侦查假说有两方面作用：①有利于获得案件的真实情况。全面完整的侦查假说包括了案件的所有可能情况，通过进一步调查核实，排除各种虚假可能，逐渐缩小侦查范围，使认识逐渐逼近真实案情。如果提出的侦查假说不全面，没有穷尽一切可能，则就有可能漏掉真实的情况，使得侦查假说不真实，导致案件久侦不破；②有利于选择最佳侦查方案。如果侦查假说包括了各种可能情况，则能筛选出最有可能的情况，进而制定出最佳侦查方案，提高侦查效率。

三、侦查假说的检验

侦查假说的检验分为经验检验和逻辑检验两种方式。经验检验用直接观察的方式进行；逻辑检验用逻辑推理的方式进行；这两种检验方式既可以单独使用，也可以结合使用。

对侦查假说进行逻辑检验的步骤是：首先，从侦查假说中推演出待验命题，并围绕待验命题收集证据；其次，用证据证明待验命题的真假，并应用推理推出侦查假说的真假，使侦查假说获得证实或证伪。

（一）侦查假说的推演

侦查假说的推演是对其进行检验的第一步。侦查假说的推演是从侦查假说中引申出"检材"，即：以侦查假说为前件，以待验命题为后件，建立充分条件假言命题。

例如，某地一妇女在家中被杀，勘查现场发现：①死者是在室内被杀；②杀人凶器留在现场，是一把杀猪刀，而且不是死者家中之物；③清点财物计丢失现金5千多元，进口高档手表3只；④案件发生在晚上10点，死者已上床睡觉，但门、窗完好；⑤现场留下的鞋印是一双新布鞋的鞋印；⑥死者的丈夫刘某当晚8点外出去朋友家玩牌，12点半回家才发现，并报案；⑦刘某与其妻关系一直不好，曾两次提出离婚，均被女方拒绝。据此，侦查人员提出两个侦查假说：

第一，抢劫杀人。

第二，死者的丈夫杀人。

如果是抢劫杀人，那么可以推演出下列待验命题：①罪犯是叫门而入；②是熟人作案，不然不容易在夜晚叫开死者家门；③罪犯事前知道死者家里有现金和手表；④罪犯已掌握死者丈夫刘某当晚行踪，这才在晚上10点放心大胆作案；⑤罪犯的杀猪刀丢失，或者借别人的未还；⑥罪犯有5千多元现金和3只进口高档手表；⑦罪犯当晚穿的应是新布鞋；⑧罪犯身上可能溅有血迹；⑨现场周围住户较密，当晚可能有人看见过罪犯；⑩被害人认识凶手，杀人是为了灭口。

如果死者的丈夫是杀人凶手，那么可以推演出下列待验命题：①刘某当晚10点前后一定没有玩牌，至少10点前离开过玩牌地点，10点半后才回到玩牌地点；②刘某当晚穿的是新布鞋；③据了解死者家里原来没有新布鞋，新布鞋是刘某为作案才买的；④刘某有获得杀猪刀的来源；⑤刘某转移了5千多元现金和3只手表，且转移地点不会很远；⑥刘某可能有外遇，且许诺了与对方结婚；⑦外遇女方可能知道此事，或者就是同谋者；⑧刘某身上可能溅有血迹；⑨在玩牌时可能有反常表现。

侦查假说的推演提供了查证的方向，为侦查假说的验证奠定了基础。

（二）侦查假说的证实与证伪

侦查假说的检验就是将由侦查假说推演出的待验命题与反映案件真实情况的有关证据相对照，以查明待验命题是否真实。若待验命题符合案件真实情况，则该侦查假说就得到一定程度的证实；若待验命题不符合案件真实情况，则该侦查假说即被证伪。如上例，从"死者丈夫杀人"的侦查假说中推演出"刘某当晚10点前后一定没有玩牌，"若查证果真如此，则刘某作案的可能性增大。但是，还不能断定就是刘某作案，因为，将侦查假说与案件真实情况联系起来的是充分条件假言推理的肯定后件式，它违反了"肯定后件不能肯定前件"的规则。相反，若"刘某当晚10点前后一直在玩牌"被查证属实，则至少证明刘某没有直接作案。所以，侦查假说的检验包括了证实与证伪两种情况，证实是对侦查假说的支持或肯定；证伪是对侦查假说的削弱或否定。

在侦查复杂案件时，证伪通常易于证实。按先易后难的顺序，证伪往往成为检验侦查假说时的首选。尽管使若干侦查假说被否定，但它能够排除不正确的侦查方向，缩小侦查范围，突出侦查重点，提高相关侦查假说的证实度，逼近破案目标，因此，证伪也同样标志着侦查工作的积极进展。

侦查假说的使命是指导破案，要完成这一使命就必须证实相应的侦查假说，并且证实度要达到排除一切合理怀疑的程度。这样，仅仅凭着一、两个证据是远远不够的，要做到铁证如山，就必须大量收集证据，把核心证据与辅助证据结合成为一个完整而严密的证据体系，全面而充分地证实待验命题，使侦查假说的证实度最终达到排除一切合理怀疑的程度。

例如，某县发生一起杀人案，初步勘查发现：死者男性，30岁左右，头部有多处创口，脸面和两手满是鲜血，外衣纽扣被拉开，衣袋被翻动。距尸体正上方15米处遗留有一根沾满血迹的棰衣棒，上有血手印数枚。左上方有牛皮鞋一双和沾有血迹的白手套一双，在尸体周围数十米处找到死者衣服上脱落的四粒纽扣，被击落的一颗牙齿，以及现场当地的船票一张，沈阳市苏家屯区永乐乡介绍周有仁等人治眼病的介绍信一张。

经分析，侦查人员提出以下侦查假说：①死者情况：从死者穿有营口市针织厂生产的内衣，沈阳市跃进服装厂生产的蓝裤，现场发现有沈阳的介绍信，推断死者是东北人；②案件性质及杀人动机：一个东北人千里迢迢来到本地，死后仅发现几枚硬币，看来其钱财已被凶犯劫走，由此推断案件性质很可能是谋财害命；③发案时间：现场发现的船票是1月19日的，发现尸体是20日凌晨，据此，死者可能是19日当晚路经莫家岭时遇害。经尸体解剖，法医鉴定是饭后3~4小时被害，报案人反映早上6时发现受害人时还在出气动弹，扣去被害到还在动弹这段时间约 3 小时，发案时间可能是凌晨 3 点左右；④作案人：现场这条路平常很少有外地人来往，特别是天黑后走这条路的人更少，因此凶手是本地人的可能性较大，很可能是在附近与死者搭上话后，同行至现场时对被害人突然袭击。

根据以上分析，确定把侦查重点放在查明死者生前行踪及与死者接触人员上，同时电告东北公安机关请求协查死者身份和外出原因。

1 月 23 日上午接到沈阳市公安机关回电，永乐乡确有一村民叫周有仁的外出未归。经调查这张船票是 19 日售出的，售票员回忆起：19 日上午 8 时左右，有一个与死者面貌特征相似的东北人到售票处询问到安昌怎么走，并买了船票。据船工回忆，那天确实有一个与死者特征相似的东北人到安昌后离船上岸，只记得同时下船的有一个安昌人在水电局工作。侦查人员设法找到此人，确认其无作案嫌疑，他还提供了那天上岸 7 名旅客的住址。经查证，他们与本案无关，其中两位提供：有个朱家坝人在船上与这个东北人交谈过，上岸后又一起去某饭店。饭店营业员证实那天上午确有一个朱家坝人与东北人在此吃过面条，之后共同提着一只旅行袋朝朱家坝方向走了。经访问沿途群众，证实确实碰到有此特征两人共提一包。当地派出所根据上述材料和平时掌握情况，估计此人可能是朱家坝人朱某，因朱过去有偷窃行为，于是把朱的照片掺在 6 张照片中交上述群众辨认，一致认定那人就是朱某。找到朱家，他已下落不明，其父谈出朱某确在 19 日下午带了一北方人到家，夜里另一村的蒋某也来了，半夜 3 人吃了饭菜之后一起出去了，天亮才见朱一人回家。朱父提供的夜餐饭菜等情况与死者死亡的时间、胃内物完全一致，这使朱某嫌疑更加增大。依法对其住宅搜查，查获洗过的血衣、皮鞋及东北香烟、苹果等。经严密搜捕，终于将朱某抓获。指纹鉴定发现：朱某的指纹与棒槌上的血手印不合，说明还有一名凶犯。朱供认是与蒋一起杀人。抓获蒋某后，果然，棒槌上的血手印是蒋的。

在本案侦破工作中，侦查人员首先根据现场勘查的材料，对案件性质、被害人情况、发案时间、作案人情况等得出一些侦查假说，在此基础上作出一些推论，并据此进行推演，进而制定"查明死者生前行踪及接触人员"的侦查方案。经调查走访，先后排除了与死者同船的其他人员，

"锁定"了朱某；又根据新情况，把蒋某也纳入侦查范围，用一系列证据证实了侦查假说，最终查获了案犯。

（三）检验侦查假说的逻辑方法

1. 侦查假说的证伪方法。若从侦查假说中推演出来的待验命题与案件真实情况不符，该侦查假说就被证伪。其基本方法是：以侦查假说为前件，以待验命题为后件，应用充分条件假言推理的否定后件式，由待验命题不符合案件真实情况，推出对侦查假说的证伪。其形式是：

$$H \rightarrow E$$
$$\overline{E}$$
$$\therefore \overline{H}$$

侦查假说被证伪有以下两种形态：

（1）削弱。若侦查假说与待验命题之间仅有或然性联系，则应用充分条件假言推理的否定后件式，只能把前提中的或然性有效地传递到结论上，使侦查假说的可靠性程度被削弱，证实度下降，但据此并不能必然地否定侦查假说。

例如：

　　如果刘某是杀人凶犯，那么刘某身上可能溅有血迹；

　　现已证实：刘某身上并未溅有血迹；

　　所以，刘某可能不是杀人凶犯。

（2）否定。当侦查假说与待验命题具有必然性联系时，若待验命题与案件真实情况不符，即可应用充分条件假言推理的否定后件式，推出否定侦查假说的结论。

例如：

　　如果某人是口服强酸中毒死亡，那么其口腔内的皮肤有褐色或黑色腐蚀灼伤；

　　现经法医检查，死者口腔内的皮肤没有褐色或黑色腐蚀灼伤；

　　所以，某人不是口服强酸中毒死亡。

对侦查假说进行否定时应注意：①证明待验命题假必须确实可靠，不能似是而非，也不能用"没有发现 E"来代替"E 假"。如，某案中，因犯罪嫌疑人李某的右手拇指指纹与现场指纹不符，有的侦查人员便主张将李某"排除"。后来，经再次鉴定，证明了现场指纹与李某左手拇指指纹吻合，李某才没能逃脱法网。②不能随意扩大否定的范围。如，在买凶杀人案中，策划犯罪的嫌疑人发案时不在现场，只能否定其直接动手作案，而不能否定其犯罪嫌疑。

2. 侦查假说的证实方法。若从侦查假说中推演出来的待验命题与案件真实情况相符，该侦查假说就被证实。侦查假说的证实主要有以下三种方法：

（1）假说演绎法。假说演绎法用于检验侦查假说，可以使侦查假说获得支持，提高其可靠性程度，但其证实度小于100%。其形式为：

$$H \to E$$
$$\frac{E}{\therefore H}$$

例如，安某被人杀害，尸体被装入一只旧麻袋内而抛入水库。侦查人员发现张某发案后态度反常，并有作案动机和作案时间，便把张某列为侦查目标，提出"张某是本案作案人"的侦查假说。进一步调查发现：发案前，张某曾从车间取走一只旧麻袋，经辨认，现场的麻袋就是张某从车间取走的那只麻袋。据此，侦查人员进行了以下推理：

如果张某是本案作案人，那么张某就能取得抛尸用的麻袋；

张某取走了抛尸用的麻袋；

所以，张某是本案作案人。（犯罪嫌疑增大）

侦查假说的证实通常是一个渐进式的认识过程，其证实度也需逐步递增，很难"一步到位"。尽管用假说演绎法只能推出或然性结论，尽管它所支持的侦查假说还不能作为定案的依据，但是，这种检验能使侦查假说的证实度得以提高，它标志着侦查假说正朝着正确认识逼近。

（2）充分必要条件假言推理证明法。充分必要条件假言推理证明法是：从一个侦查假说中推演出大量待验命题，经查证属实后，将其组成一个完整的证据体系，侦查假说与该证据体系具有充分必要条件关系，进而应用充分必要条件的假言推理的肯定后件式，由该证据体系真推出侦查假说真。由于这种证明法应用必然性推理，因而其证明度可以达到100%。但是，要形成一个完整的证据体系，并与侦查假说之间具有充分必要条件关系，就必须满足以下条件：

第一，组成证据体系的每一个证据都必须查证属实。

第二，每个证据都必须与案件有联系，能证明案件真实情况。

第三，各个证据之间必须协调一致，它们有机联系而组成的证据体系与侦查假说之间不能出现任何矛盾。

第四，该证据体系必须具有排他性，只能证明惟一的侦查假说，不能证明其他假说，即：该证据体系与它所证明的侦查假说之间必须构成充分必要条件关系。

充分必要条件假言推理证明法的形式可以表示为：

$$H \leftrightarrow (E_1 \land E_2 \land \cdots\cdots E_n)$$

$$\frac{E_1 \land E_2 \land \cdots\cdots E_n}{\therefore \quad H}$$

例如，在上述安某被杀案中，侦查人员证实了以下证据，并将其组成证据体系：

（1）张某正狂热追求安某的未婚妻，故有情杀动机。

（2）发案当天，张某请假，说去医疗所治腰疼，经查，纯系谎言，故有作案时间。

（3）发案次日，张某换洗了全身衣服，有清洗血迹的可能。

（4）抛尸所用麻袋是张某从车间取走的。

（5）张某单独居住一间宿舍，有作案条件，该宿舍还有一把钥匙原在屠某手中，发案后，张某即把该钥匙收回，估计怕外人进入该宿舍。

（6）安某尸体上裹着一条单人床单，经辨认，与张某宿舍的床单相似。

（7）在张某宿舍中发现多处喷溅血迹，经鉴定，与死者血型相同。

（8）在张某宿舍里发现一双皮鞋，经辨认，系安某失踪时所穿皮鞋。

（9）预审中，张某供认了杀害安某的罪行。

据此，侦查人员应用充分必要条件假言推理证明法，推出侦查假说"张某是本案作案人"为真。

（3）选言推理证明法。选言推理证明法是：围绕着某一案情，提出反映多种可能性的侦查假说，并用其组成一个选言支穷尽的选言命题，经调查取证，否定了除一种可能性之外的其他可能性，便能应用选言推理的否定肯定式，推出侦查假说中剩下的那种可能性为真。其形式可以表示为：

$$H_1 \lor H_2 \lor \cdots\cdots H_n$$

$$\frac{\overline{H_2} \land \cdots\cdots \overline{H_n}}{\therefore \quad H_1}$$

例如，一名5岁儿童在医院输液时突然死亡，尸检发现：右心室有大量气体，血管内有移动气泡，系空气进入血管形成气栓致死。侦查人员就气栓形成的原因提出了三种可能性：一是正常形成的；二是输液操作失误造成的；三是人为造成的。据观察，尸表没有任何外伤，不具备形成气栓的因素。经分析，整个输液管装满空气也有 6 毫升左右，若操作失误，6 毫升空气全部进入血管，死亡也不会这么快，因为一名 5 岁儿童至少需 20 毫升左右空气进入静脉后才有生命危险，因而气栓不可能是输液操作失误造成的。据此，侦查人员便应用选言推理证明法，推出"气栓是人为造成的"为真。其推理过程如下：

导致死亡的气栓或者是正常形成的，或者是输液失误造成的，或者是人为造成的；

现已证实：气栓不是正常形成的，也不是输液失误造成的；

所以，导致死亡的气栓是人为造成的。

选言推理证明法的优点在于：当暂时还没有直接证据来证明侦查假说中某种可能性为真时，可以通过否定其他的可能性来推定它为真，使侦查假说由选言命题转变为直言命题；其缺点在于：侦查假说中被推定为真的可能性尚未获得直接证据的证明，其真实性是靠否定其他可能性而确立，因此，用选言推理证明法被推定为真的侦查假说还需要进一步收集证据来加以证明。

应用选言推理证明法的基本要求是：侦查假说中的选言支必须穷尽。若选言支不穷尽，则不能推定该侦查假说为真。

例如，某地发生一起特大投毒案，造成 20 多人中毒，数人死亡。经侦查，圈定了 9 名嫌疑人，而犯罪心理测试却将 9 名嫌疑人全部排除，但测试出二号嫌疑人似乎知道谁作案，而对作案情节一概不知，属于一般知情人。有人联想到这个知情人有个同乡，即韩某，曾被辞退，发案当天来过本地。于是，对韩某也进行了犯罪心理测试，结论是：韩某是作案人，且系单独作案，毒药是水剂，装在塑料瓶内，晚上 10 点多钟翻窗进入现场，毒药投在面缸里，作案动机是因被辞退而泄愤。后来，侦查人员在现场窗户上找到了细微的蹬踏痕迹，在韩某家中找到了装毒剂的塑料瓶，韩某亦供认了犯罪事实。

 思考题

1. 什么是假说？假说有哪些主要特征？
2. 怎样提出假说？形成假说应注意哪些问题？

3. 检验假说如何操作？需应用什么逻辑方法？

4. 建立侦查假说有何基本要求？

5. 检验侦查假说需要应用哪些逻辑方法？

练习题

一、填空题

1. 假说就是在（　　　　）的基础上，对未知的事物情况或规律性所作的（　　　　）。

2. 从逻辑程序上看，假说的形成一般经历了两个阶段，即：（　　　　）和（　　　　）。

3. 假说的逻辑结构可以表示为：（　　　　）。

4. 假说证实度的评价标准有：①（　　　　）；②（　　　　）；③（　　　　）。

5. 侦查假说的证实主要有三种方法，即：（　　　　）、（　　　　）和（　　　　）。

二、选择题（包括单项选择和多项选择）

1. 假说的主要特征是（　　　　）。

A. 假说具有一定的合理性

B. 假说具有推测性和可检验性

C. 假说应当具有解释力

D. 假说具有可变化性和多样性

2. 假说与事实材料、科学理论的关系是（　　　）。

A. 假说以事实材料和科学理论为依据，但又超出了已知事实和现有科学理论的范围

B. 假说以事实材料和科学理论为依据，但没有超出已知事实和现有科学理论的范围

C. 假说不以事实材料和科学理论为依据，完全靠凭空猜测

D. 假说不以事实材料和科学理论为依据，只依靠逻辑推理

3. 检验假说的操作步骤包括（　　　）。

A. 提出初步假定

B. 为初步假定寻求支持，进行论证，使之发展成为假说

C. 从假说中推演出一些待验命题

D. 通过实践，检查从假说中推演出来的待验命题是否符合客观事实

4. 如果从假说中推演出来的待验命题符合客观事实，则该假

说（　　）。

　　A. 必然为真　　　　　　　　B. 必然为假

　　C. 证实度提高　　　　　　　D. 证实度降低

　　5. 在发掘旧石器时代的古墓葬时，发现死者身边有衣服、饰物、武器等陪葬品，据此，考古学家们提出了一个初步假定：在旧石器时代，人们就有了死后复生的信念。

　　以下哪项能为该初步假定提供支持？（　　）

　　A. 死者身边的陪葬品是死者生前用过的

　　B. 死后复生是大多数宗教信仰的核心信念

　　C. 放置陪葬物是后人表示对死者的怀念与崇敬

　　D. 陪葬物是为死者在复生后使用而准备的

　　6. 某年冬天夜晚，抚顺市一名妇女在家中被害，作案人拿走了该妇女家中的首饰、现金等财物。现场勘查确定：被害人家的门上有个铁栓，未遭任何破坏；被害人的鞋子摆放有序，她被害前已脱衣入睡。法医鉴定认为：被害人于当晚 10 时左右被人用锐器杀死，其头部损伤近百处，前胸和腹部损伤 10 多处，两手损伤 30 多处，但致命伤不超过 6 处。依据上述案情，能够建立的侦查假说是（　　）。

　　A. 本案为谋财害命

　　B. 本案作案人与被害人较熟悉

　　C. 本案作案人的力气较大，应为男性青壮年

　　D. 本案作案人的力气较小，可能是女性

三、实例分析题

　　1. 请分析下列假说的形成过程。

　　对于恐龙在地球上灭绝的原因，一些美国科学家曾提出如下假说：在 6500 万年以前，宇宙空间的一块巨石与地球相碰撞，使地球上空的大气中形成了一层厚厚的尘土云，遮住了阳光。没有阳光照射的地球表面在若干年内一直很冷，恐龙的食物来源也被毁掉，最终导致恐龙灭绝。为支持上述假说，科学家们寻找到的证据是：铱元素在地球上很少见，但在陨石和一些小行星上却大量存在，而在意大利的某处却发现了大量的铱元素，出土深度与恐龙和其他动物的骸骨化石相同；经检测，此地铱元素形成年代大约是 6500 万年以前，与恐龙灭绝的时间相同。

　　2. 下列假说的形成和检验运用了什么逻辑方法？请予以分析说明。

　　美国昆虫学家 P. S. 卡拉汉在《自然的秘密》一书谈到，他对"飞蛾扑火"现象潜心研究了 20 余年，认为烛光是作为一个"类微波激射"的

红外频谱发射源去吸引夜间飞行的虫蛾的；昆虫介电触角对红外辐射特别敏感。他还写道：

在佐治亚州蒂夫顿我的实验室中，对我的假说着手进行试验，即昆虫性气味在很强的黑体辐射存在的情况下会发射高能量、类微波激射辐射，而且，这种类微波激射辐射比气体分子被夜空黑体辐射所激发而产生的辐射要高。

我把一只 6 瓦的黑光灯放在滤光器里面，滤光器把所有可见光和黑光紫外线都滤掉，只让 1~30 微米的红外光通过。每天晚上，我在这间全黑又隔开的房间里放 100 只雄蛾毛虫，五天我一共这样放了 500 只。在这一周的最后一天，500 只蛾子中只有 70% 进入了红外捕虫器中。第二周，我在捕虫器中放了两只活的雌蛾（并且每天晚上掉换），再次放入 100 只雄蛾毛虫。这一次同样是第五个晚上，我捉到放进室内的 500 只雄蛾中的 80%。当我把捕虫器中的强红外黑体光关掉，使释放出性激素的雌蛾处在全暗情况下（没有可见光和红外光）时，我没有捕捉到一只雄蛾。

……………

我用一只小卧室用的绿色灯光做了同样的实验。这只绿光灯也发射了大量的黑体红外辐射。这次我选用的是谷蛾，在绿光灯下，只有一只雌蛾发射气体，可我却捕捉到了放出来的雄蛾的 80% 以上。

3. 在下列事例中，巴斯德是怎样提出和检验假说的，使用了什么逻辑方法？

巴斯德很想知道有的地方为什么不断发生炭疽病，而且总是发生在同样的田野里，有时相隔数年之久。巴斯德从埋了 12 年之久、死于炭疽病的羊尸体周围土壤中，分离出了这样的病菌。他奇怪这种有机体为什么能这样长时间地抗拒日照以及其他不利因素。一天，巴斯德在地里散步时，发现有一块土壤与周围颜色不同，遂请教农民。农民告诉他，前一年这里埋了几只死于炭疽病的羊。

一向细心观察事物的巴斯德注意到土壤表层有大量蚯蚓带出的土粒。于是他想到蚯蚓来回不断从土壤深处爬到表层。就把羊尸体周围富有腐殖质的泥土以及泥土中含有的炭疽病芽孢带到表层。巴斯德从不止步于设想，他立刻进行了实验。实验结果证实了他的预见。接种了蚯蚓所带泥土的豚鼠得了炭疽病。

4. 在下列案件中，侦查人员为什么提出了错误的侦查假说？

某公司财会室保险柜中的巨额现金被盗，现场情况为：公司大院有2.8 米高的围墙，围墙上插有碎玻璃；大院的铁门很结实；财会室在办公楼的二楼，室内有 6 张办公桌，18 个抽屉，3 个保险柜；被盗现金是当天下班前由出纳员放进中间的保险柜内，保险柜的钥匙锁入出纳员办公桌中间的抽屉；作案人进入财会室，撬开抽屉，取出钥匙，打开保险柜，盗走现金，其作案目标准确，作案手段熟练。

在调查中，公司大院看门人说："当晚 8 时左右我就把办公楼和大院的门都锁好了，作案人由外入内，必须打开 4 把锁才能进入财会室。"出纳员说："放入现金后，我锁好了保险柜，并使用了密码。"

据此，侦查人员提出侦查假说：作案人能轻易地打开 4 把锁，准确地从 18 个抽屉中找到钥匙并打开有密码的保险柜，很可能是内盗或内外勾结作案。

本案几经周折终于侦破，作案人根本不是内部人员，原先的侦查假说是错误的。侦查人员还发现，看门人和出纳员提供的证词都是虚假的。发案当晚，看门人既没有锁办公楼的门，也没有锁大院铁门；出纳员在放入现金后，并没有使用保险柜的密码。

5. 由下述案件材料，可以提出哪些侦查假说？

1992 年 3 月 15 日，中国农业银行某分行办事处金库发现被盗，盗走现金 128 万余元。

现场勘验发现：犯罪分子是从金库隔壁房间 101 室的墙上凿了一个洞潜入金库的。在 101 室发现地面上有咸鸭蛋皮、面包渣、香烟蒂、燃烧后的老式火柴杆、汽水瓶、水泥碴、切割下的几根钢筋和 1.94 米长的钢轨、11 根木方、乙炔罐、氧气瓶、一个揉搓的纸团（经过技术处理，显露出"山河屯森铁"1992 年 3 月 6 日的火车票面）。金库地面上撒有胡椒面。

现场调查获悉：①管库员每天出入金库取款。3 月 15 日早上取款时发现金库被盗。②现场周围群众反映，在 3 月 14 日之前连续四、五天听到凿洞的声音。但在 3 月 14 日 22 点以后，凿洞声突然消失。③有关知情人反映：犯罪分子是三个人，其中一个较胖，一个较瘦，另一个穿空军中尉制服，均操本地口音，均是 20 多岁的男青年。

6. 请分析下列材料，建立关于案件性质和作案过程的侦查假说。

1978 年 10 月 28 日上午 9 时，北京市某居民楼沈某家发生火灾，群众救火时，发现沈某被人杀害。现场勘验发现：现场位于居民楼 2 门 2 层，该层有 4、5、6 三个单元。被害人住在第 4 单元。现场房门被踹开；距地面 90 厘米处的门板上有踹痕，门框被踹破；走廊墙壁上有血手套印痕和大量喷溅血迹；距地面 20 厘米的墙上有两种踏蹭的血足迹，其中一种是被害者的军便鞋印，另一种是模压底小浪花纹皮鞋印，长 29 厘米。在东屋门前发现一个棕色外衣纽扣，上带有0.5厘米长的白线；在双人床的棉被上发现血手套印，棉被里发现一个火柴盒，盒面上也有血手套印。在火柴盒内盒的一端提取了左手拇指留下的血指纹；柜子有翻动痕迹；在厨房水池内提取带血的白粗线手套一付，小剪刀一把，菜刀一把（刀把已弯曲），食油瓶一个；自来水管仍在流水（即未关水龙头）。西屋内北墙有一单人床，被害者仰卧于床上，头部有8处3~4厘米长的钝器伤；喉头被剪刀扎伤，气管已断，脸左面部皮肤被烧焦，棉被上浇有食用油，并有14根火柴棒的灰烬。

在勘验这个现场的同时，又发现第5、6单元的门也被踹开，门上留下的鞋印，足迹大小和鞋底花纹特征，踹门部位，高低均与第4单元的情况相同。这两个单元的室内箱柜均被翻动。从该现场提取的足迹特征看，鞋底花纹磨损程度，右脚磨损重、左脚磨损轻。

经上述三个单元的住户清点，共有800元定期存款单等财物被盗。

调查获悉：发案当天被害者沈某公休，早上8时到附近的副食店买东西，9时群众发现沈家着火。

7. 在下列案件中如何对侦查假说进行检验？使用了什么逻辑方法？

在某地的森林沼泽地段的铁路上，距最近村庄4公里处，发现一个人被火车轧成好几段，衣服也撕裂成碎片，散落在沿铁路路基两侧大约85米的距离内。碎尸和衣服上有火车车轮、机油和砂砾的痕迹。当地居民认出死者是附近工厂的一名工人，他性情暴躁，嗜酒如命。

在公安人员勘查现场之前，当地行政负责人员看了现场并作出了结论：死者喝醉了酒后沿铁路回家，不小心跌倒在路基上，没能在火车开来前爬起。当地医院的医生也到达现场，观察后得出结论：死者的惟一死因是火车轮子碾轧所至，并开具了死亡证明，允许把尸体掩埋而不必进行解剖。

公安人员到达现场后，得出了另外的结论：如果死者确系酒醉后独自返家，以至跌倒在铁路路基上，那么，他在跌倒之前，是怎么在夜晚从村里沿森林里沼泽地走了4公里多路，而他的鞋子却是完全干爽只有一点点灰尘呢？显然，死者是被人驮到这里的，而这个驮死者的人，很可能就是杀害他的凶手。于是公安人员对碎尸进行了勘验。在用纱布清洗死者胸部时，清楚地看到一处火车车轮无法碾压出的伤痕——一个铁锤状的锥形窟窿。经检验证明，这只有用双刃刀插入活体胸部才能造成。

破案后得知，当地村庄中一名护林员李某，因与死者有矛盾，便趁其酒醉，假装扶其回家，在路上用一柄双刃匕首插入死者胸部，将其杀死。

为了掩盖其罪行，凶手又肩扛着尸体，通过森林沼泽地来到了铁路，并把尸体扔到很快就有火车通过的铁路路基上。

8. 下列侦查假说的形成和检验运用了什么逻辑方法？

某女青年被强奸后杀死在河边。经调查，该女系河西村人，死前曾和甲、乙、丙三个男青年有过恋爱关系，这就可先作三个侦查假说。如果是甲作案，那么甲就必须有作案的时间和特定的手段。经了解，甲没有作案时间，因此甲作案的侦查假说就应予否定。后经深入了解，乙和丙也同样存在与作案事实相矛盾的情况，于是，乙和丙作案的侦查假说也被否定了。随着调查工作的不断深入，又了解到新情况：案发的前两天，村里来了一个外地卖金银首饰的小贩，常常把几个女青年带到河边小树林中加工首饰，其中就有受害的女青年。根据这个线索，于是作出新的侦查假说：那个加工金银首饰的外地人可能是作案人，第一现场有可能在小树林。根据新的假说进行勘查，果然发现小树林是作案的第一现场，那里有扭打的痕迹，还有女尸的头发、布丝等遗留物。最后，几经周折终于将真正的杀人凶手绳之以法。

第九章　法律推理*

学习目标

本章应掌握的基本原理：

△法律推理与科学推理在逻辑结构上的根本差异

△法律推理的逻辑机制

△价值判断是法律推理的灵魂

△形式论证与实质论证在法律推理中的作用是什么

△形式法律推理和实质法律推理

本章需训练的基本能力：

△训练学生识别运用形式法律推理与实质法律推理的条件的能力

△训练学生法律论证的能力

法律推理是法律逻辑的核心内容。由于法律推理是法律概念、法律规范判断、各种推理形式以及逻辑规律等知识的综合运用，因此，将它放在哪一章都不妥当，所以，本教材将法律推理单独列为一章，供大家参考阅读。

第一节　法律推理概述

一、法律推理的涵义、特征

（一）什么是法律推理

对法律推理（Legal Reasoning）的含义，从不同的角度可以作出不同的解释。从广义的角度来看，"法律推理就是在法律争辩中运用法律理由的过程。"[1] 它不仅包括立法推理、公民日常生活中运用的法律推理，还

＊ 本节写作参阅了雍琦、金承光、姚荣茂：《法律推理中的逻辑》一书的有关内容，在此表示感谢！

〔1〕 ［美］史蒂文·J. 伯顿著，张志铭、解兴权译：《法律和法律推理导论》，中国政法大学出版社 1999 年版，第 1 页。

包括司法推理——即狭义的法律推理，本书主要研究的就是这种法律推理。所谓（狭义的）法律推理，是"指法律推理者在法律推理过程中，运用证据确认案件事实，选择、分析法律规范，从而将确认的案件事实归属于相应的法律规范并援用相关的法律条款而导出待决案件的裁决、判处结论，并论证其结论可靠、正当和合理的理性思维活动。"[1] 简言之，法律推理就是以确认的具体案件事实和援用的一般法律条款这两个已知前提，运用科学的方法和规则为法律推理结论提供正当理由（justification）[2] 的一种逻辑思维活动，因而，它是逻辑演绎论证模式与辩护性推理的有机结合。法律推理是法律推理者在法律推理过程中普遍运用的一种逻辑思维方法，它不仅是法律推理过程中的一个重要环节，而且也是依法治国、建设法治国家的重要手段和工具。

（二）法律推理的特征

1. 法律推理的内在特征。

（1）法律推理是一种为法律结论寻找正当性理由的证明过程。与科学推理不同，法律推理的核心主要是为行为规范或人的行为是否正确或妥当提供正当性理由，而不是寻找真相或真理的推理。法律推理所要回答的主要问题是：规则的正确含义及其有效性，行为是否合法，当事人是否拥有一定权利或应承担一定义务、是否应负法律责任等问题。

（2）法律推理必须受事实和法律的双重拘束。现行法律（正式渊源）、法律原则、政策、法理和习惯（非正式渊源）都是法律推理的前提，它是一个具有普遍性的法律规范命题，是法律结论获得正当性的根源和标准。既经确认的客观事实是法律推理的事实根据，只有当人们将确认的案件事实涵摄到法律规定之中以后，才能得出一个具有正当性的法律结论。

（3）法律推理是一种实践理性推理。比利时哲学家佩雷尔曼指出：法律推理"不是一种形式的阐释，而是一个旨在劝说和说服那些它所面对者们的论辩，即这样一个选择、决定或态度是当前合适的选择、决定或态度。根据决定所据以作出的领域，在实践性论辩所给出的理由，'好'的理由，可以是道德的、政治的、经济的和宗教的。对法官来说，它们实际

---

〔1〕 雍琦、金承光、姚荣茂：《法律推理中的逻辑》，中国政法大学出版社 2002 年版，第 39 页。

〔2〕 justification：由动词 justify（为……辩护，证明……是合理的）转化而来，意为"辩护"、"证明为合理（正当）"，也可译作"证明"（或"正当理由"）。（参见［美］J. 丹西著，周文彰、何包钢译：《当代认识论导论》，中国人民大学出版社 1990 年版，第 1 页译注。）而我国法学界的不少学者则将 justification 译之为"证成"或"证立"。

上是法律的，因为他的推理必须表明决定符合他有责任适用的法律。"[1]

2. 法律推理的外部特征。

（1）法律推理具有专门性和权威性的特征。法律推理是国家的特定机关及其公职人员按照法定职权实施法律的专门活动，其他任何组织和个人都不得从事司法活动。正是法律推理的专门性建立了法律推理的权威性。

（2）法律推理具有程序性和严肃性的特征。法律推理具有严格的程序，包括法律推理活动的时间（如时序、时效、期限等）、空间关系和活动方式（如审理必须在法庭、一般应公开进行等）等方面都有法定程序，从而体现了法律推理是一种非常严肃和程序化的活动。

（3）法律推理还具有强制性的特征。法律具有普遍的强制性和拘束力，而法律推理活动是凭借国家权力按照法律授权而进行的专门活动，因而法律推理活动也具有强制性。

二、研究法律推理的实践意义

研究法律推理对于实现司法公正具有重要的实践意义。司法公正是法治事业的最高目标。而法律推理与司法公正之间又存在着必然联系——科学的法律推理是实现司法公正的必要条件：

1. 任何法律的贯彻实施都是在一定的法律推理模式中实现的。没有法律推理就没有法律的适用，没有法律的适用，也就无所谓有没有司法公正了；依照法律推理的逻辑规则从法律规范和法律事实中推出法律结论的过程，就是实现司法公正的过程。

2. 法律推理的规则与司法公正的要求是一致的，法律推理要求在法律推理过程中必须保持逻辑一致性，不允许出现逻辑矛盾，同样案件必须作出相同的处理，这些规则正是形式公正的表现，即对法律必须一贯的严格的执行；不遵守逻辑规则的法律推理，当然不会做到司法公正。

3. 法律推理的目标与司法公正的目标是一致的，法律推理的过程就是为导出正确的判决结论作出证明的过程，即证明援用的审判规范的合理性、案件事实的真实性，以及两者之间同一性的过程，对这些要素的正当证明，其结果必然可以得出一个正确的，合乎形式合理性与实质合理性的判决结论。所以科学的法律推理是实现司法公正的必要条件。

总之，法律推理如果不受法律规则和案件事实的双重拘束，那是法官在玩弄逻辑游戏，施展逻辑的淫威，法治依然不会实现。相对完备合理的

---

〔1〕 张骐：《法律推理和法律制度》，中国政法大学出版社 2002 年版，第 19～20 页。

法律制度和科学的法律推理模式的合取构成了司法公正实现的充分必要条件。

 第二节 **法律推理的逻辑结构和推理机制**

逻辑学原理告诉我们,任何一种推理的逻辑机制都蕴涵于它自身的逻辑结构之中。由于任何推理都是从前提推出结论,因此,任何一种推理的逻辑机制必然蕴涵于前提命题与结论命题之间的内在逻辑联系之中。

一、科学推理模式的逻辑结构和推理机制[1]

(一)科学推理的逻辑结构

著名法理学家博登海默在说明法律推理基本结构和推理机制时引用了以下例子作为例证:"所有生物体终有一死,人是生物体,所以,人也终有一死。"[2] 从逻辑角度来看,这个推理是无懈可击的。因为,这个推理的大、小前提和结论都是事实命题,都是断定思维对象具有或不具有某种特定的性质或关系的,都是无任何价值倾向的中性命题,都是纯粹的事实命题。其中,大前提陈述的是一类思维对象的每一个分子都具有或都不具有某种特定的属性(性质或关系),例如:"所有生物体终有一死",而该类思维对象是否具有某种性质或关系是客观的,是不以人的意志为转移的;其小前提所陈述的思维对象真包含于大前提所指称的事物类之中,是该事物类中的一个分子,例如:"人是生物体"。既然,大、小前提中的中项"生物体"具有相同的内涵和外延(这说明它们之间具有直接的同一性),既然"所有生物体"真包含于"终有一死"之中,而"人"又真包含于"生物体"之中,根据真包含于关系之间具有的传递性关系,就可以合乎逻辑地推出该思维对象也必然具有或不具有这种特定的属性,例如:"人也终有一死",即"人"必然也真包含于"终有一死"之中。由于这个推理的大、小前提都是真实的,而且在推理过程中遵循了有关逻辑规则,因此,其结论就具有不可辩驳的逻辑力量。上述推理的逻辑结构就是:

---

〔1〕 参见张继成:"从案件事实之'是'到当事人之'应当'——法律推理机制及其正当理由的逻辑研究",载《法学研究》2003年第1期。

〔2〕 〔美〕E. 博登海默著,邓正来译:《法理学、法律哲学与法律方法》,中国政法大学出版社1999年版,第492页。

$$（\forall x）（Mx \rightarrow Px）\wedge（\forall x）（Sx \rightarrow Mx）\Rightarrow（\forall x）（Sx \rightarrow Px）$$

同时，它也是任何一个三段论式科学推理的逻辑结构。

（二）科学推理的逻辑机制

在这个推理中，由于其大、小前提都是事实判断，都是无任何价值倾向的中性命题，大、小前提之间具有直接的同一性，因此，只需要"事实属性的同一性"这一中介环节就可以直接根据"凡一类事物的全部都是什么或不是什么，那么，该类事物的部分也就是什么或不是什么"这一基本公理就可以进行有效的三段论推理。这就是科学推理的推理机制。

（三）科学推理的逻辑机制并不完全适应于法律推理

上述推理是一个典型的科学推理的例证，可以清楚地使我们了解科学推理的基本结构，并进而使我们明确地看到科学推理的推理机制。但是，这个例证却不是一个恰当的法律推理例证，因为，科学推理与法律推理的逻辑结构不同，由此决定了它们的推理机制也不同。我们认为不能用科学推理的逻辑结构和推理机制来说明法律推理的逻辑结构和推理机制。

但不可否认的是，在简单案件的审判活动中，人们可以忽略法律推理与科学推理在逻辑结构上的差异而径直以科学推理的推理机制来解决法律问题。"简单的三段论推理为解决法律问题提供方法的事例，在法律中是很多的。例如，美国宪法规定，年龄未达 35 岁的任何人都没有资格担任美国总统之职。让我们作一假设，一位谋求美国总统职位的候选人宣称，到宣誓就职那天，他就会达到必需的年龄，但是这一声明却遭到了同其竞争的候选人的反驳。在一家法院或竞选委员会裁定前者的声明没有证据可以支持以后，由于把包含在该宪法规定中的大前提适用于该案事实，所以就必然推论出他无资格担任美国总统职务的结论。或让我们再假设，一条法规规定，'一个人盗窃属于另一个人的动产，他就犯有盗窃罪。'如果法院查明的事实表明，甲出于占有乙的汽车的意图而偷了乙的这辆汽车，那么，法院就可以得出甲犯了盗窃罪的逻辑结论，而且该结论具有无懈可击的说服力。"[1] 但这是否表明科学推理的推理机制可以解决所有类型的法律问题，例如，科学推理的推理机制是否也同样适用于疑难案件呢？

如果科学推理的推理机制能同样适用于疑难案件，那么，对于同一案件事实，（同一国家、同一时代）不同的法官所作出的判决结论就应该是相同的，绝对不会出现对于同一案件事实不同法官所作出的判决结论相互

---

[1] ［美］E. 博登海默著，邓正来译：《法理学、法律哲学与法律方法》，中国政法大学出版社 1999 年版，第 492 页。

矛盾、相互冲突的情况。但这种情况偏偏在所有的国家都出现过，而且今后还将会一再出现。例如，美国著名法理学家、大法官波斯纳在做大法官助手时，有一次，大法官告诉他一个案件的判决结果是："甲胜诉，乙败诉"并让波斯纳写出判决书。不幸的是，波斯纳将判决结果听成"甲败诉，乙胜诉"了，并以此为判决结论写出了判决书和判决理由。大法官们看了波斯纳的判决理由之后，一致认为波斯纳的意见和结论更为合理，并以波斯纳的意见作为最后的判决结论。也就是说，大法官们依据该案件事实得出的判决结论是：乙应当承担不利于自己的法律效果；而依据同一案件事实波斯纳却得出了：甲应当承担不利于自己的法律效果。但这种情况在科学推理中是不会出现的。例如，为什么"铜是导电的"呢？因为："铜是金属，而金属都是导电的"。由上述两个前提只能得出"铜是导电的"这样一个惟一确定的结论，绝对不会出现因人而异的情况。为什么会出现这种巨大的差异呢？我们认为，出现这种巨大差异的关键在于：科学推理的大、小前提都是事实判断，大、小前提之间具有直接的同一性。例如，就金属与其能否导电这一关系而言，它们之间存在着必然的内在联系，即只要一个东西是金属，那么这个东西就一定能够导电，这种必然性的因果关系既不是任何人规定的，也不是任何人的主观意志能够随意改变的。所以，既然认定了铜是金属，因此，对于任何人来说，就只能得出一个惟一确定的必然结论：铜是导电的。与科学推理不同的是：法律推理的大前提是一个规范判断，是由人规定的，而小前提却是一个事实判断，大、小前提之间不具有直接的同一性，等等。

二、法律推理模式的逻辑结构及其分析

（一）法律推理模式的逻辑结构

既然对于同一案件事实不同的法官作出的判决结论可以不同，甚至可以完全相反，这就充分证明科学推理的推理机制并不能完全适用于所有的法律推理，说明法律推理本身具有自身特有的推理机制。那么，是否存在对所有法律推理都适用的推理机制呢？我们认为，法律推理本身具有自身特有的并对所有法律推理都适用的推理机制。法律推理的推理机制到底是什么？要回答这个问题，我们必须从法律推理自身的逻辑结构说起。

我们认为，法律推理的逻辑结构应当是：

$$\forall (x)\ ((Fx \wedge Vx) \rightarrow OPx)$$

$$\underline{(Fa \wedge Va)}$$

$$\therefore OPa$$

其中，大前提的意思是说，对于任何一个行为主体 x 来说，如果他的行为事实具备法律构成要件所指称的事实特征 F（Fact）并且他的行为事实具有法律规范所蕴涵的价值判断 V（Judgement of Value），那么他就应当 O（Ought）承担 P 法律效果。它表明，只有当行为主体的行为事实既符合法律构成要件要求的所有特征 F，又符合法律的立法意旨、价值判断 V 时，该主体 x 才应当承担 P 法律效果。

（二）法律推理模式的逻辑结构的实证分析

法律规范判断由法律构成要件和法律效果两部分构成，法律构成要件指明了承担一定法律效果的案件事实必须具备的基本特征，待处理的案件事实具备这些基本特征是当事人承担特定法律效果的事实前提。因此，法律规范是包含有事实要素的，对此没人怀疑。但是，法律规范判断中是否具有价值判断呢？我们认为，任何一个具体实体法律规范都有它的立法宗旨和价值理由：即立法所产生的后果对谁有利，法律所要保护的客体是什么？任何法律规范都是从实体上或程序上对一定利益集团的某种需要的肯定或否定，对一定利益集团的某种需要的肯定或否定就是立法者赋予法律规范的价值判断。法律正是通过对一定社会利益的保护或遏制，来维持社会秩序的正常运行，促进人类生活和文明的进步。在法律规范文件中，这种肯定性价值判断表现为立法者要求行为人以作为或不作为的形式来实现对这种利益的保护。如果行为人的行为破坏了立法者的价值判断，司法人员则必须通过有效的司法活动对行为人的行为予以处罚，来恢复立法者的价值判断，重树立法价值判断的权威。因此，法律规范命题都包含有立法者的价值判断。正如日本学者川岛武宜所说"立法以价值判断为依据是明显的，例如先有'因被欺诈或被强迫而向他人转让了财产权的人，可请求恢复其财产权'的价值判断，然后才有依据该价值判断制定的'现在对该财产所有或占有的人必须返还'的规定"。〔1〕由此可见，"立法不过是一定价值判断的记录"，〔2〕价值判断是法律规范的必要要素，是法律规范的有机组成部分和实质所在，它体现了法律秩序的目标和理想状态。因此，任何一个法律构成要件都必然是事实要素和价值要素的复合体，这个复合体就是任何主体承担一定法律效果的充分必要条件。因此，法律规范的逻辑结构应当是：

（∀x）（（Fx∧Vx）→OPx）而不是（∀x）（Fx→OPx）。

---

〔1〕 ［日］川岛武宜著，王志安等译：《现代化与法》，中国政法大学出版社 1994 年版，第 244 页。

〔2〕 卓泽渊：《法的价值论》，法律出版社 1999 年版，第 620 页。

小前提的意思是说，现已查明，某一特定主体 a 属于 x 类，他的行为事实 Fa 符合法律构成要件所要求的事实特征 Fx，Fa 是 Fx 类的一个分子（Fa∈Fx），并且该行为事实与法律规范中所要求的价值预设 V 相符合（Va＝Vx）。它说明法院不仅对案件事实的自然属性有所认定，而且认为一方当事人的行为侵犯了另一方当事人的合法权益（这种权益是法律所要保护的正当权益），因此，法律推理的小前提是一个兼具事实和价值双重属性的特殊判断。

既然法律推理大、小前提都是事实判断和价值判断的复合体，而且，法官认定的案件事实不仅要与法律规范所指设的事实要件相符合，而且要与蕴涵于法律规范中的价值判断相符合，因此，法律推理的大、小前提之间不仅应当具有同一性，而且，这种同一性必须是双重的同一性：事实要件与认定的案件事实的相互同一和蕴涵于法律规范中的价值判断与蕴涵于案件事实中价值判断的相互同一。这样才可以从大、小前提中合乎逻辑地推出当事人应当承担一定的法律效果的判决结论。

从法律推理的逻辑结构可以看出，法律推理远比科学推理复杂，也比我们平时所想像的法律推理复杂：

1. Fa∈Fx∧Va＝Vx。认定的案件事实与法律构成要件所指称的事实特征相符合，并且，认定的案件事实所蕴涵的价值判断与立法意旨、价值取向相符合，大、小前提之间达到了事实与价值的双重同一，因此，就可以从大、小前提直接推理出一个惟一确定的结论。简单案件或博登海默所说的分析法律推理就属于这种情况。这也就是为什么在简单案件中人们可以忽视科学推理与法律推理逻辑结构上的差异而径直采用科学推理的推理机制处理法律问题的原因。

2. Fa∈Fx 而 Va≠Vx。认定的案件事实判断与某一具体的法律构成要件所指称的事实特征似乎相互吻合，但案件事实中所蕴涵的价值判断与立法意旨、价值取向不相符合，大、小前提之间似乎具有事实上的相互同一，而法官对案件事实的价值判断与立法意旨或价值取向相互冲突。这种情况说明法律构成要件所列举的事实特征过于宽泛，将在事实特征似乎相同而价值判断相异的两类法律事实赋予了相同的法律效果。法律推理的实践中，遇到这种情况，有些法官则只重视法律的稳定性，只重视案件事实与法律构成要件的形式同一而忽视他们的价值蕴涵的实质不同，作出一个合法而不合情理的判决结论；有些法官则比较重视法律的流变性，注重追求法律的实质正义的实现，他们则会以案件事实所蕴涵的实际价值或自认为更为重要的法律价值为根据，去寻找一个与案件事实所蕴涵的实际价值相符合的法律规范，或者对法律规范进行限缩性法律解释（限缩性解释的过程就是进行法律情景推理的过程），或者另行创设一个新的法律规则，作出一个可能与现行法律规范不相符合但却合乎情理的判决结论来（当然，这种情况只限于民事审判或行政审判，刑事审判活动中不允许法官自行创设一个刑罚规范，因为刑事审判遵循的是罪刑法定原则）。这样，必然会出现不同的法官，对同一案件事实所作出的判决结论相互矛盾、相互冲突的情况。这样就出现了两类"好"法官：遵守现行法律的好法官（他们认为遵守现行法律比追求实质正义更重要），追求实质正义的好法官（他们认为追求实质正义比遵守现行法律更重要）。

前述案例中，波斯纳的判决结论与大法官们的判决结论之所以会出现如此巨大的差异，其根本原因就在于，波斯纳对同一案件事实作出的价值判断与大法官们作出了完全相反的价值判断，他们各自根据自己对案件事实所作的价值判断寻找到了与其价值判断相互一致的法律规范，因此，就出现了两个相互矛盾、相互冲突的判决结论。由此可见，任何法律效果不仅要以一定的事实要件为前提，而且要以一定的价值判断为前提。事实判断或价值判断中有一个不同，当事人应当承担的法律效果也就不同。

3. $Fa \notin Fx$ 而 $Va = Vx$。认定的案件事实与法律构成要件所指称的事实特征不相符合，不能将待处理案件归属到法律构成要件所指称的类型事实之中，但是，法官对待处理案件事实的价值判断与蕴涵于法律构成要件中的价值判断相同或相似。这种情况的出现是由于法律构成要件所列举的法律特征过于狭窄，本来 Fa 应当包含于 Fx 之中而没有将 Fa 包含在 Fx 之中。这时就需要法官对法律规范做扩张性解释（扩张性解释的过程也是进行法律情景推理的过程），将本来应当包含于 Fx 之中的 Fa 归属到 Fx 之中去，以便使特定主体 a 也应当承担 P 法律效果。

4. $Fa \cong Fx$ 而 $Va = Vx$。这种情况的出现是由于法律规范中仅仅对 Fx 类行为事实应当承担的法律效果作出了明确的规定，而当事人的行为事实 Fa 不在 Fx 类之列，但是 Fa 与 Fx 的法律特征相类似。这时就需要法官对案件事实做类推解释，根据 Fa 与 Fx 具有事实特征和价值特征上的类似性，以便使特定主体 a 也应当承担与 Fx 类法律事实相同的法律效果 P。如果本国法律没有关于 Fx 类行为事实的法律规范，就可以采取比较法解释，在外国法中找到与 Fx 相同或相类似的法律规范，作为法律推理的大前提，以便使特定主体 a 也应当承担 P 法律效果。

5. 如果一个法律规范的事实特征、立法意旨或价值取向不甚明确，因而不能有效地解释案件事实，不能进行有效的法律推理。这时就需要对法

律规范进行文义解释、文理解释、体系解释或历史解释，使法律规范的事实特征或立法意旨得以明晰，并将认定的案件事实与之对照，判断它们在事实属性与价值属性上是否具有同一性，最后才能得出一个确定的肯定性判决结论或否定性判决结论。

（三）法律推理的推理机制

由上述五种情形可以看出，认定的案件事实的事实特征和对案件事实所作的价值判断与法律构成要件所要求的事实特征和蕴涵于法律规范中的价值判断相互同一，是当事人承担法律效果的充分必要条件。然而，在法律规范判断和认定的案件事实判断中，事实要件和事实判断总是显明的，而立法者的价值判断和对案件事实的价值判断总是潜在的、隐含不露的，因此，从直观上看，法律推理也就是由案件事实之"是"直接推出了当事人之"应当"。因此，判定蕴涵于法律规范判断中的价值判断和对案件事实所作的价值判断是否同一，就成为能否由案件事实之"是"的事实判断推出当事人之"应当"的规范判断的关键。我们认为，在法律推理中，要想由一个具有普遍性的法律规范判断（法律规则）和一个具体的事实判断推出另外一个具体的法律规范判断（判决结论），法官必须首先判断认定的案件事实是否属于法律构成要件所指称的法律事实类的一个分子，然后再判断它们是否具有相同的价值判断；如果小前提认定的案件事实符合法律构成要件的基本特征，而且大、小前提具有相同的价值蕴涵，那么，就可以由一个具有普遍性的法律规范判断（法律规则）和一个具体的事实判断推出另外一个具体的法律规范判断（判决结论）；这充分表明，价值评价是由事实判断推出规范判断的逻辑桥梁，价值评价是由一个具有普遍性的法律规范判断（法律规则）和一个具体的事实判断推出另外一个具体的法律规范判断（判决结论）的逻辑中介，没有这个逻辑中介，就没有判决结论的证成。这就是法律推理的内在逻辑机制。

第三节　法律推理的实质论证与形式论证

在传统逻辑中，讲述任何推理的时候，我们都总是从给定的前提中推出结论的。但至于前提是从何而来、是否真实、是否具有合理性或正当性，则不加考虑。这在逻辑教学实践中是必须的：逻辑学的主要任务就是研究思维形式的结构、规律和方法的，前提从何而来、是否真实、是否具有合理性或正当性等问题不是逻辑学的研究对象，它也无法解决这些问题。但是，法律推理是一种实践理性推理，就是为了解决当事人的矛盾和冲突的。在作出判决结论或法律结论之前，法律规范和案件事实都不是现成的，法律推理的适用者必须对他所赖以推理的前提是否具有真实性、合理性以及大、小前提之间是否具有双重同一性等重要问题作出证明。这些证明过程本身就构成了法律推理的一部分——实质论证。只有当这些问题解决之后，他才能运用有关逻辑的基本原理，推出一个兼具形式合理性与实质合理性、为当事人乐于接受的判决结论——形式论证（德国学者阿列克西将实质论证称之为外界证立，将形式论证称之为内部证立）。因此，我们认为、任何法律推理都是实质论证与形式论证的有机统一。

一、实质论证——法律推理大、小前提正当性的证明

所谓实质论证是指对法律推理大小前提的合理性、真实性及其同一性的证明。包括对案件事实的确认、价值判断与司法归类、裁判规范的推导、法律解释等内容。

（一）案件事实的确认

所谓案件事实就是指呈现于诉讼主体以及当事人、见证人或知情人之感官面前的关于某一案件实际情况（通常称之为案情）的陈述或断定。确认案件事实是指法官、检察官或律师运用证据确定某一具体案件情况的某种陈述是否真实，认定某一法律规范所假定的那种情况是否发生的认识活动。实质论证之所以应以对案件事实的确认开始是因为没有案件事实，也就没有诉讼活动的启动，因而也就没有法律推理。对案件事实的确认也就是为法律推理构建小前提，它既是法律推理的思维起点，是导出判决结论的事实根据，也是需要通过法律推理确立其法律后果的目的所在。法律推理能否成立，关键就在于构建的小前提能否成立，即取决于对案件事实的确认能否成立。[1]

（二）价值判断与司法归类

案件事实得到确认之后，虽然为法律推理的运作提供了事实前提和逻辑起点，但它并不能自动地构成法律推理的小前提。我们知道，案件事实所描述的只是事实命题，如果不对它进行法律的价值判断，就无法同法律推理的大前提发生联系，也无法将之归类属于某一具体的法律规范之下。

---

〔1〕 至于如何确认案件事实，有哪些基本方法，常见的逻辑错误等问题请参阅《法律推理中的逻辑》（雍琦等著）、《判定证据真实性的逻辑方法》、《证据相关性的逻辑研究》（张继成）等文的有关论述。

对案件事实进行价值判断就是将事实问题转化为法律问题。因为凡与法律规定无关的事实，即不为法律规范的事实都不能成为法律事实，因而也就没有资格作为法律推理的前提。所谓司法归类，就是对已确认的案件事实进行法律的价值判断，舍弃其中不具有法律含义的特征，并对其中具有法律含义的特征加以概括，使之类型化，从而使其与法律规范中被假定（预见到）的法律要件具有可比性，最后将已确认的案件事实归属到某一特定的法律构成事件中去，其本质就是以相关的法律概念的内涵为依据，将案件事实归属于某个法律的规范的中心概念的适用范围。我们以刑事诉讼证明为例，法官在确认的案件事实基础上对行为是否具有社会危害性的价值判断，使得自然行为与犯罪行为得以区分，并使事实行为转化为犯罪行为；对行为事实的客体进行价值判断，看其是否就是犯罪客体，作为行为事实的客体，只有经过价值判断，才能转化为犯罪客体；对事实因果联系进行价值判断，看其是否也是法律上的因果关系，因为作为定罪根据的只能是那些行为人已经或可能预见的因果关系才能产生法律效果。有了以上几个价值判断，也就实现了对案件事实的司法归类。因此，对案件事实进行价值判断的过程就是司法归类的过程，司法归类的过程，实质上就是寻找法律推理大前提的过程，是确定法律推理大小前提之间是否具有双重同一性的过程。

（三）裁判（审判）规范的生成

法律推理的大前提应当是法律规范命题，而不是法律条文，判决书中常常引用"××法""第××条"，只能表明法律规范的渊源，其本身并不是法律规范。在具体案件的审理过程中，法律只能从中推导其中一个或几个具体的规范判断作为法律推理的大前提，这种由一个一般性（普遍性）法律规范判断（即制定性规范）推导为另一个一般性法律规范判断（即裁判规范）的过程就是裁判规范的证成过程。

那么，从法律条文中推导出的裁判规则是否还具有合法的效力呢？能否作为法律推理的大前提呢？齐姆宾斯基认为："颁布法律和其他立法行为是以下面的暗含的假定来进行的：有关人员依照法律文化所公认的规则，在已颁布的法律文本的基础上，可适当另立法律规范，此外还假定，如果某个规范是有效的，那么，根据（有效）这个问题的公认意义，作为前一规范的推断的那些规范是有效的；因此，也就是假定法律承受者由于他们承认法律条款中所表达的规范为有效，因而必须承认该规范是有效的规范。"[1] 所以，由法律条文中推断出来的法律规范同样是有效的法律规范，而且是与案件事实相符的法律规范，它才是真正的法律推理的大前提，才能作为导出具体判决结论的法律理由。

（四）法律解释

法律解释被视为法律推理的正当性证明的一个基本环节，在法律推理中占据着非常重要的地位。这是因为，法律是具有普遍性的行为规范，它不是针对每一个人的每一个具体行为的个别指示、命令，而是指向以类为划分标准的人、行为、事物和情况的，法律在广泛社会领域的成功运作，取决于把个别的人，行为、事和情况被认定为法所作的一般分类的实例。因此，把法律推理于具体的个案，就需要解释法律。具体地说，法律具有的不周延性、不合目的性、模糊性和滞后性，决定了在法律推理过程中必须进行法律解释。法律推理中，法律解释的作用在于：

1. 可以为法律推理的大前提提供正当性的证明。如前所述，法律条文属于制定法规范（R），它不能直接地作为法律推理的大前提，而必须将它转换为裁判法规范（R′）。但裁判法规范是否同样有效，是否符合立法者的立法目的等就需要经过法律解释方法加以证明。笔者以为：如果证明了 R′ 是 R 的一个逻辑后承，即 R′ 为 R 的推导结论，R′ 为立法者的原意，那么 R′ 的有效性也就得到了证明。例如，如果立法者想以规范 R 追求实现 Z 的目标，而若对 R 不做 R′ 的解释就无法达到 Z 的目标，此时就必须接受 R′ 的解释，其论证形式是 $OZ \wedge (\rightarrow R' \rightarrow \rightarrow Z) \Rightarrow R'$，那么 R′ 就是一个有效的裁判法规范，它与 R 具有同样的法律效力。

2. 法律解释可以使法律规范命题中的不明确概念得以明确。法律规范命题是以法律概念为其构成要素的，法律概念中有些是普通概念，有些是专门概念，有些是明确的概念，而有些概念则是不明确的。对于那些不是明确的概念只有经过解释，才能使其含义明确，才能使这一法律规范的正确含义得以澄清，从而才能准确地运用这一法律概念。例如，《刑法》第246 条第 1 款 "以暴力或者其他方法公然侮辱他人或者捏造事实诽谤他人，情节严重的" 中，前一个 "他人" 此处专指 "男人"，不包括 "妇女"，因为《刑法》第237 条第 1 款的明确规定 "以暴力、胁迫或者其他方法强制猥亵妇女或者侮辱妇女的"；后一个 "他人" 则既指 "男人" 又指 "妇女"，即所有的 "自然人"。但《刑法》第 216 条 "假冒他人专利，情节

---

〔1〕［波兰］齐姆宾斯基，刘圣恩等译：《法律应用逻辑》，群众出版社 1988 年版，第 300 页。

严重的"中的"他人"则不仅包括"自然人",也还包括"法人"和"非法人组织"。

3. 法律解释可以使法律漏洞得以修复。任何法律推理都必须以法律规范作为大前提,作为评判案件事实是否合法的标准。法律是一定社会历史条件的产物,因而它或因立法者的局限性、或因事物的发展变化,总会出现这样或那样的漏洞。然而"法官不得拒绝审判"的法律原则决定了法官必须用法律解释的方法来弥补法律的漏洞,为待处案件找出一个合法有效的法律规范。我们以目的性限缩的解释方法为例,拉伦茨举了《德国民法》第181条关于禁止自己代理的规定:代理人单纯赠与物品于本人的行为,亦在该条可能文义范围涵盖之内,该条之规范目的在于避免利益冲突及保护本人。而代理人单纯赠与物品于本人,并无利益冲突,对本人并无不利,因此为贯彻规范目的,应作目的性限缩,将此案型排除在该条适用范围之外。[1] 就是以目的性限缩的解释方法对德国民法第181条关于禁止自己代理的法律漏洞进行了补充,使代理人单纯赠与物品于本人的情况排除于该法条之外。

上述这三个基本功能中,法律解释的论证功能更为突出,其他两个功能都是以不同的角度对法律规范的正当性进行了必要的证明。

案件事实的认定,价值判断与司法归类,裁判规范的证成以及法律解释构成了法律推理实质论证的基本内容,为法律推理提供了可靠的前提,避免了"预期理由"错误出现的可能性。

二、形式论证——前提与结论逻辑联系的严格证明

实质论证只解决了大小前提的适当性和真实性,但是能否由这两个前提合理有效地推导出判决,即大小前提与结论是否是有必然的逻辑联系,则必须由形式论证来解决。

一般来说,形式论证有以下两种基本的形式:

(一)简单论证模式的基本形式

① $(\forall_x)((M_x \wedge V_x) \to OP_x)$

② $M_a \wedge V_a$

③ OP_a 由①②根据三段论的规则导出

这是典型的三段论推理模式:①是大前提,表达的是对所有满足法律构成要件 M 和 V 的 x(x 是任一对象:自然人或法人),有 OP 的法律效

––––––––––––

〔1〕 梁慧星:《民法解释学》,中国政法大学出版社 1995 年版,第 276 页。

果，（P 是指某种法律效果，如判处××徒刑，恢复原状，履行合同等，O 是规范词，来自于英文 obcigation，表示应当，必须，是一种法律义务）；②是小前提，表示某一特定个体 a 为符合法律构成要件的对象 x；③是结论，是由①②二个前提导出的必然结论，它表明由于①②前提的保证，就必须将 OP 的法律效果归属于 a，a 应为自己的行为承担法律责任。这一推导过程充分体现了法律推理的形式合理性要求：对于属于某一范畴的每个事物都应当以某种特定的方式处理——法律面前人人平等的法治原则。它表明要证明 OP_a 的成立，至少必须引用一个全称命题（一个具有普遍性的法律规范命题）和一个事实命题（认定的案件事实）合乎逻辑的导出。在法律推理中，单独的法律规范命题和单纯的事实命题都无法独立地导出判决结果，判决结果必须是大小前提合取的必然结论。

简单论证模式在大陆法系被广泛地使用。其优点在于简单明了，易于为法官掌握和接受。缺点在于无法充分展示个体 a 的行为之所以符合于法律构成要件的详细理由，无法展示 Ma 与 Mx、Va 与 Vx 之间的逻辑联系（大小前提之间的同一性：法律构成要件的同一性及其价值判断的同一性），无法展示法官的司法归类过程，极易混杂入错误的观念和个人私欲，将个体 a 归属于 M 之中有失之武断之嫌。

（二）复杂论证模式

法律推理的复杂论证形式是建立在对法律构成要件的每个中心概念（或模糊概念），每个构成事件的不断追问和论证基础上的论证方式，它又分为以下两种具体形态。

1. 单极线性论证模式。[1] 其形式为：

① （∀x）（Kx→Opx）（R）（由制定法规范命题推导出来的裁判性规范命题）

② （∀x）（Kx_1→Kx）（W_1）（过渡规范，Kx_1 属于 Mx 的一个子类，是对 Kx 的第一层追问和论证）

③ （∀x）（Kx_2→Kx_1）（W_2）（过渡规范，Kx_2 又属于 Kx_1 的一个子类，Kx_2 是对 Kx 的第二层次的追问和论证）

④ （∀x）（Sx→Kx_n）（R′）（具体规范，Sx 又属于 Mn 的一个子类，Sx 是对 Kx 的第 n 层追问和论证）

⑤Sa（a 为 Kx_n 中一个个体对象，它符合于 Kx_n）

---

〔1〕 为了使公式相对简化，我们在线性论证模式中将 Mx∧Vx 用 Kx 来代替。

⑥Opa

这种层层推进，不断的解释和论证，就可以使某个法律概念或法律构成要件的含义不断得以释明，直到将某个个体对象 a 归属于 Kx 之中无人怀疑（排除了人们的合理怀疑），最后将某法律效果归属于个体对象也必然是合理的。例如："凡故意杀人罪应处有期徒刑××年（或无期徒刑或死刑），何谓故意杀人罪，故意非法剥夺他人生命的行为为故意杀人罪；何谓故意，有明确的杀人目的而且希望其行为能致使被害人死亡或对自己的行为造成被害人死亡的后果采取放任的态度，就是故意。何谓放任，行为人对于被害人的死亡结果，采取了纵容的态度，自觉容忍其发生的心理态度。"最后得出"行为人对使被害人死亡的结果采取自觉容忍其发生的行为应处××年有期徒刑"的裁判性规范命题，某个体对象 a 属于这种情形，故对他处以××年有期徒刑就是逻辑的必然。由此可见，这种论证方式充分地展示了法官的推理过程，易于为当事人理解和接受，具有极强的说服力。

2. 多极线性论证模式。审判实务中，法律推理的大前提的法律构成要件往往是必须同时具备多个要件，这一特点在刑事案件中表现的尤为突出。刑法学原理告诉我们，任何犯罪行为都必须由主体要件、客体要件、主观要件和客观要件四个部分组成，具体到一些罪名概念中，还有一些特殊要件，所以在形式证明过程中，对每个法律构成要件的证明都可能要以线性论证模式来进行，这样就形成了多极线性论证模式，其大前提的基本结构是：

$$(\forall x) \quad ((Kx_1 \wedge Kx_2 \wedge Kx_3 \cdots\cdots Kx_n) \rightarrow (OPx_1 \wedge OPx_2 \wedge OPx_3 \cdots\cdots OPx_n))$$

在这种模式中，不仅要证明 Sa 属于 Mx_1，而且还要证明 Sa 属于 $Kx_2 \cdots\cdots Kx_n$，不仅要证明为什么要对 a 处以 OPx_1，而且还要证明为什么要对 a 处以 OPx_n。

值得注意的是，法律推理与逻辑上讲的三段论虽然有明显的差异。但是，三段论的推理规则对于法律推理仍然有效，不得违反，因为合乎逻辑是法律推理具有理性特征的最低标准，除此之外，法律推理还有一些自己特有的规则：

（1）要证明判决结论的成立，至少必须引用一个普遍命题（全称命题）。

（2）判决结论必须是由至少一个普遍性规范命题和事实命题的逻辑后承。

（3）对于个体行为是否符合法律构成要件产生疑问时，必须使用一个能对此疑问作出证明的规则。

（4）必须将推理过程充分展示，直到无人质疑为止。

3. 形式论证的作用。从上述的分析论证可以看出，形式论证最大限度地利用了实质论证所提供的大小前提，并将大小前提之间的逻辑联系充分地展示出来，使得法律推理具有了合理性、真实性、逻辑性的特点，透过形式论证，我们也可以看出究竟有哪些前提必须拿到形式论证中加以证明，如果没有经过详细的形式论证，极容易将未经证明或未经充分证明的前提隐藏于内，透过内部论证过程，可以更容易发现法官在进行法律推理时所犯的错误，并对此提出批评，使法官的行为受到理性的批判和监督。形式论证极大地实现了法的稳定性，有助于法的形式正义的实现；形式论证中又利用了实质证明的成果（如价值判断，法律漏洞的补充），又能体现法的流动性，有利于法的实质正义的实现，是形式正义与实质正义的有机统一。

综合上述分析，我们以为，科学的法律推理应是形式论证与实质论证的共振。其具体模式是：

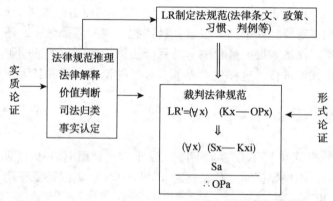

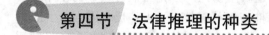

第四节　法律推理的种类

一、演绎论证模式与类比论证模式

根据法律推理采用的推理形式，可以将法律推理分为演绎论证模式与类比论证模式两类。

（一）演绎论证模式——大陆法系的法律推理模式

在以成文法典为单一法律渊源的大陆法系国家或地区，法官（院）要找到法律要求的公正合理地处理具体案件的最好途径，就在于以成文法条文为依据和准绳。因为在社会关系复杂的情况下，对具体案件的公正处理方法，首先要求它具有确定性和稳定性，由于成文法遣词严谨、概念明确、概括性强、适用面广以及援用方便等特点而被认为是清楚地表述法律规则和保持司法统一的最好手段。"判决不是根据例子而是根据法律"，这是大陆法系法律推理的一个重要原则。在这种法律传统下，其法律推理的方式就是法官审理各类案件都必须根据立法者制定的成文法规则，而不考虑先前的判例对具体案件作出裁决、判处结论。这种以成文法规则作为适用依据的法律推理方式是建立在人类的理性思维基础上的，其思维进程就是从一般到个别的认识过程。从逻辑上看，其法律推理方式就是一个"演绎论证模式"（其典型为"司法三段论"）：R（成文法法律规则）∧F（确认的待决案件事实）→D（对具体案件的裁决或判处结论）。由此可见，大陆法系的法律推理就是将成文法的规则适用于具体案件事实以获取判决的过程，它实际上就是构建并运用（以演绎法为主要甚至惟一形式的）法律推理的过程。其大前提总是成文法条文而非先前的判例，小前提肯定待决案件事实属于成文法条文所假定、预见的法律构成要件，结论则是对待决案件所适用的法律效果。

大陆法系的法律推理模式具有如下特征：

1. 立法主体与司法主体分离，能有效地避免法律推理机制的失控，而且有利于在成文法典生效范围内维护司法统一，保证法律推理的稳定性和权威性。

2. 以演绎推理模式作为适用法律的逻辑工具和手段。由于演绎推理前提与结论之间的联系是必然的，可以保证其适用结论的合法性和可靠性，而且其法律推理过程相对比较简单，便于适用主体把握和运用。但与此同时也容易导致实务中不重视法律推理技巧的运用。

3. 作为法律推理大前提的成文法条文总是概括的、抽象的和一般性的，不可能包括社会生活的各种具体情形，而作为法律推理小前提的案件事实却是各种各样的，因此，法律推理活动中不容易将法律推理的大、小前提有效地联结起来，这样由于适用主体主观因素的影响，极易出现不同法官对类似案件的适用差异较大，从而导致法律推理的不公平。

4. 由于法律推理中演绎推理的程序相对固定，过于简单和呆板，极易流于机械的操作（概念法学的一度盛行就是证明），从而使成文法的适用不能及时适应社会经济、政治的发展变化。

（二）类比论证模式——英美法系的法律推理模式

英美法系又称为普通法法系，泛指以英格兰法为基础、以判例法为主要法律渊源的国家或地区的法律制度，以区别于以成文法特别以编纂法典为特征的民法法系国家或地区的法律制度。在英美法系国家，盛行的是以判例法规则作为适用依据的法律推理方式，习惯和法院的判例过去是现在仍然是最基本的（尽管不是惟一的）法律渊源。[1] 根据判例法制度，一项判决具有特殊的意义，不仅对特定案件具有直接拘束力，而且成为后来法院处理相同或相似案件所应遵循的先例。从而每一类相似的案件判决都形成了前后相联系的链条。但联系这种链条的要素并不是判决本身，而是判决中所蕴涵的法律规则，它是先前同类判决中所蕴涵的法律规则的继续，又成为未来类似案件判决的法律依据。在这种法律制度下，其法律推理的方式就是，法官（法院）审理任何具体案件都必须遵循"先例原则"（stare decisis），运用"区别技术"（distinguishing technique），经过"识别"（distinction）证明当前案件的基本事实与先例相同或相似，则应以先例中所蕴涵的法律规则或原则对当前待决案件作出裁处结论。英美法系的法律推理方式是立足于人类经验思维基础上的，其思维进程是由个别到个别、由特殊到特殊的认识过程。从逻辑上和技术角度来说明，它就是运用类比方法所进行的法律推理。因此，这种法律推理方式总体上就是一个类比推理（或归纳——演绎推理）模式。一般来说，英美法系的法律推理都包含有下列成分：①对案件事实的裁决（即确认案件事实），可分为直接的和推论的两种。推论的事实裁决是由法官或陪审团从直接的、可感觉到的事实中得出的推论。②从先例中归纳并陈述（适用于对案件事实引起的法律争执的）法律原则或规则。③综合上述①和②作出对待决案件的裁决或判处结论。因此，英美法系法律适用中运用的法律推理，其结构为：

具有约束力的先例 Fx 具有 a、b、c……n 属性，并且适用 R 法律规则；

待决案件 Fy 也具有 a、b、c……n 属性（或者具有与之相似的 a′、b′、c′……n′属性）；

所以，Fy 案也应按照 Fx 案一样适用 R 法律规则。

上述推理的结构也可以通过另一个公式来说明：

〔1〕〔美〕埃尔曼著，贺卫方等译：《比较法律文化》，三联书店1990年版，第44页。

R 法律规则适用于 Fx 案件；

　　　　F$_y$ 案件在实质上与 Fx 案件类似；

　　　　所以，R 法律规则也应适用于 F$_y$ 案件。

英美法系的法律推理模式具有如下特征：

　　1. 司法与立法融为一体，法官在审判过程中一经形成判决同时也就完成了立法，因而可以随时应变，及时指导审判活动，以适应社会经济、政治发展的需要。而且判例比较具体，可比性强，可为法官提供一个具体感性的类比样板，以资仿效，更能防止法的精神在适用过程中的耗损和走样。

　　2. 英美法系以类比推理模式作为法律推理的模式和逻辑手段，而类比推理是以事物的同一性作为客观基础的，因此，其法律推理的优点就在于平等、可预见性、经济和尊敬四个方面。平等是指相同案件进行同样处理，以体现司法的一致性；可预见性是指通过一贯遵循先例的制度，人们可以预知未来的纠纷及其处理结果；经济是指使用既定标准解决新出现的案件可以节省时间和精力；尊敬是指对先前法官的智慧和审判经验的尊重。

　　3. 英美法系的法律推理是通过"区别技术"和类比推理模式来完成的。"区别技术"中的"区别"是指当前待决案件与先前判例之间的比较和"识别"，从比较、"识别"中寻找法律推理依据和判决理由，它本身也是一种法律推理。其推理过程也是从个别（先前判例）到个别（待决案件）的推理。这样的推理，从逻辑上看，其前提与结论之间的联系不具有逻辑必然性。况且，由于"吾人之推理，每每受非合理感情或情绪之作用，是以即使有类似案件存在，亦未必有同一法律之适用。"[1] 因此，英美法系的法律推理方式又极易形成法官根据各自的评价标准和情感因素，在浩繁庞杂的先例中援用自己认为可资仿效的判例（尤其是当法官的政治、业务素质和推理能力欠缺时），这样往往会造成法律推理中的偏差，导致司法专横甚至"无法司法"，不利于司法统一。两大法系不同的法律推理方式各有其长处和缺陷。随着时间的推移，两大法系已日益呈融合、渗透之势。现今，在一些普通法系国家也有成文法典，而在 些大陆法系国家也存在一种虽不是法律上的，却是事实上的判例法。因此，许多国家或地区都在立足于其原有法律传统的同时，注意吸收其他法律传统的长处

――――――――――

　　〔1〕　蔡墩铭：《审判心理学》，台湾水牛出版社 1980 年版，第 701 页。

来弥补自身的不足与缺陷。

二、形式法律推理与实质法律推理

对于法律推理，不同学者按照不同标准可以进行不同的分类。事实上，在不同国家或地区甚至在同一国家或地区的不同时期也在运用着不同类型的法律推理。

必须说明的是，前面所说的形式论证和实质论证与这里所说的形式法律推理与实质法律推理并无重复之处。我们认为，不论是形式法律推理还是实质法律推理都由形式论证和实质论证有机构成。因为，不论是形式法律推理还是实质法律推理，都必须既要解决大、小前提的真实性、合理性问题，又要解决大、小前提与结论之间的逻辑联系问题。只不过，形式法律推理有可供直接援用的法律规范，大、小前提之间的双重同一性比较明显，实质论证的任务轻一些，判决结论比较确定；而实质法律推理中，没有可供直接援用的法律规范，大、小前提之间的双重同一性不那么明显，实质论证的任务重一些，判决结论可能因法官的不同、审级的不同而不同。

（一）形式法律推理

1. 形式法律推理的概念。所谓形式法律推理，就是在法律推理过程中，根据确认的案件事实，直接援用相关的法律条款，并严格按照确定的法律条款的命题结构形式所进行的推理。主要表现为根据一般性（普遍性）法律规范命题，推导出具体案件裁决、判处结论的思维活动过程，是一种演绎推理模式。

在我国这样一个以成文法为主要甚至惟一法律渊源的制定法国家，形式法律推理是适用法律的最基本的、最常用的推理。而且从逻辑的角度可以充分给以形式化的研究和刻画的法律推理，严格来说也只能是这种推理。

2. 形式法律推理的类型和结构。司法审判活动中，司法人员必须依据有关法律对待处案件的性质作出判断，并且在此基础之上进行司法裁量。对案件性质作出判断的过程进行的就是定性推理，对具有某一特定性质的法律事实作出责任裁量的过程进行的就是裁量推理。由于篇幅所限，我们仅以刑事法律推理为例，对形式法律推理作以简要介绍。在刑事法律推理中，定性推理表现为定罪推理，责任裁量推理表现为量刑推理。

（1）定罪推理，就是以罪名概念的定义作大前提，对照被告人的行为事实，得出定性结论的法律推理。定罪推理的过程，也就是确认被告人的行为是否属于被禁止的某类行为的过程，亦即司法归类的过程。由于司法归类活动不是随意进行的，它是以一般性的"规定"作依据，并联结具体的行为而展开的思维活动。其结论的得出，不仅表现为"……所以……"这样的推导关系，而且表现为由一般推论特殊的关系，因此，定罪推理也属于一种演绎性质的推理。

第一，析取式定罪推理。所谓析取式定罪推理，就是根据罪名概念定义中各种差项之间的选择关系构建的推理。

由于析取式罪名概念的定义结构，其性质组中的各个构成成分，反映的是同一类犯罪行为中不同类型犯罪行为分别具有的性质，各种差项之间具有选择关系。因此，当我们依据析取式罪名概念定义性质组中的这种关系进行定罪推理时，只要确认的案件事实符合其中任一析取项反映的性质，即可得出肯定性结论；只有当确认的案件事实与各个析取项都不符合时，才可得出否定性结论。

析取式定罪推理的肯定形式与否定形式，我们不妨采用直观的方法，用公式给以刻画。仍以"LA"表示法定的罪名概念；"B"表示该罪名概念的属概念，泛指"行为"；"F"表示被确认的案件事实。另外，以"T_a"、"T_b"……"T_n"表示定义项中的各个种差项，即"LA"内涵方面的构成性质。这样，根据罪名概念析取式的定义结构，析取式定罪推理的肯定形式，可用公式刻画为：

R：　LA = 具有性质（$T_a \vee T_b \vee \cdots\cdots \vee T_n$）的 B；

F：　F 是具有性质（T_i）的 B（i = a, b, ……n）；

D：　所以，F 属于 LA。

例如，被告人兰××与有夫之妇陈××长期勾搭成奸，后二人以夫妻身份公开同居达 1 年多。某一审法院依照 1979 年《刑法》第 180 条（现为第 258 条）对兰、陈二人以重婚罪定罪量刑。一审宣判后，兰××以"本人从来没有结过婚，也没有配偶，不构成重婚罪"为由提起上诉。二审法院经审理认为：

一审定性准确、量刑恰当，审判程序合法。以重婚罪判处兰××有期徒刑 2 年，陈××有期徒刑 1 年，是正确的，应予维持，上诉人兰××以自己从未结过婚否认自己构成重婚罪的理由不能成立。按照我国《刑法》的规定，重婚罪表现为有配偶而与他人结婚，或者明知对方有配偶而与之结婚。这说明，重婚罪的主体包括两部分人：其一是有配偶的人在夫妻关系存续期间又与他人成立婚姻关系；其二是无配偶的人明知他人有配偶而与之结婚，并不是自己没有配偶的人就不能构成重婚罪。上诉人认为自己从未结过婚，也没有配偶，作为不能构成重婚罪的理由，显然不能成立。虽然上诉人与陈××没有正式登记结婚，但是，二人长期以夫妻关系共同生活，已经形成事实上的夫妻关系，破坏了他人的合法婚姻关系，构成重婚罪。

上述论证，整理出来，就是下述这样一个定罪推理：

R：　重婚罪是指有配偶的人在夫妻关系存续期间又与他人结婚；或者无配偶的人明知他人有配偶而与之结婚或与他人形成事实上的夫妻关系的犯罪行为；

F：　上诉人兰××明知陈××有配偶并与之长期以夫妻关系共同生活，已形成事实上的夫妻关系；

D：　所以，上诉人兰××的行为属于重婚罪的犯罪行为。

毫无疑问，只要这里所依据的罪名概念定义无可争议，对案件事实的确认也无异议，则上述结论就无可辩驳，具有正当性、合法性和可接受性。

析取式定罪推理的否定形式，可用公式刻画为：

R：　$LA = $ 具有性质（$T_a \vee T_b \vee \cdots\cdots \vee T_n$）的 B；

F：　F 是具有性质（$\sim T_a \wedge \sim T_b \wedge \cdots\cdots \wedge \sim T_n$）的 B；

D：　所以，F 不属于 LA。

析取式定罪推理的否定形式，主要用于对某种定性结论的反驳。从以上公式可以看出，反驳要能成立，必须确认被告人的行为与各个种差项反映的性质相反或不相容。换句话说，就是要确认被告人的行为不具有各个种差项反映的性质。下面这一反驳，就成功地运用了析取式定罪推理的否定形式：

被告人杨××13 岁开始小偷小摸，15 岁时因经常扒窃，被送劳动教养 3 年。期满释放后又继续盗窃，被当场抓获。检察院以惯窃罪起诉（本案发生于 20 世纪 80 年代初。1979 年《刑法》第 152 条规定有"惯窃罪"。现行《刑法》中，"惯窃"不再是一个独立罪名，也未规定为加重处罚的盗窃行为，但规定了"多次盗窃"作为定罪的一个重要依据）。辩护人不同意这一认定，并在法庭上反驳指出（为分析方便，将该反驳整理为下述推理式）：

> R：　惯窃罪是以盗窃为常业或以盗窃为主要生活来源而构成的犯罪行为；
>
> F：　被告杨××是待业青年，生活主要依靠父母供养，既不以盗窃为常业，也不以盗窃为主要生活来源；
> _____
> D：　所以，被告杨××不构成惯窃罪。

在本案的法庭论辩中，如果公诉人不能驳倒辩护人所依据的定义，不能否认辩护人确认的案件事实，无疑就得承认辩护人的否定性结论。

第二，合取式定罪推理。所谓合取式定罪推理，就是根据罪名概念定义中各种差项之间的合取关系构建的推理。

罪名概念的合取式结构，揭示了被定义罪名概念指称的对象共同具有的若干项特征。反映这些特征的各个种差项，合取而成一个性质组，因此，依据种差项之间的这种关系认定对象时，小前提必须确认被告人的行为完全具有这些特征，才可得出肯定性结论；只要确认了被告人的行为特征与定义项中的任一合取项反映的特征不符合，即可得出否定性结论。

根据罪名概念合取式的定义结构，合取式定罪推理的形式可用公式刻画为：

> R：　$LA = $ 具有性质 $(T_a \wedge T_b \wedge \cdots\cdots \wedge T_n)$ 的 B；
>
> F：　F 是具有性质 $(T_a \wedge T_b \wedge \cdots\cdots \wedge T_n)$ 的 B；
> _____
> D：　所以，F 属于 LA。

合取式定罪推理的运用过程，一般表现为分别对照的论证形式。

由于罪名概念的定义，是以犯罪构成要件为基础来揭示的，因此，其定义项中包含的种差项，往往不是单一的，通常都表现为多项特征组合而成的性质组。尽管种差项之间也有析取的关系，但各析取项一般也要同另外一些种差项构成合取关系。所以，在认定某人的行为已构成某种犯罪的时候，几乎都要用到合取式定罪推理的肯定形式。

根据罪名概念合取式定义结构表明的各种差项之间的关系，合取式定罪推理的否定形式，可用公式刻画为：

> R：　$LA = $ 具有性质 $(T_a \wedge T_b \wedge \cdots\cdots \wedge T_n)$ 的 B；
>
> F：　F 是具有性质 $(\sim T_a \vee \sim T_b \vee \cdots\cdots \vee \sim T_n)$ 的 B；
> _____
> D：　所以，F 不属于 LA。

该公式表明，由于"LA"定义项中的构成成分（即包含的各种差项"T_a，T_b，……T_n"）缺一不可，因此，只要确认了被告人的行为特征，与定义项中任一种差项"（T_i）"（$i=a$，b，……n）反映的特征不合（与其相反或不相容），即可得出否定性结论；至于种差项反映的其余那些性质，即使不予否定，也不影响否定性结论的成立。正因如此，在法庭论辩中若要反驳某个定性结论，就应注意集中力量证明与某个种差项，即"（T_i）"（$i=a$，b，……n）不符合的那一特征，不要把反驳面拉得太宽而分散了注意力。只有这样，才能使反驳更加准确、有力。

　　例如，某借款合同纠纷案，一审宣判后，被告之一的某村村委会不服，以"本案系经济犯罪案件，傅建忠构成诈骗罪"为由提起上诉。二审法院否定"傅建忠构成诈骗罪"时，就运用了合取式定罪推理的否定形式。该案经二审法院审理认为：

　　原审被告傅建忠在经营盂县交口汽车维修部期间，采用欺诈手段，隐瞒事实真相，骗取原告信任，从原告处贷款59 500元。这一系列活动系违法欺诈行为，属无效民事行为。根据本案事实，傅建忠不构成诈骗罪。我国刑法规定的诈骗罪是指以非法占有为目的，用虚构事实或隐瞒真相的方法，骗取数额较大的公私财物的行为。在这一犯罪构成要件中，傅建忠在主体、客体及客观方面的要件虽已存在，但在主观方面只有故意，并没有非法占有的目的，傅建忠从原告处贷的款大都用于该汽车维修部的正常经营中，只是因该汽车维修部经营管理不善而无力偿还，而且傅建忠现在也认账，并打算归还，所以，本案纠纷应以经济纠纷案件处理……

　　该二审法院在反驳"傅建忠构成诈骗罪"时，所运用的上述推理可整理如下：

R：　诈骗罪（LA）是指以非法占有为目的（T_a）、用虚构的事实或者隐瞒真相的方法（T_b）、骗取数额较大的公私财物的（T_c）犯罪行为（B）；

F：　被告傅建忠采用欺骗手段，隐瞒事实真相（T_b）、骗取原告贷款59 500元（T_c），但并没有非法占有的目的（$\sim T_a$）；
_____

D：　所以，被告傅建忠的行为不属于诈骗罪。

　　上述推理如用公式刻画，即为：

R：　　　LA = 具有性质（$T_a \wedge T_b \wedge T_c$）的 B；

F：　　　F 是具有性质（$\sim T_a \wedge T_b \wedge T_c$）的 B；

D：　　　所以，F 不属于 LA。

显然，上述二审法院的否定性结论"傅建忠不构成诈骗罪"是无可辩驳的，具有充分的论证力和说明力。

（2）量刑推理，就是在定罪推理结论的基础上，援用刑法相关条款得出判处结论的推理。

定罪的过程，是着重考察被告人的行为事实是否与某个罪名概念定义揭示的特征符合，能否归入某项刑法条款适用范围的过程；运用的难度主要表现在对案件事实确认的方面。而量刑的过程，则是在确认被告人确已构成犯罪并且已确定适用的刑法条款规定的范围内，全面考察犯罪人的行为事实、后果，决定给以何种制裁处理的过程。在这一过程中，虽然法官在法律规定的量刑幅度或制裁方式范围内，作出选择是必须的，而具体选择哪种处理方式，则必然要涉及法官自由裁量权的行使和运用。其实，这种"自由裁量权"的背后，却隐藏了复杂的可左右我们选择的因素。运用的难度，就表现在对这种"自由裁量权"的行使上。

运用量刑推理时，法官在已确定适用的刑法条款规定的量刑幅度内，无论作出何种选择，都应当有充足理由证明为什么选择这种而不选择那种，都得说明选择某种处理方式的合理性和正当理由。显然，要做到这点并不容易。这就要求法官在作出选择时，不仅必须充分考虑选择的法律依据，还得把握影响选择的案件事实的有关情节、后果等等因素。

在运用量刑推理的过程中，判处结论究竟应选择哪种处理方式，虽然也会涉及一些逻辑问题，比如，依据的是"偏重"的选择理由，而结论却是"偏轻"的处理方式；或者，情形与此相反，等等。在逻辑上，这无疑是不合理的。但是，在选择过程中所要涉及的问题，不仅要涉及形式法律推理方面的问题，更要涉及实质法律推理方面的问题。

量刑推理的结构。众所周知，量刑推理的运用过程，是确定对犯罪人如何"绳之以法"的过程，因此，运用量刑推理时不仅必须明确援引刑法的有关条款作大前提，而且，确认的案件事实必须能够与援引的法律条款联结。否则，得出的任何处理结论就都不具有合法性。既然量刑推理的大前提是刑法条文，而刑法条文又总的表现为假言命题的结构形式（暂时撇开其规范模态词），这就使得量刑推理不仅表现为假言推理，而且表现为实际上的肯定前件式。因此，量刑推理的最简单形式就是：

[刑法条文]　　　　　　　　如果 p，那么 q

[定罪结论和量刑参考因素]　　　　p

[判处结论]　　　　　　　　所以，q

　　作为量刑推理大前提的假言命题，其前件"p"表示某种犯罪行为的"罪状"部分，后件"q"表示对某种犯罪应判处的"法定刑"部分。如果仔细地分析其内部结构，可知表述"罪状"部分的前件"p"和表述"法定刑"部分的后件"q"本身又往往表现为复合命题的结构。

　　量刑推理大前提中的前件"p"，其主要部分是表述某一犯罪的犯罪行为（仍用"LA"表示），而且还包括量刑参考因素，即刑法学中所说的"量刑情节"。量刑情节是对量刑轻重有影响的因素，不仅是在法定刑范围内决定宣告刑和变更法定刑的根据，而且还赋予了法官的自由裁量权，在量刑中具有举足轻重的地位。"量刑情节"中，有"法定量刑情节"（以"W"表示）和"酌定量刑情节"（以"X"表示）。法定量刑情节是指刑法明文规定的、决定对犯罪人处刑轻重的各种情节，如法定从重处罚、从轻处罚、减轻处罚和免除处罚等情节；而酌定量刑情节则是指法律虽无明文的确切规定，但对量刑轻重有一定意义的，而由法官灵活掌握的情节。这样，作为量刑推理大前提中的前件"p"，实际上，就应是如下这样一个复合命题结构形式，用逻辑公式表示即为：

$$p = (LA \wedge (W \vee X))$$

　　在实际运用程中，其中的"W"还可能有 W_a，W_b，……W_n 等若干情节；"X"也可能有 X_a，X_b，……X_n 等若干情节。

　　量刑推理大前提"如果 p，那么 q"中的后件"q"所表示的法定刑部分，又涉及刑法条文中关于刑种和量刑幅度的具体规定。我国刑法中的刑种，分为"主刑"（用"Z"表示）和"附加刑"（用"S"表示）。主刑包括管制、拘役、有期徒刑、无期徒刑和死刑五种（可依次用"Z_a"、"Z_b"、"Z_c" "Z_d" 和"Z_e"来表示）；附加刑有罚金、剥夺政治权利和没收财产三种（可依次用"S_a"、"S_b"和"S_c"表示）。作为主刑的各刑种只能独立适用，也就是说，对某一种犯罪只能判处一种主刑，不能同时判处两种或两种以上的主刑。而作为附加刑的各个刑种，既可以独立适用，也可以作主刑的附加刑适用，而且，对某一种犯罪判处附加刑也可以不止一种。这样作为量刑推理大前提的后件"q"，至少应该是这样一个复合命题结构形式，用逻辑公式表示即为：

$$q = (Z \vee S)$$

　　如果考虑到主刑和附加刑中不同刑种的区别，则应为：

$$q = ((Z_a \lor Z_b \lor Z_c \lor Z_d \lor Z_e) \lor (S_a \lor S_b \lor S_c))$$

事实上，若考虑到不同刑种的量刑幅度，则上述公式将更加复杂。如作为主刑的"有期徒刑"（Zc）的幅度为"6个月以上15年以下"，考虑数罪并罚时，则为"6个月以上20年以下"（Z_{c+1}，Z_{c+2}，Z_{c+3}，……Z_{c+n}）。

综上所述，量刑推理的总体结构形式，如用逻辑公式表示则应为：

[大前提]　　　$(LA \land (W \lor X) \rightarrow (Z \lor S))$

[小前提]　　　$(LA \land (W \lor X))$

[结　论]　　　$\therefore (Z \lor S)$

由上可以看出，某个判处结论是否能必然得出，取决于定罪结论和量刑参考因素能否起到实际上肯定前件的作用。因此，在研究量刑推理的具体结构时，既要考察大前提的刑法条文结构，也要考察小前提中的各种量刑参考因素。前者是决定量刑推理结论是否具有合法性的依据，而后者则是决定量刑推理结论是否轻重适当、合理，即是否达到罪刑相适应的依据。

在构建具体的量刑推理时，如果小前提确认的案件事实不能与《刑法》条文中表述罪状部分的前件相联结，没有符合援用的《刑法》条文命题结构的要求，就不能真正起到肯定前件的作用，就会使量刑推理结论不具有合法性，这是运用量刑推理时最容易犯的一种错误；如果小前提确认的案件事实没有合理、适当地考虑各种法定或酌定的量刑参考因素，在法定刑的量刑幅度内具体选择某种处理方式，即决定宣告刑时，所获得的结论就可能不合乎法律规定的法定刑，甚至违背罪刑法定原则，导致量刑畸轻畸重或偏轻偏重的错误，从而出现量刑偏差。

3. 形式法律推理的特点。形式法律推理的基本特点在于，依据同样的前提就应得出相同的结论。比如，根据同样的犯罪事实、同样的符合法律规范的假定条件情况，就应适用同样的法律规范，援用相同的法律条款，并得出相同的裁决、判处结论。在运用形式法律推理适用法律的过程中，不掺杂或介入其他非法律因素，不因人而异地实行"区别对待"（discrimination）。因此，严格而又准确地运用形式法律推理，就既可以充分体现"法律面前人人平等"和"依法审判"的原则，也可以保证法律的确定性、稳定性和可预见性，有利于维护司法的统一和一致，这无疑是达到法治（尤其是形式法治）所必需的。

（二）实质法律推理

1. 实质法律推理的概念。所谓实质法律推理，就是在法律推理过程中，于某些特定场合，根据对法律或案件事实本身实质内容的分析、评价，以一定的价值理由为依据而进行的适用法律的推理。

2. 需要实质法律推理的特定场合。这里所说的"特定的场合"是指如下几种情况：法律没有明文规定，出现法律漏洞，或者法律虽有规定，但法律规定本身过于抽象和概括，含糊不清；或者法律规定本身互相交叉或互相冲突；或者依法律规定运用形式法律推理适用法律则明显违背法律精神或立法者的真实意图；由于法律的概括性与稳定性而使某些法律规定具有的不可避免的僵化性和保守性等等情形。上述情况下就需要进行实质法律推理。

3. 实质法律推理的基本形式。上述定义中所说的"一定的价值理由"就是实质法律推理的主要依据。实质法律推理由于其依据不同，一般有以下几种形式：

（1）依据法律原则的实质法律推理。法律基本原则是基本法律规则的来源和基础，是整个法律规则的基础，具有不可动摇的根本地位。如我国民法中的公平、平等自愿、等价有偿、诚实信用等基本原则；刑事法律中的罪刑法定、罪无明文不罚、无罪推定等基本原则。在法律适用、尤其是民事、经济法律适用中，当法律没有规定或法律规定的含义不明时，为了达到具体个案的妥当、合理的处理，就必须根据法律基本原则进行实质法律推理。

　　例如，在一起经济合同纠纷案件中，A公司于1994年1月28日与B公司签订一份农副产品购销合同。合同约定：B公司供给A公司棉粕2000吨，并于3月20日前全部入C商业储运仓库。合同订立后，B公司想加价自销，故以各种其他理由先后两次向A公司明确表示拒绝履行合同。A公司于3月3日向法院申请诉前调解和诉前保全。由于B公司仍拒绝履约，调解未果。合同履行期届至后，3月22日A公司向法院起诉，请求法院判令B公司承担违约责任，偿付违约金。一审法院认定B公司违约，应承担民事责任；二审法院认定B公司不构成违约，对一审予以改判。A公司不服，提请再审。再审法院认定：B公司在合同约定的履行期届至前明确表示不再履行合同，构成先期违约。

但是，我国经济合同法仅对合同履行期后的现实违约（亦即实际违约）的法律后果作了具体规定，而对履行期到来前的先期违约行为所产生的后果缺乏相应的规定，根据我国《民法通则》第4条关于民事活动应当遵循"诚实信用"原则的规定，当事人双方订立合同后理应信守合同约定，按合同履行义务，B公司在合同履行期到来之前无正当理由先期违约，给A公司造成了经济损失，直接破坏了当事人之间的合同关系，侵犯了A公司对合同利益的期待权，损害了A公司的利益，也违背了"诚实信用"原则。因此，B公司理应承担其先前违约的法律责任，故判决B公司偿付A公司违约金。该案的再审判决就运用了实质法律推理。因为对于"先期违约"的法律事实，现有法律中没有相应的法律条文（即存在法律漏洞）可供援用以作为大前提而进行形式法律推理，而是根据"诚实信用"这一民法基本原则，对B公司先期违约行为的实质内容进行判断，运用实质法律推理导出裁判结论，即判令B公司承担先期违约的责任。因此，再审法院的裁判结论，无疑是合理的、恰当的，也是合法的，具有可接受性。

（2）依据国家政策进行的实质法律推理。坚持"依法审判"和"以法律为准绳"的司法原则，是法律适用过程中构建形式法律推理的基本原则，也是现代法治国家的基本原则。但在法律适用过程中，我们经常会遇到法律规定模糊不明或者根本没有规定的情形。在这种情况下，就可以根据公共政策构建实质法律推理来对待个案从而作出妥当的处理。所谓公共政策，是指政府或执政党为管理国家和社会公共事务而设定的一般性的具有指导意义的行为准则和目标。政策包括两类，一为执政党的政策，即党的政策；一为行政机关、立法机关和司法机关的政策，即国家政策。依博登海默的看法，作为法律推理凭据的政策"主要是指尚未纳入法律中的政府政策和惯例"。国内也有学者认为，法律推理中"作为补充渊源的政策，只包括国家机关的政策，而不包括党的政策"。我国《民法通则》第6条规定："民事活动必须遵守法律，法律没有规定的，应当遵守国家政策。"这一规定确立了一条适用法律、政策的原则，即"法律优先于政策适用，用政策来补充法律漏洞"的原则。新中国建立以来，公共政策尤其是执政党的政策始终对司法活动发挥着重要的导向作用，在个别时期，司法机关甚至主要按照执政党的政策在处理案件。近年来，我国提出了"依法治国"的口号，强调应该把法律当作治国的基本方略，这就要求减少公共政策对司法的冲击，但无可置疑的是，公共政策在我国未来的法制化进程中仍将发挥着不可低估的作用。

例如，在一起借款合同纠纷案中，法院冻结了被告6套生产和生活用房的处分权，但不冻结这些房屋的使用权，允许被告继续生产以清偿债务。这种做法，被法院称为"放水养鱼"，使得司法判决更妥当地适应社会生活的需要。"从取得最佳社会效果和有利于发展社会生产力出发"，"采取'给出路'政策"或者

"坚持维护社会稳定"，都是法院在作出司法决定时的政策考虑。

（3）依据立法精神与目的进行的法律推理。例如，1979年《刑法》第181条规定，明知是现役军人的配偶而与之同居或结婚的构成破坏军婚罪。被告与一军人配偶长期通奸并造成该军人夫妻感情破裂。从条文的字面意思来看，由于被告并没有与军人的配偶同居或结婚，被告的行为并没有构成破坏军婚罪。但最高人民法院从立法精神出发，认为这条规定的目的就是保护军婚，而被告的行为实质上已经破坏了军婚，所以应当依据此条规定对被告进行处罚。

（4）依据国际通行做法或行业规范进行的实质法律推理。在当今世界各国，习惯以及行业规范在法律适用中仍然是有拘束力的渊源之一，只是它们的效力及拘束力程度各不相同。"由惯例而生之准则，虽无法律订定之明文，而社会大众心目中各存一共信之念。承认其有法律之效力者也。"因此，当出现法律漏洞，或者法律规定模糊时，法律适用者往往利用习惯以及行业规范而进行实质法律推理。《瑞士民法典》第1条规定："本法法律已有规定者，概适用法律；本法律未规定者，审判官依习惯法；无习惯法者，依自居于立法者地位时，所应行制定之法规，裁判之。"我国台湾地区现行"民法"第1条规定："民事，法律所未规定者，依习惯。无习惯者，依法理。"第2条规定："民事所适用之习惯，以不背于公共秩序或善良风俗者为限。"我国的《民法通则》及相关法律虽未明确规定法律适用中可以适用习惯和行业规范来处理待决案件，但在我国的审判实务中，并不乏这样的判例。

例如，在"金贞淑、金雪薇侮辱金明锦、朴杏梅案"中，原告（自诉人）与被告均系朝鲜族人。两被告强行剪去两原告的大部分头发，而"朝鲜族有个习惯，女人被剪去头发，证明她与其他男人有不正当的性关系，是不正经的女人。"以此对二原告进行侮辱。法院经审理认为：被告人金贞淑、金雪薇目无国法，剪掉二自诉人的大部分头发，对二自诉人进行侮辱，使二人不能像正常人一样工作并参与社会活动，情节严重，已构成侮辱罪。

（5）依据法理进行的实质法律推理。杨仁寿认为："所谓法理，乃指法律之原理而言，亦即自法律根本精神演绎而得之法律一般的原则。""法理乃自法律规定的根本精神演绎而出，在法条中虽未揭示演绎而得之法律一般的原则，惟经学说判例的长期经营，却已渐为人所熟知。"法理和学说在完善和发展法制方面的必要性和意义，为世所公认。但现代各国大都不承认法理和学说是正式法律渊源，不能作为法律适用中构建形式法律推理的大前提——法律依据。不过，法理和学说对实质法律推理仍然具有重要意义。

　　在我国审判实务中根据法理和学说进行实质法律推理的实例也并不少见。在民事、经济案件的审理中，当法律没有规定或规定过于原则、概括而含义不明时，或者适用现有法律规定将导致不合理结果时，也可以运用法理或学说进行实质法律推理。如根据关于情势变更原则的法理进行实质法律推理，在民事、经济案件的审理中就被广泛地运用。根据民法理论，在履行经济合同中出现情势变更时，为了公平、合理地处理当前案件，就应运用情势变更原则进行实质法律推理。所谓情势变更原则，是指民事法律行为（主要指合同行为）成立后，由于当事人虽无过错，但不能预见、不可避免、不能克服的外因致该民事行为的客观基础——情势发生了当初无法预料的剧变，而依民事法律行为原有效力显失公平，又无法律特别规定解决办法的，当事人有权请求法院或仲裁机关予以变更或撤销原民事法律行为的原则。例如，"长春市对外经济贸易公司诉长春市朝阳房地产开发公司购销房屋因情势变更而引起的价款纠纷案"中，二审法院就根据情势变更原则的法理进行了实质法律推理：

　　　　原告与被告于 1992 年 6 月 15 日签订房屋购销合同一份，原告向被告购买其正在建造中的房屋一座，总售价 399 万元。合同签订后，由于市场建材价格大幅度上涨，同年 8 月和 11 月，长春市建委、建设银行联合发布文件，规定自 1992 年 1 月份起，建设工程结算以原合同定价的 50% ~70% 计取上涨价差。被告据此自行在原价 399 万的基础上上调 99 万元，原告提起诉讼，一审法院主张维持原合同效力，判决被告偿付违约金。二审法院经审理认为：建材大幅度涨价，从而使房屋成本提高，这对双方当事人来说，无疑是一种无法防止的外因，它使作为原合同基础的客观情况发生了非当初所能预见的根本变化，如按原合同履行显失公平，故应允许被告变更协议价格。据此判决原告给付被告房屋调价款。

　　本案二审中，就根据情势变更原则的法理进行了实质法律推理。因为我国《民法通则》没有明确规定情势变更原则的条款。但由丁作为本案合同的基础——情势，因非当事人的过错而发生了变化，如仍按原合同履行，则违反《民法通则》规定的公平原则，显失公平。因此，主要依情势变更原则的法理作出了公正、合理的处理，其裁判结论具有可接受性。

　　（6）依据最相类似的法律条文进行的实质法律推理。法律适用中，当处理法律没有规定的具体个案时，通常的方法就是根据最相类似的法律条文进行法律推理，亦即按类推适用来处理。所谓类推适用，就是指对于法无明文规定的待处理案件，比附援引与其性质最相类似的现有法律规定以为处理。类推适用的理论依据是"等者等之"，即"相同之案件应为相同之处理"的法理。

例如，"付文仙诉皈山乡卫生院损害赔偿案"中，原告因牙痛去被告处诊治，该院医生付允详检查（未询问过敏史，也未作皮试）后，即对原告进行下齿槽神经麻醉，注射普鲁卡因肾上腺素。注射后不久，原告即出现过敏反应，随后休克昏迷，并引发神经官能症，先后两次住院治疗 100 天，花去住院费、医药费等共 3442.25 元。原告诉诸法院判令被告赔偿损失。一审法院判决支持原告的诉讼请求。被告以"本案不属于医疗事故"等理由上诉。二审法院经审理认为：

"付允详医生给被上诉人造成的损害后果由于未达到死亡、残废或功能障碍的程度，因而不属于《医疗事故处理办法》第 3 条所称的'医疗事故'，而仅属医疗差错。对医疗差错单位是否应承担责任，现法无明文规定。但从侵权民事责任的构成要件上来看，本案的上诉人具备了应承担责任的所有要件：其医务人员有违法行为，即违反医疗规章制度的不作为行为；有给他人造成损害的事实；损害事实与违法行为之间有因果关系；行为人主观上有过错。所以，尽管不构成医疗事故，本案的上诉人也应承担民事责任。……"

本案中，就运用了类推适用，将"医疗差错"归属于《民法通则》规定的侵权损害赔偿，从而对本案作出了正确的处理。

应该指出的是，可称之为实质法律推理的形式或方法，绝不止上述几种，如本书未曾涉及的根据目的性扩张或目的性限缩进行的法律推理等也应纳入实质法律推理的范畴。而且，上述的分类也极不严格，只具有相对性，它们彼此之间是可以相容的，而且，在法律适用过程中这些方法也是可以并用的。

4. 实质法律推理的特征。实质法律推理并不像形式法律推理那样是从确认的案件事实和明确而完备的法律规定出发，凭借演绎推理模式就可以逻辑地导出其裁判结论的；而是根据一系列"法律内"或"法律外"的因素结合案件事实进行实质内容上的价值判断。它并不是传统逻辑意义上的逻辑推理，而是一种更高层次的推理；它并不是指思维形式是否正确，而是关系到这种思维的实质内容如何确定的问题。也就是说，实质法律推理主要涉及对法律规定和案件事实本身实质内容的评价和价值判断。因此，对这种推理来说，并不存在某种普遍的逻辑模式或形式结构；它本身也并不受传统形式逻辑规则的约束。从这种意义上说，实质法律推理是不符合形式逻辑的，不能而且也不可能采用传统形式逻辑的方法对其进行纯形式方面的刻画和研究。但这并不等于说，实质法律推理可以是不合逻辑的——即可以不符合人类理性的要求。实质法律推理，它自身有一种逻辑，这种逻辑是建立在理性思考的基础上的，这就使它同武断的判断完全区别开来；这种逻辑的首要特征就在于它是实质性的，而不是形式上的。

正因为实质法律推理具有"不是形式上的，而是实质性的"特征，就决定了它的第二个重要特征——实质法律推理的结论不具有"无可争议性或自明性"，而只具有某种程度的妥当性和合理性。也就是说，实质法律推理的结论，不具有逻辑上的必然性，而只具有某种程度的说服力和可接受性。而所谓的可接受性则体现为法律裁判结果应当与大多数人的价值观念相一致。

实质法律推理的第三个特征是，实质法律推理的结论缺乏确定性和可预见性。

法律推理结论的确定性就在于法律推理的合理和有效。法律推理的确定性既是法治的理想之一，也是权利保障的必然要求。法律存在的根本价值之一便是它从心理上来满足人类对稳定性和确定性的需求，使人类的社会关系处于井然有序的状态。这里秩序本身便成为正义的一部分。正是由于这种需求，人类才设计出种种制度来保证法律的一致适用，保证它同样地对待同等的人，最大限度地排除人的非理性因素的影响。而法律推理结论的可预见性则意味着裁判结果能为人们预先所判断，人们完全可以依据法律和遵循理性的思维方式预见法律适用者的裁判结果，并据此安排自己的法律行为；而对法律适用者来说，可预见性则要求他们的行为避免主观任意性，避免非理性的行为模式。然而，在进行实质法律推理的各种场合，"或者是大前提含糊不明，或者是缺乏大前提，或者是有几个大前提，或者是原有大前提不合适，必须明确或另找一个大前提，这种思维活动就是实质推理，即根据一定的价值观来作出判断。"由于运用实质法律推理时，要明确或另找一个大前提，而这样的方法主要是借助于各种"法律外的"因素（如法律基本原则、公共政策、习惯、法理、学说等等）来完成的。而不同的法院及其法官，不同时期的政策、习惯、学说，不同的社会背景等等因素，往往使得极为相似的案件，得不到相同的处理，从而导致法律推理的结论缺乏一种确定性和预见性，这不仅会使人们无所适从，也是对"法律面前人人平等"的原则和国家统一法制的一种破坏。

特别要强调的是，把法律推理分为实质法律推理和形式法律推理，只是为了研究和论述的方便，并不意味着这两种推理之间是互相排斥、水火不容的。事实上，在法律推理过程的推理活动中，这两种推理经常是交叉使用、互相渗透、互相补充、密不可分的。只不过在不同法律制度和法律传统的国家（或地区），或者在同一国家（或地区）的不同时期、不同的法律推理领域（刑事、民事或行政法律推理）里，对形式法律推理和实质法律推理的运用有所偏重而已。一般来说，在以成文法为主要法律渊源的大陆法系国家，法律推理中以形式法律推理为主，以实质法律推理为辅（也有拒斥实质法律推理运用的可能）；而在以判例法为主要法律渊源的英美法系国家，实质法律推理的运用范围就要广泛得多。在刑事法律推理中，由于实行"罪刑法定"和"法无明文不罚"的法制原则，因此，一般以形式法律推理为主要的推理形式，基本上没有单纯运用实质法律推理的情形；而在民事法律推理、经济法律推理（尤其是仲裁适用）中，运用实质法律推理的机会就要多得多。

除上述几种法律推理之外，还有法律规范推理与个案适用推理、简单法律推理与复杂法律推理等等。由于篇幅所限，不再一一介绍。

思考题

1. 法律推理有哪些基本特征？
2. 法律推理与科学推理在逻辑结构上有何不同？
3. 形式法律推理与实质法律推理的根本区别表现在哪些方面？
4. 形式论证与实质论证的任务各是什么？
5. 实质法律推理有哪些基本类型？

第十章 论 证

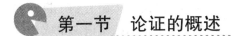 学习目标

本章应掌握的基本原理：
△论证的基本结构
△证明、反驳的基本方法和规则
△了解逻辑谬误的基本特征

本章需训练的基本能力：
△熟练运用各种证明方法、反驳方法的能力
△识别各种逻辑谬误的能力

第一节 论证的概述

一、什么是论证

在科学研究、日常生活、司法实践等活动领域中，人们每时每刻都会遇到各种各样的学说、观点或看法：其中有的是我们已经接受并试图说服别人也相信或接受的；有的是我们无法接受或准备予以驳斥的；有的则是我们闻所未闻的，是别人或我们自己试图说服我们相信和接受的。面对这些学说、观点或看法，我们必须确定自己接受什么、拒斥什么，对什么不置可否。为此，我们首先需要凭借一些适当的理由或根据去确定哪些学说、观点或看法是真实的或虚假的，去评价它们是否具有正当性或合理性。因为无论接受或拒斥任何学说、观点或看法通常都需要提供适当的、足够的理由来支持——当然，非理性的接受或拒斥在日常生活中也并不少见。而寻求这种支持的最有效方式就是运用论证，从一些真实的、至少是论证者自认为是真实的理由中合乎逻辑地得出某一结论。

但是，对于什么是论证，学术界并没有一个统一的认识，我国较为通行的定义是：论证就是用一个或一些真实命题确定另一个命题真实性的思

维过程。[1] 但是，这个定义近几年来不断受到挑战，有人认为，所谓论证就是"以一相信为真的命题或命题集为根据，为相信另一命题为真提供支持的程序。"[2] 有人认为，逻辑在论证中是为了解决"承认"问题的，论证的有效或无效，是指它对于关涉到的人有没有约束力，在从论据能够正确推出论题的条件下，关键在于某人是否"承认"有关论据的真实性，而不在于有关论据事实上是否真实，因此，他们认为，所谓论证，就是根据一个或一些命题逻辑地确定某一命题的思维过程。[3] 由此可见，人们对于一个论证的前提必须是真实的要求提出了质疑。我们认为这种质疑有其合理性的，因为，一方面，真前提只是对正确论证的要求，而不是一般论证的要件，一个论证的前提可能本身就是被确证为真的命题，也可能是论证者相信为真的命题，为论证者相信为真的前提既可能是真的，也可能是假的，即使一个论证的前提是假的，但这个论证还是论证，只不过不是一个好论证而已，对前提真假的衡量属于论证评价的问题；另一方面，从思想交流的角度来看，论证者的论证是从对方承认的东西出发的，只要对方承认，而且论证方并不想驳斥它们，那么，他就可以由此推出有利于自己的东西，这样的论证同样是论证。另外，上述定义中，只注重由一个或一些命题的真实性来确定另外一个命题的真实性，亦即只注重对事实命题的论证，而没有关注对规范命题或价值命题的正当性或合理性的论证，这也不能不说是这些定义的缺陷——具有极大的片面性。因为，严格说来，只有纯数学、逻辑学和自然科学领域中才大量涉及真实性的论证，而所有的人文、社会科学领域以及日常生活中的论证，如司法工作者的法律论证，政治家的政见论证、伦理学家的价值论证，历史学家的史料和历史观论证，等等，通常都是关于某一命题的正当性、合理性的论证，而这些论证较少涉及真实性论证。如果不考虑论证的实质内容，而只从形式结构上看，无论是真实性论证还是正当性、合理性论证都是论证。

因此，我们认为，所谓论证就是引用一个或一些已被确认为真的命题，或至少为论证对手所承认（为真）、所接受（为正当、合理）的命题，来确定某一特定命题是否真实或是否具有正当性、合理性的思维过程。

以下几段话就是论证：

例①："本案肯定是凶杀。因为尸检结果表明，死者颈部索沟繁多，

---

〔1〕《普通逻辑》，上海人民出版社 1993 年版，第 346 页。

〔2〕 刘春杰："论证新论"，载《内蒙古师范大学学报》1991 年第 1 期。

〔3〕 何向东、袁正校："关于论证的反思"，载《自然辩证法研究》1995 年增刊。

方向不一，并存在有不同形状的索沟，舌骨及甲状软骨骨折；而如果本案是死者上吊自杀，则不可能形成这些损伤。因此本案肯定是凶杀。"

例②：在历史上著名的国会纵火案中，戈林在法庭上大肆诬陷和攻击共产党。戈林说："我在这里只是同德国共产党、同放火烧国会的外国共产党骗子打交道。"季米特洛夫反击道："同德国共产党斗争，这是你的权利。而我的权利和共产党的权利是，合法地居住在德国，向你的政府作斗争；我们正在进行着这场斗争，正在较量高低，而不是……"庭长慌了，打断季米特洛夫的话，制止道："季米特洛夫，我禁止你在这里进行共产党宣传。"季米特洛夫针锋相对地指出："你们不是说在法律面前人人平等吗？戈林先生在这里进行国社党宣传。为什么戈林先生能够在法庭上宣传国社党，而我就不能在这里宣传共产党呢？"

例③："限制或拒绝农民和外来人口进城就业是愚蠢的行为。因为：①外来人口进城，无论属于出卖劳动力，还是出卖劳动力及其智慧，这不是抢掉城里人的饭碗，而是参加本地的经济建设，这是好事情不是坏事情。②外来人口进城虽然'挣走'由这个城市'恩赐'的一份薪水，但他们同时又以最有效的方式为这个城市创造了财富，他们拿走的只是他们所创造的财富中的很少一部分。③外来人口进城，形成一个庞大的消费群体，大大繁荣了城市商业，旅游业、房地产业等行业，有效地推动了本地经济的增长。外来人口进城是对城市建设和发展的有效补充而不是伤害。外来人口进城从事的职业有80%以上的岗位不与本市人口就业发生冲突。因此，不应当限制或拒绝农民和外来人口进城就业。"[1]

上述例①是通过引用一些已经确认为真的命题，来证明"本案是凶杀"这一命题的真实性而展开的论证过程；上述例③是引用一些不可辩驳的事实命题，为"不应当限制和拒绝农民和外来人口进城就业"这一命题提供正当性、合理性证明的论证过程；上述例②中，季米特洛夫用摆在庭长面前的事实来证明他所说的"我禁止你在这里进行共产党宣传"这一命题不具有正当性、合理性的论证过程。

二、论证的结构

既然任何论证都是为了确定某一命题的真实性或正当性而展开的，它必然要涉及论证什么，用什么来论证以及怎样论证的问题，因而任何一个论证都包含有论题、论据和论证方式三个组成部分。

---

〔1〕 摘自"就业问题与中国改革大局"，载《新华文摘》1998年第9期。

（一）论题

论题是论证的对象，是其真实性或正当性需要通过论证加以确认的命题。

根据论证所要回答"论证什么"的不同，论证分为两类：一类是为了确定一个命题的真实性的论证，另一类是为了确定一个命题的正当性或合理性的论证。前者是论证者认为世界是怎样的（如上述例①），后者是论证者希望世界是怎样的（如上述例②和例③）。传统逻辑所说论证就是前一种论证，本书所说的论证则包括上述两种情况。

作为论题的命题可以是其真实性或正当性早已得到确证的命题，也可以是其真实性或正当性尚未得到证实的命题，可以是人们闻所未闻的命题，也可以是一个早已被人们确信了的命题的负命题。如果论题是一个其真实性或正当性早已得到确证的命题，那么，论证的目的就在于辩护，即揭示这个命题的真实性或正当性，让他人不仅知其然，而且知其所以然，从而使他人同样理解、相信、接受或拒斥这个命题。例如教师在课堂上传授已有的科学知识，其论题就属于此类性质。如果其论题是另外三种情况，论证的目的就在于探索或发现，即为某个命题或观点提供理论方面或事实方面的理由或根据，以便确立这个命题或观点的真实性或正当性。如科学探索活动中对某一新理论的论证，项目开发中对设计方案的论证，立法活动中对某一法律规范的立法理由进行论证，等等，都属于此类性质的论证。另外，虽然从理论上来说，什么样的命题作为论题是没有限制的，我们不能阻止他人相信任何主张的企图的产生，但是，他人要使我们相信他所坚持的主张，我们要拒绝他人所主张的观点，或者说服他也放弃这一主张，都只能通过说理的方式、论证的方式。任何主张如果不能通过说理这一关，都不能成为合理的论证，因而不能为一个理性的人所接受。因此，我们并不害怕有人提出与我们公认的知识或社会准则完全背道而驰的主张，我们害怕的是，自己不能认真对待这一主张的"理由"。

一个论证的论题具有惟一性。当然，这是指"总论点"或"基本论点"。在一个包含有许多子论证的复杂（复合）论证中，存在着多级论题的情况，总论题或总论点下面又存在着若干个分论题或分论点。

（二）论据

所谓论据，就是用来确定论题是否具有真实性或正当性的那些理由或根据的命题。例如，上述例①中用来确定"本案肯定是凶杀"这个论题具有真实性的理由和根据就是"尸检结果表明，死者颈部索沟繁多，方向不一，并存在有不同形状的索沟，舌骨及甲状软骨骨折；而如果本案是死者上吊自杀，则不可能形成这些损伤"这些命题。

在论证中，区分论据与论题的标准是根据命题与命题之间的说明与被说明的关系来确立的。为其他命题所说明、所支持的命题就是论题；用来说明或支持一个命题的那些命题就是论据；因此，论据与论题的区分总是相对的。这种情况在复杂论证中表现的十分明显：在确定某个命题（论题）的真实性或正当性的过程中，如果所引用的论据（第一层论据）本身还不具有真实性或正当性，就要引用其他命题（第二层论据）对这些论据进行论证。依次类推，还可以有第三层、第四层论据等。

作为论据的命题是多种多样的，但作为基本论据（对其真实性或正当性不必再给以证明）的命题通常有以下三类：

1. 表示科学原理的命题，如定义、公理、定理等。用上述论据进行论证就是通常所说的讲道理。由于上述论据反映了客观事物的本质和规律，因此它不仅可以使论证具有很强的说服力，而且可以使论证比较深刻。另外，为大多数人所公认、论证双方都对其不存异议的理论或观点在特定场合下也可以作为论证的基本论据。

2. 法律原则、法律（法规）条文、契约条文、依法生效的司法判决、依法作出的司法解释以及国际公约、国际惯例等命题。

在司法证明过程中，上述两类论据往往都属于免证对象。

3. 凭感觉或经验可直接判定其真实性的命题以及为一般人知晓的常识性事实。用这类命题做论据进行论证就是通常所说的摆事实，因为，"事实胜于雄辩"，这样的论证自然具有很强的说服力。

在实际论证中，人们常把上述第一、第三两类论据结合起来使用，以增强论证的效果。

（三）论证方式

所谓论证方式就是论据与论题的联系方式，亦即论据是如何推导出论题的。论证方式包括两个方面的内容：采用何种推理形式；论据与论题如何发生联系。论证之所以能够通过论据的真实性来确定论题是否真实或正当，是依赖于论题与论据之间所具有的推论关系来实现的。任何论证都是通过一定的推理来实现的，但并非推理都是论证，论证与推理的区别在于：

1. 二者的认识过程不同，论证是先有论题后找论据，再用论据对论题进行论证；推理是先有前提，然后得出结论。

2. 论证与推理的目的不同。论证的目的在于确立结论，即确立结论的真实性、正当性、可接受性；而推理特别是形式推理的目的在于建立命题的逻辑关系——真值关系。

3. 论证与推理的前提的性质不同。由于论证意在支持某个主张，因此其论据必须是认定为真的或被相信为真的或其论据的正当性已为人们所接受的命题，亦即论证的前提是断定性的，论证特别强调前提的真实性、正当性，前提——论据、理由一旦被识别为假或不具有正当性，则对论证的评估就没有必要进行了；而推理并不要求前提可信或真实，甚至以逻辑矛盾为前提也可构成一个有效推理，推理形式的有效性并不要求前提的真实或具有正当性，推理的有效性与前提的真假没有必然内在关系。所以，任何论证都要运用推理，但并非任何推理都是论证。

4. 论证中的论据对论题与推理中前提对结论的关系不同。论证的前提对结论是一种支持、保证关系，它可以回答"结论为何为真"的问题，若前提假或不具有正当性，论证不再具有意义；推理的前提对结论是一种真值蕴涵关系，它只能回答"前提与结论有何关联"的问题，这种关系本质上是"如果—则"的表达关系，"如果—则"的关系不能被看成是前件对后件的支持，因为它不保证前件真且后件真，只保证前件真时后件不假。

三、论证的预设[1]

在日常思维中，一个论证总是带有一些论证标志词的陈述集，例如，"因为……，所以……"，"根据……可以得出……的结论"等，但是，带有这些标志词的陈述句集并非都是论证。论证的预设就是（以论证的定义为根据）判断带有论证标志词的陈述句集是否有资格作为论证的标准。运用这些预设，就可以检验出那些貌似论证而事实上并不是论证的陈述集。

（一）理由律

理由律的基本内容是：要求他人接受一个主张（论题），必须提供理由（论据）。据此规律可知，拥有理由的主张的陈述句集才是论证。也许我们要以彻底的怀疑精神去追问：为何所有论证都必须要有理由呢？然而这个原则本身就是自明的，因为，当我们发出这样一个疑问的时候，就已经假定了这个原则，这个疑问本身就是这个原则的一个实例。如果不假定这个原则，我们又何以要求为它（理由律）提供理由呢？可见，对于任何主张，赞成它需要理由，反对它时同样必须提供一个理由。任何否认这个原则的企图都必然导致"自身驳斥"，即不承认这个原则的态度将导致对这种态度自身的否定。由此可见，理由律是论证的第一预设，没有理由就

---

〔1〕 本节内容的写作参照了刘春杰：《论证逻辑研究》一书的有关论述。

不会有论证。

在逻辑规律一章中我们将充足理由律作为一个基本的逻辑规律，既然如此，我们在这里似乎就没有必要再将理由律作为论证的基本预设了。其实不然，充足理由律只是评价论证的规律，而不是用于识别一组带有论证标志词的陈述句集是否为论证的标准。因为，充足理由律的基本内容是：B 是 A 的充足理由，当且仅当，B 是真的，且 B 能推出 A，由此可见，它是对正确论证的要求，前提真，推理有效。显然，论据假或论证方式无效的论证尽管不是一个好的论证，但仍然是一个论证。所以，充足理由律不是解决一个论证是否需要理由的规律。

（二）相异律

相异律的基本内容是：理由（论据）与理由所支持的主张（论题）必须是不同的陈述。相异律的正确性同样也是自明的。因为，如果理由与其所支持的主张相同时，"理由"仍成其为理由，但这就表明，在此论证中，它的主张是在自己支持自己，如果任何主张都可以自证的话，那么，论证就没有存在的必要了。因此，论题与论据不同乃是论证存在的先决条件。与论题相同的"论据"（理由）不是论证所要求的"论据"，这样的"论据"只是表明包含它的论证是一个徒有其表的伪论证。

如果在一个论证中论据与论题是相同的命题，这样的论证就是典型的"同语反复"。但在一个推理中，如果前提命题与结论命题是相同的，则这个推理就是完全有效的推理，甚至可以上升为公理，如：A→A。

（三）释疑律

论证之所以必要是由于人们对于论题的真实性或正当性持有怀疑，为了打消这种怀疑，才需要提出论据，才需要进行论证。由于论据的作用在于释疑，因此，很难想像，用一个与论题同样可疑甚至比论题更为可疑的论据作为理由去消解对论题的怀疑。因而，一个合乎情理的预设就是，论据的可疑度要比论题的可疑度要小，用论据可以消解对论题的怀疑。

（四）可能律

一个陈述要成为理由或论据，它本身必须是有可能为真或具有正当性的。作为前提集的一组陈述，也只有在有可能为真或具有正当性的时候，才能作为论证的理由。从理由自身来说，论据要能支持论题，自己首先必须是可能为真或可能具有正当性的。试想，当论据本身就是不可能的时候，用它支持的论题如何具有可能性？

上述四个论证的预设的主要作用在于区分真正的论证和貌似的论证。与论证的规则不同，论证的规则是假定了一组陈述是论证的前提下，对正确论证提出的要求。只有满足了论证的预设的一组陈述才是论证，对真正的论证才能用论证规则对其进行评估——评价它是否遵守了论证的基本规则。

四、论证的种类

广义的论证包括证明和反驳。狭义的论证仅仅指证明。本书讲述的论证属于广义论证。

所谓证明就是指根据一个或几个为思维者确信为真的命题，进而确证另一个命题也是真的思维形式。所谓反驳是指根据一个或几个为思维者确信为真的命题，进而确证另外一个命题的虚假性的思维形式。

第二节　论证的方法

本节所说的论证方法仅指证明的方法。

一、演绎证明、归纳证明和类比证明

根据论证所用的推理形式的不同，可以把论证分为演绎证明、归纳证明和类比证明。

（一）演绎证明

演绎证明是运用演绎推理的形式所进行的论证，它是根据一定原理论证某一特殊论断。在演绎证明中，一般是以科学原理、定理、定律或其他一般性的真实判断为根据，运用演绎推理的形式推导出某一论题。例如：

喜马拉雅山脉在过去地质年代里曾经是海洋地区。因为地质学已经证明，凡是有水生生物化石的地层，都是地质史上的海洋地区。地质普查探明，喜马拉雅山脉的地层中遍布了珊瑚、苔藓、海藻、鱼龙、海百合等化石。因此可以得知，喜马拉雅山脉在过去的地质年代里曾经被海洋淹没过。

这段议论就是一个演绎证明。为了确定"喜马拉雅山脉在过去地质年代里曾经是海洋地区"这一论题的真实性，运用了一个三段论推理。具体推理过程可写为：

凡是有水生生物化石的地层，都是地质史上的海洋地区，

喜马拉雅山脉的地层中遍布了珊瑚、苔藓、海藻、鱼龙、海百合等化石（有水生生物化石的地层），

所以，喜马拉雅山脉是地质史上的海洋地区。

当我们谈到演绎证明时，必然要涉及到公理法的问题，所以应对公理法有所了解。所谓公理法是以某一学科的一些基本概念和基本判断（公理）为基础而构成一个科学体系的方法。这里所说的基本概念是指不借助于该学科系统中的其他概念来下定义的基本的初始概念。基本判断是指那些不必加以论证就可以被引用来作为基本依据的初始判断，一般称之为公理。根据公理法建立起来的体系叫公理体系。在一个公理体系中，所有非基本概念都要由基本概念来定义。所有非基本判断（定理）都是按照一定的演绎规则从基本判断（公理）中推演出来的。因此，公理法所运用的也是演绎证明。公理法在数学和数理逻辑中被广泛应用。如欧氏几何就是一个公理体系，其中包括了一系列演绎证明。

（二）归纳证明

归纳证明是运用归纳推理的形式所进行的论证，它是根据一些个别或特殊性论断论证一般原理。人们引用有关个别或特殊事物的判断作为论据从正面直接证明一般性的论题的真实性或正当性的，就是归纳证明。例如：

实践不仅是检验真理的标准，而且是惟一的标准。科学史上无数事实，充分地说明了这个问题。门捷列夫根据原子量的变化，制定了元素周期表，有人赞同，有人怀疑，争论不休。尔后，根据元素周期表发现了几种元素，它们的化学特征刚好符合元素周期表的预测。这样元素周期表就被证实了是真理。哥白尼的太阳系学说在 300 年里一直是一种假说，勒维烈根据这个太阳系学说所提供的数据，不仅推算出一定还存在一个尚未知道的行星，而且还推算出这个行星在太空中的位置，只有当加勒于 1846 年确实发现了海王星这颗行星的时候，哥白尼的太阳系学说才被证实了，成了公认的真理。马克思主义之所以被承认为真理，正是千百万群众长期实践证实的结果。

这段议论就是一个归纳证明。它运用了一个不完全归纳推理论证了"实践不仅是检验真理的标准，而且是惟一的标准"这一论题。

归纳证明的论据与论题联结而构成的推理既可以是完全归纳推理，也可以是不完全归纳推理。由于完全归纳推理前提如果是真实的，结论就必然是真实的。因此，运用完全归纳推理进行论证，能有效地确定论题的真实性。例如"三角形三个内角之和等于180°"这个定理就是用完全归纳推理进行论证的：先分别证明直角三角形、锐角三角形和钝角三角形的三个内角和都等于180°，而直角三角形、锐角三角形和钝角三角形又是三角形的全部情况。通过完全归纳推理，"三角形三个内角之和等于180°"这一定理便得以确证。

　　不完全归纳推理的结论超出了前提所断定的范围，前提与结论之间的联系是或然的，在前提真时，其结论仍有可能为假。因此，单独运用不完全归纳推理进行论证，还不能完全有效地确定论题的真实性，只能对论题的真实性给予某种程度的支持。但是，不能由此就否认不完全归纳推理的论证作用。只要掌握了大量事实材料，或用典型事例作论据，运用不完全归纳推理进行论证也具有一定说服力，也是人们常用的一种论证方法。

　　当然，我们在运用不完全归纳推理进行论证时，决不能仅仅根据主观需要，随意挑选一些个别的事例作为论据，否则这样的论证就没有任何论证上的价值。列宁曾经指出："一切事情都有它个别的情况。……如果不是从全部总和，不是从联系中去掌握事实，而是片段的和随便挑出来的，那么事实就只能是一种儿戏，或者甚至连儿戏也不如。"[1]

　　由于演绎推理的前提与结论之间具有必然的逻辑联系，前提蕴涵结论，因此，只要论据真实，演绎证明对论题真实性的确定就是完全有效的。在演绎证明和归纳证明中，演绎证明是主要的。演绎证明和归纳证明结合使用是人们经常用的论证方法。

　　（三）类比证明

　　类比证明，就是运用类比推理的形式直接证明论题的真实性或正当性的论证。类比证明的论题与论据或者都是一般性的原理，或者都是具体的个别性事例。其特点是通过两对象某些属性相同或相似的比较，用一对象的属性来论证另一对象也应具有的属性，即用一种一般性或者用一种个别性来论证另一个一般性或个别性，从而达到确立论题真实性或正当性的目的。例如，"付文仙诉坂山乡卫生院损害赔偿案"中，二审法院就是运用类比推理，将法无明文规定的"医疗差错"与法已明文规定的侵权损害赔偿进行类比，直接证明了判决的正确性，亦即直接证明"上诉人（一审被告）应当承担民事责任"这个判决结论的正当性和合理性：

　　"付允祥医生给被上诉人造成的损害后果由于未达到死亡、残废或功能障碍的程度，因而不属于《医疗事故处理办法》第3条所称的'医疗事故'，而仅属于医疗差错。对医疗差错单位是否应该承担责任，现行法律没有明确规定。但从侵权民事责任的构成要件来看，本案上诉人具备了应承担民事责任的所有要件：其医务人员有违法行为，即违反医疗规章制度

---

　　〔1〕《列宁全集》第23卷，人民出版社1959年版，第279页。

的不作为行为，有给他人造成损害的事实；损害事实与违法行为之间有因果关系；行为人主观上有过错。所以，尽管医生的行为不构成医疗事故，但依据法律的公平原则，上诉人也应当承担民事责任。"

类比证明与类比推理一样具有或然性，但只要人们在论证过程中把握住类比事物之间的实质性相关关系，并通过进行类比，所以，作为辅助论证方法的类比证明，由于生动形象、具有启发性和寓意深刻的特点，具有较强的说服力，因而被广泛地运用于论辩实践中。

二、直接证明和间接证明

根据是否直接用论据的真实性或正当性，从正面来确立论题的真实性或正当性的标准，可以把论证分为直接证明和间接证明。

（一）直接证明及其证明方法

1. 什么是直接证明。直接证明就是寻找充分的理由（论据）直接确定论题的真实性或正当性的论证方法。它的特点是从论题出发，为论题的真实性、正当性提供正面理由。

例1. "科学是无禁区的，因为，有禁区的不是科学。"

在这个论证中，论题"科学是无禁区的"的真实性就是直接通过论据"有禁区的不是科学"的真实性获得了证明，其论证方式是：

SEP⇒PES⇒PAS̄

例2. 1991年冬，被告人等10余人为庆祝朋友复婚在饭店喝酒，被害人因与邻桌斗殴致伤，随即跑出饭店寻找凶器欲行报复。当被害人手持大棒跑回饭店时，恰值被告人及其朋友刚出饭店门口。被害人因天黑看不清目标，错将被告人当作报复对象，当头一棒就将被告人打倒在地。被告人的朋友许某见状立即上前将被害人抱住，并与其争夺大棒，两人厮打之中，被害人还用另一只手挥舞着大棒乱打。此时，被告人掏出随身携带的折叠刀向被害人连刺数刀。之后被告等人当即去公安机关报案，称遇到抢劫犯。被害人被刺后，经抢救无效，死亡。律师为证明被告人的防卫行为没有超过必要限度时，做了如下辩护：

（1）侵害者的袭击是猛烈的、凶残的而且突然的。被告人遭到突然袭击后，精神出于极度紧张和惶恐状态，不可能像平时那样十分冷静地去把握自己行为的精确度。

（2）侵害者的下一次袭击随时可能发生，被告人没有时间和机会去选择自己的行为方式。

（3）侵害者与许某正处于激烈的厮打中，两人的身体都处于剧烈的移动状态，并且时值冬天的夜晚，身上的衣服很厚，致使被告人难以判断攻击的目标和深浅度。正因为如此，被告人才刺错了目标，将许某的衣服刺破了几个口子。此时，他所掌握的惟一尺度是看侵害人是否失去侵害能力。事实证明，当被告人确知侵害者被刺中后，就立即收刀。而被害人只是停止了与许某的搏斗，并没有倒下。这充分说明被告人对自己的防卫行为是有所节制的。

从以上的分析我们不难看出，被告人当时已经没有条件去准确地把握其防卫的精确度，而只能追求一个目标，即迅速制止不法侵害，使侵害者停止侵害行为。

本案中，辩护律师在证明被告人的行为属于正当防卫时，所采用的证明方法就是直接证明的方法。辩护律师所持的论据有两个：一个是正当防卫的法律规定，另一个就是经过认定的案件事实。辩护律师认为，事件发生的突然性，被告完全没有时间也不可能去选择自己的行为方式，"精神出于极度紧张和惶恐状态，不可能像平时那样十分冷静地去把握自己行为的精确度"，并且当被告人确知侵害者被刺中后，就立即收刀，说明被告人对自己的防卫行为是有所节制的。与刑法所规定的正当防卫的构成要件完全符合，没有超过正当防卫的必要限度。正因为这两个论据是真实可靠的，因此，论题"被告的行为属于正当防卫行为"也无疑具有真实性和正当性。

2. 直接证明的常见方法。这里所说的直接证明的方法是指如何引用有效的推理形式并由此寻找充分的论据，以便推出论题的具体办法。

（1）充分条件假言推理法。即以论题为后件，运用有关储备知识寻找相应的充分条件假言命题及前件为论据，从而得证论题的方法。

设：求证命题 P（论题）

首先，运用有关储备知识寻找以 P 为后件的充分条件假言命题，即寻找能够作为 P 的充分条件的那些情况：

A→P

B→P

C→P

或（A∨B∨C）→P

其次，考察 A、B、C，寻找出其中已知为真或可证为真的情况，如寻找结果为 A 为真。

最后，以 A 和相应的充分条件假言命题做论据，用肯定前件式证明 P真。其逻辑形式如下：

$$A \rightarrow P \qquad\qquad (A \lor B \lor C) \rightarrow P$$
$$\frac{A}{\therefore P} \qquad 或 \qquad \frac{A}{\therefore P}$$

试证明"李某犯渎职罪"。

大前提（法律规定）：根据《中华人民共和国刑法》可以寻得如下充分条件假言命题：如果国家工作人员利用职权违法乱纪，或玩忽职守，严重不负责任，致使国家和人民利益遭受重大损失，那么犯渎职罪。

小前提（认定的法律事实）：由已经确证的案件事实得知：李某身为仓库保管员，在库房内乱扔烟头，继而擅离岗位库房数小时，致使库房起火又未能及时发现和抢救，导致数百万元的直接经济损失。

结论：以上述两组命题为论据，组成充分条件假言命题的有效推理式，"李某犯渎职罪"的论题即可得证。其推理形式为：

$$(A \lor B) \rightarrow P$$
$$\frac{A}{\therefore P}$$

（2）必要条件假言推理法。即以论题为前件，运用有关储备知识寻找相应的必要条件假言命题及后件为论据，从而得证论题的方法。

设：求证命题 P（论题）

首先，运用有关储备知识寻找以 P 为前件的必要条件假言命题，即寻找能够作为 P 的必要条件的那些情况：

$$P \leftarrow A$$
$$P \leftarrow B$$
$$P \leftarrow C$$

或 $P \leftarrow (A \lor B \lor C)$

其次，考察 A、B、C，寻找出其中已知为真或可证为真的情况，如寻找结果为 A 为真。

最后，以 A 和相应的必要条件假言命题做论据，用肯定后件式证明 P 真。其逻辑形式如下：

$$P \leftarrow A \qquad\qquad P \leftarrow (A \lor B \lor C)$$
$$\frac{A}{\therefore P} \qquad 或 \qquad \frac{A}{\therefore P}$$

例如，证明"必须重视教育"。

首先，从重视教育是我们所需要的那些事情的必要条件方面去思考，得到如下一系列命题：

①只有重视教育，才能提高整个民族的文化素质；

②只有重视教育，才能更好更普遍地将科学技术转化为生产力；

③只有重视教育，才能促进教育自身的发展。

然后，为强调论题的真理性和重要性，我们以①、②、③及其后件为论据，论题得证：

因为只有重视教育，才能提高整个民族的文化素质；只有重视教育，才能更好更普遍地将科学技术转化为生产力；只有重视教育，才能促进教育自身的发展。

我们需要提高整个民族的文化素质；需要更好更普遍地将科学技术转化为生产力；也需要教育事业自身的发展。

所以，我们必须重视教育。

（3）三段论法。即以论题为三段论推理的结论寻求其大小前提为论据的论证方法。

我们知道，三段论结论的谓词和主词分别在大小前提中出现，而且大小前提中除了谓词和主词外，还有一个词项就是中项。所以，若要证明的论题是主谓结构的简单命题，那就可以考虑寻找一个恰当的与论题主、谓词相关的中项，使之能够根据三段论推理的规则构成已知为真的两个前提，并以此为论据来证明论题为真。

例1. 试证"马克思主义是不怕批评的"。

分析：若以"马克思主义是不怕批评的"为某三段论的结论，那么"马克思主义"为小项，"不怕批评的"为大项，并且结论是肯定的命题。由三段论公理："一类事物的全部是什么，它的部分也就是什么"想开去，所寻求的中项必须：它的全部是"不怕批评的"，而"马克思主义"是它的一部分。显然，"真理"这个概念就能满足要求：它的全部是"不怕批评的"，而"马克思主义"是它的一部分。由此根据规则，构成大小前提如下：真理都是不怕批评的，马克思主义是真理。以此为论据，作出如下证明：

真理都是不怕批评的，

马克思主义是真理，

所以，马克思主义是不怕批评的。

例2. 证明"蝙蝠不是鸟"。

分析：若以"蝙蝠不是鸟"为某三段论的结论，则"蝙蝠"为小项，"鸟"为大项，并且结论是否定的命题。由公理"凡一类事物的全部不是什么，那么它的部分对象也就不是什么"想开去，所要寻求的中项必须是：它（中项）的全部不是"鸟"，而"蝙蝠"是它（中项）的一部分。显然，"哺乳动物"就是最恰当的中项。

根据规则，构成大小前提如下：哺乳动物都不是鸟，蝙蝠是哺乳动物。以此为论据作出如下证明：

哺乳动物都不是鸟，

蝙蝠是哺乳动物，

所以，蝙蝠不是鸟。

例3. 证明"有些违法行为不是犯罪行为"。

分析：以论题为三段论的结论，那么"违法行为"是小项，"犯罪行为"是大项，结论不仅是否定的而且是特称的，由公理知，所寻求的中项必须是：它的全部不是"犯罪行为"，"违法行为"是它的一部分。比如"小偷小摸"就符合条件。由此构成大小前提，证明如下：

小偷小摸不是犯罪行为，

有些违法行为是小偷小摸行为，

所以，有些违法行为不是犯罪行为。

（4）完全归纳法。即考察论题在一切可能的情况下均为真，以此为论据证明论题的方法。

例如：试证直言三段论"两个特称的前提不能得出必然的结论"。

分析：在直言三段论推理中，两个特称的前提不外乎这样三种情况：①两个特称肯定前提；②两个特称否定前提；③一个特称肯定和一个特称否定前提。

若①那么两个前提中无一个周延的词项，必定犯"中项不周延"错误，无必然结论；

若②那么由规则知，两个否定的前提无必然结论；

若③那么前提中有一个周延的词项——否定前提的谓项。它若做中项（保证中项至少周延一次），大项必不周延，但由于有一否定前提结论必否定，这样，必然犯"大项扩大"的错误；它若做大项（保证大项在前提中周延），中项必不周延，必然犯"中项不周延"错误。总之，无必然结论。

由上述分析得知，直言三段论凡两个特称前提均无必然结论。

（5）等值法。即寻求与论题等值的命题为论据从而证明论题的方法。

例1. 试证"要想经济独立，必须建立重工业"。

因为事实告诉我们，没有一个国家不建立重工业而经济独立的。所以，要想经济独立，必须建立重工业。

论证方式：

→（→q∧p）⇔p→q

例 2. 试证"只有抗战，才不会亡国"的论断是真理。

大家知道，日本帝国主义的野心是联合德、意法西斯称霸世界，将世界各国变成它们的殖民地。事实清楚地表明，日本军国主义首先占领我国东北三省，但决不以此为满足，而是以此为根据地，进而侵占全中国。现在，日寇的铁蹄已经踏遍华北，正向华东、华南、华中侵犯。如果我中华民族不奋起反抗，任其长驱直入，亡国之祸迫在眉睫。所以"只有抗战，才不会亡国"是颠扑不破的真理。其论证方式为：

→p→→q ⇔ p←q

（二）间接证明

1. 什么是间接证明？间接证明是寻求论据，确定与论题相关的命题虚假，从而确定论题真实的证明。它的特点是，不正面证明为什么论题真实，而是指出与论题不能同假的其他命题为假，根据否定肯定律或排中律确定论题为真。

2. 间接证明的具体方法。

（1）排除法（淘汰法）。即根据储备知识，寻求一个由论题和与之不能同假的若干命题构成的选言命题，再求得除论题外的选言支的否定命题，并由此为论据使论题得证的方法。

求证：命题 p 真（论题）。

首先，运用已备知识寻求一个真的选言命题，以论题以及与论题不能同假的若干命题为支命题：

p∨q∨r

然后，再根据掌握的材料，找出论题外其余支命题的否定命题：

→q∧→r

最后，以上两项为论据，用否定肯定式证明 p 真：

p∨q∨r

→q∧→r

∴ p

例 1. 证明"某甲是自杀"。

首先，根据储备知识找到这样一个选言命题：一个人的死亡或者是自杀或者是他杀或者是意外事故或者是病死。

其次，根据调查、勘验和法医鉴定得知：某甲的死亡不是他杀、不是意外事故，也不是病死，最后，以上述两个命题为论据得出结论：某甲是自杀身亡的。

例2. 证明"对待外国先进的东西只能是有分析有批判地吸收"。

分析：我们知道，对待外国先进的东西无非三种态度：或者不加分析地一概排斥，或者不加分析地一概照搬，或者有分析有批判地吸收。

我们既不应不加分析地一概排斥，因为那样将会使那些外国好的、适用我国国情的东西失去为我所用的机会；也不应不加分析地一概照搬，因为那样将会使那些不适合我国国情的东西给我们带来损失。

所以，对待外国先进的东西只应是有分析有批判地吸收。

排除法（淘汰法）实际上是通过"破"而达到"立"的一种间接反驳方法。运用这种方法进行论证，不仅可以达到证明论题的目的，而且也可以预先破除影响论题成立的各种否定（与论题具有矛盾关系或反对关系）命题，使得人们不得不承认论题的真实性或正当性，具有很强的说服力。正因为如此，实际论证中运用的不能同真法（淘汰法），通常都是多重支持的论证，亦即通过引用一些论据先确立与论题并立的反论题不能成立，然后再去确立论题成立的。而在确立反论题不能成立的过程中，往往又要运用到其他的论证方法，其论据与论题相联系的推理形式，通常情况下就是选言推理的否定肯定式和充分条件假言推理的否定后件式的结合运用。

例如：某犯罪分子用绳子勒杀妻子后伪造其妻上吊自杀的假象。办案人员根据现场勘查和尸体检验情况，运用排除法（淘汰法）论证了"本案是凶杀"：

"本案肯定是凶杀。因为，本案只可能是凶杀，或者是上吊自杀；尸体检验表明：死者颈部索沟繁多，方向不一，并存在有不同形状的索沟，舌骨及甲状软骨骨折；而如果本案死者是上吊自杀，那么，就不能形成这些损伤；因此，本案只能是凶杀。"

排除法也属于严格的演绎证明，因而要正确运用排除法，在逻辑上就必须满足如下两个要求：

第一，列出的与论题并列的其余选言支，必须穷尽论题断定情况之外的其余各种可能情况，不能有遗漏。否则，即使使用论据确立了其余选言支不能成立，也不能必然地确定论题一定成立。

第二，对论题之外的其余选言支的否定，必须有足够的理由支持。否则，也难以达到证明论题的目的。

（2）反证法。即以论题的矛盾命题为前件构成一个已知为真的蕴涵命题，并以此及其后件的矛盾命题为论据，从而使论题得证的方法。

它的思路是假定论题是假的，那么就一定有某结果，但事实上没有此结果，所以论题不是假的，再按排中律得出论题是真的。其形式为：

论题为：p

假设它的矛盾命题¬p 为真，即 p 为假，则：

$$\frac{\begin{array}{l}\neg p \rightarrow q \\ \neg q\end{array}}{\therefore \neg\neg p}$$

再根据排中律，通过否定肯定式得出：

$$\frac{\begin{array}{l}p \vee \neg p \\ \neg\neg p\end{array}}{\therefore p}$$

例 1. 三段论的规则证明"第一格的小前提必须肯定"。

第一格的形式是：

$$\frac{\begin{array}{l}M\text{——}P \\ S\text{——}M\end{array}}{S\text{——}P}$$

证明：如果小前提不是肯定命题而是否定命题的话，那么根据三段论一般规则 5 可知，其结论一定是否定命题；如果结论是否定命题的话，结论中的大项 P 必周延；根据规则 3 知，则前提中的大项 P 也必须是周延的；而前提中的 P 是谓项，要使前提中的谓项也周延的话，那么其大前提必须也是否定命题；这样大小前提都成为否定命题了，再根据三段论一般规则 4 知，两个否定前提不能得出必然结论。所以小前提不能是否定的。而小前提要么只能是肯定命题要么只能是否定命题，已知不能否定命题，所以只能是肯定命题。

例 2. 在一起妨碍公务案件的法庭辩论中，辩护人提出了"被告人的行为不构成妨碍公务罪"的辩护论点，并根据事实和法律，运用反证法加以论证：

"如果被告人的行为构成妨碍公务罪，那么，他应实施了以暴力威胁的方法阻碍国家工作人员依法执行公务的行为；而事实是被告人没有以暴力威胁的方法阻碍国家工作人员依法执行职务。被告人在司机因收费多少与收费员石某某发生争执时，收费员提出找领导解决，被告提出'咱们一起上车找领导解决'。被告先上车，对方后上车。被告一没推过收费员，二没搡过收费员，没有实施暴力，也没有进行威胁。所以，被告人的行为不构成妨碍公务罪。"

这里，对反论题"被告人的行为构成妨碍公务罪"的否定，就是通过一个结构简单的充分条件假言推理的否定后件式来实现的。

由于反证法是严格的演绎证明，因此，它在数学以及自然科学中被广泛运用。当某一论题从正面不容易或不能得到证明时，就要运用反证法。运用反证法时，在逻辑上应注意这样两个要求：

第一，假设的反论题与原论题之间必须具有矛盾关系。否则，即使确定了反论题不能成立，也未必能够推论出原论题一定成立。

第二，反论题与由反论题引申出来的推断之间必须具有充分条件关系，亦即由反论题必须能得出推断，否则，即使引用的论据确定了推断不能成立，也不能由此推出原论题是成立的。

三、反驳及其方法

所谓反驳，就是引用已知为真的命题或具有正当性的命题（论据）来确定某一命题（论题）的虚假性或不具有合理性、正当性的论证。

反驳的种类由反驳的方向不同而分为反驳论题、反驳论据和反驳论证方式三种类型。反驳的方法指方向确定之后，实施反驳的具体办法，有直接反驳的正面批驳法、间接反驳的不能同真法和归谬法三种。至于如何引用和寻求论据，方法与证明相同，不再阐述。

（一）反驳论题

反驳论题就是确定被反驳的论题虚假。一般采用以下几种方法：

1. 正面批驳法。即引用论据直接确定论题虚假的方法。也叫直接反驳。例如，驳"张某是杀人犯"：

有人证明，案发时张某不在现场，而且他与被害人素昧平生，无冤无仇，没有杀人的动机和目的。据此，说"张某是杀人犯"是错误的。

2. 不能同真法。通过确定与被反驳的论题不能同真的（矛盾关系或反对关系）命题事实，从而确定被反驳论题虚假的方法。

这种方法的论证过程是：

被反驳的论题 p

→（p∧q）

q_____

∴ ¬p

例如：某少年，15 岁，因吵架用菜刀将邻居左臂砍成重伤。在法院辩论时，辩护人称："少年的行为虽然构成犯罪，但是他是 16 岁以下的未成年人，不应负刑事责任。"辩护人的论据是"凡 16 岁以下的未成年人犯罪均不负刑事责任"。公诉人反驳这个命题时，就直接引用了与辩护人的这个命题不能同真的命题进行反驳：我国《刑法》第 17 条第 2 款规定，"已满 14 周岁不满 16 周岁的人，犯故意杀人、故意伤害致人重伤或者死亡、强奸、抢劫、贩卖毒品、放火、爆炸、投毒罪的，应当负刑事责任。"公诉人的命题（SIP）与辩护人的命题（SEP）是矛盾关系，而公诉人的命题是来自于法律条文本身，其正当性和合法性是不言自明的，因此，与之具有矛盾关系的辩护人的命题必然不具有正当性和合法性。

3. 归谬法。归谬法是从被反驳的论题出发，推导出一个假命题或与论题相互否定的命题，从而把论题驳倒的论证方法。

归谬法的论证过程是，为了确定某个论题不能成立，首先假定该论题是成立的，然后由此必然地引申出一个或一些推断，形成充分条件假言命题，再在此基础上引用论据或引申出的推断不能成立，或者由此而推论出一个荒谬或包含有矛盾的结论，最后根据充分条件假言推理的否定后件式，确定原论题是虚假的或不正当的。

归谬法的论证过程，可以用以下模式表示：

求证：p 是虚假的或不正当的。

假设：p 是真实的或具有正当性。

论证过程：

p→q

¬q

∴ ¬p

归谬法主要有三种形式：①从被反驳的命题中推出假命题；②从被反驳的命题中引申出两个相互矛盾的命题；③从被反驳的命题中引申出与其相互矛盾的命题。

例如：在辛普森一案中，控方举出了大量的证据证明辛普森杀死他的前妻妮可及其男友隆纳。辩方进行了如下反驳：①如果辛普森杀了人，由于被害人是两个身强力壮的年轻人，同时解剖资料表明死者经历了可能长达 15 分钟的搏斗，那么，辛普森身上一定有很多伤痕。但是专家检验表明辛普森除了手指处的两三处小伤以外，再没有其他的伤痕，这种情况如何解释？②如果辛普森杀了人，那么他就是一个最愚蠢的罪犯。因为他丢掉了血衣，隐藏了凶器，但是他却把一只手套留在现场，把另一只手套留在自己的院子里，他扔掉了血鞋，却把带血的袜子留在自己的卧室里。③如果辛普森杀了人，那么，他就应该能够带上凶手的手套。但在法庭上辛普森却无法带上那双手套。④如果辛普森几十刀才杀死了那两个人，那么辛普森一定会是满身血迹，而且被辛普森带到家里的手套的周围一定有血迹。但是辛普森身上没有血迹，被他带回家里的手套的周围也没有血迹。⑤如果辛普森是预谋杀人，正如控方所举出证据：夏天带着手套，还戴帽子，携利刃，有野马车作逃逸工具，那么辛普森就不会给自己找一个证明自己可能在现场的证人。而事实上，辛普森所预约的司机在案发后很短的时间内就到了辛普森的住宅。

在这个案件中，辩方律师巧妙地运用了归谬法，对控方进行了有力的反驳。其推理过程如下：

求证：辛普森杀人为假。

假设：辛普森杀了人为真。

推论过程1（反驳）：如果辛普森杀了人，由于被害人是两个身强力壮的年轻人，同时解剖资料表明死者经历了可能长达15分钟的搏斗，那么，辛普森身上一定有很多伤痕。但是专家检验表明辛普森除了手指处的两三处小伤以外，再没有其他的伤痕。所以，辛普森杀了人为假。

……

推论过程4（反驳）：如果辛普森杀了人，由于他是用了几十刀才杀死了那两个人，那么辛普森一定会是满身血迹，而且被辛普森带到家里的手套的周围一定有血迹。但是辛普森身上没有血迹，被他带回家里的手套的周围也没有血迹。所以，辛普森杀了人为假。

……

归谬法是一种以退为进的反驳方法，假定被反驳的论题为真，是为了推出荒谬的结论，推出荒谬的结论的目的是为了反戈一击，从而驳倒对方的论题，具有极强的逻辑力量，因而在法庭论辩等场合被广泛运用。

值得注意的是，反证法和归谬法都是从与论题相矛盾的命题推出逻辑矛盾或明显荒谬的结论，再借助充分条件假言推理的否定后件式来确立论题的。但反证法与归谬法也有明显的区别，不能将两者混为一谈。首先，二者的目的和任务不同。反证法的目的和任务是要确立某个论题是真的或该论题具有正当性，而归谬法则是要确立某个论题是虚假的或不具有正当性。其次，二者的出发点不同。反证法的论题是"P成立"，其出发点是假设"$\bar{p}$不能成立"；而归谬法的论题是"p不能成立"，其出发点是假设"p成立"。最后，二者的逻辑依据不同。反证法是根据两矛盾命题不能同假，从而由反论题的不成立反推原命题可以成立；而归谬法则是根据两个矛盾命题不能同真，从而由反论题的成立反推原论题不成立。

（二）反驳论据

反驳论据是通过确定对方的论据是虚假的或尚待证明，从而确定被反驳的论证不能成立的论证方法。

确定对方论据虚假的方法，实际上就是把对方的论据当作被反驳的论题加以反驳的方法，这在上面已经作了介绍。指出论据尚待证明也就是揭露对方犯有"预期理由"的错误。需要说明的是，驳倒了对方的论据并不等于驳倒了对方的论题，只是确定了对方的论证不能成立，并不能确定对方的论题是虚假的，也不排除对方提出新的论据之后，该论题仍然可以成立。

（三）反驳论证方式

反驳论证方式就是通过揭露对方论证中推理形式的错误，从而确定对方的论证不能成立的论证方法。

论证方式的错误通常有两种情形：一是使用了非有效式；二是推理过程有失误。这里我们仅就第一种情形提出两种反驳方法。

1. 直接指出其违反某推理规则。例如：

凡抢劫银行的行为都是犯罪行为，

凡抢劫银行的行为都是违法行为，

所以，凡违法行为都是犯罪行为。

其推理形式为：

MAP

MAS

SAP

这是一个第三格的三段论推理，违反了"在前提中不周延的项在结论中不得周延的"逻辑规则，犯了"小项不当周延"的逻辑错误。

2. 解释法。即把被反驳的推理形式抽象出来，给其变项代入相应的内容，若能出现前提真而结论假的情况，该推理式就是无效的。

例如：有学者认为"所谓目的性限缩，指依法律条文之文义应涵盖某一案型，但依目的本不应包含此案型，系由于立法者的疏忽而未将其排除在外，于是为贯彻规范意旨，乃将该案型排除在该法律条文适用范围之外。……目的性限缩所补充的漏洞，为隐含漏洞。上文已经谈到，所谓隐含漏洞，指依规范意旨，本应就某类型设立限制而未设限制，致法律条文之可能文义涵盖过宽，将本不应该包括之类型包括在内。因此，须通过目的性限缩，将该类型剔除，使该法律条文符合规范意旨。……其推理过程是：凡 M 是 P，M_1 非 M，所以，M_1 非 P。是一种典型的三段论法。"[1]
这里，关于民法解释学中目的性限缩的论证方式就是无效的，往往会出现
前提真而结论假的情况。比如：大前提：凡经济纠纷案件都应适用民事诉
讼程序，小前提：离婚案件不是经济纠纷案件，结论：离婚案件不应适用
民事诉讼程序。这个推理的大、小前提都是真实的，但却得出了一个虚假
的结论，其原因就在于所使用的论证方式是一个无效的推理形式，违反了
三段论推理第一格的小前提不能否定的规则，出现了"大项不当周延"的
逻辑错误。

　　同驳倒了论据并不等于驳倒了论题一样，驳倒了对方的论证方式也不
等于驳倒了对方的论题，即对方的论题并不因其论证方式的无效而必然是
虚假的。所以，要最终实现反驳对方论题的目的，仅仅驳倒其论证方式是
远远不够的。

　　因此，在反驳论题、反驳论据和反驳论证方式这三种反驳方法中，反
驳论题是最有力的反驳方法，其次是反驳论据，最后是反驳论证方式。

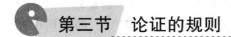

第三节　论证的规则

　　任何一个正确的、有说服力的论证，除了恰当地运用前面介绍的论证
方法外，还必须遵守下列五条论证规则：

　　1. 论题应当清楚、明白。论题应当清楚、明白是指论题（包括其中所
使用的概念）所表达的含义必须清楚、确切，不能含糊其辞，也不能有
歧义。

　　论证的根本目的在于确定论题的真实性，只有论题清楚明白，论证才
有可能是有"的"放"矢"的和有效的。如果论题本身含糊不清，即使是
旁征博引，洋洋万言，也只能是东拉西扯，使别人不能了解究竟要论证什
么，因而也就达不到论证的目的。

　　因此，在论证时，要求论证者首先搞清自己的论题是什么，并且用明
确的语言表达出来，对论题中关键性的概念，必要时还应加以定义或扼要
说明，以避免产生歧义。

　　例1. 一国两制是根据实际情况提出的构想。所谓"一国两制"是

〔1〕　梁慧星：《民法解释学》，中国政法大学出版社 1995 年版，第 275 页。

"一个国家，两种制度"的简称。其含义是：在中华人民共和国内，在祖国统一的前提下，大陆十亿人口实行社会主义制度，台湾、香港、澳门地区实行资本主义制度，并长期不变。这是中国共产党在十一届三中全会以后为实现祖国统一大业而制定的一项重要战略方针。

这段议论在论证"一国两制是根据实际情况提出的构想"这一论题时，一开头就对论题中关键性的概念"一国两制"加以界说，从而使论题十分清楚、确切，便于人们理解。

违反"论题应当清楚、明白"这一规则所犯的逻辑错误，叫做"论题模糊不清"。

例2. 1951年6月，在朝鲜战争的关键时刻，朝、中代表去莫斯科见斯大林，商谈停战谈判问题。在商谈过程中，朝、中谈话人把停火、停战、媾和、休战、和约等词汇混杂，交叉使用。于是斯大林要求先弄清各种概念的涵义，用明确的概念表明自己的意图和所要达到的目的。他指出，停火、停战、媾和、休战、和约等，它们的含义之间的差别是很大的。

所谓停火，就是在战斗期间，在前线上，由于某种原因而需要短暂的停火（数小时或一两天；时限一过，又继续交战）。停战则是较长时间的停止军事行动，但双方仍处于交战状态中，战争并非结束，随时仍可复战，所以并非和平局面。媾和，亦即和谈、和解，是交战双方为了取得较长时间的缓和或某种程度的和平状态，经过协商达成停战、缓和状态或和平，但并非巩固的和平局面。所谓和约（和平条约）是全面停止军事行动，消除敌对状态，转为和平共处形势，总之，是消除一切战争迹象、战时影响与遗迹。经过澄清后，最后明确会谈的目的就是确定停战方针，并计划开始进行和谈。

朝、中代表在会谈开始就同时混同使用几个不同概念，使人听不懂他们的意见，摸不清他们的意图和目的，犯了"论题不清"的逻辑错误。

2. 论题应当始终保持同一。论题应当始终保持同一，是指在一个论证中只能有一个论题，并且在整个论证过程中保持不变，始终围绕该论题进行论证，也就是要遵守同一律的要求。违反了这条规则就要犯"转移论题"或"偷换论题"的逻辑错误。"转移论题"或"偷换论题"最常见的是用内容完全不同的另外一个命题替换了原命题。

例1. 某单位的一位领导干部批评该单位的一个党员时说："最近你的私心太重，群众对你意见很大。我们共产党员无论何时何地都不应将个人利益放在第一位，而应处处发挥党员的模范作用。"这个被批评的党员却狡辩说："按照你的说法，共产党员就不应该考虑个人利益了？既然如此，你为什么还月月领工资、奖金呢？"

这位被批评的党员在论辩过程中，把"共产党员不应该将个人利益放在第一位"歪曲成"共产党员不应该考虑个人利益"，这种故意偷换论题的做法，显然是为了掩盖他的缺点错误而进行的诡辩。

"转移论题"或"偷换论题"的另一种情况，是用近似于原论题的命题替换原论题，或者将它扩大，或者把它缩小。如果是前者，则犯了"论证过多"的逻辑错误；如果是后者，则犯了"论证过少"的逻辑错误。论证过多：是指不去论证论题，而去论证某个比论题断定较多的判断。即本来要论证的论题是 P，而实际论证的论题是 P＋1。论证过少：是指不去论证论题，却去论证某个比论题断定较少的判断。即本来要论证的论题是 P，而实际上所论证的论题却是 P－1。

例 2 本来要求论证的论题是"中国社会现阶段的主要矛盾"，而论证者实际上论证的却是"中国社会的主要矛盾"，这就犯了"论证过多"的逻辑错误；反之，就犯了"论证过少"的逻辑错误。

3. 论据应当是已知为真的命题。论据是用来论证论题真实性的根据，论证过程就是从真实性的论据推出论题真实性的过程。如果论据不真，或其真实性尚未得到证实，虽然不能说论题虚假，但论题的真实性是未能得到证明的。

如果以虚假的命题做论据，就不能保证从该论据推出的论题必然为真，就要犯"论据虚假"的逻辑错误。

例 1. 1991 年 8 月 12 日晚，被告人赵某与兄长在回家途中碰到李某（系被告人兄长的亲属），李某对两人说：朱某和另外两人在食堂内与被告人兄长的亲属发生争执。被告人与兄长立即到食堂，见门已关，灯也熄了，就使劲砸门。被害人朱某和另外两人于某、藏某听到声音忙开灯，起床开了门。被告人和兄长冲进食堂对被害人连推带打。在对打的过程中，被告人从地上捞起一块砖，用砖的侧面击中了被害人的前额和左眼部，致被害人血流满面，当即昏迷。随后赵某等人将被害人送到县医院。医院诊断为左前额有 3cm×2cm 皮肤撕裂伤，左眼眶皮下淤血水肿，软组织挫伤，但视力未查。被告人住院 7 天后出院。1991 年 9 月 11 日和同年 10 月 15 日被害人两次到医院检查左眼，其结果均为左眼外伤性眼球萎缩，视功能丧失无法医治。一审法院认为：被告人赵某砸门挑起事端，主动参与打架，并用砖块击伤被害人左眼、左前额，致被害人左眼失明，属重伤。被告人在主观上有伤害被害人的故意，客观上有伤害被害人的行为，且伤害结果严重，其行为已构成故意伤害罪。遂以故意伤害罪，依法判处被告人赵某有期徒刑4年。

判决宣告后，赵某以"被害人左眼失明与己无关"为由提出上诉。中级人民法院二审维持原判，驳回上诉。

二审判决后，赵某向自治区高级法院申诉。自治区高级人民法院再审查明：被害人以前玩雷管受过伤；众多证人证明其左眼原有残疾；医学专家认为被害人左眼失明是因为眼球萎缩，而此类眼球萎缩短期不会形成；再经科学技术鉴定委员会鉴定，认定被害人左眼球内存在金属异物，致眼球逐渐萎缩失明。根据以上情况，确认原审法院认定赵某犯故意伤害罪所依据的法医作出的"被害人左眼失明为赵某所致"的鉴定有误；提取的被害人案发前的照片也证明了被害人左眼失明不是赵某所致。原审认定赵某用砖块致被害人头皮3公分裂伤属实，判被告人无罪。

本案一审、二审法院证明被告人犯故意伤害罪的主要依据就是：被告人用砖块致伤被害人左前额、左眼部，造成被害人左眼失明。再审法院经过细致、认真、科学的大量调查研究，证实这一论据有误。一审、二审法院用错误的论据（证据）来证明其论题"被告人犯故意伤害罪"就犯了"论据虚假"的错误，其论题就必然不会为真，即赵某犯故意伤害罪罪名不能成立。

违反这条规则的第二种逻辑错误是"预期理由"。所谓"预期理由"就是引用真实性尚未得到证明的命题作为论据去确定某个论题是否真实或是否具有正当性时所发生的错误。"预期理由"的错误常常表现为论证者仅凭道听途说、主观猜测、想当然等作为论据，便轻率地确定某个论断是否成立的，而且还对这一论断坚信不疑。预期理由所依据的理由，虽然不一定是虚假的，然而它终究是未经证实的，其真实性是不明显的，依据这样的理由难以确定所要论证的论题是否可以成立。这样的错误在日常论证中是相当普遍的，即便在司法实践中也时有发生。

例2. 某地检察机关指控被告人梁某某已构成贪污罪，进行了如下论证：

"被告人梁某某利用职务之便，偷拿销货款800多元。因为，根据多名群众的证言和本院的调查证明，被告人工资不高，加上其爱人的工资和其他正当收入，每月不过100多元，然而被告的生活却过得相当宽裕，仅近年来购置的物品和估算的生活费用，其支出金额就超出收入金额 800 多元，其本人对此也感到不清楚，可见这 800 多元必是贪污所得。"

上述论证中，确定"被告人梁某某已构成贪污罪"的一个重要论据就是"被告贪污了 800 余元"，然而这一论据却是根据被告梁某某的收入与支出折抵后的差额得出的。而这一差额所依据的一个数据，即"估算的生活费用"本身却是模糊的、不精确的。既然支出仅仅是并无可靠根据的"估算"，以此为根据而推算出的差额，其真实性就不能不令人怀疑。虽然它有可能为真，但也有可能为假，因而该论证犯了"预期理由"的逻辑错误。

4. 论据的真实性或正当性、合理性不应当靠论题的真实性或正当性、合理性来论证。在论证中，论题的真实性或正当性、合理性是从具有真实性或正当性、合理性的论据中推导出来的，也就是说，论题的真实性或正当性、合理性是依赖论据的真实性或正当性、合理性来论证的。如果论据的真实性或正当性、合理性反过来还要靠论题来论证，就会形成论据和论题互为论据、互为论题的情况，就等于论据对论题没有提供任何理由的支持，这样就会导致论证中犯"循环论证"的逻辑错误。"循环论证"的表现形式常常是仅仅把需要论证的论题以不同的措辞重述一遍，便充当了支持论题的理由。其特点是，先用论据 B 去论证论题 A，而论据 B 的是未经证明的，在论证 B 时，又反过来用所要论证的论题 A 作为论据去论证 B。这样，就使得整个论证实际上变成了以 A 去论证 A 自身，因此，这种论证显然是没有论证力的，因而是无效的。例如：

1986 年卢某某投机倒把案的法庭辩论中，辩护律师和公诉人有如下一段辩论：

辩护律师："投机倒把罪在主观方面必须是有直接故意，并且必须具有获取非法利润的目的。"

公诉人："有没有这样的目的，被告人的心里是很清楚的。"

辩护律师："他心里清不清楚，你怎么知道？请拿出证据来。"

在这里，公诉人的论辩就犯了"循环论证"的逻辑错误。若将公诉人的论辩还原为标准形式就是："被告人有投机倒把的直接故意和目的，因为被告人心里有这种直接故意和目的。而被告人之所以心里很清楚投机倒把的直接故意和目的，是因为被告确实具有这样的直接故意和目的。"

5. 从论据应能推出论题。从论据应能推出论题主要是指论据与论题之间必须具有逻辑联系，论据应是论题的充足理由，从论据的真实性、正当性能合乎逻辑地推出论题的真实性、正当性。

违反这条规则就会犯"推不出"的错误。常见的"推不出"的错误有下列几种表现形式：

（1）"论据与论题不相干"。这是指论据与论题之间在内容上毫无关系，在这种情形之下，即使论据具有真实性、正当性，也无法从论据推出论题。例如：

> 文革中，某教师带领学生到农村插队。刚开始，学生的自理能力极差，连衣服都不会洗。这位教师在教学生如何洗衣服时说道："衣服的领子和袖子最脏，要注意多用些肥皂。"不久，这位教师被当地公安机关抓了起来，理由是他污蔑伟大领袖，犯了现行反革命罪。

尽管这位教师说的"衣服的领子和袖子最脏"这句话是真的，但它与"污蔑伟大领袖"这一论题之间毫无关系，两者简直是风马牛不相及的。从逻辑上说，当地公安机关的办案人员犯了"推不出"的逻辑错误。

论据与论题之间应当有逻辑联系，这种逻辑联系常常表现为前因后果的联系或条件联系。如果在讲话或写文章时，乱用"因为"、"所以"、"因此"、"如果，那么"等表示因果关系或条件关系的连接词，把一些与论题毫无因果关系或条件联系的事例或原理当成论据，也会犯"论据与论题不相干"的逻辑错误。

（2）"论据不足"。所谓"论据不足"是指在论证中，所引用的论据对于确定论题的真实性或正当性来说，虽然是必要的，不可缺少的，但并不是充分的，从论据还不能推出论题，还必须补充其他论据。例如：

> 某市中级人民法院以杀人罪判处唐乙有期徒刑15年。案件送到省高级人民法院复核。省高级人民法院复核后认为，该案认定事实不清，证据不足，决定组成联合调查组深入调查。调查结果表明这是一起错案。
>
> 原定案的主要依据是：①当天上午两名被告人的行踪不清，有作案时间；②从被告人家中提取的两把柴刀，认定为砍树和杀人的犯罪工具；③被告人唐乙上衣有O型人血，与被害人血型相同；第四，唐乙供认作案。
>
> 联合调查组查明：①被告人行踪清楚，没有作案时间。经多人调查证实：当天上午9点到12点左右，唐甲与妻子在长江岭挖番薯，唐乙在西岸赶圩。从案发地到长江岭步行单程需近两个小时，到西岸圩市步行单程需两个半小时，被告人怎么可能在11点30分左右作案后又去劳动、赶圩，并于12点左右返回家呢？原

审认为证人都是被告人亲属同乡，其证言是有意包庇而不予采信，认为被告人作案后，是为掩盖罪行才去劳动和赶圩的。②作案时间与杀人凶器不能认定。根据被告的供述，从家里提取的两把钩嘴柴刀，未经鉴定核实，先入为主，被主观认定为砍树和杀人的犯罪工具。现经过鉴定证实，该柴刀的砍痕与被偷杉木的砍痕不符，被害人头部伤痕也不是该柴刀所砍伤的。③唐乙上衣后襟有 0.3cm×0.3cmO 型人血，虽与被害人血型相同，但这也不能作为认定杀人的根据。理由是：首先，被害人指证的凶手是穿黄衣服，而唐乙有血迹的上衣却是蓝色的；其次，该上衣是发案后 100 天才提取送检的，唐乙穿着这件衣服在外地搞副业数次，难于排除沾染他人血迹的可能；最后，同血型的人很多，如无其他杀人证据，仅凭绿豆大的同血型血迹，不能作为定案的根据。

本案中，原审法院办案人员在确定唐乙"犯了杀人罪"这一论题的过程中，就犯了"论据虚假"、"预期理由"和"论据不足"的逻辑错误。因为，原定案依据之一——"当天上午两名被告人的行踪不清，有作案时间"与实际情况不符，犯了"虚假理由"的逻辑错误；原审认为证人都是被告人亲属同乡，其证言是有意包庇而不予采信，犯了"预期理由"逻辑错误；原审认为"被告人作案后，是为掩盖罪行才去劳动和赶圩的"，又犯了"虚假理由"的逻辑错误，因为，事实根本不是如此；原审法院办案人员根据从家里提取的两把钩嘴柴刀，未经鉴定核实，就认定是砍树和杀人的犯罪工具，既犯了"预期理由"的逻辑错误，因为该证据的真实性并没有得到证实，又犯了"论据不足"的逻辑错误，因为，提取的柴刀是被告人就是犯罪分子的必要条件，但并不是充分条件；同样，依据"被告人唐乙上衣有 O 型人血，与被害人血型相同"，就认定被告人就是凶手，其理由也不充分，因为，被告人衣服上有 O 型人血，只是确定被告人是凶手的必要条件，而不是充分条件。

（3）"以相对为绝对"。在演绎论证中，为了确立论题的真实性或正当性，通常只要提供一个具有真实性或正当性的一般原则或普遍命题为前提（论据）即可展开推论。但是，如果在断定论据的真实性或正当性时，或在展开推论的过程中，把在一定条件下具有真实性或正当性的一般原则或普遍命题当作对任何条件下都具有真实性或正当性，就会产生"以相对为绝对"的逻辑错误。例如：

"运动是有益的，所以，人人都应当增强运动。"

在这个论证中，虽然运动对（一般）人的健康是有益的，但这并不意味着运动对任何人都是有益的，因为，我们很容易找出一个反例说明"人人都应当增强运动"这个论题是错误的，比如，心脏病患者和高血压患者就不应当增强运动。这个例证就是把仅仅在一定条件下具有正当性的命题，当作在任何条件下都具有正当性的命题，正是犯了"以相对为绝对"的逻辑错误。

（4）违反推理规则。论证总要借助推理，任何推理都运用一定的推理形式，正确的推理形式是使论据和论题建立起逻辑联系的纽带。如果论证中所运用的推理形式不正确，违反推理规则，即使论据真实（或具有正当性）、充分，也不能推出论题的真实性、正当性。这种情况也是"推不出"的一种表现。例如：

"贪污罪是故意犯罪，盗窃罪是故意犯罪，所以，盗窃罪就是贪污罪。"

虽然两个论据都是正确的，但由于这个三段论推理违反了"中项在前提中至少要周延一次"的规则，所以推出了一个荒谬的结论。

上述五条论证规则中，第一条和第二条是关于论题的规则，第三条和第四条是关于论据的规则，第五条是关于论证方式的规则。任何论证违反了这五条中的任何一条，都意味着犯了逻辑错误，该论证就是无效的。

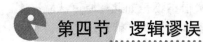 第四节　逻辑谬误

一、谬误的特征

所谓谬误，广义上指的是与真理相对的不符合客观实际的错误认识。狭义的谬误，指的是违反思维规律或逻辑规则的议论，尤其是指论证中不合逻辑的推论。本节所要讨论的谬误主要指狭义的谬误。

谬误可以说是与生俱来的、与人同在的。没有人能够在思维或表达中完全避免谬误。但是，我们并不能因为谬误是无法避免的就在谬误面前保持沉默。正如亚里士多德所说："在某个特殊领域里有知识的人，其职责就是避免在自己的知识范围内进行荒谬的论证，并能够向进行错误论证的人指出错误所在。"

论证的目的就是为了运用一定的实质性论据来支持论题的真实性或正当性，而该论题在某种意义上是不为一些人所知晓的或为人们怀疑的或受到责难的论断。从逻辑上来考虑，一个合理的、正确的论证必须满足三个

条件：①论据必须真实可靠，最起码是论证者或对方默认为真实可靠的；②对论据的可疑度要比论题的可疑度要小，这样才能用论据来消解对论题的怀疑；③论题能得到论据的实质性支持，对演绎论证来说，论题必须得到论据的充分的、完全的支持。所谓谬误，就是论证由于无法满足这些要求所产生的错误。这就是谬误的逻辑特征。

与谬误有联系的一个术语是诡辩。诡辩具有以下几个特点：从论证的目的来看，诡辩是故意违反逻辑规则，有意为错误的论点或言行进行辩护；从论证对象来说，诡辩所论证的是虚假的、反事实或违反真理的论题；从论证的方法上说，诡辩是不正当地利用理智或语言上的技巧或怪异的形式而做出的似是而非的论证。但是，正是由于它利用了理智或语言上的技巧，因而往往具有一定的欺骗性。总之，诡辩从本质上来看，也是一种典型的谬误，是应当加以揭露和驳斥的。

平时，还有所谓强辩、狡辩或巧辩的说法。强辩是强词夺理、胡搅蛮缠的辩论；狡辩是狡猾、诡诈的辩论，其中都有诡辩的意思。巧辩如果是指巧妙的辩论，当然是好的，但搞得不好，也就可能含有诡辩的意思。

二、形式谬误与非形式谬误

论证是推理或推论型的思维形态，通常把与论证相关的谬误分为形式谬误和非形式谬误两种。

形式谬误对应于各种推理的有效式。一般来说，每一种有效的推理形式都有一种与之相对应的违反这种推理规则的谬误。形式谬误一般与推理的具体内容无关，在分析这种谬误时暂时可以不考虑自然语言所表达的语义以及语言所使用的具体环境。对于形式谬误，只要熟悉各种有效的推理形式和推理规则，就不难识别，这里不再作具体讨论。

非形式谬误是有关推论的内容、实质的谬误，它通常与感情、态度、信念等心理因素以及自然语言表达功能的多样性等因素相关。依据传统的分类方法，非形式谬误有相关谬误、歧义性谬误和论据不足三种形式。

三、相关谬误

论证的目的是为了确立论题的真实性或正当性，只有诉诸于事实和真理，依赖逻辑和理性的力量，从论据之真推出论题之真，才能达到让人心服口服的效果。如果论证的论据与论题虽然具有一定的相关性，但论证者不是求诸于逻辑和理性，而是利用语言表达感情的功能，以言词激起人们心理上的恐惧、敌意、怜悯或热情，引诱人们去接受其论题，就会犯相关谬误的错误。也就是说，相关谬误就是由于论证诉诸于感情、情绪、态度或信念等心理因素而导致的思维错误。

相关谬误主要有五种：人身攻击、诉诸无知、诉诸权威、诉诸怜悯和诉诸众人。

1. 人身攻击。人身攻击谬误是指在论证中，以立论者或反驳者的人格或处境为论据，而不是以立论者或反驳者所提出的观点和理由为根据进行辩护或反驳，就会产生人身攻击的谬误。日常思维中所说的"因人立言"或"因人废言"就是典型的人身攻击的谬误。例如：

>　某法庭论辩中，公诉人指控被告持枪抢劫。辩护律师和公诉人在论辩过程中就犯了"人身攻击"的谬误。
>
>　辩护律师："指控被告持枪抢劫，必须证据确凿。什么是证据确凿？《康熙字典》上说：凿，是凿井，这里确实凿了一口井，才叫证据确凿。"
>
>　公诉人："什么《康熙字典》，你这是卖弄词句。"
>
>　辩护律师："你这纯粹是不学无术，一窍不通。你连什么叫确凿都不懂，还有什么资格当公诉人？"

这里公诉人和辩护律师都没有就被告是否持枪抢劫展开讨论，而是在互相进行人身攻击。

又例如：

>　你蹲过监狱，是一个劳改犯，有什么资格教训我？

其形式为：

A 断定 P，

A 在某一方面有缺陷，

所以，P 是假的（或不可信）。

2. 人格人身保护。人格人身保护是以自己或他人人格高尚为理由，诱使他人相信某论题为真的谬误。例如：

"我以我的人格担保，我所说的一切都是真的"。"某某人人格高尚，他的话一定可信"。

这是典型的因人立言，因为，人格高尚与他说的话是否真实可靠没有必然联系，人格高尚的话不一定都是真实可靠的。

其形式为：

A 断定 P，

A 的人格高尚，

所以，P 是真的（或可信的）。

3. 处境人身保护。处境人身保护是以自己或他人处境优越为理由，诱使他人相信其论题为真。例如，因某人在科研院所工作，所以，他的成果一定具有学术价值；某人是逻辑学教授，所以，某人说话或写文章一定合乎逻辑；某人专攻伦理学，所以，他的言行举止一定合乎道德规范。总之，人的出身、经历、职业、地位等各种处境优势，均成为处境人身保护的借口。实际上人们处境的种种外在条件，跟其当前所要论证的论题并无逻辑上的联系，而只是在心理上相关，而这些心理相关因素并不能成为论证其论题成立的充足理由。

其形式为：

A 断定 P，

A 是干某某工作的，

所以，P 是真的（或可信的）。

4. 处境人身攻击。处境人身攻击是依靠攻击对方的处境进行证明、反驳。这属于间接的人身攻击。比如，因为某人家境殷实，所以，他一定花钱如流水，一定是一个奢侈放荡的人；相反，由于某人贫困，所以，这个人平时一定是见钱眼开，如果这个人当了官，一定会贪污受贿；某人认识许多偷鸡摸狗的朋友，所以，他也一定是偷鸡摸狗之辈。总之，列举某人处境方面的理由，同所论证的论题没有任何逻辑联系，而只能借助某种心理相关性取得表面的说服力，但实际上是经不起理性的推敲。

其形式为：

论题 P（P 是一种恶行），

A 的处境与 P 相关，或 A 的处境有利于 P，

所以，A 一定有 P。

应该承认，一个人表现的好坏，品行是否高尚，生活环境的优劣，同他是否在特定条件下实施某种犯罪行为或其他不良行为有一定的联系。但是，一个人平时的表现和品行如何，有无可能走上违法乱纪的道路，同他是否实施了某一具体的违法犯罪行为，两者终究不是一回事。因此，即使证明了某人平时表现不好，品行不端，处境不好，也不能足以证明某人就一定实施了某种具体的违法乱纪行为。要证明某人确实犯了这种行为，必须拿出确凿的证据来，并在此基础上依据有关法律规定进行论证，不能用对某人的品行评价来代替。

还有一种处境人身攻击的形式叫做"你也是"，它的特点是：把矛头指向对方的言行矛盾，以图降低对方议论的可信度。实际上对方的言行矛盾跟其所提论题在逻辑上是两回事，而不是一回事，不能用对方的言行矛盾作为逃避当前论题论证的遁词或挡箭牌。例如：

一位少年不愿学习而经常逃学，考试经常不及格。他父亲批评他时，

他反驳道：你小的时候不也一样吗？你现在还经常整夜打麻将呢！

其形式为：

A 有根据地指出 B 在 X 问题上有错，

但 A 在 X 问题或其他问题（与 X 具有相似性）有错，

所以，A 的意见是错的。

5. 诉诸强力的谬误。所谓诉诸强力的谬误就是指那种不是为论题提供理由，而是指出不信服这个论断的人将要受到道德的、宗教的、经济的、武力的威胁，以迫使他人接受该论断的论证。

依赖强力迫使他人接受某论断的方式是多种多样的。如：

道德的，"你不信服，良心不得安宁"；宗教的，"你不信服，上帝会惩罚你的"；武力的，"你不信我的话，你的脑袋迟早会搬家的"；经济的，"你不信 P，将会受到经济制裁"；等等。

其形式为：

不信服 P 将要得到你不愿得到的结果，

所以，P 是可信的。

6. 诉诸无知的谬误。诉诸无知的谬误是指论证一个观点时没有积极的理由，仅以尚未证据证明该论断为假或为真（即对论题的真假的无知），便断定该论断是真的或是假的。其形式为：

①没有证据证明 P 是假的，所以，P 一定是真的。

②没有证据证明 P 是真的，所以，P 一定是假的。

例如：

没有证据证明他有作案时间，所以，他一定没有作案时间，

所以，他一定不是罪犯。

没有证据证明他没有作案时间，所以，他一定有作案时间，

所以，他一定是罪犯。

从论证的本性来看，没有证明为真，并不意味着某一论断一定是假的，只是表明还没有找到真实证据；同样，没有证明某一论断为假，也不意味着它一定就是真的，只是说明人们还没有找到与该命题相互矛盾的证据而已。因此，人们对某一现象领域或论断的无知，丝毫不能成为对该现象领域或命题下断言的逻辑理由。司法审判中，必须以事实为根据，绝对不能套用诉诸无知的论证形式，否则，冤假错案将是不可避免的。

7. 诉诸怜悯的谬误。在论证一个论点为真或一种要求合理时，仅以某人值得同情为由，否则有理由同情的那个人将会有更多或更大的不幸。

这种谬误不是提供确凿的证据来论证自己的观点，而是通过诉说可怜

的、不幸的遭遇或境况，激起别人的同情、怜悯，使别人接受或相信他的观点是正确的。例如：

在法庭上常常会看到犯罪嫌疑人泪流满面如下的诉说：

"我上有年迈的丧失生活自理能力的老人，下有不能自食其力的年幼的子女，如果我被投进监狱，他们该怎么生活呀！"

这里，犯罪嫌疑人，企图用悲戚的面容、呜咽的声音、泉涌的泪水，来模糊法官理性思考的视线，以感情取代理性的裁决。该谬误的论证形式是：

A 是值得同情的怜悯的，

所以，关于 A 的命题 P 是对的。

很明显，这种论证是不合逻辑的，因为前提对结论没有逻辑相关，人类的同情心不是论断的逻辑理由。这里并不是说，人们的同情心成了荒谬的东西，而是说将同情之心，怜悯之心作为支持某种诊断的根据时，它是荒谬的。

8. 诉诸公众的谬误。以社会公众或特定团体中的大多数人对某一观点的态度为根据，来衡量一个论断的真假，而不管这一观点是否有令人信服的客观根据。

这种论证实际上是"随大流"的一种表现。"随大流"是一种非理性的选择，不是理智的考虑，是一非理性的思维。这种谬误在现实生活中屡见不鲜。该谬误的论证形式是：

①公众赞同 P，

所以，P 是可信的（或非 P 不可信）

②公众否认 P，

所以，P 是不可信的（或非 P 可信）

诉诸公众的论证的谬误性在于：它不是从证据对观点的支持程度去判定此种观点的可信度，而是以某种观点所掌握的人数力量的对比来判定它的可信度。因而结论不是必然的。尽管我们知道，正确的、有说服力的见解终究会赢得公众，但赢得公众的见解并非都是正确的，有说服力的，"真理往往在少数人手里"可作为诉诸公众谬误的反例。

9. 诉诸权威的谬误。在论证中，不适当地引用权威人士的观点，来为论证者的论点或行为辩护，甚至以此来压服有充分理由的新探究。这也是"滥引权威"。

权威是使人信从的力量或威望。它是某种范围里最有地位的博得人们尊敬的人和事物。权威本质上是一种社会关系：在社会生活的不同领域，某个人或组织得到公认的影响，它表现在科学、生产、教育等诸多领域。仅就科学领域来说，有知识权威、导师权威、管理权威、博学权威、技术发明权威等，其中知识权威就是那些"成为结论性陈述或证明的来源的个人（如某一特定科学领域的专家）；作为一个意见值得被接受、被引证或被请教的人"[1]。正是在这种意义上的权威与论证有密切关系。

信仰权威是人们最自然的心理倾向，因而在日常论证中，人们广泛使用着诉诸权威的论证，例如：新闻界常以"据权威人士透露"、"分析"等方式来保证被披露消息的可靠性。有时，某人的身份就是以保证其陈述具有权威性而被加以引证。一国首脑所陈述的关于该国的某项政策，只需根据陈述者身份就可以肯定，一种条文陈述或解释的可靠性也来源于制定者的权威身份。有时，一个陈述的可靠性又来源于某一领域的专业权威，我们利用他们的意见来论证相关的论点。

但是，权威的话并非句句为真，只有权威的正确意见用作论据才是正确的论证。因此，"A 是关于 P 的可靠权威，A 肯定了 P，所以 P 是真的。"这种诉诸演绎论证模式应该给予实质性修正。合理的诉诸权威的论证模式应该是归纳的，结论只能是或然的，其形式为：

①A 是关于 P 的可靠权威

②A 肯定 P，则 P 较大可能为真

③A 肯定 P

④所以 P 较大可能为真

这一归纳模式，核心前提是②，②又有①来保证。①意味着：A 相关 P 的知识总汇相对丰富，因而他最有可能作出正确断定；A 作为某个专业领域的权威，是因为在以往他在多次场合下的断言多次被证明正确，因此有理由期望在 n 次场合对同类问题断言的可信度较高；A 断定的命题，目前尚未遇到具有根本权威的反例，也未遇到比其更合理的假说的挑战。

由上述分析，我们认为，诉诸权威的谬误有三种基本类型：一是在运用引证权威的模式时，使用者未能把它看成是归纳的，而把结论的可信度等同于前提的可信度；二是使用者所引用的权威并不是 P 命题所属领域的权威，论证者关注的只是权威的名望，使我们由对权威的尊敬而相信结论；三是对一种颇有根据的新见解，反对者试图通过引证权威加以否定，甚至当这种新见解与权威的观点不相容时，依然引证权威来加以反驳。这

---

〔1〕《英汉辞典》，国防工业出版社 1997 年版，第 339 页。

种谬误论证企图压制新探究。这表明，引证权威的论证是语用的，有时它是有说服力的论证，有时却是谬误。

10. 诉诸传统的谬误。肯定或否定一个命题，完全以合乎传统为根据。特别在关于价值命题的辩护与反驳中常见。

传统，是指世代相传的具有民族特点的社会因素。优秀的传统应继承和发扬，落后的传统应破除抛弃，这是对待传统的正确态度。但是，在论证某个观点时，以传统作为正面根据或反面论据，都不能使论点得到充分支持。例如：

①传统上要尊老爱幼，

所以，我们不尊老爱幼是不对的。

②传统上国家不管生儿育女，

所以，现在国家提倡计划生育是不必要的。

①传统见解为 P，

所以，P 真（合理）

②传统见解为 P，

所以，P 假（不合理）

这种谬误在于，对事物情况作断定，或论证自己观点时，不是从该事物本身的性质、情况出发作实事求是的分析，从而提供支持论点的有力论据。而是仅仅以传统为论据看是否合乎传统去证明某一观点。因而观点得不得到充分支持。

这里需要说明的是，法律推理中，当待处理的当前（主要指民事或行政）案件事实在法律上没有明确规定，而法官又不得拒绝审判，必须对诉争事实作出法律的裁决时，如果就诉争事实在民间存在着一定习惯，而且这种习惯（传统做法）具有道德上的正当性，能够促进社会的发展或能够维护社会的正常秩序，就可以作为司法裁决的依据。这种情形不能算作诉诸传统的谬误。

四、歧义性谬误

语言是思维的工具与表达方式，是人类重要的交际手段。它以语音为物质外壳，以词汇为构造元素，以语法为结构规律。它有传递信息、交流思想、表达感情、影响态度、给出指示与引导行动等功能。要顺利发挥语言的功能，实现成功的交际，就应该使语言具有清晰明确的性质，避免各种歧义。语言只有清楚明确，才能具有可识性，可解性，达到交际的目的。违反语言明确性原则，会导致各种歧义性谬误。

歧义性谬误产生的根源有二：一是由于语言表达的多义性；二是由于

思想认识模糊，认识不清。从逻辑上来看，不论是由于语言表达，还是认识模糊导致的歧义性谬误，都是由于违反了同一律的逻辑要求的结构。

词语的多义性使得同一语词可以表达不同的概念、同一语句可以表达不同的命题，使有限的语言材料能够适应于千变万化的思想表达的需要，这是一种正常的现象。但是，使用多义词而使句子产生歧义，从而导致歧义性谬误的情况却是应当避免的。

从语言的角度来看，歧义性谬误我们可以分别从语法、语用和语义三个侧面来分析。

从语法的角度看，歧义性谬误是由于句法结构不严谨或语法层次难以切分而造成的。例如："新年画展"。如果是"新年"和"画展"两者的组合，其意思就是：为庆祝新年而举办的画展。如果是"新"、"年画"、"展"三者的组合，其意思就是：新的年画展览。这两者的语义显然是不同的。再例如：《评鲁迅论孔子》。如果是"评/鲁迅论孔子"，其意为："评鲁迅对孔子的论述"；如果是"评鲁迅/论孔子"，则其意是："评鲁迅并且论孔子"。

从语用的角度看，歧义性谬误是由于语言使用者对语词使用不当，或脱离语词在语境中的意义而导致对语词的误解而产生的。例如，根据1889年的《胶澳租界条约》，德国获得"在山东境内修筑胶济铁路权，铁路沿线三十里内矿产开采权……"其中的"铁路沿线30里"是个模糊的提法，清王朝解释为"铁路两侧总共30里"，而德方解释为"铁路两侧各30里"。造成歧义的原因是缺少必要的限制成分。由于这种情况在日常生活中总是难以避免，所以，一般的规范性文件总要确定解释权的主体。

由于语法和语用方面的因素而导致的歧义主要是多义问题，而与语义自身的因素相关的歧义除了多义问题外，主要是指语言表达的意义不明确，含混不清。例如：史书载"齐桓公负妇人而朝诸侯"，其中，"负妇人"的陈述含混笼统，既可以指妇人侍立于齐桓公背后，这在当时是正常的；也可以指妇人背在背后，意为淫乱无礼。可见，如果使用者的语义含混笼统将会造成认识上的困难与交际上障碍。

1. 语词歧义谬误。语词歧义谬误是指一个论证的成立依赖于或明或暗地在论证中将一个短语的不同意义被混淆使用。例如：

　　　　一件事的 end 是完美，

　　　　死是生命的 end，

　　　　所以，死是生命的完美。

这个论证的有效性必须建立在两次出现的"end"具有相同意义的基

础上的。但事实上，第一个前提中的"end"是指"目标"。第二个前提中的"end"是指"结束"。二者是同一语词，但表达不同的意义，这个推理貌似正确，但是，这个三段论是无效三段论，犯了"四概念"的逻辑错误。

需要强调是，我们应该看到语词歧义以及由此而造成的语句歧义可能造成的另一种后果：论辩无意义或交际无效。由于语词歧义，根据同样的证据，人们可以构造相反的论证进行争辩，虽然不能说一定是谁犯有谬误，但双方对于同一语词实质上的不同理解使得争论不可能得到有意义的积极的结果。

还需指出的是，歧义并不总是消极的东西。它可以被用于达到商业广告宣传上，增强宣传的效果，或者创造出幽默诙谐。因此，不能把歧义和语词歧义谬误等同，谬误研究者早就区别了歧义和歧义谬误，指出歧义谬误必须具备两个要件：其一，歧义出现于以它为基础的无效论证之中；其二，论证者试图以歧义的陈述"使论证"显得有效以欺蒙他人或自己。

2. 语形歧义的谬误。语形歧义的谬误是指论证者在论证中使用了有两种或两种以上意义的一个句法歧义句，而它的正确性依赖于这个语句在整个论证过程中保持一个意义。

例1. "他连我都不认识。"

由于这个句子的宾语不清楚，究竟是"他"，还是"我"？因而具有不同的意义，既可以理解为："他"不认识"我"，也可以理解为："我"不认识"他"。

例2. "10 天前，我访问了上海的朋友，去深圳了。"

这里的"10 天前"到底是修饰"访问"，还是修饰"去"，是不明确的，所以，究竟是 10 天前访问上海的朋友，还是 10 天前去深圳，令人迷惑不解。

例3. "找到了舅舅的孩子。"

由于施受关系不明确，所以，这个语句可以理解为："找到了/舅舅的孩子"，"孩子"是受事者；也可以理解为："找到了舅舅的/孩子"，"孩子"为施事者。

从言语交际来说，因其语形结构不确定而作双重理解，致使语句意义不确定，造成双方理解不一致，形成交际障碍。在这种情况下，句法歧义不必然与论证有关。但从论证逻辑来说，在一个论证中，如果使用了有两种意义的一个句法歧义句，而且论证的有效性取决于该语句在整个论证中保持一个意义，那么就有句法歧义谬误或双方谬误发生。

论证中的句法歧义谬误的发生可能是这样的：某人提供或说出一个有句法歧义的语句，提出者心目中确定的是一种意义，而听话者则从另一意义上理解该语句，并据此进行推论，结果可能得出错误的或对方不能接受的结论。在这种情况下，谬误不能归于某一方。因为，从论证来说，似乎听话者（论证者）作出了错误的论证，但从提供者来看，论证结论之所以错误，是因为他提供了一个有问题的语句。

只有在论证者依据具体语境知道提出的语句应是何意但又不予理睬，而利用句法歧义作别种理解，进而推论的时候，这才算论证者犯了语形歧义谬误。

避免或对付语形谬误的根本方法是，读者或听者要认真审查语句的意义，要求作者或说者给出语句确定的含义。

3. 语源谬误。语源谬误是指根据某个语词和另一语词在词源上的派生关系，推断它们所指称的事物也有这种派生关系。这种谬误是在论证中通过混淆语词的原初意义和现实的一般意义进而得出结论的。

语词指称事物，因而认识某些事物的性质时，考察它们的相应语词及其来源是必要的，而且是有益的。语词的意义随着历史的发展不断发生变迁，但语词意义的变迁有时反映了事物对象的变迁，例如英语中的"邮局"或"邮筒"一词，原意为"柱子"，通过考察这种词源联系，知道很早以前在华盛顿州，由于居住分散，邮递员不可能将邮件送达家户，于是在小路交叉口立起松木树桩，固定一个木箱子，邮递员只要将居住在此树桩方圆几里内的收件人邮件放进木桩上的箱子即可，每一箱子标有一家的姓名，取件人在此从写有自家姓名的箱子中取走邮件。

4. 自身驳斥的谬误。自身驳斥的谬误是指从论证所使用的语句可以推出该语句的否定命题。这种特殊的语句隐含一个矛盾推论。它有三种类型：绝对的、语用的和断言的。

绝对的自身驳斥是一命题蕴涵了它自身的否定。例如，个别人"看破红尘"，悲观地说："这世界上没有什么是真的。"如果该命题是真的，则可推出它假。因为"这世界上没有什么是真的""是真的，"即"有些东西是真的"。而"有些东西是真的"与"这世界上没有什么东西是真的"相矛盾，因而"这世界上没有什么是真的"是假的。这种自身驳斥的特征是，由它本身为真可推出它本身为假。

语用的自身驳斥是表达命题的方式与命题本身的意义不相容造成的矛盾。例如，我说："我没说话"；我用笔写下"我什么也没写"。这些命题的内容被表达命题的行为方式否定了：我说了"我没说话"表明我说了话；我写了"我什么也没写"也表明我写了点什么，因此我说的和写的话是假的。这种自身驳斥谬误的特点是，对命题内容或表达方式一方单独考虑时，自身驳斥就不复存在。某个时刻我没说话，没有写字，就可能是真的；因此，只要改变表达方式就不再会有自身驳斥谬误的出现。如我用笔写下"我没说话"，用口说"我什么也没写"，就消除了自身驳斥。可见这种自身驳斥与表达方式密切相关，在这一意义上说，自身驳斥的谬误都是语用的。

断言的自身驳斥是，一命题被断定时，断定者将含蓄地承认它，但这与命题表达的意思相冲突。例如，"我什么也不相信"，如果该命题的陈述人断定它，就等于他含蓄地相信该命题，因而导致原命题的否定。这种自身驳斥的特征是，命题本身在逻辑上可能是真的，"我什么也不相信"也许反映的是一种有关我的真实情况，甚至"X什么也不相信"，不管X代以何人，形成的命题都可能为真。但是，命题中的X和命题的陈述，断定者不能为同一人，否则会导致自身驳斥。因此，改变命题的陈述者或断定者，自身驳斥就消解了。在日常论证中，我们应小心使用全称量词和自我相关式语句，以免产生自身驳斥。

5. 连贯谬误。连贯谬误是指把通过连贯结构叙述的若干命题，误解为最后一个命题是有前面的命题推导出来的。

例如，亚里士多德在《修辞学》中所举的例子："他救了一些人，替另一些人报了仇，他使希腊人获得了自由"。对于这种连贯结构，如果认为最后一句是从前两句得出的结论，就犯了连贯谬误。

6. 断章取义的谬误。把若干命题从其所在的语言环境或超语言环境中分离出来加以理解，并将其作为论证的根据，或对其加以反驳。

人们在引证经典、引证名言时常犯此种错误。例如，在西方世界，《圣经》比任何一本书都更经常地被错误地引证，以至有人说，你能够依据《圣经》"证明"你想证明的任何东西，办法就是"断章取义"的手法。甚至为了证明上帝不存在，你也可以引证《圣经》。诗篇中有这样的话："没有上帝"。但是这句话出现的语境是"愚人在他心里说'没有上帝'"。

出现这种错误的主要原因（别有用心者除外）在于没有充分注意语用问题。因为在很多情况下，一命题的确切含义需要通过它的语境加以进一步规定，即是说，当我们引证别人的论点时，既要知道它的一般语义，又需了解此论点在什么条件、情形下作出、针对什么对象、怎样在上下文中出现，还要考虑当自己如此这般引用时是否会引起别人对其原义的误解，只有这样考虑，才能使引证最好地传达原意，远避断章取义的谬误。

7. 合成谬误（组合谬误）。由部分具有某个性质推断整体也具有该性质。例如：

　　　　氯和钠都是剧毒的，所以氯化钠是剧毒的。

　　　　它的推理形式是

　　　　a_1，a_2……是 P（a_1，a_2 是 A 的组成元素）

　　　　所以，A 是 P。

这种推理形式是演绎无效的，因为有它的反例存在。在上例中，前提是真的，但结论是假的，因为氯化钠并没有毒。这种推理也不具有非演绎推理的恰当性，因为我们不知道在组成元素的某些性质为真时，整体也具有这种性质和没有这种性质，哪一个概率更大。

8. 分解谬误。分解谬误是指由整体具有某个性质推断它的任一部分也具有该性质。它的错误推论的方向和合成谬误刚好相反。例如：

　　　　①法律系 2002 级一班团支部是优秀团支部，所以，该班所有团员都是优秀团员。

　　　　②偶然事故是经常发生的，被陨石击中是偶然事故，所以，被陨石击中是经常发生的。

　　　　③毛主席的作品不是一天能读完的，《七律·长征》是毛主席的作品，所以《七律·长征》不是一天能读完的。

上述三个推理前提都是真实的，而结论是假的，可是乍一看，在推理形式上看不出什么问题，但是，如果我们仔细分析其中的核心词项"一班团支部"、"偶然事故"和"毛主席的作品"这三个概念分别在推理中两次出现所具有的含义是不同的。它们在推理中的第一次出现，都是指对象的总体，是在集合意义上使用的，而在第二个前提中都是指该总体中的部分——个别对象，是在非集合意义上使用的。这三个推理的无效都是由于把两个意义并不相同的概念混淆使用造成的。而它们由前提到结论，都是根据整体具有此性质，推断整体的组成要素也具有此性质的推论，这是常见的分解谬误。

9. 强调的谬误。强调的谬误是指增删或错置论证中的命题的强调重点，使得对论证的理解走上歧途。

我们知道，随着语言的发展，语言强调的手段日益丰富。使用着重号、粗体字、斜体字以及改变语序不仅会使交际效果产生差别，而且会传达不同的主题意义。重音和语调也可强调论证中的某一部分信息，使接收者把注意力集中在语句的某一部分上，并有可能把它看作是包含新信息的语句或论证。反之，任意删除原有的强调标志，会减少或丧失原语句中的重要信息或改变原意。如果给原来没有强调意思的语句或语词附加强调，结果会使原来正确的论证变成谬误，或根据得到的语句进行错误的论证。例如：

王某是一个好（hǎo，读上声，音同郝）说话的人。

王某是一个好（hào，读去声，音同浩）说话的人。

前者表示王某性格随和，容易采纳别人意见，后者表示王某是一饶舌的人，喜欢唠叨多嘴，这种由于不同读音引起的歧义，叫语音歧义。

强调谬误产生迷惑性的根源之一在于：人们有一种选择性地注意某些语句或语句成分的倾向。当别人强调一个语句或语句中的特定部分时，它有可能诱导我们忽略其他的东西。而当人们进一步引申被错误地强调的东西时，谬误论证就更易出现了。

10. "非黑即白"的谬误。非黑即白的谬误是指在两个极端之间不恰当地二者择一。这里的黑、白比喻两个极端。因为在黑、白之外还有其他多种颜色，而非黑即白的思维方式，却无视其他颜色的存在，把选择的范围仅局限于黑和白两个极端之间，并不恰当地要求在这二者之间选择一个。其思维方式是：因为不是黑的，所以一定是白的。例如，文革期间，由于受极左思潮的影响，把人不恰当地分为两大阵营，要么属于革命阵营，要么属于反革命阵营。就是典型的非黑即白思维模式，这种思维模式在黑暗时期经常泛滥，因而出现了许多人间悲剧。

但需要说明的是，非黑即白谬误出现于事物情况不限于两个极端的场合，而对只有两种可能可供选择的场合就不适用。如在刑事审判活动中，法官的思维模式就只能是非黑即白的，即不是有罪就是无罪。这里并不存在非黑即白的谬误。

11. 附加谬误。附加谬误，是指通过给一性质命题的主词和谓词附加同一词项，得出一个结论，但是，由于同一项与不同的语词组合，该语词的意义有不同的变化，因此，附加的语词实际是不同的语词。例如：

船，木也，（所以）入船，入木也。

这种谬误就如同进行下述推理：

象是动物，所以，小象是小动物。

蚂蚁是动物，所以，大蚂蚁是大动物。

12. "稻草人"谬误。"稻草人"谬误是指，把一个虚构的、较为容易反驳的论点强加给对方，然后加以攻击。这种谬误犹如绑扎一个稻草人以代表对方，然后用攻击稻草人的办法来冒充对论敌的反驳。语言交际的原则之一就是关联原则，即说话要与已定的交际目的相关联。根据这一原则，在正当的辩论中，证明和反驳双方的议论应该切题，即一方所反驳的论题必须是对方真正提出的论题。稻草人的谬误就违反了这一原则。稻草人有以下几种手法或形式：

（1）歪曲论点。把显然愚蠢的思想强加到论点身上，然后加以驳斥。常见的歪曲论点的方式有夸张、概括、推广、引申、简化、省略，等等。例如，孟轲曾说："杨氏为我，是无君也。墨氏兼爱，是无父也。无君无父，是禽兽也"（《孟子·藤文公下》）。杨朱"为我"论点的含义是重视个人生命的价值，反对别人对自己的侵夺，也不侵夺别人，孟子却把它说成是目无君主。墨子"兼爱"论点的含义是普遍平等地爱人，不受等级贵贱与血缘亲疏的局限，孟子却把他说成是目无父亲。而无父无君又被等同于禽兽。这是一个古老而又影响深远的稻草人谬误。

（2）虚构论点。暗示对方采取某种为反驳者所虚构的特定观点的之一就是强有力地提出相反观点。在讨论、辩论中，如果一方强调某种论点，这马上会给人一种印象，即对方反对这一论点，于是为反驳者所虚构的论点，就无形中被强加给对方了。如某人强调说："我认为发扬民主才是我单位改进工作的头等大事。"这是在暗示对方的观点正好相反。如果对方不立即声明自己也同样赞成民主，那么人们很容易会疑心他反对这一点。

当论点本身含有否定成分时，这种归咎虚构论点的效应就尤其明显。例如，某人说："我的看法是我们学校里不应该允许歧视走读生、成教生。"这是在暗示对方主张"应该歧视歧视走读生、成教生。"而这实际上只是说话者心里的稻草人。

在言语交际中，只有当其他人不持同样观点时，才可以用强调的方式提出自己的观点，正因为如此，以强调方式提出某种观点，会产生把虚构论点归咎于对方的效应，这是稻草人谬误的一种表现或手法。

（3）避强击弱。是指在讨论、辩论中避开对方较强的论据，而专门攻击较弱的论据，或避开较强的对手，而专攻较弱的对手。这也显示出稻草人谬误的实质，是通过把对方重塑为比实际更弱的形式，以便使对方显得更容易被驳倒，而使自己显得更强大并取得表面的胜利。日常生活中，把别人说成豆腐渣，把自己说成一朵花，以己之长比人之短，都属于这种避强击弱的稻草人谬误。

13. **任意解释的谬误。**[1] 构造法律推理的活动时，所依据的大前提不仅必须是相关的法律条款，或者是依据法律条款而作出的司法解释，而且，对援用的法律条款的理解、解释还必须合乎法律条款本身的立法真意或其合理意义。

如果适用者（及其他人）为了适应所要证明的论断的需要，有意或无意地误解甚至曲解所援用的法律条款的立法真意或其合理意义而作出的论证，就叫做"任意解释、曲解法律条款"的错误。

司法实践中，常常因"曲解法律条款"的错误论证而发生这样的情形，在案件事实的认定没有分歧、基本一致的情况下，也往往会得出不同的结论，其中的一个重要原因，就是由于不同的人对法律条款的理解不同而引起的。因此，"曲解法律条款"的错误，其实质就在于它是一种"解释的错误"。所谓"解释的错误"，在普通思维中，是指对有歧义或可以多解的语词或语句作任意解释；在法律推理活动中，则特指进行法律解释时，对法律规范的文义作任意解释，或者完全离开法律文本的文义，不顾立法意旨或其合理意义而作随心所欲式的发挥。例如：

在"廉海央、李建平等人绑架人质勒索他人财物案"中，该案一审判决中写明"……被告人赵×琴、王×亮是从犯，且赵×琴是未成年人犯罪，可以从轻处罚；被告人李×宾明知是赃物而予以窝藏，其行为已构成窝赃罪，因属未成年人犯罪，可以从轻处罚……"。

该判决中，根据"被告人赵×琴、王×亮是从犯"得出对其"可以从轻处罚"的结论，其所依据的法律条款（法律推理的大前提）就是犯罪时应适用的 1979 年《刑法》第 24 条第 2 款。该款原文为："对于从犯，应当比照主犯从轻、减轻处罚或者免除处罚。"而根据被告人赵×琴、李×宾"属于未成年人犯罪"，得出对其"可以从轻处罚"的结论，其所依据的法律条款（大前提）则是 1979 年《刑法》第 14 条第 3 款的规定："已满 14 岁不满 18 岁的人犯罪，应当从轻或者减轻处罚。"但该判决在援用上述两项法律条款时，却犯了"曲解法律条款"的错误。因为，根据 1979 年《刑法》第 24 条第 2 款，对于从犯，是"应当"比照主犯从轻、减轻或者免除处罚，而不是"可以"比照主犯从轻、减轻或者免除处罚；根据 1979 年《刑法》第 14 条第 3 款，对于未成年人犯罪的，不是"可以"而是"应当"从轻处罚。因此，该判决中，具体承办该案的法官对上述法律

---

〔1〕 雍琦主编：《法律适用中的逻辑》，中国政法大学出版社 2002 年版，第 336 页。

条款的理解、解释是不准确的，曲解（误解）了法律条款的立法真意。

五、论据不足的谬误

正确的论证，其论据应该能够充分地支持论题。论据不足的谬误，是指由于缺乏论据的充分支持，而使论题不能成立的错误论证。

1. 特例的谬误（以全概偏的谬误）。特例的谬误，是指把一般原则误用于特殊、例外场合。

一般原则都有特定的适用域，不考虑其应用的具体情况和范围，就会发生特例的谬误。例如：

柏拉图在《理想国》一书中说道："假定一个朋友在精神正常的时候，把武器交给我保管，而在精神不正常的时候，来向我索要，我该不该给他？没有人会说该给或给他是正常的。"如果在对方精神不正常的情况下，仍坚持"欠东西要还"的一般原则，而还枪给他，就犯了特例的谬误。

2. 特例概括不当的谬误（以偏概全的谬误）。特例概括不当的谬误，是指由个别特例不恰当地引申出一般规律的错误论证。例如：

鲁迅曾在一篇文章里写道：一个旅行者走进了下野的有钱的大官的书斋，看见有许多很贵的砚石，便说中国是"文雅的国度"；一个观察者到上海来一下，买几种猥亵的书和图画，再去寻找几个奇怪的观览物事，便说中国是"色情的国度"。

上述论证中，论证者只挑选有利于自己的假说的事实，而不顾不利的证据，并且也不对这些证据作出合理解释的情况下，由几个特例就不恰当地引申出了一个一般规律，犯了以偏概全的逻辑错误。

3. 样本太少的谬误。样本太少的谬误，是指以少数样本为根据，仓促引申出一般结论的错误论证。

由概率逻辑可知，随机抽取的样本中的频率同总体中的百分比刚好相当的可能性很小，但样本频率同总体中的百分比接近的概率可能很高。样本越大，样本中的概率便以越高的概率近于总体中的实际比率。相反，样本太小，这种"接近"的概率就比较低，需要考虑误差加以弥补。样本越小，误差越大，因此，样本太小时，由于误差太大而使得结论靠不住。换句话说，由于据以概括出一般结论的样本太少，发现反例的几率极大，不足以支持一般结论。样本太少谬误是以偏概全谬误的另一种表现形式。例如：

有人根据"一"字的笔画是一画，"二"字笔画是两画，"三"字笔画是三画，最后得出了"表示数字的汉字与其笔画相等"结论，就犯了样本太少的逻辑错误，因为我们可以马上找到 7 个反例说明这个结论是错误的。

4. 平均数的谬误。如果在一系列数据中只有少数几个很大或很小的数，那么它的平均数就会给人以假象，据此推出的结论就会出现平均数的逻辑错误。例如：

一个小伙子在平均深度只有半米的河中溺水身亡。

闻者不相信。其实虽然这条河平均深度只有半米，但最深处却有 4 米多的深潭，这个小伙子正好就是在这个地方溺水身亡的。闻者之所以不相信，就在于他们陷入了平均数的迷雾之中了。

5. 数据不可比的谬误。数据不可比的谬误，是指以将两个根本不具有可比性的数据错误地比较，从而得出一个错误结论的论证。例如：

以前美国海军强调"海军的死亡率比纽约市民的死亡率还要低，因为纽约市民的死亡率是 16‰，而美国与西班牙作战期间，海军的死亡率是 9‰"，于是，刊登广告鼓励青年参加海军。

然而，16‰ 与 9‰ 这两个数据不具有可比性。因为海军士兵是经过体格检查等程序严格选拔出来的身强力壮的年轻人，而纽约市民中包括老、幼、病、弱、残，这些人的生存能力很弱，很容易死亡。要想得出的结论在逻辑上具有可靠性，只有选拔纽约市民中身体条件与海军士兵基本相同的人来比较。

6. 虚假相关的谬误。虚假相关的谬误，是指把两个并非真正具有相关性的事件误认为是具有相关性的事件，从而得出虚假结论的逻辑错误。例如，根据某地居民喝牛奶的和得癌症的比例都很高，因而认为喝牛奶是得癌症的原因，其实两者没有内在联系。

7. 赌徒谬误（"蒙特卡罗谬误"）。赌徒谬误是指，比如在掷骰子赌博中，每个点数出现的概率都是 1/6，在掷硬币的过程中，正面和反面出现的概率都是 1/2，每次抛掷都是一个独立事件，前一次的结果与后一次结果之间没有必然联系。我们知道随机事件发生的频率具有稳定性。在大量地重复进行同一试验时，这种频率总是接近于某个常数，此常数称为该随机事件发生的概率。当试验次数足够多时，随机事件发生的频率与它们的概率可以无限接近。大数定率没有告知关于下次投掷中会出现什么概率的任何事情，只告诉我们一个长远的概率。赌徒没有注意到，抛掷骰子或硬币，出现某一特定点数或出现正面是一独立事件，即前一次发生的事件对后一次事件毫无影响。每次投掷硬币面朝上的概率是 1/2，即使硬币已连续出现 10 次正面朝下，下次正面朝下的概率仍是 1/2。否则，就无法解释任何赌博中为什么有些人总体是赢，而有些人总体上却是输的现象了（排除作弊的因素)。

8. 虚假原因的谬误。虚假原因的谬误，是指把根本不是给定结果的原因当成了该结果的真正原因的错误论证。例如：

一个想通过读研究生来换一个好的工作的年轻人准备发奋学习，第一天晚上，读了 3 个小时的书，喝一些浓茶，结果晚上失眠了；第二天晚上，又读了 3 个小时的书，又喝了许多咖啡，晚上又失眠了；第三天晚上，还是读了 3 个小时的书，又抽了几根烟，晚上又失眠了。这样，他的身体就吃不消了。于是，他的妻子就说，你一读书就失眠，看来你就是当工人的命。

这里，他的妻子误以为她丈夫失眠的原因是读书，犯了虚假原因的错误。

9. 以先后为因果的谬误。以先后为因果的谬误，是把先后关系误认为因果关系的，即仅以 B 暂时随 A 出现，就推论 A 是 B 的原因的错误论证。日常人们说的"在此之后，由此之故"就属于这种情况。

因果联系是客观事物的普遍的、必然的联系，它具有多种形式和特征。时间上的前后相继是其基本特征之一。原因总是在先，结果总是在后。但是具有先后关系的两事物并非都有因果关系。例如：

在每年夏季的阴雨日子里，我们时常会先看到闪电，后听到雷鸣。缺乏气象知识的人会由此推断，闪电是雷鸣的原因，雷鸣是闪电的结果。而实际上两者并无因果联系，它们都是云层放电的结果。只是由于光速与音速的不同，造成人们的错觉，从而导致"以先后定因果"的谬误。

10. 相关误为因果的谬误。相关误为因果的谬误，就是指那种仅根据现象有正相关的关系，便推论它们之间具有因果关系的错误论证。

"相关"可分为，正相关、负相关、和零相关。在给定总体中，当且仅当 B 在 A 中间的百分比大于 B 在非 A 中的百分比，B 与 A 是正相关；当且仅当 B 在 A 中间的百分比小于 B 在非 A 中的百分比，B 与 A 是负相关；当且仅当 B 在 A 中间的百分比等同于 B 在非 A 中的百分比，B 与 A 是零相关。正相关和因果关系区别的一个显著特征是，正相关是对称关系，即 B 与 A 是正相关，A 与 B 也是正相关。但因果关系并非是对称的，B 是 A 的原因，A 未必是 B 的原因。如：贪污是犯罪的原因，犯罪绝不是贪污的原因。

统计推理中常见的错误，是仅根据 B 与 A 正相关，推论出 A 是 B 的原因。这种推论错误在于混淆了相关与因果关系的不同性质。例如：

小孩身上出现红点和发烧之间为正相关，但两者间并没有因果联系。

这两种现象都是由一种麻疹病毒引起的。如果断定二者间有因果联系，就犯了"相关误为因果"的谬误。

11. 因果倒置的谬误。因果倒置的谬误，是指错把原因当作结果，或把结果当作原因的错误论证。例如：

微生物侵入是造成有机体腐败的原因，而有人误认为有机体腐败才导致微生物侵入，这就是一个因果倒置的典型例证。

12. 机械类推的谬误。类比推理是根据两个或两类事物在一系列属性上的相似或相同，从而推出它们在另一个或另一些属性也相似的推理。类比推理的结论是或然的，既可能真，也可能为假，因为事物之间固然具有相似之处，但也有差异所在。于是，从两个或两类事物在某些地方相似，推出它们在另外的方面也相似的结论就不具有必然性。类比结论的可靠性程度取决于许多因素，例如，两个或两类事物之间相似的数量；它们之间相似方面的相关性；它们之间不相似方面的相关性。其中最重要的是它们的已知相同属性与推出属性之间的相关程度：其相关程度越高，类比结论的可靠性越大；其相关程度越小，类比结论的可靠性越小，两者之间正比。如果在类比推理过程中，仅仅只抓住事物之间表面上的相同或相似，或两个完全不同的事物进行类比，得出牵强附会的结论，这样的谬误就叫做机械类比。例如：

某原告说道："为期 5 年的联营合同，还不到 1 年就被被告方给单方面撕毁了，我方要求被告方赔偿未来 4 年的联营利润损失。以第 1 年已经取得的联营利润分红 2 万元为年利润基金，4 年共计 8 万元，被告方应给予赔偿，道理很简单，母鸡是要生蛋的，打死人家的母鸡不要你赔鸡已算宽容，要你赔几个鸡蛋总不过分吧！"原告的上述论证中，将企业的盈利类比为母鸡生蛋，然而，母鸡普遍生蛋这是一个基本事实，基本常识，但并非每个企业都盈利或每个企业在任何时期都会盈相同数量的利，有时盈利多，有时盈利少，甚至不盈利乃至破产，这同样是一个基本事实和常识，两者之间没有相关性，因此，原告的论证犯了牵强附会、机械类比的逻辑错误。

13. 颠倒黑白、强词夺理的谬误。颠倒黑白、强词夺理的谬误，是指在论证中，要想从论据中得出自己想要论证的论题，必须提供一些与论题具有逻辑联系的论据，但由于没有或不能提供这样的论据，论证者采取一些似是而非的论据或提出一些根本不成其为理由的论据，强行为其错误论题做辩护的错误论证。

在法律论证过程中，这种错误主要表现为论证者故意把主观责任同客观条件颠倒，把行为人的行为导致的结果归咎于客观条件，以此掩盖行为的主观责任；尤其当论证者为了开脱行为人的法律责任而无正当理由的时候，往往会借助于这种诡辩手法。例如：

在贪污案件的辩护过程中，辩护人不是从行为人的主观方面去找原因，而将责任归咎于单位的财务制度不严，缺乏对领导同志的监督机制或监督机制无法落实，从而为行为人实施贪污提供了便利的条件；在诈骗案件的辩护过程中，认为被告人的诈骗行为之所以得逞，是由于受害人太容易上当受骗，责任主要由受害人来承担；在强奸案件的辩护过程中，认为主要是由于受害人长的太漂亮了，行为人无法抵御这种美丽的诱惑，被告人才从监狱里放出来，看见女人，把长期被压抑的性冲动一下子激活了；等等，都是此类情况。

我们研究谬误的目的就是为了帮助人们在思维过程中正确地进行推理、论证，避免各种逻辑谬误。然而谬误毕竟是一个极其复杂的问题，至今为止人类尚无法提供一张有关谬误问题的一览表，也没有给人们提供一套完整有效的避免方法。常言道，一把钥匙开一把锁。因此我们还是可以针对不同类型的谬误提出一些基本对策，尽量避免在相关领域出现谬误，并能够向进行错误论证的人指出错误所在。

对于相关性谬误，应注意不要把心理的因素与逻辑的因素相混淆。在逻辑论证过程中，论题导出的根据只能是真理和事实，而不能是恐惧、爱恨、无知、怜悯、习俗等心理因素。

对于歧义性谬误，应注意警惕语言歧义性左右推论的危险。日常语言灵活多变，语言功能多种多样，我们要用逻辑的方向盘来驾驭语言，而不可被歧义迷障了逻辑眼光。

对于论据不足的谬误，应注意透过曲折、迷离、怪异或冗长的叙述，准确把握跟论题有关的论据之有无、多少，判明论据对论题的支持程度，以识别似是而非的错误论证。

思考题

1. 什么是论证？论证由哪几部分组成？
2. 论证与推理有什么联系与区别？
3. 论证的预设有哪些？
4. 论证规则有哪些？违反这些规则会犯什么逻辑错误？
5. 证明的方法有哪些？如何为一个论题寻找论据？
6. 归谬法与反证法有何异同？

7. 什么是谬误？谬误有哪些基本类型？

练习题

一、分析下列证明的结构，指出其论题、论据和论证方式

1. 科学是无禁区的，因为有禁区的不是科学。

2. 文学艺术也要实行民主。如果没有不同意见的争论，没有自由的批评，任何科学既不能发展，也不能进步，文学艺术也不例外。

3. 并不是所有的社会现象都是有阶级性的。这一点我们可以从语言现象没有阶级性得到证明，既然语言是没有阶级性的，因而语言是社会现象。

4. 对待历史文化遗产应采取批判继承的态度。对待历史文化遗产的态度，要么是全盘继承，要么是虚无主义，要么是批判继承。全盘继承，不分精华和糟粕，不能推陈出新，不利于文化的发展，这种态度是不可取的。虚无主义，割断了历史，违背了文化发展的规律，同样不利于文化的发展。只有批判继承，去其糟粕，取其精华，才能促进文化的繁荣。

5. 假如语言能生产物质财富，那么夸夸其谈的人就会成为世界上最富有的人了。但事实并非如此，可见，语言是不能生产物质财富。

6. 绿色植物通过光合作用放出氧气。我们可以通过许多试验来证明。水藻通过光合作用可以放出氧气，玉米苗通过光合作用放出氧气……这是因为，绿色植物在光合作用过程中，水和二氧化碳变成糖类而放出氧气。

7. 人治兴则法治衰，法治衰则人情滥，人情滥则后门开，后门开则贪污盛，贪污盛则国家危。所以，人治兴则国家危。

8. 有许多人坐在一间房子里，议论某甲的品行。其中一个人说："某甲其他方面都不坏，只有两样不好，第一，喜欢发怒。第二，做事鲁莽。"不料此人正好经过门外，听到这话，勃然大怒，一脚踢进门去，挥拳打那说话的人，嘴里叫道："我到底什么时候曾经喜欢发怒？什么时候做事鲁莽?!"别人都说道："过去的情况且不说了，现在的事实不就证明了吗？"

二、分析下列反驳的结构，指出被反驳的论题、反驳方式和反驳方法

1. 有人说形式逻辑也有阶级性，这是不对的。如果形式逻辑有阶级性，那么历史上和现实中就应该有农民阶级的形式逻辑和地主阶级形式逻辑、工人阶级的形式逻辑和资产阶级的形式逻辑之分，然而事实并非如此，形式逻辑对任何阶级都是一视同仁的。

2. 燃素说是 17 世纪由德国化学家施塔尔提出来的，他认为一切可燃烧物中有一种特殊的物质——燃素，燃烧过程就是可燃物放出燃素的过程。但是后来对燃烧现象进行精确地定量分析表明，金属燃烧后，重量不是减少，而是增加。这样，燃素说只好宣称燃素有负重量。这当然是荒谬的。

3. 若言琴上有琴声，放在匣中何不鸣？若言声在指头上，何不于君指上听？

4. 在一次国际会议上，一位美国外交人士挑衅地对中方代表说："如果你们不向美国保证：不用武力解决台湾问题，那么显然就是没有和平解决的诚意。"

中方代表立即予以反驳："台湾问题是中国的内政，采取什么方式解决是中国人民自己的事，无须向他国作什么保证。请问，难道你们竞选总统也需要向我们作出什么保证吗？"

对方被问得哑口无言。

5. 在关于奴隶制的辩论中，林肯在笔记中写道：

"不管甲怎样确证他有权奴役乙，难道乙就不能抓住同一论据证明他也可以奴役甲吗？你说因为甲是白人，乙是黑人。那么，就是以肤色为依据喽。难道肤色浅的人就有权去奴役肤色深的人吗？那么，你可要当心，因为按照这个逻辑，你就要成为你所碰到的第一个肤色比你更白的人的奴隶。你说你的意思不完全是指肤色吗？那么，你指的是白人在智力上比黑人优异，所以有权去奴役他们吗？这你又要当心，因为按照这个逻辑，你就要成为你所碰到的第一个智力比你更优异的人的奴隶。"

6. 药剂师走进邻居的一个书商的铺子里，从书架上拿下一本书后，问道："这本书有趣吗？"

书商："不知道，没读过。"

药剂师："你怎么能卖自己没有读过的书呢？"

书商："难道能把你药房里的药都尝一遍吗？"

三、指出下列证明或反驳存在什么逻辑错误

1. 你学习这么刻苦，肯定能通过司法考试。

2. 有的白血病患者能治愈，幸子是白血病患者，所以，她一定能治愈。

3. 三个窃贼在一起分窃来的六颗珍珠。甲取一颗给乙，又取两颗给丙，剩下三颗留给自己。乙、丙不服，问道："你凭什么拿三颗？"甲说："因为我是头！"乙、丙说："你什么时候当的头？"甲说："因为我分的珍珠多！"

4. 罗亭："据你说来，是没有什么信念之类的东西了？"

比加索夫："是的，没有！"

罗亭："这就是你的信念吗？"

比加索夫："是的。"

罗亭："那么你是怎样可以说没有这东西呢？这里你首先便已经有了一个信念。"

5. 某人的哲学不值一信。因为他曾因接受不正当馈赠而被免除一切官职。

6. 一位父亲发现儿子吸烟，于是生气地对儿子说："好啊，你竟背着我吸烟，回家再说！"儿子急忙对父亲说："爸，您别生气！我以后吸烟一定不背着您！"

7. 甲："您的姓是荷花的荷？还是河水的河？"

乙："那您的姓是坚固的固？还是世故的故？"

8. 甲对邻居乙说道："对不起，您府上能不能不要在深夜弹琴？我家有病人，受不了！"邻居乙答道："您府上孩子闹您知道不？您家厕所的流水声也很大，您能把厕所关了吗？"

四、批判性思维能力测试题

1. 任何一篇译文都带有译者的行文风格，有时，为了及时地翻译出一篇公文，需要几个笔译同时工作，每人负责翻译其中一部分。在这种情况下，译文的风格往往显得不协调。与此相比，用于语言翻译的计算机程序显示出优势：准确率不低于人工笔译，但速度比人工笔译快得多，并且能保持译文风格的统一。所以，为及时译出那些长的公文，最好使用机译而不是人工笔译。

对上述论证作出评价，回答以下哪个问题最与论证无关？

A. 是否可以通过对行文风格的统一要求，来避免或至少减少合作译文在风格上的不协调？

B. 根据何种标准可以准确地判定一篇译文的准确率？

C. 机译的准确率是否同样不低于翻译家的笔泽？

D. 日常语言表达中是否有由特殊语境决定的含义，这些含义只有靠人的头脑，而不能靠计算机程序把握？

E. 不同的计算机翻译程序，是否也和不同的人工译者一样，会具有不同的行文风格？

2. 毫无疑问，未成年人吸烟应该加以制止。但是，我们不能为了防止给未成年人吸烟提供以可乘之机，就明令禁止自动售烟机的使用。这种禁令就如同为了禁止无证驾车在道路上设立路障，这路障自然禁止了无证驾车，但同时也阻止了 99% 以上的有证驾车者。

为了对上述论证作出评价，回答以下哪个问题最为重要？

A. 未成年人吸烟者在整个吸烟者中所占的比例是否超过 1%？

B. 禁止使用自动售烟机带给成年购烟者的不便究竟有多大？

C. 无证驾车者在整个驾车者中所占的比例是否真的不超过 1%？

D. 从自动售烟机中是否能买到任何一种品牌的香烟？

E. 未成年人吸烟的危害，是否真如公众认为的那样严重？

3. 据一项统计显示，在婚后的 13 年中，妇女的体重平均增加了 15 公斤，男子的体重平均增加了 12 公斤。因此，结婚是人变得肥胖的重要原因。

为了对上述论证作出评价，回答以下哪个问题是最为重要的？

A. 为什么这项统计要选择 13 年这个时间段作为依据？为什么不选择其他时间段，例如为什么不是 12 年或 14 年？

B. 在上述统计中，婚后体重减轻的人有没有？如果有的话，占多大的比例？

C. 在被统计的对象中，男女各占多少比例？

D. 这项统计的对象，是平均体重较重的北方人，还是平均体重较重的南方人？如果两者都有的话，各占多少比例？

E. 在上述 13 年中，处于相同年龄段的单身男女的体重的增减状况是怎样的？

4. 美国《华盛顿邮报》发表文章，引述美国前中央情报局副局长的话称，在过去多次中美核子科学家交流会期间，美国曾获得过中国有关核技术的资料，而且远远超过美国指责中国窃取美方核机密的数量。

以下各项除了哪项，都与题干中引用论述的观点相符合？

A. 中美核子科学家之间曾经有过比较长的友好的学术交流历史

B. 中美核子科学家在交流中会讨论一些研究领域共同关心的理论问题

C. 在发展核子技术方面，中国科学家也有独到的创造，美国对此也很感兴趣

D. 中国的核子科学家可以独立地发展自己的核技术并与美国相抗衡

E. 美国无根据地指责某华人科学家是为中国提供核机密的间谍，这是不公平的

5. 世界级的马拉松选手每天跑步不少于两小时，除非是元旦、星期天或得了较严重的疾病。

若以上论述为真，以下哪项所描述的人不可能是世界级的马拉松

选手？

A. 某人连续三天每天跑步仅一个半小时，并且没有任何身体不适

B. 某运动员几乎每天都要练习吊环

C. 某人在脚伤痊愈的一周每天跑至多一小时

D. 某运动员在某个星期三没有跑步

E. 某运动员身体瘦高，别人都说他像跳高运动员，他的跳高成绩相当不错

6. 金钱不是万能的，没有金钱是万万不能的，发不义之财是绝对不行的。

以下除哪项外，基本表达了上述题干的思想？

Ⅰ. 有些事情不是仅有钱就能办成的，比如抗洪救险的将士冒生命危险坚守堤防，不是为了钱才去干的。

Ⅱ. 有钱能使鬼推磨。世上没有用钱干不成的事。抗洪救险的将士也是要发工资的。

Ⅲ. 对许多事情来说，没有钱是很难办的。有时真是"一分钱急死男子汉"。

Ⅳ. "钱"是身外之物，生不带来，死不带去，钱多了还惹是生非。

Ⅴ. "君子好财，取之有道"。通过合法的手段赚得的钱记载着你的劳动，可以用来帮助你做其他的事情。

A. 只有Ⅰ

B. 只有Ⅱ

C. 只有Ⅰ和Ⅲ

D. 只有Ⅱ和Ⅳ

E. 只有Ⅰ、Ⅲ和Ⅴ

7. 电视是现代文明的产物，但也给人们带来了很多麻烦。对于有孩子的家庭，来自电视节目正反两方面的诱惑都很大。电视看久了，也会影响学习。更使家长担心的是电视中的暴力片等的副作用。因此，家长应对孩子看电视给以指导和约束。

以下那种做法与以上的观点不符？

A. 为保护孩子的视力，对孩子看电视的时间加以限制

B. 教会孩子对各种电视节目作出正确的选择

C. 看电视影响孩了的学习，索性把电视关掉

D. 只要不影响孩子的学习和身心健康，让孩子适当看电视，会达到增长知识的目的

E. 教育孩子对电视节目要有分析，即使好节目，也不能什么都模仿

8. 任何方法都是有缺陷的。如何公正合理地选拔合格的大学生？目前

通行的高考制度恐怕是所有带缺陷的方法中最好的方法了。

以下各项都符合上述断定的含义，除了：

A. 被录取的大多数大学生的实际水平与他们的考分是基本相符的

B. 存在落榜的考生，他们有较高的实际水平

C. 存在被录取的考生，他们并无合格的实际水平

D. 目前，没有比高考更能使人满意的招生制度

E. 无合格的实际水平的考生被录取，是考场作弊所致

9. 人们经常批评广告商随意地利用公众的品味和愿望。不过，有证据表明，某些广告商的行为是受道德驱使的，就如同受金钱的驱使一样。一家杂志准备将自己的形象从家庭型改为性和暴力型的，从而适应另一个读者群。有些广告商就撤回了他们的广告，这肯定是因为他们不支持该杂志色情和暴力的内容。

以下哪项如果为真，最能够强化上述论证？

A. 广告商们把他们的广告改在其他的家庭型杂志上了

B. 一些广告商从其他家庭型刊物转到了这家杂志

C. 广告商们预计如果他们继续留在这家杂志，产品的销售额会上升；如果他们撤回广告，销售额就会下降

D. 通常看家庭型刊物的人不大会购买性和暴力型的杂志

E. 据预测，杂志的形象改变将主要针对不同收入的读者群

10. 当削减福利基金的议案引起争论的时候，我们肯定会听到自由党议员这样宣称：这种议案对穷人将是有害的。然而，这些政客并不理解，随着预算的削减，税收就会减少，这样每个人将会有更多的钱而不是更少的钱。

如果以下哪个选项为真，将会严重动摇作者的立场？

A. 穷人倾向投自由党议员的票，因为他们许诺增加福利基金

B. 政客们的见解对穷人有利，因为他们需要赢得穷人的选票

C. 大家一致赞同的议案不一定会给每个人带来金钱上的好处

D. 穷人少交或不交税，但他们却能从税收中得到福利

E. 人们想要得到更多的钱，就必须削减预算和税收

本题参考答案

1E，2B，3E，4E，5A，6D，7C，8E，9C，10D。

参考书目

雍琦主编：《法律适用中的逻辑》，中国政法大学出版社 2002 年版。

雍琦主编：《实用司法逻辑学》，法律出版社 1999 年版。

谷振谐：《论证与分析》，人民出版社 2001 年版。

刘春杰：《论证逻辑研究》，青海人民出版社 2001 年版。

王洪主编：《法律逻辑学》，中国政法大学出版社 2001 版。

王洪：《司法判决与法律推理》，时事出版社 2002 年版。

王洪：《法律逻辑学案例教程》，知识产权出版社 2003 年版。

中国人民大学哲学系逻辑教研室编：《逻辑学》，中国人民大学出版社 2002 年版。

赵志飞：《奇案疑踪与侦查逻辑》，中国人民公安大学出版社 2003 年版。

张继成等主编：《逻辑学教程》，中国商业出版社 2000 年版。

陈波：《逻辑学是什么》，北京大学出版社 2002 年版。

黄顺基、苏越、黄展骥主编：《逻辑与知识创新》，中国人民大学出版社 2002 年版。

李延寿、李文健主编：《侦查逻辑学》，西南交通大学出版社 1991 年版。